人力资源管理

RENLI ZIYUAN GUANLI

田在兰　主编

暨南大学出版社
JINAN UNIVERSITY PRESS

中国·广州

图书在版编目（CIP）数据

人力资源管理/田在兰主编．—广州：暨南大学出版社，2011.9（2017.8 重印）
ISBN 978-7-81135-874-2

Ⅰ.①人… Ⅱ.①田… Ⅲ.①人力资源管理 Ⅳ.①F241

中国版本图书馆 CIP 数据核字（2011）第 099818 号

人力资源管理
RENLI ZIYUAN GUANLI
主　编：田在兰

出 版 人：徐义雄
责任编辑：张仲玲　常进海
责任校对：封　欣　杨海燕
责任印制：汤慧君　周一丹

出版发行：暨南大学出版社（510630）
电　　话：总编室（8620）85221601
　　　　　营销部（8620）85225284　85228291　85228292（邮购）
传　　真：（8620）85221583（办公室）　85223774（营销部）
网　　址：http：//www.jnupress.com　http：//press.jnu.edu.cn
排　　版：广州市天河星辰文化发展部照排中心
印　　刷：湛江日报社印刷厂
开　　本：787mm×1092mm　1/16
印　　张：19.5
字　　数：480 千
版　　次：2011 年 9 月第 1 版
印　　次：2017 年 8 月第 4 次
印　　数：5501—6500 册
定　　价：38.00 元

目 录

前 言

有个老掉牙的笑话，未来的组织由于技术非常先进，只要一个人和一条狗就能运转。其中，人负责喂狗，而狗负责确保那个人不碰任何东西。

过去，人们害怕机器总有一天会取代人类的工作，而现实却恰恰相反。今天，人在组织中比以往任何时候都更重要。正如《人才解决方案》（*The Talent Solution*）的作者 Ed Gubman 所说："在许多快速发展的经济实体中，资金和技术容易得到，而好的人才却不那么容易获得，那些懂得如何吸引、挑选、配置和开发人才的公司最终将获得竞争优势。"

人们用很多词来说明人对组织的重要性，人力资源这个术语暗示着人有能力（与其他资源如资金、物资和信息等一起）推动组织的绩效，其他术语像人力资本和智力资产都表达同样的意思，即人在组织运作中发挥着重要的作用。成功的组织特别擅长把不同的人组织到一起去达到一个共同的目标，这就是人力资源管理（HRM）的本质。

本书从人力资源管理的八大职能模块着手，将其分为九章：

第一章　人力资源管理概述。比较系统地介绍人力资源管理的相关概念、职能体系、发展阶段和理论基础。

第二章　工作分析与工作评价。工作分析属于人力资源管理的基础职能，通过分析工作本身的信息和完成工作的人的任职资格来全面了解与工作相关的所有信息，形成工作说明书。工作评价是在工作分析的基础上，对各岗位的责任大小、工作强度、工作复杂性、所需资格条件等特性进行评价，以确定岗位的相对价值，确定薪酬结构。

第三章　人力资源战略与人力资源规划。通过对组织在一定时期内的人力资源需求和供给作出预测，再根据预测的结果制订平衡供需的计划。

第四章　招聘与配置。为了解决人从哪里来以及人到哪里去的问题，在对人力资源进行规划后，就需要通过人员招聘与配置活动来实现规划。

第五章　培训与开发。包括建立培训体系，确定培训的需求和计划，组织实施培训过程以及对培训效果进行反馈总结等活动。

第六章　绩效管理。根据既定的目标对员工的工作结果作出评价，发现其工作中存在的问题并加以改进，包括制订绩效计划、进行绩效评估以及实施绩效反馈等活动。

第七章　薪酬管理。包括制定薪酬原则和策略，根据第二章工作分析与工作评价的结果明确所有职位的相对价值，实施薪酬水平的调查，设计薪酬结构，确定薪酬等级与薪酬标准，薪酬制度的实施、修正和调整。

第八章　劳动关系管理。指企业根据国家相关法律法规对人力资源的开发和使用上的管理工作，主要包括劳动法律法规的执行、劳动合同的管理和劳动争议的处理等。

第九章　职业生涯管理。指组织和员工对员工个人的职业生涯进行设计、规划、执行、评估、反馈和修正的综合性过程。从个人的角度来讲，员工个人要对自己的职业生涯进行规划；从组织的角度来讲，组织要对员工的职业生涯进行管理。

本书特色：

1. 篇首案例和篇尾案例。每章的开篇以篇首案例的形式引起学生的兴趣，学完本章内容后，篇尾案例供学生加强对知识概念的理解。

2. 讨论题。每章的篇尾设置了思考讨论题，供学生课后讨论，加强对重难点的把握。

3. 链接材料。每一章的内容中安排了链接材料的内容，包括故事、实例、小案例等，拓展学生的知识面。

4. 考级实训练习。现阶段，企业人力资源管理师技能证的获取越来越热门，根据不同学生的层次，在校期间人力资源管理专业的学生可以选择四级人力资源管理师（人力资源管理员）和三级人力资源管理师（助理人力资源管理师）的考试，故本书在相应章节末尾有选择性地安排部分四级和三级的考试真题供学生练习。

由于水平所限，书中错漏之处在所难免，恳切希望读者不吝赐教，在此表示感谢！

田在兰

2011 年 4 月

第一章　人力资源管理概述

【篇首案例】

管理的真谛：把“人力”变“资源”

法国的拿破仑皇帝是很多人崇拜的英雄，他有一句名言：“智才能开路。”这样的思想使得众多的人才云集他的麾下，为他成就千秋霸业。当公司航行在当今的经济大潮中时，能否留住人才，为人才提供施展才华的天地，是公司不被大潮冲得人仰马翻并从大潮中捞取宝贝的关键。

日本东京吉信公司就有一个重用人才为公司带来巨大发展的成功范例。该公司有一位刚刚毕业不久的大学生，名叫大桥秀次，他具有非凡的才能。大桥秀次刚到公司时按照惯例被安排到最基层，工作不久他展现出非凡的才华，引起总经理的注意。在意识到大桥秀次的价值后，他立刻给大桥秀次加薪并委以重任，不仅如此，他甚至把大桥秀次的家人接到自己家，把自己的住房让出一部分供他们住。像大桥秀次这样有才干的人，是不愿总是居于人下的，本来他已打算好跳槽到另一家公司，就任一个更高的职位，但总经理的这些举动，使他感觉到自己被重视、被信任，他被总经理的爱才之心所感动，终于留了下来。后来，正是靠着这位大桥先生的卓越才能，在短短的几年里，开发出一系列出类拔萃的新产品，使吉信公司不断发展壮大，在国内外市场屡创佳绩。在这个事例里，一面是“惜才若金”、“礼待人才”，一面是“士为知己者死”。这里，惜才不是口头上惜才，而是对人才一片诚心，给人才以施展才华的天地，为他们开路，结果是人才用自己的才能和勤奋创造巨大的价值。“士为知己者死”的说法看来已经不太合适，改成“士为知己者财”可能更贴切。爱才、用才给公司带来的就是增财。

日本的吉信公司重视人才，获得的回报是公司的大发展，法国一家服装公司总裁“三顾茅庐”的回报则是“起死回生”。

一天，法国艾尼制衣公司的总裁心事重重地在街上走，他的公司因业绩不佳，几乎面临破产，在无意之间，他走进了路旁的一间小裁缝店。令他惊奇的是，在他进去以后竟然遭到了裁缝的讥讽，说他堂堂制衣公司的总裁，衣着品味竟如此之差。他很奇怪，为什么这个小店的裁缝会认识自己？好奇之余，他仔细看了看这个裁缝的活，发现他的设计非常新颖。如果这些样式拿到自己的服装公司去卖，一定会畅销的。他觉得这个人肯定不是一个普通的裁缝，回去之后，立刻派人打听，一问才知道，原来这人名叫西蒙尼，是个服装设计的奇才，曾在法国最大的服装公司当过设计师。只是这个人性格不太好，不善于与人相处，老是和同事搞不好关系，受人排挤，一气之下辞职，自己开了间小裁缝店。在了解这些之后，他决定亲自去请西蒙尼来自己的服装公司当设计师。第一次去请，西蒙尼没有理他——因为他的店虽小，但毕竟是自己的店，且因为他的设计和手工均很出色，所以生意也很好。第二次去请，还是没答应。第三次去请，西蒙尼终于被打动了，他成为艾尼公司的首席设计师，拿着丰厚的薪水，住着公司提供的豪华公寓，且工作时间非常自由，基本上由他自己安排。西蒙尼在享有这一切后，感念总裁的知遇之恩，心境好，思维不受局限，创作的灵感源源不断。由于他的设计兼实用性和美观性于一身，既有个性又高雅，产品一经投放就供不应求，订单源源不断，挽救了公司。

与这两个事例相比，美国容器公司的董事长威廉·伍德希德唯才是举的具体措施更是堪称大手笔。他的公司想在金融市场谋求发展，只是苦于找不到合适的人选，后来，他慧眼识英才，看中了来自上海的金融家蔡志勇。为获得这个人才，他不惜动用了1.4亿美元，收购由蔡志勇担任董事长兼首席执行董事的“联合麦迪逊”财务控股公司，并立即邀请蔡志勇出任容器公司的董事。这以后，蔡志勇凭借容器公司的强大财力和自己在金融界的经历及才华，在金融界进行大手笔运作，在四年时间里，为容器公司增加了10亿美元的资产，并使得容器公司逐步形成完整的金融体系和不断发展的金融网络。这就是高明的生意人，对真正的人才进行大的投入，因为相对于这些人将来为公司创造的财富而言，这样的投入是微不足道的。

（资料来源：刘善仕. 人力资源管理. 广州：华南理工大学出版社，2004.）

现代管理与传统管理的一个显著区别在于：前者承认人力资源在经济发展中的关键作用。随着理论和实践的发展，人们逐渐认识到人力资源的重要性，正如经济学家所说的：土地、厂房、机器、资金等已不是国家、地区或企业致富的源泉，唯独人力资源才是企业和国家发展的根本。所以，人力资源管理也成为企业管理中的一项重要工作，必须予以高度重视。

第一节　人力资源及相关概念

现代企业人力资源管理的对象是企业所拥有的人力资源，因此，要研究人力资源管理，必须把握人力资源概念的内涵与外在特征。

著名管理学家杜拉克认为，从竞争的角度来看，未来竞争力的高低，将取决于人力资源的数量、质量和产出。

一、人力资源的基本概念

人力资源是指能够推动整个经济和社会发展的具有智力劳动和体力劳动能力的劳动者的总和。

资源（resource）是人类赖以生存的物质基础，《辞海》上说资源是“资财的来源”；在经济学上，资源是为了创造物质财富而投入生产活动中的一切要素。

当代经济学家把资源分为自然资源、资本资源、信息资源和人力资源四类，其中人力资源被称为第一资源。企业在实际的经营活动中对这四类资源的把握在不同阶段也有所不同：20世纪60年代，人们关注生产环节的管理，重视生产环节的质量控制，如生产流程再造、全面质量管理等，表明自然资源获得极大的重视；20世纪70年代，人们开始转而重视市场销售的管理，注重渠道的建设、产品的推广和市场开发，此时无形的信息资源占主体地位；到20世纪80年代，企业的经营活动重心开始偏向资本运营的管理，并购开始成为热潮；而从20世纪90年代到现在以及未来很长一段时间，企业开始转向强调以发挥人的潜力为主的人力资源管理，人们终于意识到人力资源才是生产活动中最活跃的因素，是所有资源中最重要的资源。

"人力资源"（human resource）最早由约翰·R. 康芒斯（John R. Commons）在1919年的著作《产业信誉》中提出，后由管理学大师彼得·德鲁克（Peter Drucker）于1954年在其名著《管理实践》中首先正式提出并加以明确界定的，他认为，与其他资源相比，人力资源是一种特殊的资源，它必须通过有效的激励机制才能开发利用，并为企业带来可观的经济效益。美国学者伊万·伯格（Ivan Berg）认为，人力资源是人类可用于生产产品或提供各种服务的活力、技能和知识。内贝尔·埃利斯（Nabil Elias）提出，人力资源是企业内部成员及外部与企业相关的人，即总经理、雇员、合作伙伴和顾客等可提供潜在合作与服务，以及有利于企业预期经营活动人力的总和。国内学者郑绍濂（1995年）从整个社会经济发展的宏观角度对人力资源进行界定，认为人力资源是指能够推动整个经济和社会发展的具有智力劳动和体力劳动能力的劳动者的总和，它应包括数量和质量两个方面。这一观点在国内的宏观人力资源问题研究中，具有一定的代表性，本书采用此观点。

二、人力资源的构成和影响因素

人力资源由数量和质量两个方面构成，数量可分为绝对数量和相对数量，质量则指人力资源所具有的体质、智力、知识和技能水平以及劳动者的态度等。

作为一种资源，人力资源也同样具有量和质的规定性，由于人力资源是依附于人身上的劳动能力，和劳动者是密不可分的，因此可以用劳动者的数量和质量来反映人力资源的数量和质量。

1. 人力资源的数量

人力资源数量又分为绝对数量和相对数量两种。

人力资源的绝对数量，指的是一个国家或地区具有劳动能力、从事社会劳动的人口总数，它是一个国家或地区劳动适龄人口（指处于劳动年龄之间的人口，男性劳动年龄为16~60岁，女性劳动年龄为16~55岁）减去其中丧失劳动能力的人口（如伤残人士），加上非劳动适龄人口之中具有劳动能力的人口（如学生），反映一个国家或地区人力资源绝对量的水平。

人力资源的相对数量，即人力资源率，指人力资源的绝对量占总人口的比例，它是反映经济实力的更重要的指标。一个国家或地区的人力资源率越高，表明该国家的经济有某种优势。因为，在劳动生产率和就业状况既定的条件下，人力资源率越高，表明可投入生产过程的劳动数量越多，从而创造的国民收入也就越多。

影响人力资源数量的因素主要有三个方面：

(1) 人口总量及其再生产状况。由于劳动力人口是人口总体中的一部分，而人力资源的数量体现为劳动人口的数量，因此，人力资源数量首先取决于人口总量及其通过人口的再生产形成的人口变化。从这个意义上说，人口的状况决定了人力资源的数量。

（2）人口的年龄构成。人口的年龄构成是影响人力资源的一个重要因素，在人口总量一定的情况下，人口的年龄构成直接决定了人力资源的数量。

（3）人口迁移。人口迁移可以使得一个地区的人口数量发生变化，继而使得人力资源的数量发生变化。

链接：七十岁的人生

上帝创造万物，最先创造了牛，上帝对牛说，你到人世间去拉犁开荒，给你50岁的寿命。牛说，不行，太辛苦了，我只要20岁的寿命。上帝答应了。

又创造了猴子，对猴子说，你到人世间逗大家取乐吧，给你20岁的寿命。猴子说，不行，我只要10岁。上帝也答应了。

又创造了狗，让狗给人去看门，也给它20年的寿命。狗说，我也要和猴子一样只要10年的寿命。

上帝最后创造了人，对人说，让你们到人世间去享乐去吧，给你20岁的寿命。人一听很高兴，但觉得寿命太少了，让上帝增加寿命，上帝便把牛、猴子、狗不要的寿命全给了人。

你看，现在的人20岁以前吃穿玩乐不用发愁，尽情享受；20~50岁期间像牛，奔波奋斗，养家糊口；50~60岁期间像猴子，成了老小孩，逗大家取乐嬉笑；60~70岁就成了狗，退休在家，孩子们出去游玩、看电影，便对老人说："爸，我们出去了，你在家看着门。"

2. 人力资源的质量

人力资源的质量是指劳动者所具有的体质、智力、知识和技能水平以及劳动态度，它一般体现在劳动者的体质水平、文化水平、专业技术水平、劳动的积极性上，往往可以用健康卫生指标（如平均寿命、婴儿死亡率、每万人口拥有的医务人员数量、人均日摄入热量等）、教育状况（如劳动者的人均受教育年限、每万人大学生拥有量、大中小学入学比例等）、劳动者的技术等级状况（如劳动者技术职称等级的现实比例、每万人高级职称人员所占的比例等）和劳动态度指标（如对工作的满意程度、工作的努力程度、工作的负责程度、与他人的合作性等）来衡量，与人力资源数量相比较，其质量方面更为重要。

人力资源的质量主要受以下几个方面影响：

（1）遗传和其他先天因素。人类的体质和智力具有一定的继承性，这种继承性来源于人口代系间遗传基因的保持，并通过遗传与变异使人类不断地进化、发展。人口的遗传，从根本上决定了人力资源的质量及可能达到的最大限度。但一般来讲，不同的人在体质水平与智力水平上先天差异是比较小的（不包括那些因遗传病而致残的人）。

（2）营养因素。营养因素是人体发育的重要条件，一个人儿童时期的营养状况，必然影响其未来成为人力资源时的体质与智力水平，营养也是人体正常活动的重要条件，充足而全面地吸收营养才能维持人力资源原有的质量水平。

（3）教育方面的因素。教育是人为传授知识、经验的一种社会活动，是一部分人对另一部分人进行多方面影响的过程。这是赋予人力资源质量的一种最重要、最直接的手段，它能使劳动者的智力水平和专业技能水平都得到提高。

三、与人力资源相关的概念辨析

人口资源（population resource）是指一个国家或地区所拥有的人口总量，主要表现为人口的数量，是一个最基本的底数，劳动力资源、人力资源、人才资源等都是来源于这个最基本的资源。

劳动力资源（labor resource）是一个国家或地区具有的劳动力人口的总称，是人口资源中拥有劳动能力的那部分人，通常是16~60岁的人口群体，这一人口群体必须具备从事体力劳动或脑力劳动的能力，它偏重的是数量概念。

人力资源（human resource）是指人所具有的对价值创造起贡献作用并且能够被组织所利用的体力和脑力的总和，它包含数量和质量两个概念，它不仅要求具有劳动能力，还要求具有健康的、创造性的劳动，能推动社会的发展和人类的进步。

人才资源（human talent resource）是指一个国家或地区具有较多科学知识、较强劳动技能，在价值创造过程中起关键作用的那部分人，人才资源主要突出质量概念，是人力资源中较杰出、较优秀的那部分人，表明的是一个国家或地区所拥有的人才质量。

天才资源（genius resource）是指在某一领域具有特殊才华的人，他们在自己的这一领域具有独特的创造发明能力，能在这一领域起领先作用，并具有攀登顶峰的能力。

以上概念关注的重点不同，前两种资源更多的是一种数量概念，而后三种资源更多的是一种质量概念，五者在数量上存在着一种包含关系。如图1-1所示。

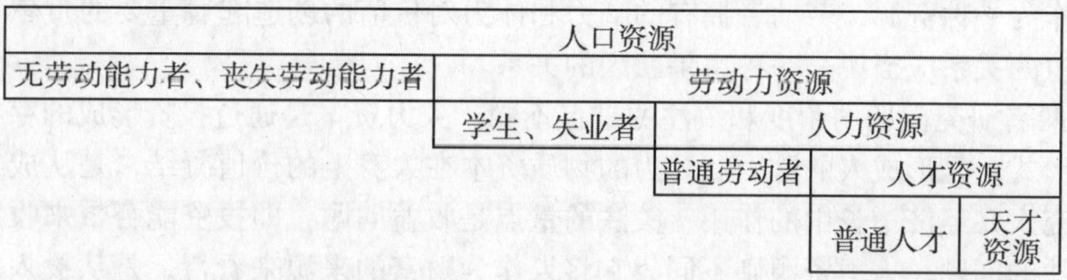

图1-1 人口资源、劳动力资源、人力资源、人才资源和天才资源包含关系

四、人力资源与人力资本

人力资源是静态的观点，侧重“消耗、利用”；而人力资本是种动态的观点，侧重“增值、价值的再创造”。

对于人力资本（human capital）的含义，被称为“人力资本之父”的西奥多·W. 舒尔茨提出，人力资本是体现在人身上的技能和生产知识的存量，之所以称这种资本是人力的，是由于它已经成为人的一部分，又因为它可以带来未来的满足或收入。人力资本是劳动者身上所具备的两种能力，一种能力是通过先天遗传获得的，是由个人与生俱来的基因所决定的；另一种能力是后天获得的，是由个人经过努力学习而形成的，读写能力是任何民族人力资本质量的关键成分。

人力资源和人力资本是既有联系又有区别的两个概念。

联系：人力资源和人力资本都是以人为基础而产生的概念，研究的对象都是人所具有的脑力和体力，从这点看两者是一致的。而且，现代人力资源理论大都是以人力资本理论为根据的，人力资本理论是人力资源理论的重点内容和基础部分；人力资源经济活动及其收益的核算是基于人力资本理论进行的；两者都是研究人力作为生产要素在经济增长和经济发展中的重要作用时产生的。

最根本的区别在于将“人力”视作“资源”还是“资本”。

对于资源与资本的差异，可以从一个实例入手。2000 年北京出现了 11 次沙尘暴天气，科学家发现沙尘主要来自内蒙古，内蒙古的草原沙化是根本原因之一，而草原沙化的一个重要原因则在于草原作为畜牧资源被过度利用而缺少养护。改革开放以后，内蒙古的畜牧业开始打破“大锅饭”，转而采取类似于种植业“包产到户”的政策。但不同的是，牧民只得到了畜群的产权，牧场的产权（包括其中的使用权）则完全归“国家所有”。这样政策的导致牧民只在乎放牧的直接收益，而不考虑草场的“成本”。换言之，草场对于牧民来说，只是可利用的资源（而非资本），草场的损益与牧民没有直接利害关系。

总之，人力资源是静态的观点，侧重“消耗、利用”；而人力资本是一种动态的观点，侧重“增值、价值的再创造”。

另外，两者的不同还表现在以下几个方面：

（1）在与社会财富和社会价值的关系上两者是不同的。人力资本是由投资形成的，因此劳动者将自己拥有的脑力和体力投入到生产过程中参与价值创造，就要据此来获取相应的劳动报酬和经济利益，它与社会价值的关系应当说是一种由因到果的关系。而人力资源则不同，作为一种资源，劳动者拥有的脑力和体力对价值的创造起着重要的贡献作用，它与社会价值的关系应当说是一种由果获因的关系。

（2）两者研究问题的角度和关注的重点不同。人力资本是通过投资形成的存在于人体中的资本形式，是形成人的脑力和体力的物质资本在人身上的价值凝结，是从成本收益的角度来研究人在经济增长中的作用，关注的重点是收益问题，即投资能否带来收益以及带来多少收益的问题。人力资源则不同，它将人作为财富的来源来看待，是从投入产出的角度来研究人对经济发展的作用，关注的重点是产出问题，即人力资源对经济发展的贡献有多大，对经济发展的推动力有多强。

（3）人力资源和人力资本的计量形式不同。众所周知，资源是存量的概念，而资本则是兼有存量和流量的概念，人力资源和人力资本同样也是如此。人力资源是指一定时间、一定空间内人所具有的对价值创造起贡献作用并且能够被组织所利用的体力和脑力的总和。人力资本，如果从生产活动的角度看，往往是与流量核算相联系的，表现为经验的不断累积、技能的不断增进，产出量的不断变化和体能的不断损耗；如果从投资活动的角度看，又与存量核算相联系，表现为投入到教育培训、迁移和医疗保健等方面的资本在人身上的凝结。

五、人力资源的特征

人力资源具备了能动性、时效性、增值性、社会性和可变性等特征。

人力资源是四大资源之一，由于它的本质在于其脑力和体力，使它具备了区别于其他三种资源的以下特征：

（1）能动性。人力资源是劳动者所有的能力，而人总是有目的、有计划地使用自己的脑力和体力，这也是人和其他动物的本质区别。在蜂房的建筑上，蜜蜂的本事使许多建筑师感到惭愧。但是，最拙劣的建筑师和最灵巧的蜜蜂相比仍然要显得优越，因为建筑师在用“蜂蜡”构成“蜂房”之前，已经在其头脑中把它构成。劳动过程结束时得到的结果，已经在劳动过程开始时存在于劳动者的观念中。正因为如此，在价值创造过程中，人力资源总是处于主动的地位，是劳动过程中最积极、最活跃的因素。人，作为人力资源的载体，和自然资源一样是价值创造的客体，但同时还是价值创造的主体。自然资源则相反，它在价值创造过程中总是被动的，总是处于被利用、被改造的地位，自然资源服从于人力资源。

（2）时效性。人力资源是以人为载体，表现为人的脑力和体力，因此它与人的生命周期是紧密相连的。人的生命周期一般可以分为发育成长期、成年期、老年期三个大的阶段。在人的发育成长期（我国规定为16岁之前），体力和脑力还处于一个不断增强和积累的过程中，这时人的脑力和体力还不足以用来进行价值创造，因此还不能称之为人力资源。当人进入成年期，体力和脑力的发展达到可以从事劳动的程度，可以对财富的创造作出贡献，因而也就形成了现实的人力资源。而继续向后，当人进入老年期，其体力和脑力都不断衰退，越来越不适合进行劳动，也就不能再称之为人力资源了。生命周期和人力资源的这种倒“U”形关系决定了人力资源的时效性，必须在人的成年时期对其进行开发和利用，否则就会浪费宝贵的人力资源。自然资源则不同，自然界的物质资源如果不能开发利用，一般来说它还会长久地存在，不会出现“过期作废”的现象，对自然资源而言，只存在开发利用的程度问题。

（3）增值性。与自然资源相比，人力资源具有明显的增值性。一般来说，自然资源是不会增值的，它只会因为不断地消耗而逐渐“贬值”；人力资源则不同，人力资源是人所具有的脑力和体力。对单个的人来说，人的体力不会因为使用而消失，只会因为使用而不断地增强，当然这种增强是有限度的。人的知识、经验和技能不会因为使用而消失，相反会因为不断地使用而更有价值。也就是说，在一定的范围内，人力资源是不断增值的，创造的价值会越来越多。

（4）社会性。自然资源具有完全的自然属性，它不会因为所处的时代、社会不同而有所变化。例如，古代的黄金和现代的黄金是一样的，中国的黄金和南非的黄金也没有什么本质的区别。人力资源则不同，人所具有的体力和脑力明显受到时代和社会因素的影响，从而具有社会属性。社会政治、经济和文化的不同，必将导致人力资源质量的不同。例如，古代整体的人力资源质量远远低于现代的，发达国家整体的人力资源质量明显高于发展中国家。

（5）可变性。人力资源和自然资源不同，在使用过程中它所发挥作用的程度可能会有所变动，从而具有一定的可变性。人力资源是人所具有的脑力和体力，它必须以人为载体，因此人力资源的使用表现为人的劳动过程，而人在劳动过程中又会因为自身心理状况的不同而影响到劳动的效果。例如，当人受到有效的激励时，就会主动地进行工作，尽可能地发挥自身的能力，人力资源的价值就能得到充分的发挥；相反，当人不愿意进行工作时，其脑力和体力就不会发挥出应有的作用。所以，人力资源作用的发挥具有一定的可变性，在相同的外部条件下，人力资源创造的价值大小可能会不同。自然资源则不同，在相同的外部条件下，其价值大小一般不会发生变化。

第二节　人力资源管理及职能体系

一、人力资源管理的概念

人力资源管理是依据组织和个人发展的需要，对组织中的人力这一特殊资源进行有效开发、合理利用与科学管理的机制、制度、流程、技术和方法的总和。

人力资源管理这一概念是在德鲁克 1954 年提出人力资源的概念之后出现的，虽然它出现的时间不长，但是发展的速度却很快，随着人力资源管理理论和实践的不断发展，人力资源管理的各种流派不断产生，学者们对人力资源管理的概念各有不同，难以达成一致的定义。

美国著名的人力资源管理专家雷蒙德·A. 诺伊（Raymond A. Noe）等在其《人力资源管理：赢得竞争优势》一书中提出，人力资源管理是指影响雇用的行为、态度及绩效的各种政策、管理实践以及制度。

美国学者舒勒等在《管理人力资源》一书中提出，人力资源管理是采用一系列管理活动来保证对人力资源进行有效的管理，其目的是为了实现个人、社会和企业的利益。

美国学者加里·德斯勒（Gary Dessler）在其《人力资源管理》一书中提出人力资源管理是为了完成管理工作中设计人或人事方面的任务所需要掌握的各种概念和技术。

迈克·比尔提出，人力资源管理包括会影响公司和雇员之间关系的（人力资源）性质的所有管理决策和行为。

台湾著名人力资源管理专家黄英忠则提出，人力资源管理是将组织所有人力资源作最适当的确保（acquisition）、开发（development）、维持（maintenance）和使用（utilization），以及为此所规划、执行和统制的过程。

国内著名学者余凯成认为，人力资源管理是指对全社会（或一个部门）各类型的从业人员的从招工、录取、培训、使用、周转、升迁、调动直至退休的全过程管理。

国内著名学者赵曙明则将人力资源管理界定为对人力这一特殊的资源进行有效开发、合理利用与科学管理。

国内著名人力资源管理专家彭剑锋综合国内外学者的不同观点，提出人力资源管理是依据组织和个人发展的需要，对组织中的人力这一特殊资源进行有效开发、合理利用与科学管理的机制、制度、流程、技术和方法的总和。本书采用此观点。

二、人力资源管理的职能体系

工作分析是人力资源管理的基础性职能，绩效管理和薪酬管理是人力资源管理的核心职能。

关于人力资源管理的职能模块，有如下几种类型的说法：

①人力资源的3P系统：指岗位分析系统（position and job analysis system）、薪酬系统（pay system）和目标绩效系统（performance management system），3P所关注的问题是人力资源系统中最核心的责任机制问题、分配机制问题和激励机制问题；②人力资源管理四模块：选人、育人、用人、留人；③人力资源管理六模块：人力资源规划、招聘与配置、培训与开发、考核与评价、薪酬与福利管理、劳动关系；④人力资源管理八大模块：工作分析、人力资源规划、招聘与配置、培训与开发、绩效管理、薪酬福利、劳动关系、员工职业生涯规划。

本书从人力资源的整个流程来看，支持第四种说法，这八大职能模块按时间的顺序一环扣一环，如图1－2所示。当然，它们各自的功能和作用都与其他所有模块有或多或少的联系，形成相互交叉的网络。

职能一：工作分析。这是人力资源管理的最基础性工作，包括两部分活动，一是对组织内各职位所要从事的工作内容和承担的工作职责进行清晰的界定；二是确定各职位所要求的任职资格，如学历、专业、年龄、技能、工作经验、工作能力以及工作态度等。工作分析的结果一般体现为职位说明书。

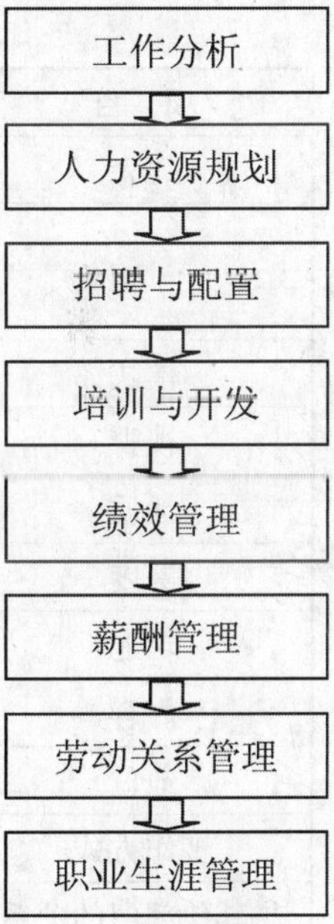

图1－2　人力资源管理的职能图

职能二：人力资源规划。包括对组织在一定时期内的人力资源需求和供给作出预测，再根据预测的结果制订平衡供需的计划等。

职能三：招聘与配置。为了解决人从哪里来以及人到哪里去的问题，在进行人力资源规划后，就需要通过人员招聘与配置活动来加以实现。

职能四：培训与开发。包括建立培训体系，确定培训的需求和计划，组织实施培训过程以及对培训效果进行反馈总结等活动。

职能五：绩效管理。根据既定的目标对员工的工作结果作出评价，发现其工作中存在的问题要加以改进，包括制订绩效计划、进行绩效评估以及实施绩效反馈等活动。

职能六：薪酬管理。包括的活动有制定薪酬原则和策略，根据工作分析与工作评价（见第二章）的结果明确所有职位的相对价值，实施薪酬水平的调查，设计薪酬结构，确定薪酬等级与薪酬标准，薪酬制度的实施、修正和调整。

职能七：劳动关系管理。指企业根据国家相关法律法规对人力资源的开发和使用上的管理工作，主要包括劳动法律法规、劳动合同的管理和劳动争议的处理等。

职能八：职业生涯管理。指组织和员工对企业及员工个人的职业生涯进行设计、规划、执行、评估、反馈和修正的综合性过程，是组织提供的用于帮助组织内正从事某类职业员工的行为过程。从个人的角度来讲，员工个人要对自己的职业生涯进行规划；从组织的角度来讲，组织要对员工的职业生涯进行管理。

三、传统人事管理与现代人力资源管理

现代人力资源管理是从传统的人事管理转变而来的，它们都是为实现企业的目标而进行的一系列涉及人、事、企业之间关系的活动。现代人力资源管理源于传统的人事管理，但在一定程度上又取代了人事管理，人力资源管理的作用日益强化，两者又是有区别的。

1. 相同点

管理的对象相同，即“人”；某些管理内容相同，如薪酬、编制、调配、劳动安全等；某些管理方法相同，如制度、纪律、奖惩、培训等。

2. 不同点

如表1－1所示。

（1）人事管理多从事战术性和事务性的工作，内容相对简单，主要是招聘、选用、为事择人，人事相宜后就是调配、薪资福利、安全保健等一系列的管理监督；人力资源管理更重视战略性管理工作，内容丰富化、扩大化，除担当传统的职责外还负责工作分析、工作设计、预测人力资源的需求与供给、制订人力资源计划、协调工作关系、组织创新等多项管理任务。

表1－1　传统人事管理与现代人力资源管理的比较

项　目	人力资源管理	人事管理
观念	视员工为有价值的重要资源	视员工为成本负担
目的	满足员工自我发展的需要，保障组织长远利益的实现	保障组织短期目标的实现
模式	以人为中心	以事为中心
视野	广阔、远程性	狭窄、短期性
性质	战略、策略性	战术、业务性
深度	主动、注重开发	被动、注重管好
功能	系统、整合	单一、分散
内容	丰富	简单
地位	决策层	执行层
工作方式	参与、透明	控制
与其他部门的关系	和谐、合作	对立、抵触
本部门与员工的关系	帮助、服务	管理、控制
对待员工的态度	尊重、民主	命令、独裁式
部门属性	生产与效益部门	非生产、非效益部门

（资料来源：刘善仕．人力资源管理．广州：华南理工大学出版社，2004.）

（2）人事管理实行的是控制型管理，将人单纯地看作成本，其管理以降低成本为宗旨，缺乏激励机制；人力资源管理则将人看作是一种在生产过程中起能动作用的经济资源，实行的是开发型管理，以人为本成为现代人力资源管理的指导思想。

（3）人事管理将企业看作是一个不受环境影响的封闭系统，实行封闭型管理；人力资源管理将企业看作是一个开放的系统，实行的是开放型管理。

（4）传统人事管理中，管理者与被管理者身份界限分明，员工只能被动地接受管理，无责任主动参与管理，而且管理手段是硬性控制，制定的规章制度和惩罚手段具有不可抗拒性；在现代人力资源管理中，管理者与被管理者双向沟通，员工积极参与企业的管理，而且实行柔性管理，使员工把实现企业的目标作为一种自觉的行为。

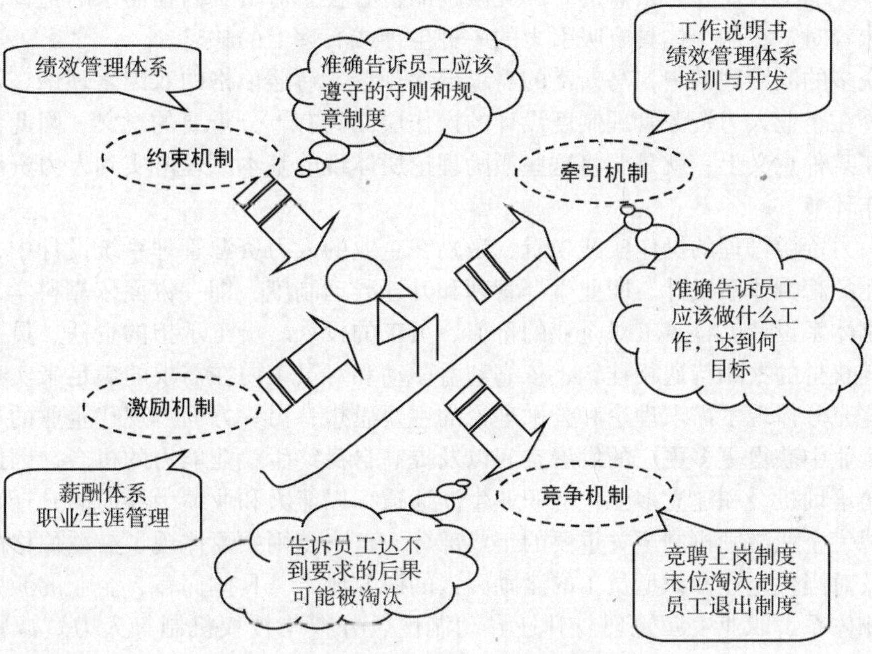

图1－3 企业的四大人力资源管理机制

四、人力资源管理机制

人力资源管理机制，指揭示人力资源管理系统的各要素，通过什么样的机理来整合企业的人力资源，以及整合人力资源之后所达到的状态和效果。彭剑锋教授等在进行人力资源管理理论本土化研究的基础上，提出了人力资源管理的四大机制模型，即牵引机制、激励机制、约束机制和竞争淘汰机制，这四大机制相互协调，从不同的角度整合和激活组织的人力资源，提升人力资源管理的有效性。如图1－3所示。

从图1－3可以看出，企业通过牵引机制告诉员工应该前进的方向和应该采取的行为方式；通过激励机制给予员工不断地提升自我价值、能力和业绩的动力；依靠约束机制来确保员工的行为始终处于帮助企业发展的轨道之中而不发生破坏和偏离；依靠竞争淘汰机制来淘汰不合格的员工。这四大机制形成了一个全面的人力资源管理的力学系统，使得员工在企业中能够持续性地处于激活状态，并不断得到能力和业绩的提升。

1. 牵引机制

所谓牵引机制，是指通过明确组织对员工的期望和要求，使员工能够正确地选择自身的行为，最终能够将员工的努力和贡献纳入帮助企业完成其目标、提升其核心能力的轨道中来。牵引机制的关键在于向员工清晰地表达组织和工作对员工行为和绩效的期望。因此，牵引机制主要依靠职位说明书、KPI 指标体系、企业的文化与价值观体系、培训开发体系来实现人力资源管理模块的目的。

2. 激励机制

根据现代组织行为学理论，激励的本质是使员工产生去做某件事的意愿，这种意愿是以满足员工的个人需要为条件的。因此激励的核心在于对员工内在需求的把握与满足，而需求意味着对特定的个体具有吸引力的一种生理或心理上的缺乏。

在众多的激励理论中，马斯洛的需求层次理论、赫兹伯格的双因素理论、亚当斯的公平理论等在企业人力资源管理制度设计的操作层面具有十分重要的意义。因此，激励机制的设计在某种意义上，就是要将这些激励理论所体现的基本原理落实到人力资源管理的制度和操作环节。

从人力资源管理的操作实践来看，激励在企业的人力资源管理系统设计中，更多地体现为企业的薪酬体系设计、职业生涯管理和升迁异动制度，即一方面依靠科学、公平、公正的薪酬体系设计，将员工对企业的价值、员工的投入、员工承担的责任、员工的工作成果等与其获得的报酬待遇相挂钩，依靠利益驱动和对员工内在需求的满足来实现对员工的激励，这充分体现了需求理论和公平理论的主要思想；另一方面，现代企业的员工越来越重视在企业中获得更多更广的发展空间以及提高自身终生就业能力的机会，因此为员工提供更多的培训机会和建立多元化的职业生涯通道，以能力和业绩为导向的升迁异动制度也将成为现代企业激励机制至关重要的组成部分，这一点则主要体现了赫兹伯格的双因素理论，以及对当代企业知识型员工的激励因素的研究成果。具体而言，企业的激励机制主要依靠薪酬体系、职业生涯管理与升迁异动制度、分权与授权机制等人力资源管理模块来完成。

3. 约束机制

所谓约束机制，其本质是对员工的行为进行限定，使其符合企业的发展要求的一种行为控制，它使得员工的行为始终在预定的轨道上运行。约束机制的核心是企业以 KPI 指标为核心的绩效考核体系和以任职体系为核心的职业化行为评价体系。

4. 竞争淘汰机制

企业不仅要有正向的牵引机制和激励机制来不断推动员工提升自己的能力和业绩，而且还必须有反向的竞争淘汰机制，将不能满足组织成长和发展需要的员工放于组织之外，同时将外部市场的压力传递到组织之中，从而实现对企业人力资源的激活，防止人力资本的沉淀或缩水，企业的竞争淘汰机制在制度上主要体现为竞聘上岗和末位淘汰制度。

第三节　人力资源管理的发展阶段

人力资源管理发展到目前这个阶段，经历了一个长期的演变过程，国内外学者研究人力资源管理的发展史，常见的有三阶段论、四阶段论、五阶段论和六阶段论，这些理论从不同的角度揭示了人力资源管理的发展历史。

1. 三阶段论

（1）以福姆布龙、蒂奇和德兰纳（Fombrun，Tichy，Deranna，1984）为代表的学者根据人力资源管理在组织管理中所扮演的角色和所起的作用，将人力资源管理的发展阶段分为操作性角色时代、管理性角色时代和战略性角色时代。

（2）付亚和和孙健敏（1995）等人将人力资源管理的发展阶段分为初级阶段、人事管理阶段和人力资源管理阶段。

2. 四阶段论

科罗拉多（丹佛）大学的韦恩·卡肖（Wayne Cascio，1995）从功能的角度将人力资源管理的发展阶段分为档案保管阶段、政府职责阶段、组织职责阶段和战略伙伴阶段。

3. 五阶段论

以罗兰和费里斯（Rowland & Ferris，1982）为代表的学者依据管理发展的历史将人力资源管理的发展阶段分为工业革命时代、科学管理时代、工业心理时代、人际关系时代和工作生活质量时代。

4. 六阶段论

以华盛顿大学的弗伦奇（French，1998）为代表的学者从管理的历史背景出发将人力资源管理的发展阶段分为科学管理运动阶段、工业福利运动阶段、早期工业心理学阶段、人际关系运动时代、劳工运动阶段和行为科学与组织理论时代。

本书综合国内外学者的观点，总结提炼出人力资源管理经历了四个阶段和实现了两次飞跃的结论。如图 1－4 所示。

一、阶段一：行政管理阶段

在 18 世纪以前，绝大多数制造业企业都是资本有限、工人没有受过教育的小企业。创业之初的企业往往没有专门的部门负责人力资源方面的工作，员工的档案和福利管理是由行政部门负责的，所以这个阶段可以称为行政管理阶段。

由于对刚成立的企业而言，决定企业生存的是对市场机会的成功把握，老板个人的活动能力在企业经营中起着至关重要的作用，人力资源工作在这个阶段往往得不到企业的重视，员工的工资是由老板决定的，奖金的发放也是完全凭老板的喜好而定，因此在公平性和激励性方面都会存在很多问题。

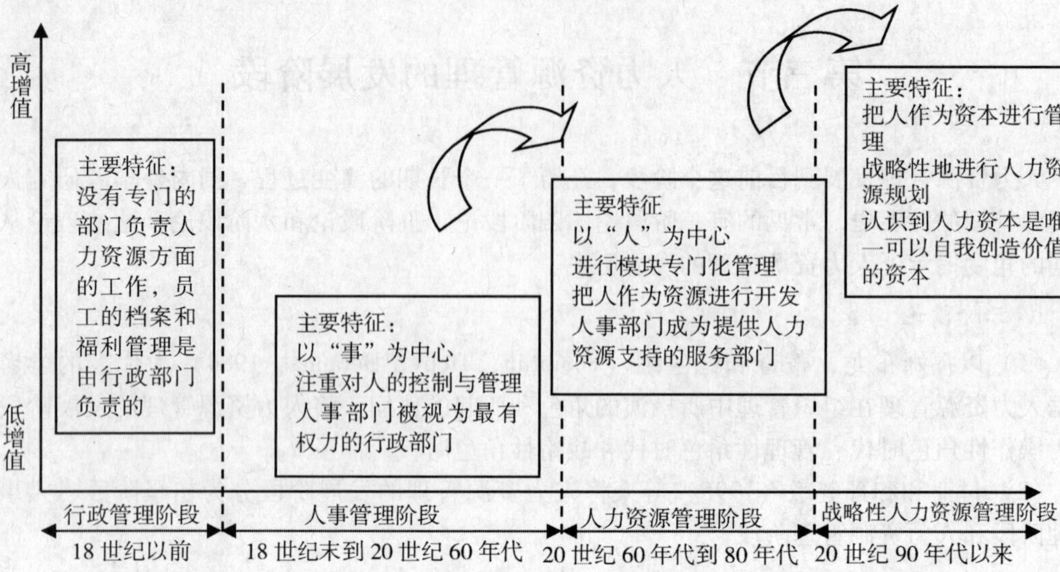

图 1-4　人力资源管理的发展阶段

二、阶段二：人事管理阶段

18 世纪末到 20 世纪 60 年代期间的发展阶段为人事管理阶段，其主要特征是以“事”为中心，注重对人的控制与管理，人事部门被视为最有权力的行政部门。

可具体分为以下几个阶段：工业革命阶段、科学管理阶段、工业心理学阶段、人际关系管理阶段。

1. 工业革命阶段

18 世纪末到 19 世纪初，工业革命的出现，使社会生产方式发生了根本性的变化，工业革命的三大特征（机械设备的发展、人与机器的联系、需要雇用大量人员的工厂的建立）导致了两个现象：一是劳动专业化的提高；二是工人生产能力的提高，工厂生产的产品数量激增，而劳动分工所带来的弊端是使人降格为“机器的附属物”。

由于工人受到不公正的对待，他们不可避免地要组织起来维护自己的权益，要求改善自己的生活条件。分工的专业化导致同一专业的工人联合起来维护自己的合法权益，因此，工会迅速发展壮大起来。

美国 1935 年颁布的《国家劳工关系法案》明确规定工人组织和集会的权利，以及和雇主进行集体谈判的权利，雇主不能强制或压制员工行使自己的权利，否则就是不公正行为。

集体谈判的出现，使组织内的劳工关系发生了变化，从而推动了人事管理的发展。在这一阶段，在工人的管理方面产生了各种朴素的管理思想，例如，在劳动分工的基础上对每个工人的工作职责进行界定；实行具有激励性的工资制度；推行职工福利制度；对工人的工作业绩进行考核等。罗伯特·欧文创建了最早的绩效考核系统，改善对工作中的人进行管理方面所作的努力，被称为“人事管理之先驱”。

这些管理思想基本上都以经验为主，并没有形成科学的理论，但是却奠定了人力资源管理的雏形。

2. 科学管理阶段

20 世纪初，以弗雷德里克·泰勒（F. W. Taylor，1856—1915）等为代表，开创了科学管理理论学派，并推动了科学管理实践在美国的大规模推广和开展。泰勒最早采用科学方法研究工人的工作效率问题，他在美国伯利恒钢针厂对工人实行严格管理，并用计件奖励工资激励工人努力生产，运用“时间—动作分析”的方法进行了大量的试验，提出了“劳动定额”、“工时定额”、“工作流程图”、“计件工资制”等一系列科学管理制度和方法，工人按他设计的工具和操作方法进行劳动，工作效率成倍提高。1911 年泰勒发表了《科学管理原理》一书，这本著作奠定了科学管理理论的基础，因而他被西方管理学界称为“科学管理之父”。

科学管理思想的出现，宣告了科学管理时代的到来，管理从经验阶段步入科学阶段，这在管理思想发展史上有着划时代的意义。人力资源管理的一些基本职能在这一阶段初步形成，如工作分析、招聘录用和员工培训等；同时，专门的人事管理部门在这一阶段也出现了，负责招聘录用、纠纷处理和工资确定等行政事务，所有这些都标志着人力资源管理的初步建立。

3. 工业心理学阶段

德国心理学家雨果·芒斯特伯格（Hugo Munsterberg，1863—1916）创立了工业心理学，将心理学测试用于甄选，将学习概念用于培训，将人类行为研究用于激励，推动了人事管理工作的科学化进程，于 1913 年出版的《心理学与工业效率》标志着工业心理学的诞生。

罗伯特·欧文（Robert Owen，1771—1858）提出了一个理想的工作场所，并主张使用在改进劳动力状况上的金钱是一种明智的投资。

玛丽·派克·福莱特（Mary Parker Follett，1868—1933）用个体和群体行为的观点来看待组织，提出了管理的员工导向思想和组织应该基于群体道德规范的观点。

切斯特·巴纳德（Chester I. Barnard，1886—1961）认识到组织是一个要求进行协作的社会系统，管理的职责是与员工沟通和激励员工作出更大的努力。

早期的工业心理学研究实际上并没有对当时的人力资源管理立即产生影响，相反，它几乎是独立地发展起来的，心理学家首先注意到了在工作过程中人的心理特点对工作效果的影响，并进行了大量研究。后来，这些结论才引起管理人员的注意。

“人事”一词大约是 1909 年出现在美国公务员服务委员会的年度报告中，在 1910 年以一个大标题出现在美国商务部与劳工部的年度报告中，历史学家把 1912 年作为现代人事部门诞生的时间。

1900—1920 年，虽然占主导地位的是科学管理运动，但是大公司中出现了人事专家，分别管理雇用、员工福利（包括财务、住房、医疗、教育等）、工作标准、安全、培训、健康等问题，这种专业分工形成了现代人力资源管理部门的组织基础。

4. 人际关系管理阶段

1929 年美国哈佛大学教授伊尔顿·梅奥（George Elton Mayo，1880—1949）率领一个研究小组到美国西屋电气公司的霍桑工厂进行了长达9年的霍桑实验，真正揭开了对组织中人的行为进行研究的序幕。

霍桑实验引发了人们对科学管理思想的反思，将员工视为“经济人”的假设受到了现实的挑战。霍桑实验发现了人际关系在提高劳动生产率中的重要性，揭示了对人性的尊重、人的需要的满足、人与人相互作用以及归属意识等对工作绩效的影响。人际关系理论开创了管理中重视人的因素的时代，是西方管理思想发展史上的一个里程碑，这一理论同时也揭开了人力资源管理发展的新阶段，设置专门的培训主管、强调对员工的关心和理解、增强员工和管理者之间的沟通等人事管理的新方法被很多企业采用，人事管理人员负责设计和实施这些方案，人事管理的职能被极大地丰富了。

三、阶段三：人力资源管理阶段

20世纪60年代到80年代，开始从人事管理阶段进入到人力资源管理阶段，实现了第一次飞跃，其主要特征是以“人”为中心，进行模块专门化管理，把人作为资源进行开发。“人事部”纷纷改称为“人力资源部”，成为提供人力资源支持的服务部门。

人力资源管理之父彼得·德鲁克（Peter F. Drucker，1909—2005）于1954年在其著作《管理的实践》提出并加以明确界定“人力资源”这一概念。

美国著名的行为科学家道格拉斯·麦格雷戈（Douglas McGregor），在1957年11月的美国《管理评论》杂志上发表了《企业的人性方面》一文，提出了有名的“X理论—Y理论”。其中的Y理论提出了人性善的假设，如喜欢工作、为实现目标而努力、个人目标和团队目标的统一、主动地创造性等。

美国哈佛大学心理学教授戴维·麦克利兰（David Clarence McClelland，1917—1998）从20世纪四五十年代起就开始对人的需求和动机进行研究，提出了著名的“三种需要理论”，他认为个体在工作情境中有三种重要的动机或需要：一是成就需要：争取成功希望做得最好的需要；二是权力需要：影响或控制他人且不受他人控制的需要；三是亲和需要：建立友好亲密的人际关系的需要。

随后，需求层次理论、ERG理论、双因素理论、公平理论等不断出现，从不同角度提出了人的需求特性。

四、阶段四：战略性人力资源管理阶段

进入20世纪90年代以来，人力资源管理理论不断发展，也不断成熟，人们更多地探讨人力资源管理如何为企业的战略服务，人力资源部门的角色如何向企业管理的战略合作伙伴关系转变，战略人力资源管理理论的提出和发展，标志着现代人力资源管理的新阶段，实现了人力资源管理的第二次飞跃。

这个阶段的主要特征是把人作为资本进行管理，战略性地进行人力资源规划认识到人力资本是唯一可以自我创造价值的资本。

此时，人力资源管理的职能不再是简单的人事职能了，它包含如下方面：人力资源的战略规划、决策系统；人力资源的成本核算与管理系统；人力资源的招聘、选拔与录用系

统；人力资源的教育培训系统；人力资源的工作绩效考评系统；人力资源的薪酬福利管理与激励系统；人力资源的保障系统；人力资源的职业发展设计系统；人力资源管理的政策、法规系统；人力资源管理的诊断系统。

战略人力资源管理一方面强调人力资源管理的目标导向，也就是通过组织建构将人力资源管理置于组织经营体系，促进组织的绩效最大化；另一方面，强调人力资源管理的契合性，即横向上人力资源各业务模块的契合以及纵向上人力资源管理和企业发展战略的契合。这时人力资源的吸引、保持和开发不再仅仅是人力资源部门的责任，它强调了企业的管理者对于人力资源的优化所需要承担的重任，强调系统地将人与组织关联起来形成统一匹配的人力资源管理以支持战略目标的实现。

如果说人事管理让企业将“人”纳入其价值体系，人力资源管理关注与人才组织和管理相关的流程的完善性，为人才的内部流动和管理创造了条件，那么战略性人力资源管理就使人才的价值升华与企业命运息息相关。

五、未来的人力资源管理

1. 未来的工作

别开生面的工作方式：不用靠汗水赚钱，而是靠组织、智力、信息工作。公司的经理们都知道，如果公司亏本，不是公司的职工汗水流少了，而是智力、信息等软件落后了。

新型工人——“脑力”工人成为“工人阶级”的主要成员，工人不再是机器的奴隶，而是有主见的新人，工人已接受较高的素质和技能教育，新的工作作风，新的价值观念，新的多样化、个性化的追求，使他们能适应灵活的管理，适应崭新的工作作风。

新的基础工业：遗传生物工程、海洋工程、软件、信息、电子工业等，创造并拓展了多种服务业。

“工作”一词已包含了多种内容，它不再要求 8 小时工作制，不再要求在固定的地点、时间、工作岗位上工作，人们可以随机地选择工作时间和工作地点，他们在电脑终端工作，与“电脑中心”保持联系。

2. 未来的人力资源管理

职工的名册、工作岗位、报酬、工作方式都将是灵活的，人力资源管理部门将没有一成不变的“花名册”，也没有固定不变的“工资表”，他们将争取更加灵活的管理方式方法。

个人的志愿获得最大的尊重，人才流动是频繁的，择业的自由度提高，人们将选择最能发挥自己潜能或选择自己最喜爱的工作。

钟点工作制、课题工作制、程序工作制将被普遍承认和使用。

人力资源部门将把重点放在收集和建立人才库上，要拥有一批不断流动的精通本部门工作的人才名单，就像职工不断更换企业和部门一样，它们也将不断更换雇员。

“失业工人”可获得更高的社会保障。

第四节　人力资源管理的理论基础

人力资源管理是对人进行的管理，因此对人的基本看法将直接决定人力资源管理的具体方式和方法，人性假设从而也就构成了人力资源管理的理论基础。

而关于人性问题，自古以来争论不休：我国古代孔子、孟子、荀子和韩非子都提出过这方面的理论，大致有性善论、性恶论和非善非恶论。西方的很多学者也作过深入的研究，其中最具代表性的就是美国行为科学家道格拉斯·麦格雷戈提出的“X 理论—Y 理论”和美国行为科学家埃德加·H. 沙因（Edgar H. Schein）提出的“四种人性假设理论”。

一、X 理论—Y 理论

麦格雷戈认为，有关人的性质和人的行为的假设对于决定管理人员的工作方式来讲是极为重要的，不同的管理人员之所以会采用不同的方式来组织、控制和激励人们，原因就在于他们对人的性质的假设是不同的。他经过长期研究后，在 1957 年 11 月的美国《管理评论》杂志上发表了《企业中人的方面》一文，提出了著名的“X 理论—Y 理论”，并在以后的著作中进一步完善了这一理论。

1. X 理论

麦格雷戈将传统的人们对人性的假设称为 X 理论，并将这一观点归纳为以下几个方面：

（1）大多数人生性都是懒惰的，他们尽可能地逃避工作。

（2）大多数人都没有什么雄心壮志，不喜欢负什么责任，宁可让别人领导。

（3）大多数人都是以个人为中心的，这会导致个人目标与组织目标相互矛盾，为了达到组织目标必须靠外力严加管制。

（4）大多数人都是缺乏理智的，不能克制自己，很容易受别人影响。

（5）大多数人习惯于保守，反对变革，安于现状。

（6）大多数人都是为了满足基本的生理需要和安全需要，他们将选择那些在经济上获利最大的事去做。

（7）只有少数人能克制自己，这部分人应当担负起管理的责任。

X 理论的观点非常类似于我国古代的性恶论，认为“人之初，性本恶”。在这种理论的指导下，必然会形成严格控制的管理方式，以金钱作为激励人们努力工作的主要手段，对消极怠工的行为采取严厉的惩罚，以权力或控制体系来保护组织本身和引导员工。

2. Y 理论

基于 X 理论，麦格雷戈提出了与之完全相反的 Y 理论，这一理论的主要观点是：

（1）一般人天性并不是不喜欢工作，工作中体力和脑力的消耗就像游戏和休息一样自然，工作可能是一种满足，因而自愿去执行，也可能是一种处罚，因而只要有可能就想逃避，到底怎样，要视环境而定。

（2）外来的控制和惩罚并不是促使人们为实现组织的目标而努力的唯一方法，它甚至对人是一种威胁和阻碍，并放慢了人成熟的脚步，人们愿意实行自我管理和自我控制来完成应当完成的目标。

（3）人的自我实现的要求和组织要求的行为之间是没有矛盾的，如果给人提供适当的机会，就能将个人目标和组织目标统一起来。

（4）一般人在适当条件下，不仅学会了接受职责，而且还学会了谋求职责，逃避责任、缺乏抱负以及强调安全感通常是经验的结果，而不是人的本性。

（5）所谓的承诺与达到目标后获得的报酬是直接相关的，它是达到目标的报酬函数。

（6）大多数人，而不是少数人，在解决组织的困难与问题时，都能发挥较高的想象力、聪明才智和创造性，但是在现代工业生活的条件下，一般人的智慧潜能只是部分地得到发挥。

Y 理论的观点非常类似于我国古代的性善论，认为“人之初，性本善”。以这一理论为指导，管理的方式和方法必然也会不同，管理者的重要任务不再是监督控制，而是创造一个使人得以发挥才能的工作环境，发挥员工的潜力，使员工在完成组织目标的同时也达到自己的个人目标；同时，对人的激励主要是给予员工来自工作本身的内在激励，让员工担当具有挑战性的工作，担负更多的责任，满足其自我实现的需要。

麦格雷戈认为 Y 理论较 X 理论更为优越，因此应当按照 Y 理论来管理。但是后来，约翰 · J. 莫尔斯（John J. Morse）和杰伊 · W. 洛希（Jay W. Lorsch）两位学者经过实验证明麦格雷戈的这一观点是不正确的。

他们于 1970 年在《哈佛商业评论》上发表了《超 Y 理论》一文，提出了著名的“超 Y 理论”，对麦格雷戈的 X 理论—Y 理论作了进一步的完善，该理论的主要观点是：

（1）人们是抱着各种各样的愿望和需要加入企业组织的，人们的需要和愿望有不同的类型：有的人愿意在正规化、有严格规章制度的组织中工作；有的人却需要更多的自治和更多的责任，需要有更多发挥创造性的机会。

（2）组织形式和管理方法要与工作性质和人们的需要相适应，不同的人对管理方式的要求是不一样的：对上述的第一种人应当以 X 理论为指导来进行管理，而第二种人则应当以 Y 理论为指导来进行管理。

（3）组织机构和管理层次的划分，员工的培训和工作的分配，工资报酬、控制程度的安排都要从工作的性质、工作的目标和员工的素质等方面考虑，不可能完全一样。

（4）当一个目标达到以后，可以激起员工的胜任感和满足感，使之为达到新的更高的目标而努力。

按照超 Y 理论的观点，在进行人力资源管理时要根据不同的情况采取不同的管理方式和方法。

二、四种人性假设理论

美国行为科学家埃德加 · H. 沙因在其 1965 年出版的《组织心理学》一书中把前人对人性假设的研究成果归纳为“经济人假设”、“社会人假设”和“自我实现人假设”，并在此基础上提出了“复杂人假设”，他将这四种假设排列称为“四种人性假设”。迄今，应当说这是对人性假设所作的最为全面的概括和研究。

1. 经济人假设

相当于麦格雷戈提出的X理论，沙因将经济人假设的观点总结为以下几个方面：

（1）人是由经济诱因来引发工作动机的，其目的在于获得最大的经济利益。

（2）经济诱因在组织的控制之下，因此，人总是被动地在组织的操纵、激励和控制下工作。

（3）人以一种合乎理性的、精打细算的方式行事，总是力图用最小的投入获得满意的报酬。

（4）人的情感是非理性的，会干预人对经济利益的合理追求，组织必须设法控制人的感情。

2. 社会人假设

这种假设是由人际关系学派的倡导者梅奥等人提出的，其最初的依据就是霍桑实验所得出的一些结论。按照社会人的假设，管理的重点就是要营造和谐融洽的人际关系，沙因将社会人假设的观点总结为以下四点：

（1）人类工作的主要动机是社会需要，人们要求有一个良好的工作氛围，要求与同事之间建立良好的人际关系，通过与同事的关系获得基本的认同感。

（2）工业革命和工作合理化的结果使得工作变得单调而无意义，因此必须从工作的社会关系中寻求工作的意义。

（3）非正式组织有利于满足人们的社会需要，因此非正式组织的社会影响比正式组织的经济诱因对人有更大的影响力。

（4）人们对领导者的最强烈期望是能够承认并满足其社会需要。

3. 自我实现人假设

这种假设相当于麦格雷戈提出的Y理论，此外马斯洛（Maslow）的“需求层次理论”中自我实现的需要和克里斯·阿吉里斯（Chris Argyris）的“不成熟—成熟”理论中个性的成熟也都属于自我实现人的假设。沙因将自我实现人假设的观点总结为以下几点：

（1）人的需要有低级和高级之分，从低级到高级可以划分为多个层次，人的最终目的是满足自我实现的需要，寻求工作上的意义。

（2）人们力求在工作上有所成就，实现自治和独立，发展自己的能力和技术，以便富有弹性，能适应环境。

（3）人们能够自我激励和自我控制，外部激励和控制会对人产生威胁，产生不良后果。

（4）个人自我实现的目标和组织的目标并不是冲突的，而是能够达成一致的，在适当的条件下，个人会自动地调整自己的目标并使之与组织目标相配合。

4. 复杂人假设

这种假设类似约翰·J. 莫尔斯和杰伊·W. 洛希提出的超Y理论。沙因认为，经济人假设、社会人假设和自我实现人假设并不是绝对的，它们在不同的环境下针对不同的人分别具有一定的合理性，由于人的需要是复杂的，因此不能简单地相信或使用某种假设，为此他提出了复杂人假设，这一假设包括以下几个方面的观点：

（1）每个人都有不同的需要和不同的能力，工作的动机不但复杂而且变动性也很大，人们的动机安排在各种重要的需求层次上，这种动机阶层的构造不但因人而异，而且对同一个人来说，在不同的时间和地点也是不一样的。

（2）人的很多需要不是与生俱来的，而是在后天环境的影响下形成的，一个人在组织中可以形成新的需求和动机，因此一个人在组织中表现的动机模式是其原来的动机模式与组织经验交互作用的结果。

（3）人们在不同的组织和不同的部门中可能有不同的动机模式，例如，有人在正式组织中满足物质利益的需要，而在非正式组织中满足人际关系方面的需要。

（4）一个人在组织中是否感到心满意足，是否肯为组织奉献，取决于组织的状况与个人的动机结构之间的相互关系，工作的性质、本人的工作能力和技术水平、动机的强弱以及与同事之间的关系等也都可能对个人的工作态度产生影响。

（5）人们依据自己的动机、能力及工作性质，会对一定的管理方式产生不同的反应。

按照复杂人假设，实际上不存在一种适合于任何时代和任何人的通用管理方式和方法，管理必须是权变的，要根据不同人的不同需要和不同情况采取相应的管理方式。

三、中西方人性假设对比

中国古代至近现代许多思想家和学者，对人的本质的认识取得了与上述四种假设相似的结论，如表 1－2 所示。

表 1－2　中西方人性假设对比表

西方理论	经济人（X）	社会人	自我实现人（Y）	复杂人（超 Y）
中方理论	性恶论	性善论	尽性主义	流水人性
内涵	目好色，耳好声，口好味，心好利，骨体肤理好愉佚（荀子）	恻隐之心，羞恶之心，辞让之心，是非之心（孟子）	把各人的天赋良能发挥到十分圆满，人人可以自立（梁启超）	人性无善与不善，决诸东方则东流，决诸西方则西流（告子）

（资料来源：葛玉辉．人力资源管理（第 2 版）．北京：清华大学出版社，2008.）

在春秋战国时期，诸子百家争论的热点之一即人的本性。

法家早期思想家荀子提出了“性恶论”，他认为，“人之初，性本恶”，性恶的根据是：“若夫目好色，耳好声，口好味，心好利，骨体肤理好愉佚，是皆生于人之情性者也。”（《荀子简释·性恶》）这种观点与西方的“经济人假设”十分相近。

儒家思想家孟子主张“性善论”，他认为：“人之初，性本善。”其根据是：“人皆有不忍人之心……所以谓人皆有不忍人之心者，今人乍见孺子将入于井，皆有怵惕恻隐之心——非所以内交于孺子之父母也，非所以要誉于乡党朋友也，非恶其声而然也。由是观之，无恻隐之心，非人也；无羞恶之心，非人也；无辞让之心，非人也；无是非之心，非人也。恻隐之心，仁之端也；羞恶之心，义之端也；辞让之心，礼之端也；是非之心，智之端也。人之有四端也，犹其有四体也。”（《孟子·公孙丑上》）这些善良的本性是与生俱来的，这种看法类似于西方的“社会人假设”。

春秋战国时期的另一位思想家告子提出“性无善恶论”，认为：“性无善无不善也。”善与恶都不是天生的，而是后天教育培养的结果，他把人性比作流水，他说：“性犹湍水也，决诸东方则东流，决诸西方则西流。人性之无分于善不善也，犹水之无分于东西也。”（《孟子·告子上》）这种看法具有一定的唯物主义因素，与西方的“复杂人假设”相似。

在中国春秋战国时代，没有类似西方“自我实现人假设”的观点，但在近代有位著名的思想家梁启超，他提出了“个性中心论”，他倡导“尽性主义”：“尽性主义，是要把各人的天赋良能发挥到十分圆满。就私人而论，必须如此，才不至成为天地间一赘瘤。人人可以自立，不必累人，也不必仰人鼻息。就社会国家而论，必须如此，然后人人各用其所长，自动地创造进化，合起来便成强固的国家、进步的社会。”（《欧游心影录》）这里说的“尽性”的人即把个人聪明才智充分发挥的人，他们可以“自立”，“自动地创造进化”，与西方的自我实现人假设十分相近。

【本章小结】

人力资源是指能够推动整个经济和社会发展的具有智力劳动和体力劳动能力的劳动者的总和。它包含数量和质量两个概念，它不仅要求具有劳动能力，还要求具有健康的、创造性的劳动，能推动社会的发展和人类的进步。人口资源、劳动力资源、人才资源和天才资源概念关注的重点不同。人力资源和人力资本是既有联系又有区别的两个概念。人力资源具体表现为：能动性、时效性、增值性、社会性、可变性等。

人力资源管理是依据组织和个人发展的需要，对组织中的人力这一特殊资源进行有效开发、合理利用与科学管理的机制、制度、流程、技术和方法的总和。

人力资源管理经历了行政管理阶段、人事管理阶段、人力资源管理阶段和战略性人力资源管理阶段四个阶段，实现了两次飞跃，其中人事管理阶段进入到人力资源管理阶段为第一次飞跃，人力资源管理阶段到战略性人力资源管理阶段为第二次飞跃。

关于人性假设理论，最具代表性的就是“X 理论—Y 理论”和“四种人性假设理论”。

【讨论题】

1. 人是不是组织最有价值的资产？为什么？
2. 人力资源的含义是什么？
3. 人口资源、劳动力资源、人力资源、人才资源和天才资源的区别是什么？
4. 人力资源和人力资本之间是什么关系？
5. 人力资源有哪些特征？
6. 什么是人力资源管理，它包含哪些职能？
7. 人力资源管理与传统人事管理的区别是什么？
8. 人力资源管理经过了哪几个阶段的发展，各阶段有何特点？
9. 人性假设理论包括哪些内容？

【实训练习】

1. 四种人性假设：①社会人、②经济人、③复杂人、④自我实现人，按其产生时间的先后，排列顺序为（ ）。（2009 年 5 月四级真题）

（A）①②③④ （B）④③②① （C）②①③④ （D）②①④③

2. 以下关于人力资源管理的说法不正确的是（ ）。（2009 年 5 月四级真题）

（A）管理的系统化 （B）管理手段的现代化

（C）管理的规范化 （D）管理思想的哲学化

3. 以下有关人力资本投资的表述错误的是（ ）。（2009 年 11 月三级真题）

（A）投资主体可以是国家或个人 （B）投资对象是人

（C）投资直接提高人的劳动生产能力 （D）是一种非生产性投资

4. 以下不属于人力资源特点的是（ ）。（2010 年 5 月三级真题）

（A）时间性 （B）能动性 （C）消费性 （D）规律性

5.（ ）是现代人力资源管理理论的基本前提和基础。（2009 年 11 月三级真题）

（A）人力资源管理目标 （B）人力资源对象

（C）人力资源管理活动 （D）人力资源管理概念

6. 企业（ ）是指企业的声誉、人力、财力和物力。（2009 年 11 月四级真题）

（A）销售能力 （B）实力 （C）服务能力 （D）控制能力

7. 人力资本是经济资本中的核心资本，其原因在于人力资本的（ ）。（2010 年 5 月三级真题）

（A）时效性 （B）创造性 （C）收益性 （D）累积性

【案例分析】

案例 1－1 为什么我们的人力资源部门得不到尊重

李泳平在设于北京的联信（中国）有限公司作了四年的人事经理之后，于 2001 年 11 月加入到先锋工程（广州）有限公司，他为自己能在新公司升迁为人力资源部主任而兴奋不已。“先锋”和他原来所在的公司一样，也是一家中美合资企业，双方各占一半的股份。“先锋”设在美国的总部，是一家大型跨国公司，在那些生产范围较广的建筑设备制造企业中位居前列，其产品包括混凝土搅拌机、压路机和风钻。广州厂是一个新建的专门生产小型混凝土搅拌机的企业。

该合资企业自从 1992 年以来运作得非常成功，在头四年里，利润以每年近 25% 的速度递增。初期运营阶段的大部分成就都归功于那个强有力的总裁——西蒙·卞，他是来自新加坡的外籍雇员，在过去的 21 年里一直和美方搭档在东南亚地区工作，来广州厂上任是他第一次奉派来中国工作。后来，在 2001 年 12 月，他认为这个合资企业已经走上正轨，自己的使命已完成，便接受了一个在澳大利亚的职位，代表美国合作方去那里帮助他们建立和经营一家新的独资子公司。

新总裁是位名叫尹德阳的台湾人，他是从美国合作方在台北的公司加入到“先锋”来的，对他的任命得到了董事会和高级管理层的一致赞同，大家都承认这次最高层的变更是一次平稳的过渡。

但是，自从卞离开以后，事情就变了，人事更迭急骤加剧，公司的获利能力也受到了不利的影响。接着，在2002年，四名中方最高层管理人员离开了公司，一名“跳”到了竞争对手的公司，一名去了咨询公司，还有两名决定合伙自己办企业。看来在广州厂，卞本人已经成了“先锋”企业文化的化身，是他的个人魅力和领袖气质使得人们为公司效劳；同样是他的人格和魄力吸引了高层管理人员在此创业。他一走，公司里的一部分有生力量也就随之而去了。

李泳平来“先锋”公司时没有意识到这些问题，虽说是初来乍到，但做人力资源经理，他是个行家里手，而且在他以前的雇主联信（北京）公司那里有着骄人的工作履历，他相信随着政府最近对基础设施项目的大规模投资，在一个充满活力和生机的产业部门，“先锋”出现的变化对于个人发展来说是个绝好的机会。

他对新公司的最初印象使他明白无疑：新任总裁不具备卞那种招贤纳士的本领。以前，公司从未对人力资源部的事如此关注过，因为没这个必要。在卞的领导下，这个部门当时只有一项行政职能，尹德阳值得称道的地方就是他认识到了这点，并为此聘用了李泳平。

但是在公司的18个月使李泳平感到非常沮丧，他不仅没能减少骨干分子的流失，更糟的是他还招募不到合适的新人来顶替他们，这就意味着人力资源部仍旧只能被看成一群做做福利表格、查查考勤和休假、订订薪酬标准的办事员。

李泳平非常清楚人力资源部能够并应该为公司在吸引和留住人才方面作出巨大贡献。可说实在的，他的部门没有发挥好这个作用，尽管他在任职的18个月里已经作了一些有意义的变革，但并没得到他所希望的来自一线管理人员的支持。

回顾在公司的这段日子，他试图对他的部门作一个评价。

他们的确有过一些小的过失，像2001年就出现了给高级管理人员发错年终奖金支票的问题，可那在第二个月底之前就解决了。在他到任之前，由于不公正的解雇引发的一个问题拖了好几个月，但最终还是朝着对公司有利的那一面解决了，况且这是他来“先锋”之前的事，很难归咎于他。其他还有一些现实工作中的微小失误，但没有哪个部门能做到无懈可击。

当然也有值得赞许的一面，他的几个想法已付诸实施，这些想法在北京被证实是成功的。他初进公司时，花了很多时间挨个儿地去找那些高级管理人员，面对面地向他们了解那些曾使公司成功运作的都是些什么样的人；再有，他们对目前聘用的员工都有些什么样的看法；他还接触了许多别的员工，包括经理、销售人员、行政人员和他所在部门的全体员工；他还花了很多工夫来分析公司惯用的招聘来源：人才市场、高等院校、媒介和当地的猎头公司。

在与员工的会议当中，他感到“先锋”的症结并不仅仅在于招聘或挽留人才，分歧似乎还发生在人们是否认为“先锋”是个理想的工作单位。除此之外，大多数的管理人员都使他产生了这样的印象，那就是他们对人力资源部派来给他们找症结的人不太适应，自从西蒙·卞走后，士气也一年比一年有所下降。

但不管怎么说，有了这些先期探讨研究出的结果，他就可以采取一些措施了：

(1) 他为人力资源部引入一套包括内部服务标准、绩效保证和不断衡量客户满意程度的方案。

(2) 他设立了“情报站”，要求他的一个员工每月花一天的时间在各个不同的部门接受提问并提供建议。

(3) 他推行“人力资源特使”计划，指定他的员工各自分管不同的部门，以便他们能与各不同领域的一线管理人员紧密联系。

(4) 建立他和各部门负责人之间的例会制度。

最后，他草拟了几项计划，用来推行一个方案，该方案是向全公司的员工宣传人力资源部所扮演的角色，特别要提到这一角色在制定成功策略并支持该策略实施方面会作出什么样的贡献。

在“先锋”任职的最初那六个月里，他全都扑在了这些工作上，在2003年5月召开的高层会议上，他把调查结果摆了出来并提出了自己的建议。当时在会上，他以为这些提议被他的同事们欣然接受了，因为没有什么人提出质疑，也没有什么人提出商榷，这会儿他开始怀疑了，那天他们在会上的沉默也许并不意味着对他的新想法和新提案的默许，而只不过是没有认真听罢了。

尽管他的某些倡议收到了一点儿效果，但他并未获得像他在北京前任公司时为本部门争取支持和地位所取得的那种突破性的进展，为了使所有的倡议都能得到其他部门无条件的支持，他还应进一步采取哪些措施呢？

（资料来源：刘善仕．人力资源管理．广州：华南理工大学出版社，2004.）

问题：

(1)“先锋”公司问题的症结出在哪里？

(2) 李泳平为解决以上问题采取了哪些措施？简要分析其有效性。

(3) 结合案例，谈谈人力资源部在公司中的地位及其职能是什么？

(4) 你对上述“先锋”公司存在的问题有何看法？

案例1-2　把珍珠串成项链——联想集团的人力资源管理经验

联想集团从1984年创业时的11个人、20万元资金发展到2001年已拥有近7 000名员工、16亿元资产、累计上缴利税10.5亿元，成为具有一定规模的贸、工、技一体化的中国民营高科技企业。当外界纷纷探索联想成功奥秘的时候，当一大批优秀的年轻人被联想的外部光环吸引而云集联想的时候，我们不妨走入联想内部，去看看联想的人力资源管理。

1. 观念的转变：从“蜡烛”到“蓄电池”

联想和每一个企业的成长历史相类似，也经历了初创、成长到成熟几个阶段。在企业成长过程中，随着企业规模扩大，企业领导层越来越认识到人的作用。1995年，集团“人事部”改名为“人力资源部”，这种改变不仅是名称的变化，更是一种观念的更新。

蒋北麒先生说：“过去的人才管理把人视作蜡烛，不停地燃烧直至告别社会舞台。而现在，把人才看作资源，人好比蓄电池，可以不断地充电、放电。现在的管理强调人和岗位适配，强调人才的二次开发。对人才的管理不仅是让他为企业创造财富，同时也要让他寻找到最适合的岗位，最大限度地发挥自身潜能，体现个人价值，有利于自我成长。”

中关村是人才争夺“重地”，贝尔实验室、微软研究院、IBM研究中心等外资研发机构纷纷在此安营扎寨。在这场人才争夺战中，联想并不是被动挨打，而是主动迎战，他们认为这些跨国公司的进入，大大刺激了中国的人才市场，同时也给国内企业提供了一个更新人才观念、改变管理机制的学习机会。为此，联想提出了自己的薪新理论：项链理论。就是说人才竞争不在于把最大最好的珠子买回，而是要先理好自己的一条线，形成完善的管理机制，把一颗颗珍珠串起来，串成一条精美的项链。而没有这条线，珠子再大再多还是一盘散沙。没有好的管理形成强有力的企业凝聚力，仅仅依赖高薪也难留住人才。

2. 在赛马中识别好马

联想为那些肯努力、肯上进并肯为之奋斗的年轻人提供了很多机会，当年联想集团管理层的平均年龄只有31.5岁，联想电脑公司的总经理杨元庆、联想科技发展公司总经理郭为、联想科技园区的总经理陈国林……都是没有超过35岁的年轻人，他们各自掌握着几个亿、甚至几十亿营业额的决策权。从1990年起，联想就开始大量提拔和使用年轻人，几乎每年都有数十名年轻人受到提拔和重用，联想对管理者提出的口号是：你不会授权，你将不会被授权，你不会提拔人，你将不被提拔，从制度上保证年轻人的脱颖而出。

联想启用年轻人采取的策略是“在赛马中识别好马”，这包括三个方面的含义：

（1）要有“赛场”，即为人才提供合适的岗位；

（2）要有“跑道”划分，不能乱哄哄挤作一团，必须引导他们有秩序地竞争；

（3）要制定好比赛规则，即建立一套较为科学的绩效考核和奖励评估系统。

媒体评论说联想“爱折腾”，从1994年开始，每到新年度的三四月间都会进行组织机构、业务结构的调整。在这些调整中，管理模式、人员变动都很大。通过“折腾”，联想给员工提供尽可能多的竞争机会，在工作中崭露头角的年轻人脱颖而出，而那些固步自封、跟不上时代变化的人就会被淘汰——这就是“在赛马中识别好马”。

3. 善于学习者善于进步

联想创始人之一、公司副总裁李勤总结自己时说过一句话：办公司是小学毕业教中学，其含义是，办企业对他是一项全新的挑战，需要学习的知识太多。不仅是李勤一个人，不仅仅是联想一家企业，可以说中国整个企业界尚处于少年期，需要学习的地方太多，善于学习者善于进步。

联想注重向世界知名的大公司请教，在人力资源管理上，IBM、HP等都是他们的老师。联想和这些公司的人力资源部保持着亲密的关系，同时，他们与国际上一些知名的顾问咨询公司合作，引入先进的管理方法与观念。

蒋北麒经理介绍说：适才适岗，首先要求对岗位进行分析评估，岗位职责明确并有量化考核指标；其次对员工的技能素质、心理素质和潜质等进行分析，同时还必须有一套机制来保证适才适岗。通过建立企业内部劳动力市场，通过轮岗制度，来实现人和岗位的最佳配置。

4. 小公司需要关、张、赵，大公司需要刘备

当问到什么人在联想成长最快时，蒋经理的回答是首先要明白联想需要什么样的人。

联想决策层一直关注领军人物的培养，柳传志总裁曾说过：领军的人好比是1，后面

跟一个0是10，跟两个0是100……

用一个不太确切的比喻：一个刚兴起的小公司需要关羽、张飞、赵云的勇猛善斗，而一个已具规模的企业更需要刘备的知人善用，好的领军人物需要有识人的眼光和培养人的胆略。

那么，什么人更能获得成功？

第一，他要具有极强的上进心，联想要培养的是需要舞台和自我表现机会的年轻人，为了国家、民族的富强把职业变成事业的人，纯粹求职的人在联想没有大的发展。

第二，他要乐于接受新知识并勤于学习，在科技飞速发展的今天，知识更新越来越快，不会学习者就是文盲。

第三，他要有对事物的敏感性，能预见结果，具备一眼看到底的透彻力（此种能力更是智慧加经验）。

第四，最重要的是要有自知之明，不要自视过高，要时时清醒意识到公司及个人所处的位置，知不足而后改之。年轻人总有点自视过高，不能清醒评价自己，也不能充分领略别人的精彩之处，这种人往往不易进步。

第五，年轻人悟性要强，要善于总结。犯错误并不可怕，可怕的是在同一个地方因同一原因摔第二次。

（资料来源：魏新，刘苑辉，黄爱华. 人力资源管理概论. 广州：华南理工大学出版社，2007.）

问题：

（1）请谈谈你对人才从“蜡烛”到“蓄电池”转变的看法，这反映了从“人事管理”到“人力资源管理”哪些方面的变化？

（2）联想集团的核心人才包括哪些？联想集团的核心人才如何支撑公司的竞争优势？

（3）联想集团并购IBM个人电脑事业部的过程在人力资源管理方面给了你什么启示？

案例1－3 Prudential财务公司的人力资源外包

经营保险和投资的Prudential财务公司决定把自己的人力资源外包给Exult公司，人力资源外包将接管Prudential公司的人力资源系统和管理功能，10年以上合同价值为7亿美元。合同规定，Exult公司负责处理所有美国境内的工资单、人力资源呼叫中心的管理和信息系统的支撑、雇员数据、雇员招聘，以及Prudential的47 000名雇员的记录管理，Exult公司还负责公司应付账款的处理，Prudential下的保险公司和其他公司管理人员拒绝对这份合同作任何评论。

Exult公司的董事长兼首席执行官Jim Madden在新闻发布会上告诉投资者，Prudential公司是注意到Exult公司与美洲银行于2000年签订了一份为期10年、价值11亿美元的人力资源外包合同，以及Exult公司在设计Prudential公司的PeopleSoft人力资源管理系统中所表现出来的能力后，才决定把自己的人力资源职能外包给Exult公司的。Madden说，位于新泽西州纽瓦克的Prudential公司没有透露自己期望能在合同期间节约多少成本，不过其主要目的是提高生产效率，并专注于战略性的人力资源职能，如为雇员提供自助式的人力资源管理流程。

越来越多的公司正在转向自助式申请方式，更多地授权给客户和雇员，并降低管理成本。费城一家市值200亿美元的保险公司——Cigna公司和雅虎公司合作，为Cigna公司1 600万名客户提供个性化服务，方便他们追踪投诉处理、福利服务以及他们的健康与退休计划的其他方面的详细情况。

Towers Perrin管理咨询公司的负责人David Rhodes说："公司把自己的某些职能外包以降低成本并专注于自己的核心业务，这是一件很正常的事情。"他认为外包就是"购买专家和更有效地工作的能力"。

（资料来源：George Tischelle and Elisabeth Goodridge, Prudential Financial Expects Savings by Outsourcing HR, *InformationWeek*（January 28, 2002）：873, 1.）

问题：

（1）人力资源管理职能外包的优缺点分别是什么？

（2）你认为Prudential公司最担心的问题是什么？

（3）Exult公司如何保证Prudential公司满意自己的服务？

第二章　工作分析与工作评价

【篇首案例】

工作职责分歧

一个机床操作工把大量的液体洒在他机床周围的地板上，车间主任叫操作工把洒在地板上的液体打扫干净，操作工拒绝执行，理由是任职说明书里并没有包括清扫的条文。车间主任顾不上去查任职说明书，就找来一名服务工来做清扫工作。但服务工同样拒绝，理由是任职说明书里同样也没有包括这一类工作，这个工作应由勤杂工来完成，因为勤杂工的职责之一是做好清扫工作。车间主任威胁服务工说要解雇他，因为这种服务工是分配到车间来做杂务的临时工，服务工勉强同意，但是干完以后就立即向公司投诉。

有关领导看了投诉以后，审阅了这三类人员的任职说明书。机床操作工的任职说明书规定：操作工有责任保持机床的清洁，使之处于可操作的状态，但并未提及清扫地板。服务工的任职说明书规定：服务工有责任以各种方式协助操作工，如领取原料和工具，随叫随到，即时服务，但也没有包括清扫工作。勤杂工的任职说明书里确实包括各种形式的清扫工作，但他的工作时间是从正常工人下班以后开始。

如果你是该领导，你会如何处理这件事情？你觉得责任应由谁来负，为什么会出现这种纠纷？

（资料来源：葛玉辉．人力资源管理（第2版）．北京：清华大学出版社，2008.）

第一节　工作分析概述

工作分析（job analysis）是人力资源管理的基础性工作，指了解组织内的一种职位并以一种格式把与这种职位有关的信息描述出来，从而使其他人了解这种职位的过程。工作分析的结果是形成工作说明书，包括两部分内容：与工作本身相关的信息（即工作描述）；与完成工作的人的相关信息（即工作规范，也称任职资格）。

一、工作分析的定义和内容

工作分析，也可以叫职位分析、岗位分析，指了解组织内的一种职位并以一种格式把与这种职位有关的信息描述出来，从而使其他人了解这种职位的过程。

具体来说，工作分析就是要为管理活动提供与工作有关的各种信息，其目的是为了解决7个重要而基础的问题，可以用“6W1H”加以概括：who，谁来完成这些工作？what，这一职位具体的工作内容是什么？when，工作的时间安排是什么？where，这些工作在哪里进行？why，从事这些工作的目的是什么？for who，这些工作的服务对象是谁？how，如何来进行这些工作?

通过工作分析，要回答或者说要解决以下两个主要问题：

第一，“某一职位是做什么事情的?”这一问题与职位上的工作活动有关，包括职位的名称、工作的职责、工作的要求、工作的场所、工作的时间以及工作的条件等一系列内容。

第二，“什么样的人来做这些事情最合适?”这一问题与从事该职位的人的资格有关，包括专业、年龄、必要的知识和能力、必备的证书、工作经历以及心理要求等内容。

因此，工作分析的内容就包括两方面：

（1）与工作本身相关的信息，即工作描述（job description）：也称工作说明，是关于某项工作本身的任务、职责和责任（task，responsibility，duty，合称 TRDs）的信息。

（2）与完成工作的人相关的信息，即工作规范（job specification），也称岗位规范、工作要求、任职资格，是对完成工作的人所具备的知识、技能和能力（knowledge，skill，ability，合称 KSAs）的信息。

链接：工作分析的起源

工作分析的观念产生得较早，但是一直到泰勒提倡科学管理运动开始，才真正开始有系统地对各项工作予以科学的分析，即所谓“动作与时间研究”。

泰勒从事生铁搬运、铲煤、砌砖、炼钢等工作研究，使得管理科学化、标准化，工作效率大增。他还指出“在现代科学管理中，最突出的一项要素，也许应该算是‘任务’的概念”，“所谓的任务，应不仅以‘应该做些什么’为限，还应包括‘应该怎么做’以及‘需要多少时间’等项”。其中已论及工作分析了，所以泰勒的观念及研究有很多其实已经是工作分析。

其后，吉尔布雷斯夫妇（Frank and Lillam Gilbreth）将泰勒的工作研究继续发扬光大，他们见到建筑工人的手艺代代相传，而几乎没多大改变，所以对此通过取砖砌墙进行动作研究，结果把原来 18 种动作减为 4 种，工作效率提高了近三倍。吉尔布雷斯夫妇从提高生产工作的效率出发，提出动作的分解，使用节省劳力的装备，这其实也是工作分析的内容。

到了第一次世界大战期间，由于美国参加欧战，便设立了军队人事分类委员会（Army Committee on the Classification of Personnel）来实施工作分析，于是工作分析一词便开始使用。1920 年美国国家人事协会规定把工作分析定义为一种处理方法，其结果可以确定一种工作的构成及胜任该工作的人所必须具备的条件。

随着企业管理的不断发展，工作分析也变得日益重要，正式采用工作分析的公司越来越多，据调查，在 1930 年美国各大公司采用工作分析的仅占 39%，而到 1940 年却急增到 75%。目前，美国联邦、州、地方政府和大中型企业，几乎都采用工作分析，对每一个职位不但拟定了职位说明书，而且还编制了大量的部门工作指南、职系说明等各种类型的其他工作规范，内容比较全面。由于工作分析在人力资源管理方面可以发挥显著的作用，因而受到了世界各国的普遍重视和广泛应用。

二、工作分析的相关术语

工作分析活动的实质就是要从不同的个人职业生涯与职业活动的调查入手，依次找出要素、任务、职责、职位、职务与工作群的过程，并由此确定工作的内容范围、属性关系、繁简难易程度与所需的资格条件，下面对工作分析的相关术语进行说明。

由于工作分析与职位以及职位对应的工作活动是紧密联系在一起的，因此有必要澄清与之相关的一些概念。

（1）行动（action）。也称工作要素（job element），指工作活动中不便再继续分解的最小单位。例如，秘书接听电话前拿起电话是一个行动；木工锯木头前，从工具箱中拿出一把锯子是一个行动；司机开车前插入钥匙也是一个行动。

（2）任务（task）。也称工作任务，指工作活动中为达到某一目的而由相关行动直接组成的集合，是对一个人从事的事情所作的具体描述。它可以由一个或多个行动（工作要素）组成。比如复印文件，为了达到最终的工作目的，复印员必须从事以下具体行动：①启动复印机；②将复印纸放人复印机内；③将要复印的文件放好；④选择复印相关的选项（如纸张大小、缩放比例、墨色浓淡、复印数量等）；⑤按动按钮进行复印。也就是说，复印文件这一任务，是上述五项行动直接组成的一个集合。

（3）职责（responsibility）。也称工作职责或工作责任，指由某人在某方面承担的一项或多项任务组成的相关任务集合，是某人在工作岗位上需要完成的主要任务或大部分任务，它可以由一个或多个任务组成。例如，监控员工的满意度是人力资源经理的一项职责，这一职责由下列五项任务组成：①设计满意度的调查问卷；②进行问卷调查；③统计分析问卷调查的结果；④向企业高层反馈调查的结果；⑤根据调查的结果采取相应的措施。

（4）职位（position）。也称岗位，指由一个人完成的一项或多项相关职责组成的集合。例如，人力资源部经理这一职位所承担的职责有以下几个方面：员工的招聘录用；员工的培训开发；企业的薪酬管理；企业的绩效管理；员工关系的管理等。

组织中的每个人都对应着一个职位或岗位，因此从理论上说职位的数量应该等于人员的数量，组织有多少人员相应地就有多少职位。

（5）职务（headship）。指主要职责在重要性和数量上相当的一组职位的统称。例如，人力资源部设有两个副经理的职位，一个主要分管招聘录用和培训开发；另一个主要分管薪酬管理和绩效管理。虽然，这两个职位的工作职责并不完全相同，但是就整个人力资源部来说，这两个职位的职责相当，少了谁也不行，因此这两个职位可以统称为副经理职务。

职位与员工是一一对应的，而职务却并非一一对应，一个职务可能不止一个职位，如上面所举的例子，副经理职务就有两个职位与之对应。

（6）工作（job）。指一个或一组职责类似的职位所形成的组合。一项工作可能只涉及一个职位，也可能涉及多个职位。例如，在企业中，产品销售工作就是由销售员、销售经理等职位组成的。

（7）工作族（job family）。根据工作内容、任职资格或者对组织的贡献的相似性而划分为同一组的职位。例如，企业内所有从事技术的职位组成技术类工作族，所有从事销售工作的职位组成销售类工作族。

（8）职业（profession）。指由不同组织中的相似工作组成的跨组织工作集合。例如，教师、秘书、电气工程师、财务总监等都分别属于某一种职业。

（9）职业生涯（professional career）。指一个人在其工作生活中所经历的一系列职位、工作或职业。例如，某人刚参加工作时是学校的老师，后来去了政府机关担任公务员，最后又到了公司担任经理，那么老师、公务员、经理就构成了这个人的职业生涯。再比如说，一位总经理的职业生涯很可能是由担任工人、车间主任到采购主管，到生产部经理，再到销售部经理，最后才担任总经理。

三、工作分析是人力资源管理的基础性工作

工作分析是人力资源管理的一项基础性工作，它所收集的信息能为人力资源管理的各项职能服务，在整个人力资源管理系统中占有非常重要的地位。

1. 工作分析为人力资源规划提供了必要的信息

通过工作分析可以对企业内部各个职位的工作量进行科学的分析判断，从而为职位的增减提供必要的信息；此外，工作分析对各个职位任职资格的要求也有助于企业进行人力资源的内部供给预测。

2. 工作分析为人员招聘录用提供了明确的标准

一方面，由于工作分析对各个职位所必需的任职资格条件作了充分的分析，因此在招聘录用过程中就有了明确的标准，减少了主观判断的成分，有利于提高招聘录用的质量。

另一方面，由于工作要求确立了对某个工作申请者的候选标准，而这些候选标准都会以招聘信息的形式出现在组织的公告栏、人力资源招聘信息的网站或招聘广告上，既可以吸引那些符合要求的候选人，也能鼓励那些还不符合要求的人去努力达到所要求的目标。

3. 工作分析为人员的培训开发提供了明确的依据

工作分析对各个职位的工作内容和任职资格都作出了明确的规定，因此可以据此对新员工进行上岗前的培训，让他们了解自己的工作；另外还可以根据员工与职位任职资格要求的差距进行相应的培训，以提高员工与职位的匹配程度。

4. 工作分析为制定公平合理的薪酬政策奠定了基础

企业在制定薪酬政策时必须保证公平合理，而工作分析则对各个职位承担的责任、从事的活动、资格的要求等作出了具体的描述，这样企业就可以根据各个职位在企业内部相对重要性的大小给予不同的报酬，从而确保薪酬的内部公平性。

5. 工作分析还为科学的绩效管理提供了帮助

通过工作分析，每一职位从事的工作以及所要达到的标准都有了明确的界定，这就为绩效考核提供了明确的标准，减少了评价的主观因素，提高了考核的科学性。

链接：弥勒佛与韦陀

去过寺庙的人都知道，一进庙门，首先是弥勒佛，笑脸迎客，而在他的北面，则是黑口黑脸的韦陀。但相传在很久以前，他们并不在同一个庙里，而是分别掌管不同的庙。

弥勒佛热情快乐，所以来的人非常多，但他什么都不在乎，丢三落四，没有好好地管理账务，所以依然入不敷出。而韦陀虽然管账是一把好手，但成天阴着个脸，太过严肃，搞得人越来越少，最后香火断绝。

佛祖在查香火的时候发现了这个问题，就将他们俩放在同一个庙里，由弥勒佛负责公关，笑迎八方客，于是香火大旺。而韦陀铁面无私，锱铢必较，则让他负责财务，严格把关。在两人的分工合作后，庙里呈现一派欣欣向荣的景象。

其实在用人大师的眼里，没有废人，要看人具备了什么条件，针对性地安排合适职责的工作内容。

四、工作分析的过程

工作分析是通过确定工作的目标、任务或行动来收集与工作相关的信息的过程，如图2－1所示，包括：

（1）挑选合适的工作分析方法从可靠的信息来源处收集所有与工作相关的信息。

（2）从收集到的与工作相关的信息中明确某项工作的工作说明和工作要求，形成书面的报告，即工作说明书。

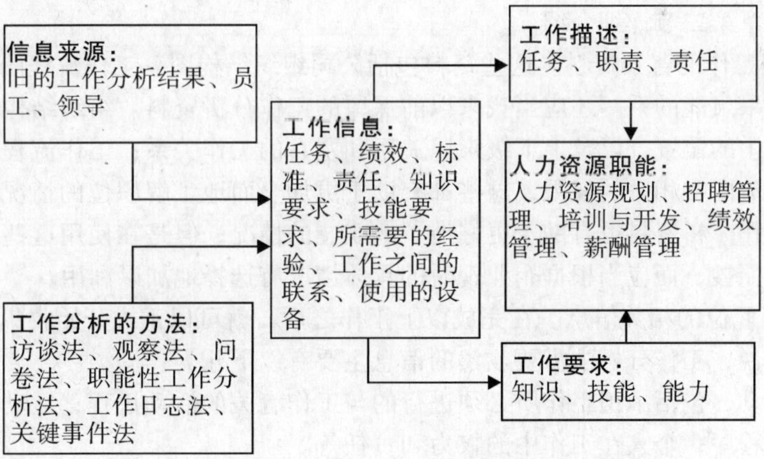

图2－1 工作分析的过程

（资料来源：［美］乔治·伯兰德，斯科特·斯内尔．人力资源管理（第十三版）．魏海燕主译．大连：东北财经大学出版社，2006.）

五、工作分析的具体实施

在人力资源管理系统中，工作分析是一项技术性非常强的工作，为了保证实施的效果，在实际的操作过程中必须遵循一定的步骤并注意相关的问题，包括准备阶段、调查阶段、分析阶段和完成阶段。

1. 准备阶段

（1）确定工作分析的目的和用途。要明确分析资料到底是用来干什么的，是要解决什么问题的。工作分析的目的不同，所要收集的信息和要使用的方法也会不同。

（2）成立工作分析小组。为了保证工作分析的顺利进行，在准备阶段还要成立一个工作分析小组，从人员上为这项工作的开展作好准备。小组一般由以下三类人员组成：一是企业的高层领导；二是工作分析人员，主要由人力资源管理专业人员和熟悉本部门情况的人员组成；三是外部的专家和顾问，他们具有这方面的丰富经验和专门技术，可以防止工作分析过程出现偏差，有利于结果的客观性和科学性。

（3）对工作分析人员进行培训。为了保证工作分析的效果，还要由外部的专家和顾问对本企业参加工作分析小组的人员进行业务培训。

（4）作好其他必要的准备。例如，由各部门抽调参加工作分析小组的人员，部门经理应对其工作进行适当的调整，以保证他们有充足的时间进行这项工作；在企业内部对这项工作进行宣传，消除员工不必要的误解和紧张。

2. 调查阶段

（1）制定工作分析的时间计划进度表，以保证这项工作能够按部就班地进行。

（2）根据工作分析的目的，选择搜集工作内容及相关信息的方法，工作分析的方法有很多，将在本章第二节详细介绍。

（3）搜集工作的背景资料。这些资料包括公司组织结构图、工作流程图及国家的职位分类标准，如果可能的话，还应当找来以前保留的工作分析资料。组织结构图指明了某职位在整个组织中的位置，以及上下级隶属关系和左右的工作关系；工作流程图指出了工作过程中信息的流向和相关的权限，这些都有助于更加全面地了解职位的情况。职位分类标准和以前的工作分析资料也有助于更好地了解职位的情况，但是在使用这些资料时要注意绝对不能照搬照抄，而应当根据企业现时的具体情况有选择地加以利用。

（4）收集职位的相关信息。在完成以上工作之后，就可以正式开始收集职位的相关信息了。一般来说，工作分析中需要收集的信息主要有以下几类：

①工作活动，包括承担工作所必须进行的与工作有关的活动过程；活动的记录；进行工作所运用的程序；个人在工作中的权力和责任等。

②工作中的人的活动，包括人的行为，如身体行动及工作中的沟通；作业方法分析中使用的基本动作；工作对人的要求，如精力的耗费、体力的耗费等。

③在工作中所使用的机器、工具、设备及工作辅助用品，如电话、计算机、传真机、汽车、对讲机、仪器以及车床等。

④与工作有关的有形和无形因素，包括完成工作所涉及或要运用的知识，如公司的会

计需要运用会计方面的知识，法律事务主管需要懂得法律知识等；工作中所加工处理的材料；所生产的产品或提供的服务。

⑤工作绩效的信息，如完成工作所需耗费的时间、所需要投入的成本及工作中出现的误差等。需要注意的是，这里只是收集与绩效相关的信息，并不是要制定与各项工作相对应的绩效目标，后者是分析阶段所要完成的任务。

⑥工作的背景条件，包括个人时间；工作的地点，如是在室内还是在室外；工作的物理条件，如有没有噪音，是不是在高温条件下等。

⑦工作对人的要求，包括个人特征，如个性和兴趣，所需要的教育与培训水平，工作的经验等。

上述工作信息，一般要从以下几个渠道获得：工作执行者本人、管理监督者、顾客、分析专家、职业名称词典及以往的分析资料。在通过这些渠道收集工作分析所需的信息时要注意：由于各种主观原因的存在，不同的信息源提供的信息会存在一定程度的差异。例如，工作执行者本人在提供信息时往往夸大工作的难度；而顾客在提供信息时也往往从自己的利益出发，从而导致某些信息特别是与绩效有关的信息高于实际的情况。因此，工作分析人员应该站在中立的立场来听取各方面的意见，条件允许或必要的时候还要亲自实践有关的工作活动，以期掌握准确可靠的信息。

3. 分析阶段

（1）整理资料。将收集到的信息按照工作说明书的各项要求进行归类整理，看是否有遗漏的项目，如果有的话要返回上一个步骤，继续进行调查搜集。

（2）审查资料。资料进行归类整理以后，工作分析小组的成员要一起对所获工作信息的准确性进行审查，如有疑问，需要找相关的人员进行核实，或者回到上一个步骤，重新进行调查。

（3）分析资料。如果搜集的资料没有遗漏，也没有错误，接下来就要对这些资料进行深入的分析，也就是说要归纳总结工作分析的必需材料和要素，解释各个职位的主要成分的关键因素。

在分析的过程中，一般要遵循以下几项基本原则：

①对工作活动是分析而不是罗列。工作分析是反映职位上的工作情况，不是一种直接的反映，而要经过一定的加工。分析时，应当将某项职责分解为几个重要的组成部分，然后再将其重新进行组合，而不是对任务或活动的简单罗列。例如，对公司前台小姐转接电话这项职责，经过分析后应当这样描述："按照公司的要求接听电话，并迅速转接到相应的人员那里"，而不应该将所有的活动都罗列上去，如"听到电话铃响后，拿起电话，放到耳边，说出公司的名字，然后询问对方的要求，再按下转接键，转接到相应的人员那里"。

②针对的是职位而不是人。工作分析不关注任职者的任何情况，只关注职位的情况。目前的任职者被涉及的原因，仅仅是他通常最了解情况。例如，某职位本来需要本科学历的人来从事，由于各种原因，现在只是由一名中专生担任这一职位，那么在分析这一职位资格时就要规定为本科，而不是根据现在的状况将学历要求规定为中专。

③分析要以当前的工作为依据。工作分析的任务是为了获取某一特定时间内的职位情

况，因此应当以目前的工作现状为基础来进行分析，而不能把自己或别人对这一职位的工作设想加到分析中。只有如实反映职位目前的工作状况，才能据此进行分析判断，从而发现职位设置或职责分配上的问题。

根据实践经验，在分析资料的过程中，如果觉得分析起来比较困难，说明对职位情况的了解还不够深入，或者收集的资料还不全面，也许要返回上一个阶段，再继续了解和收集。

4. 完成阶段

（1）编写工作说明书。根据对资料的分析，首先要按照一定的格式编写工作说明书的初稿；然后反馈给相关的人员进行核实，意见不一致的地方要重点进行讨论，无法达成一致的要返回第二个阶段，重新进行分析；最后，形成工作说明书的定稿。至于工作说明书如何编写，将在本章第三节详细说明。

（2）对整个工作分析构成进行总结，找出其中成功的经验和存在的问题，以利于以后更好地进行工作分析。

（3）将工作分析过程的结果运用于人力资源管理及企业管理的相关方面，从而真正发挥工作分析的作用。近几年来，随着人力资源管理逐渐升温，很多企业投入了大量的人力和物力来进行工作分析，但是在这项工作结束以后，却将形成的职位说明书束之高阁，根本没有加以利用，这无疑是一种极大的浪费。

需要强调的是，作为人力资源管理的一项活动，工作分析是一个连续不断的动态过程，企业决不能有一劳永逸的思想，不能认为做过一次工作分析以后就可以不用再做了，应当根据企业的发展变化随时进行这项工作，要使工作说明书能及时反映职位的变化情况。

第二节　工作分析的方法

用于收集信息的工作分析方法主要包括访谈法、观察法、问卷法、职能性工作分析法、工作日志法、关键事件法等，每种方式各有自己的优劣势和适用场合。

一、访谈法

访谈法（interview），也称为面谈法，主要是由工作分析专家与被分析工作的任职者就该项工作进行面对面的谈话，从而获得有关信息的方法。

1. 访谈的内容

主要围绕以下内容进行：

（1）工作目标：为什么设立这一职务，根据什么确定对职务的报酬。

（2）工作内容：任职者的具体工作及其产生的影响。

（3）工作的性质和范围：这是访谈的核心，主要了解该工作在组织结构中所处的位置、其上下属职能的关系、所需的一般技术知识、管理知识、人际关系知识、需要解决问题的性质及自主权。

（4）所负责任：涉及组织、战略政策、控制、执行等。

（5）工作资格：担任该项工作的员工，需要怎样的学历背景、经验、技能条件或专业执照。

为求得资料一致，企业应找出多位相同工作的员工参与访谈，并有系统地进行，从访谈中，可以得到有关该职务的以下信息：企业设置该职务的理由；对该职务发放报酬的根据；该职务的最终工作成果及如何评价；该职务的主要工作职责及任职条件等。

2. 访谈法的优缺点

这种方法最大的优点是能够简单而迅速地收集多方面的关于体力和脑力劳动的资料，而且由于工作者本身也是自己行为的观察者，他常常可以提供其他方法不易观察到的信息，有助于发现问题等。

访谈法也有弊端，第一，耗时较多，成本较高；第二，分析人员对某一工作固有的观念会影响对分析结果的正确判断，而工作者可能出于自身利益的考虑，采取不合作的态度或有意无意地夸大自己所从事工作的重要性、复杂性，导致工作信息失真；第三，访谈双方的谈话技巧对效果影响较大。

若分析人员和被调查者相互不信任，则不适用该方法。因此，访谈法一般不能单独作为信息收集的方法，只适宜与其他方法一起使用。

工作分析者在访谈时应注意以下几点：

（1）尊重被访谈人，态度要真诚热情，语言恰当。

（2）营造良好的访谈氛围，使被访谈人感到轻松愉快。

（3）应注意对被访谈人进行启发、引导，但应避免发表自己个人的观点和看法。

（4）访谈前应预先准备好相关问题和访谈记录表，如表 2－1、2－2 所示。

表 2－1　访谈法问题样本

（1）请问你的姓名、职务名称、职务编号是什么
（2）请问你在哪个部门工作？请问你的部门经理是谁？你的直接上级是谁
（3）请问你主要担任哪些职务？可以举一些实例
（4）请你尽可能详细地讲讲你昨天一天的工作内容
（5）请问你对哪些事情有决策权？哪些事情没有决策权
（6）请讲讲你在工作中需要接触到哪些人
（7）请问你需要哪些设备和工具来开展你的职务工作？其中哪些是常用的？哪些只是偶尔使用？你对目前的设备状况满意吗
（8）请问你在人事审批权和财务审批权方面有哪些职责？可以举些实例
（9）请问你认为做好这项职务需要什么样的文化水平？需要哪些知识和心理素质
（10）如果对大专学历层次的新员工进行培训，你认为需要培训多长时间才能正式上岗
（11）你觉得目前的工作环境如何？是否还需要更好的环境？你希望哪些方面得到改善
（12）你觉得该工作的价值和意义有多大
（13）你认为怎么样才能更好地完成工作
（14）你还有什么要补充的
（15）你确保你回答的内容都是真实的吗

表 2-2　访谈记录表

姓　　名：________　日期：________　地点：________

任职时间：________　现时职位和级别：________

部　　门：________　主管姓名：________

1. 工作目的：

____

____

2. 主要职责：

____

____

3. 次要职责：

____

____

4. 任职资格：

____

____

5. 使用设备和其他：

____

二、观察法

观察法（observation）是工作分析人员到现场去实地查看员工的操作情况，并予以记录、分析、归纳，然后整理为适用的文字资料的方法。在分析过程中，应参考员工手册、分析工作指南。

实际中，观察法通常与访谈法结合使用：首先对员工在一个完整工作周期中所完成的工作进行观察和记录，然后就此信息进行访谈，由员工说明一些你没有观察到的活动情况。

1. 观察的内容

分析人员观察工作时，必须注意员工在做什么，如何做，为何要做，以及员工工作技能如何，而对于可以改进、简化的工作事项，也应予以记录说明。在某一工作场所观察完毕后，最好再在其他若干工作场地进行观察，以证实其工作内容，避免因所观察工人的个人习惯而产生的偏差。

2. 观察法的优缺点

优点：

（1）通过对工作的直接观察和工作者的介绍，能使分析人员更全面深刻地了解工作要求，从而保证所获得信息的客观性和正确性。

（2）分析者能够通过对照观察笔记来核查结果的一致性。

缺点：

（1）有些员工难以接受，他们觉得自己受到监视或威胁，从而从心理对工作人员产生反感，也可能会导致操作变形。

（2）不适用于工作周期长和主要是脑力劳动的工作，得不到关于任职资格要求的信息。

（3）当被观察者觉察到他们正在被观察时，可能就会不典型地工作，如他们可能会提高速度以便给观察者留下深刻印象，或者会用某种努力减慢某个过程以显示工作的难度。

3. 观察法的适用场合

（1）被观察者的工作应相对稳定，即在一定的时间内，工作内容、程序、对工作人员的要求不会发生明显的变化。

（2）适用于大量标准化的、周期较短的以体力活动为主的工作，不适用于脑力活动为主的工作。

三、问卷法

问卷法是由工作分析人员根据工作内容拟订一套切实可行、完整、科学、内容丰富的调查问卷，然后由员工填写，亦可由员工口头回答问题，再由工作分析人员填写的一种收集工作信息的方法。

问卷法比较适用于脑力工作者、管理工作者或工作不确定因素很大的员工，如软件设计人员、行政总裁等员工的工作。

1. 问卷的分类

问卷可以分成职务定向和人员定向两种：职务定向问卷强调工作本身的条件和结果；人员定向问卷则集中于了解工作人员的工作行为。

问卷又可设计为结构式、开放式和混合式三种：结构式问卷，即问卷上罗列多种备选的特定任务或工作，要求被调查者从问卷所提供的一个清单中选择一个答案，结构式问卷经常使用封闭式问题，因为它提供的回答有较大的统一性，并且容易打分；开放式问卷多用问答题的形式，要求被调查者陈述个人看法，限制较少，但不易评分。因此，结合了以上两种方式的混合式问卷应用较广。

2. 问卷的优缺点

优点：

（1）费用低，速度快，节省时间。

（2）调查范围广，可用于多种目的，多样用途的职务分析。

（3）调查样本量大，适用于需要对很多工作者进行调查的情况，并且结果可以数量化。

缺点：

（1）不易激起被调查对象的兴趣。

（2）除非问卷很长，否则就不能获得足够详细的信息，但太长的问卷又易使人厌倦。

（3）不能面对面地交流信息，不容易了解被调查对象的态度和动机等较深层次的信息。

3. 职位分析问卷系统

职位分析问卷系统（Position Analysis Questionnaire，PAQ）是1972年美国普渡大学麦考密克提出的一种结构化、定量化的分析方法，是目前被运用得最广泛、被研究得最透彻、适用性很强的问卷，但时间成本高，非常烦琐，需要专门分析人员来填写。

它有194个问题，共分为六个部分，对每个问题用五个等级来评价：

（1）资料投入（指员工在进行工作时获宝贵财富资料的来源及方法）。

（2）用脑过程（即如何去推理、决策、计划及处理资料）。

（3）工作产出（即员工该完成哪些体能活动，使用哪些工具器材）。

（4）与他人关系（与本身工作有关人员的关系如何）。

（5）工作范畴（包括实体性工作与社交性工作）。

（6）其他工作特征（其他有关工作的活动、条件与特征）。

表2-3　职位分析问卷系统样本页

信息输入

使用范围（U）
NA 从不使用
1 很少使用
2 偶尔使用
3 中等
4 经常使用

1 信息输入

1.1 工作信息的来源

根据雇员进行工作操作时对信息来源的使用程度为下面的项目定级。

1.1.1 可视的工作信息来源

01 U 书面材料（书、报告、办公室通知、文章、工作指示、信号等）。

02 U 数量材料（处理量或数的材料，如图、账目、说明、数字表格等）。

03 U 图片材料（作为信息来源的图片或类似图片的材料，如图画、蓝图、图表、地图、临摹图、照片、X光片、电视画面等）。

04 U 样品/有关的设备（在使用时用于被观察的信息来源的模板、样品等，不要将其与上面第3项的材料混淆）。

05 U 视频显示设备（刻度盘、计量器具、信号灯、雷达望远镜、测速仪、钟表等）。

06 U 测量设备（直尺、卡尺、气压计、天平、厚度计、吸液管、温度计、量角器等，用于获得有关物理量度的可视信息，不包括上面第5项所描述的设备）。

07 U 机械设备（工具、设备、机械和其他在使用或操作过程中是信息来源的设备）。

08 U 生产过程中的材料［零件、原材料、物品等，其在被修整、加工或其他处理（如被混合的面包面团、在车床上加工的工件、剪裁中的布料和正在上底的鞋等）时是信息来源］。

09 U 不在生产过程中的材料（不处于变化或修整过程中的零件、原材料、物品等，其在被检查、处理、包装、分销或挑选时是信息来源，如在存货、库存或分销渠道中的产品，被观察的产品等）。

10 U 自然特性（风景、旷野、地理环境、植被、云层等能够提供信息的自然特性）。

11 U 环境的人造特性（建筑物、水坝、高速公路、桥梁、船坞、铁路以及其他被观察或检查以提供工作信息的室内或室外环境的“人造”或改建部分；不考虑第7项里包括的设备、机械等在工作中个人使用的物品）。

（资料来源：*Position Analysis Questionnaire*，copyright 1969，89 by Purdue Research Foundation，est Lafayette，Ind. Reprinted with permission.）

如表 2－3 所示，为职位分析问卷系统对构成某个信息输入部门的 11 项元素进行分析的样本页，该问卷的分析人员用该样本页右上方的 5 级分类对其中的每一项元素定级。职位分析问卷系统所得出的结果是可以计量的，因此可以用于统计分析。职位分析问卷系统还允许对不同工作中的行为方式进行比较，并允许按照工作的特点对其进行归类。

PAQ 法的优点：同时考虑了员工与工作两个变量因素并将各种工作所需要的基础行为以标准化的方式罗列出来，从而为人事调查、薪酬标准制定等提供了依据。大多数工作皆可以用这 5 个标准加以描绘，因此，PAQ 可将工作分为不同的等级。由于 PAQ 可得出每一工作的技能数值与等级，故它可以用来进行工作评估及人员甄选。PAQ 无须修改就可用于不同的组织、不同的工作，这样就使得各组织间的工作分析比较更加容易，这种比较将使得组织的工作分析更加准确与合理。

PAQ 的缺点：需要时间长、成本高，也非常烦琐。问卷的填写要求是受过专业训练的工作分析人员，而不是任职者或上级人员。它的通用化或标准化的格式导致了工作特征的抽象化，所以不能描述实际工作中特定的、具体的任务活动。

4. 管理职位描述问卷

管理职位描述问卷（Management Position Description Questionnaire，MPDQ）是专为管理职位而设计的一种工作分析方法，它是利用清单进行工作分析的，即以工作为中心的工作分析方法，是国外近几年的研究成果。

管理职位描述问卷法是对管理者的工作进行定量化测试的方法，它设计管理者所关心的问题、所承担的责任、所受的限制以及管理者的工作所具备的各种特征，共 197 项问题，这 197 项问题被划为以下十三类基本工作因素：产品、市场与财务规划；与其他组织单位和人员之间的相互协调；组织内部事务的管理控制；组织的产品与服务责任；公众与顾客的关系；高级咨询；行为的自主性；财务计划的批准；员工服务；员工监督；工作的复杂性与压力；高层财务管理责任；广义的人力资源职责。

MPDQ 是适用于不同组织内管理层次以上职位的分析，它为员工从事管理工作所需的培训提供了依据，为正确评价和确定管理工作提供了依据，为工作族的建立奠定了基础，也为管理工作在工作族中归类提供了依据，同时为薪酬管理、员工的选拔程序与绩效评估建立了基础。

四、职能性工作分析法

职能性工作分析法（Functional Job Analysis，FJA）由美国培训与就业服务中心（U. S. Training and Employment Service）创立，适用于各种类型的职能或工作行动。

职能性工作分析法假设，任何一个职位总是要完成数据、人和事三大职能要素，而每一要素所包括的各种基本活动又可按复杂程度分为不同的等级，如表 2－4 所示。

当工作分析员对工作进行研究时，首先确定其职能在哪个大类下（如“复制”是在“数据”这个大类下面），然后通过对每一项职能分配一个百分比（如“复制”为 50%）来反映员工在其中的相关工作，三大职能下面各项工作的百分比相加应该等于 100%。最后的结果是这项工作的量化评估。

表 2－4　员工的基本职能

数据	人	事
0 综合	0 指导	0 创建
1 协调	1 谈判	1 精密作业
2 分析	2 教育	2 操作—控制
3 汇编	3 监督	3 开动—操作
4 计算	4 引导	4 操作
5 复制	5 劝说	5 照管
6 比较	6 交谈—示意	6 反馈—回馈
	7 服务	7 处理
	8 接受教育—帮助	

（资料来源：U. S. Department of Labor，Employment and Training Administration，Revised Handbook for Analyzing Jobs（Washington，DC：U. S. Government Printing Office），1991. 5.

五、工作日志法

工作日志法（employee recording），又称工作写实法，指任职者按时间顺序详细记录自己的工作过程，然后经过归纳、分析，达到工作分析目的的一种方法。在现实中，多采用“工作日志”的形式，范例和填写实例见例 2－1、2－2、2－3 所示。

例 2－1　工作日志的范例

工作日志

姓　　名：　　　　　　　　年　　龄：

职务名称：　　　　　　　　所属部门：

直接上级：　　　　　　　　从事业务工龄：

填写日期：自______月______日______至______月______日

1. 请您在每天工作开始前将工作日志放在手边，按工作活动发生的顺序及时填写，切勿在一天工作结束后一并填写。

2. 要严格按照表格要求进行填写，不要遗漏那些细小的工作活动，以保证信息的完整性。

3. 请您提供真实的信息，以免损害您的利益。

4. 请您注意保留，防止遗失。

感谢您的真诚合作！

______月______日　　工作开始时间______　　工作结束时间______

序号	工作活动名称	工作活动内容	工作活动结果	时间消耗	备注

例 2－2　工作日志填写实例

5月29日　　工作开始时间：8：30　　工作结束时间：17：30

序号	工作活动名称	工作活动内容	工作活动结果	时间消耗	备注
1	复印	协议文件	4张	6分钟	存档
2	起草公文	贸易代理委托书	800字	1.25小时	报上级审批
3	贸易洽谈	玩具出口	1次	4小时	承办
4	布置工作	对日出口业务	1次	20分钟	指示
5	会议	讨论东欧贸易	1次	1.5小时	参与
…	…	…	…	…	…
16	请示	佣金数额	1次	20分钟	报批
17	计算机录入	经营数据	2屏	1小时	承办
18	接待	参观	3人	35分钟	承办

例 2－3　工作日志填写实例

机构名称：办公室　工作：办公室主任　编制：3人（主任：1人，打字员：1人，办事员：1人）

花费时间		工作活动内容	业务完成量	备注
开始	延续			
8：00	5	打电话到销售科	1	
8：05	2	接电话	1	
8：07	4	帮办事员登记材料	2页	
8：11	4	帮办事员校对	5页	
8：15	4	准备广告材料	1页	
8：19	1	张厂长电话	1	
8：20	1	李厂长电话，要一封信	1	
8：21	6	和办事员商议工作	1	
8：27	5	找李厂长要的信	1	
8：32	5	安排当天的工作	1	
8：37	3	找王科长	1	
8：40	4	找工程师	1	
8：44	1	送李厂长要的信	1	
8：45	2	为张厂长打文件	1	
8：47	13	同张厂长商量，布置简报	1	
9：00	2	开始复印李厂长的材料	0	
9：02	10	把张厂长材料归档	3	
…	…	…	…	…

工作日志法的优点主要有信息可靠性很高，适用于确定有关工作职责、工作内容、工作关系、劳动强度等方面的信息；所需费用较少；对分析高水平与复杂的工作，显得比较经济有效。

另外，它的缺点是将注意力集中于活动过程，而不是结果；使用这种方法必须做到从事这一工作的人对此项工作的情况与要求最清楚；使用范围较小，只适应于工作循环周期较短，工作状态稳定无大起伏的职位；整理数据的工作量大，归纳工作烦琐；工作执行者在填写时，会因为不认真而遗漏很多工作内容，从而影响分析后果，另外在一定程度上填写日志会影响正常工作；若由第三者进行填写，人力投入量会很大，不适于处理工作量大的职务；存在误差，需要对记录分析结果进行必要的检查。

六、关键事件法

关键事件法（Critical Incident Method，CIM），是将工作过程中的“关键事件”（指使工作成功或失败的行为特征或事件）详细地加以记录，在大量收集信息后，对岗位的特征和要求进行分析研究的方法。

由工作分析专家向一些对该工作多方面情况有所了解的人员进行调查，要他们描述该工作半年到一年内能观察到，并能反映其绩效好坏的一系列事件；询问什么是导致该事件的主要因素，什么是各种行为的一般后果，各种行为是否处于任职者控制之中；要求他们指出哪一位任职者工作完成最好，他是如何进行工作的。通过对每一个职务大量关键事件（可多达几百）的收集，分析它们发生的频率、重要程度、对任职者的能力要求，即可整理形成工作说明书。

对每一件关键事件的描述内容应包括：导致该事件发生的背景原因；员工的行为哪些是特别有效的，哪些是特别无效的；关键行为的后果能否被认知；员工控制上述行为后果的能力。

关键事件记录法优点主要有：既能获得有关职务的静态信息，也可了解职务的动态特点；还可以确定行为的任何可能的利益和作用。

缺点是需要花费大量时间去收集那些“关键事件”并加以概括和分类；关键事件的定义是显著的对工作绩效有效或无效的事件，这就忽略了平均绩效水平，而对工作来说，最重要的一点就是要描述“平均”的职务绩效。因此，仅使用关键事件法，难以顾及中等绩效的员工，从而不能完成全面的工作分析。

例如，一项有关销售的关键事件记录，总结了销售工作的 12 种行为：对用户、订货和市场信息善于探索、追求；善于提前作出工作计划；善于与销售部门的管理人员交流信息；对用户和上级都忠诚老实，讲信用；能够说到做到；坚持为用户服务，了解和满足用户的要求；向用户宣传企业的其他产品；不断掌握新的销售技术和方法；在新的销售途径方面有创新精神；保护公司的形象；结清账目；工作态度积极主动。

第三节　工作说明书的编写

工作说明书（也称为职位说明书或岗位说明书）是关于工作是什么以及工作任职者具备什么资格的一种书面文件，包括两部分，即工作描述（关于工作本身的任务、职责和责任）和工作规范（关于完成工作的人所必须具备的知识、技能和能力）。

工作说明书的编写并没有一个标准化的模式，但大多数的工作说明书都包括以下几项内容：工作标识、工作概述、工作关系、工作职责与任务、工作权限、工作绩效标准、工作条件、工作规范（任职资格）和其他信息。

一、工作标识

工作标识部分包括工作名称、部门、汇报关系和工作编号，一个好的工作名称会很接近工作内容的性质，并能把这项工作与其他工作区别开来。但遗憾的是，有些工作名称常使人产生误解，一个组织里的行政秘书可能只是一位薪酬较高的办事员，而具有同样工作名称的人在另外一个公司里则可能是实际经营企业的人。

如表 2－5 所示，“工作标识”部分包括了这样几类信息：“职位名称”一栏对工作的名称（如数据处理操作主管人员、销售经理或库存控制员等）加以明确；“工资/等级”一栏表明在组织中存在工作等级分类的情况下，此工作处于哪一等级，例如，一家公司将秘书分为秘书二等、秘书三等；“工资范围”部分提供工作的特定工资水平或工资范围方面的信息。

表 2－5　工作说明书的工作标识部分

1. 职位名称：办公室主任	2. 直接上级职位：经理
3. 所属部门：办公室	4. 工资等级：7
5. 工资范围：3 000～4 000 元	6. 分析日期：
7. 辖员人数：4～10 人	8. 定员人数：1
9. 工作性质：公务管理	10. 分析人员：
11. 批准人：	

二、工作概述

工作概述又叫做工作综述，它应当描述工作的总体性质，因此只列出其主要功能或活动即可。

例如，对于数据处理主管人员来说，其工作概述可以描述为：“指导所有的数据处理的操作、对数据进行控制以及满足数据准备方面的要求。”对于物料经理这一工作来说，其工作概述可以描述为：“负责生产线上所需要的所有材料的经济性购买、规范性运输以及储存和分配。”对于邮件收发管理员这一工作来说，其工作概述可描述为：“负责接收寄来的邮件，对其进行适当的分类；然后准确地递送到邮件人手中；还负责处理待寄出的邮件，要求准确、及时地把它们发送出去。”对于人力资源经理来说，其工作概述可描述为：“综合管理公司人力资源、行政和总务，协调各部门的关系，对公司经营状况进行常规分析，主持各种计划与规章制度的编制并负责监督实施，同时，负有管理、指导和培训本部门员工的责任，担任公司高层的人事顾问和员工职业发展顾问。”

在工作概述中应力图避免出现如“执行需要完成的其他任务”这样笼统的描述，虽然这样的描述可以为主管人员分派工作提供更大的灵活度，但一些专家明确认为，如果一项经常可以看到的工作内容不被明确写进工作说明书，而只是用像“所分配的其他任务”一类语言，就很可能会成为逃避责任的一种托词，因为这使得对工作的性质以及员工需要完成的工作的叙述出现了漏洞。

三、工作关系

工作关系部分，需要说明工作承担者与组织内以及组织外的其他人之间的联系情况，可以通过组织结构图或语言来描述。

以人力资源经理为例来加以说明：

报告工作对象：行政副总裁。

监督对象：人力资源职员、考试管理员、劳资关系专员及一名秘书。

工作合作对象：所有的部门经理和行政管理人员。

接触的公司外部人员：就业机构、管理人员代理招聘机构、工会代表、政府就业办公室及各种公司客户等。

有的把工作联系并入工作标识中，有的则分开，这些应视具体情况而定。

四、工作职责与任务

在工作说明书中，工作职责和工作任务应详细罗列，每一种工作的主要职责都应当列举出来，并用一到两句话分别对每一项任务加以描述。例如，“挑选、培训、开发下属人员”这一任务可被进一步定义为：“培养合作和相互理解精神……”，“确保工作群体成员得到必要的专门训练……”，以及“对培训工作进行指导，包括教育、说明、建议……”等。其他一些工作的典型任务包括维持收支平衡和控制库存，精确地编制账户，维持一种有利的购买价格浮动区间，修理生产线上的工具和设备等，如表 2 – 6 所示，是一份人力资源总监工作任务的内容。

五、工作权限

工作说明书中还应当界定工作承担者的权限范围，包括决策的权限、对其他人实施监督的权限及经费预算的权限等。例如，工作承担者有权批准购买 5 000 元以下物品；有权批准员工请假或缺勤的时间；有权对部门内的人实施处罚；有权建议提薪；有权进行新员工的面谈和雇用等。

表2－6 人力资源总监工作任务的内容

编号	工作任务的内容	权限	工作规范号	消耗时间比例（%）
1	综合处理公司的各种文件、资料		01－101	
2	公共关系		01－102	
3	人员招聘与录用		01－201	
4	员工考核		01－203	
5	劳动合同与劳动争议管理		01－204	
6	员工保险与福利管理		01－205	
7	薪资管理		01－206	
8	公司发展规划、年度计划的拟要		01－402	
9	公司规章制度的实施修改		0l－401	
10	公司经营状况的常规分析		01－403	
11	财务报表审核			

六、工作绩效标准

工作绩效标准，说明企业期望员工在执行说明书中的每一项任务时所达到的标准如何。

设定工作绩效标准并不是一件容易的事情，然而，大多数的管理人员都已经意识到，仅仅告诉下属员工“要尽最大努力工作”并不能保证员工发挥最大的工作绩效。确定绩效标准的一个最直接的方法是只要把下面的话补充完整就可以了：“如果你……我会对你的工作完全满意。”如果对于工作说明书中的每一项职责和任务都能按照这句话叙述完整，那么就形成了一套完整的绩效标准。

例如，对于销售经理这一职位，工作完成得好坏主要表现在销售收入、销售成本两方面，因此其业绩衡量要素就是销售收入和销售成本；收入要达到多少、成本要控制在多少就属于衡量标准的范畴了，可以规定销售收入每月100万元，销售成本每月30万元。再比如，对于人力资源的薪酬主管，衡量其工作完成得好坏主要看薪酬发放是否准确、及时，因此其业绩要素就是薪酬发放的准确率和及时性；至于准确率要达到多少、及时性如何表示就是衡量标准的范畴了，可以规定准确率要达到98%，薪酬迟发的时间最多不能超过2天。

一般来说，工作的绩效标准列在工作任务中，但也有例外，因为任务的描述相对不确切，为了提高工作说明书的可操作性，绩效标准单列出来是非常必要的，表2－7、表2－8分别是财务会计和生产组长的绩效标准。

七、工作条件

工作说明书还要列明工作中所包含的一般工作条件，如温度、噪音水平、光线强度等，有些工作说明书还要标明特殊的工作环境，如高山、露天场所等。

表 2－7　财务会计的绩效标准

任务：将应付账款准确过账
1. 在同一个工作日内收到的发货票要在当天过账
2. 对于收到的所有收据都必须在收到收据的第二天前送往负责的部门经理处签字认可
3. 平均每月发生记账失误不得超过三次
4. 每月的第三个工作日结束时必须平衡总账

表 2－8　生产组长的绩效标准

任务：完成每日生产计划
1. 生产群体每一工作日所生产产品不低于 536 个单位
2. 在下一工作程序被拒绝的产品平均不得超过 1%
3. 每周延迟完成工作的时间平均不得超过 2%
4. 产品合格率必须在 98% 以上

八、工作规范（任职资格）

工作规范是指任职者从事该工作所应具备的知识和能力，即任职资格。

它主要关心专业与学历（文化程度及所学专业）、年龄、相关经历（经历与经验）、品性、能力、基本技能、知识要求，其他特殊条件等方面。

以下是某企业人力资源管理方案中涉及的具体任职资格要求。

总公司的各部门经理、分公司总经理一般性任职资格要求：

本科以上相关专业毕业，5 年以上相关管理工作经验，具有高级职称，30 岁以上，具有较强的沟通、组织、协调能力，会使用计算机常用工作软件和有良好的外语水平等。

总公司部门下属各室经理、分公司各室经理一般性任职要求：

专科以上相关专业毕业，3 年以上管理工作经验，具有中级以上职称，25 岁以上，具有一般性沟通、组织、协调能力，会使用计算机常用工作软件，外语水平要求一般等。

九、其他信息

这属于备注的性质，如果还有其他需要说明，但又不属于工作描述和工作规范范围的可以在“其他信息”中加以说明。

以下为以某公司生产部经理和营销部经理所编制的一份完整的工作说明书为例，如表 2－9a 和 2－9b 所示。

表 2-9a 生产部经理的工作说明书

职位名称：生产部经理	部门：生产部
职位代号：0031	工作地点：公司办公大楼
在职者：×××	编写日期：2002 年 1 月 14 日

工作关系

间接上级：总经理　直接上级：生产副总经理

直接下级：生产部副经理、机电班班长、灭菌组组长、车间主任、生产部统计员、制单员等

内部联系：生产副总经理、总经理、各职能部门负责人

外部联系：政府相关部门、社会相关人士

工作概要

在总经理、生产副总经理领导下，负责生产调度和生产管理

工作职责

（1）生产管理

①全面负责产品的生产、计划和组织协调工作，拟定生产结构调整报告；

②编制公司年、季、月生产计划并监督实施，按期上报生产进度表；

③负责配合品质部贯彻执行公司的质量、计量制度和程序，并监督检查实施情况；

④负责审批本部门低值易耗品、机电用品、工位器具、工装等的领用申请；

⑤负责生产设备的购置申请；

⑥负责生产车间的现场管理，优化资源配置；

⑦负责生产部的内部协调，保证生产正常进行；

⑧负责车间安全生产制度的制定和监督执行；

⑨其他相关管理。

（2）内部管理

①负责本部门相关规章制度的制定和执行；

②在办公室协助下组织对本部门员工的招募、培训、考核和奖励工作，拟定产品工资定额；

③本部门与其他部门的协调与沟通。

（3）负责下属的培养

（4）生产副总经理和总经理交办的其他事项

工作条件和环境

（1）大部分时间在公司办公楼和生产车间现场工作，极少有外出要求

（2）因工作需要配备电脑一台，固定电话一部

（续上表）

任职资格
年龄：50 岁以下　性别：不限 学历：本科（或同等学力）以上 专业或相关培训：无菌医疗器械、工商管理专业及相关培训 工作经验：从事医疗器械企业生产管理工作 5 年以上 体能要求：①身体健康，体力充沛，行动敏捷。②无严重疾病和传染病。 知识与技能：①具备本公司产品生产专业技术知识及相关知识。②善于激励员工，调动员工积极性；③熟悉 ISO 9000 认证体系与 CMDC、CE、GMP 标准。④熟悉本公司产品生产流程、各类产品生产工艺及产品使用特性。⑤具备生产管理专业知识及相关经验。⑥有较强的计划、控制和协调能力。⑦有良好的沟通能力。⑧有独立工作的能力。
其他
（1）对企业忠诚，敬业，乐于奉献 （2）严谨求实，责任心强，注重细节 （3）有吃苦耐劳、精益求精的精神 （4）有强烈的进取和创新精神

表 2－9b　销售部经理的工作说明书

职位名称：营销部经理 所属部门：营销部 直接上级：总经理 直接下级：销售主管、市场主管、大客户主管 审核人：	职位编号：MS－YX－0008 职位定员：1 人 工资等级：3～5 薪酬类型： 编制日期：
一、职责概要： 在销售副总经理领导下，全面负责销售部门的计划、组织、指导和控制工作	
二、工作职责： 1. 协助总经理制订营销计划，为重大营销决策提供建议和信息 2. 及时反馈产品改进和新产品开发的信息，并提出建议 3. 制订本部门工作计划和预算，并组织执行 4. 组织市场推广和产品宣传，实现公司销售目标 5. 负责接待重要客户，与客户维持良好关系 6. 负责组织对外报价、投标、合同谈判、合同签订等销售工作 7. 负责客户需求预测，及时满足失常需求 8. 组织协调各主管完成交货、验收测试、客户培训和售后服务 9. 负责组织客户管理，建立产品维护档案和客户档案 10. 组织制定和落实各项营销管理制度和程序 11. 负责指导下属制订工作计划，并督促执行 12. 负责本部门内工作任务分工，合理安排人员	营销计划报告完成情况；销售分析报告完成情况；竞争分析报告完成情况；销售额；销售费用；利润率；回款率；新客户拓展率；目标客户拜访量；客户投诉次数；客户满意度

（续上表）

三、工作权限： 1. 具有公关活动和广告宣传的指挥权 2. 总经理授权范围内的合同签订权及产品定价权 3. 具有对直接下属的调配、奖惩的建议权和任免的提名权 4. 具有对下属工作争议的裁决权 5. 具有对下属管理水平、业务水平和工作绩效的考核评价权
四、工作条件和物理环境： 1. 使用计算机、一般办公设备、通信设备 2. 75%以上的时间在室内工作，一般不受气候影响，但可能受气温影响 3. 湿度适中，无严重噪音，无个人生命或严重受伤危险，无有毒气体 4. 有外出要求，一年大概有10%～20%的工作日出差在外 5. 工作地点在本市
五、社会环境： 1. 有一名副手，营销部工作人员25～30人 2. 内部协调关系：总经理、研发部、生产部、财务部、人力资源部、总经理办公室 3. 外部协调相关生活经验：政府有关部门、重要客户、物流单位、广告单位、高校管理学院
六、聘用条件： 1. 每周工作40小时，无明显节假日 2. 基本工资3 500元，超额完成部分按照千分之一的比例提取奖金 3. 本职务是企业的中层岗位，可晋升销售部副经理或子公司总经理
七、任职条件： 1. 年龄：30～40岁；性别：男女不限 2. 学历：大学本科或以上；专业：通信工作、管理或相关专业 3. 工作经验：5年以上工作经历，2年以上本行业或相近行业营销管理经验 4. 知识：精通市场营销管理知识，熟悉财务管理、法律和专业领域知识 5. 技能：熟练使用常用计算机办公软件，具备电子商务知识，具备英语应用能力 6. 具有较强的理解能力、学习能力、解决问题能力、计算能力、语言表达能力、决策能力、沟通交际能力 7. 性格外向；喜欢与人交往；态度积极、乐观；事业心十分强烈；合作性优秀；领导能力卓越

第四节　工作评价

工作评价，是根据工作分析的结果，按照一定的标准，对工作的性质、强度、责任、复杂性及所需的任职资格等因素的差异程度进行综合评价，其本质是确立每个工作之间相对价值高低的过程。

一、工作评价的定义和内容

工作评价（job evaluation），也称岗位评价，就是根据工作分析的结果，按照一定标准，对工作的性质、强度、责任、复杂性以及所需的任职资格等因素的差异程度进行综合评价的活动，即依据各种工作中所包括的技能要求、努力程度要求、岗位职责和工作环境等因素来“决定各种工作之间的相对价值”，工作评价的主要目标是确定职位等级，建立科学、公平、公正的职位管理机制，一般用于薪酬设计活动。

1. 工作评价的内容和标准

工作评价的内容主要包括工作的任务和责任、完成工作所需要的技能、工作对组织整体目标实现的相对贡献大小、工作的环境和风险等。

这些内容恰恰是工作分析所提供的信息，因此工作分析是工作评价的基础。在工作分析中要对工作进行系统的研究，工作描述的信息可以让我们了解工作的责任大小、复杂程度、工作的自由度和权力大小等，工作规范中的信息可以让我们了解对任职者完成工作所需要的技能的要求、任职者的任职资格、工作的环境条件等信息。对这些信息进行识别、确定和权衡可以使我们对工作的相对价值作出恰当的评估。

不同的组织进行工作评价时所采用的标准有所不同，但通常来说，评价的标准大体都会基于以下几个假设：

（1）工作所承担的责任和风险越大，被评估的等级应该越高。

（2）工作所需要的知识和技能越高或越深，被评估的等级应该越高。

（3）工作难度越大，复杂程度越高，被评估的等级应该越高。

（4）工作环境越恶劣，被评估的等级应该越高。

2. 工作评价的特征

在把握工作评价概念的过程中，应该注意它的两个基本特征：

第一，工作评价的核心是“事”而非人。评价虽然也会涉及员工，但它是以岗位为对象，以岗位所担负的工作任务或职责为对象进行的客观比较和定位，是以工作者的工作技能、工作责任、工作强度和工作条件等关键要素为内容进行的一种评价活动。也就是说，工作评价是围绕工作本身及工作要求展开的，其内容具有客观性，与工作者的态度、能力等主观因素无关。在实践中这种特征表现为：一是做同样工作的员工应领取同样的工资；二是工作评价只与岗位工作有关，与该岗位上员工的业绩无关。

第二，工作评价所衡量的是组织中各类职位或岗位的相对价值，而不是绝对价值。也就是说，工作评价一般根据各岗位的重要性、困难度等因素来确定它们之间的相对关系，把价值相似的岗位归为一类，然后确定岗位等级层次，而不是直接用货币进行衡量。岗位评价得出的是该岗位的分数或等级，而不会直接得出各岗位的货币价值或薪资。薪资的最后确定以分数或薪点为基础，再结合组织状况及薪资调查情况来制定。

3. 工作评价的目的

工作评价有两个基本目的：

一是完成对各职位的比较，决定这些职位在其职类中的相对价值水平，也就是在相同职类内进行纵向比较，排列出先后顺序，这对于人员晋升、职业生涯规划和人员开发有着重要的意义。

二是对隶属不同职类的职位进行比较，即比较职类1中A职位与职类2中B职位的相对价值，是一种跨职类的比较，这种比较在组织规模较大且存在不同职类时会应用到。

在同一个工作系列和同一个职类内对岗位进行排序相对容易，在不同职类间进行岗位比较则复杂得多。

二、工作评价的方法

最主要的工作评价方法有6种：职位排序法、职位分类法、因素比较法、要素计点法、评分法、海氏评价法。这6种工作评价方法按照量化的程度、评估的对象和比较的方法可以进行如表2－10所示的归类。

表2－10　工作分析方法归类

量化程度评价对象 / 比较方法	非量化评价、对职位整体进行评价	量化评价、对职位要素进行评价
在职位与职位之间进行比较	职位排序法	因素比较法
将职位与特定的级别标准进行比较	职位分类法	要素计点法、评分法、海氏评价法

（资料来源：葛玉辉．人力资源管理（第2版）．北京：清华大学出版社，2008.）

1．职位排序法

职位排序法就是根据一些特定的标准，如工作的复杂程度、对组织的贡献大小等，对各个职位的相对价值进行整体比较，进而将职位按照相对价值的高低排列出一个次序。

职位排序法实施的程序：获取与职位有关的信息（通过工作分析获得）；成立职位评估委员会，通常对职位的排序需要根据对多个评估者的意见进行汇总整合；选定参与排序的职位，当组织中的职位比较少的时候，可能就不需要进行选择，直接对所有职位进行排序就好了；对排序的标准达成共识；进行比较和排序；评估者各自检查排序的结果，对其中不合理的地方进行调整；综合评估委员会成员排序的结果，得出最终的排序。

（1）职位排序的方法：

①直接排序：按照职位的说明根据排序标准（重要性或贡献度）从高到低或从低到高进行直接排序，如图2－2所示。

②交替排序法：先从所需要排序的职位中选出相对价值最高的排在第一位，再选出相对价值最低的排在倒数第一位，然后再从剩下的职位中选出相对价值最高的排在第二位，接下去再选出剩下的职位中相对价值最低的排在倒数第二位，以此类推。如图2－3所示。

高	总裁
	首席设计师
	设计师
	高级技师
	技师
低	接待员

图 2－2　直接排序法示例

排列顺序	职位价值高低	职位名称
1	最高	市场部主管
2	高	人力资源部主管
3	较高	财务部主管
3	较低	生产部主管
2	低	采购部主管
1	最低	总经理行政秘书

图 2－3　交替排序法示例

③配对比较法：评价者通过一个配对比较评价表，把每一项工作与其他所有工作进行比较，该评价表中的工作以纵向和横向排列，如表 2－11 所示。

为了使用该表，评价者把一个横向工作与每一个纵向工作进行比较。如果横向工作的价值比纵向工作大，则在相应的格中填上“×”。在所有的工作都被比较完后，评价者统计横向工作的“×”数。一个横向工作的“×”总数就代表了它相对于其他工作的价值，不同的评价值随后就被总结成一个所有工作的排序。

表 2－11　配对比较排序示例

纵向工作 / 横向工作	高级行政秘书	数据录入员	数据处理主管	档案管理员	系统分析员	程序员	总计
高级行政秘书		×		×		×	3
数据录入员				×			1
数据处理主管	×	×		×	×	×	5
档案管理员							0
系统分析员	×	×		×		×	4
程序员		×		×			2

备注：在横向工作的价值比纵向工作价值大的地方画“×”。

最终，对职位的排序是根据多个评估者的意见进行汇总整合得到，如表 2－12 所示，是一间小公司的各个职位的排序结果，其中有各个评价者的排序，也有最终的结果。

表 2-12　某公司的职位排序

职位	评估者1	评估者2	评估者3	评估者4	评估者5	综合	名次
项目经理	1	1	1	2	1	1.2	1
市场经理	2	2	2	1	2	1.8	2
市场专员	3	4	3	3	3	3.2	3
项目助理	4	3	4	4	4	3.8	4
会计	5	5	6	5	5	5.2	5
行政人事助理	6	6	5	7	6	6.0	6
出纳	7	7	7	6	8	7.0	7
前台	8	8	8	8	7	7.8	8

（2）职位排序的优缺点：

职位排序法的优点是：简单、容易操作、省时、省力。

但也有缺陷：首先，这种方法带有一定的主观性，评估者多依据自己对职位的主观感觉进行排序；其次，仅仅对职位进行排序还无法准确地得知职位之间的相对价值关系，例如，项目经理职位的价值可能是项目助理职位的3倍，但是在排序法中只能知道项目经理职位的价值比项目助理职位的价值大，具体大多少不得而知；最后，排序的方法可能只适用于较小规模的组织，因为这样的组织职位数量比较少，对于大型组织则不是很合适。

2. 职位分类法

所谓职位分类法，就是通过制定一套职位级别标准，然后将职位与标准进行比较，将它们归到各个级别中去。

职位分类法好像有很多层次的书架，每层都代表着一个等级，比如说把最贵的书放到最上面一层，最便宜的书放到最下面一层，而每个职位则好像是一本书，我们的目标是将这些书分配到书架的各个层次上去，结果就可以看到不同价值的职位分布情况。因此，首先需要建立一个很好的书架，也就是职位级别的标准。如果这个标准建立得不合理，就可能出现书架有的层次中挤满了书，而有的层次则没有书，并且挤在一起的书很难区分开来。

（1）职位分类法的操作步骤：

首先，对职位进行工作分析，得到职位描述和职位规范信息；

其次，建立一个评估小组对职位进行分类；

再次，也就是最关键的一步，建立一个职位级别体系，如表2-13所示。建立职位级别体系包括确定等级的数量和为每个等级确定定义与描述。等级的数量没有固定的规定，只要根据需要设定、便于操作并能有效地区分职位即可，对每个等级的定义和描述要依据一定的要素进行，这些要素可以根据组织的需要选定。

表 2－13　某组织的职位级别体系部分内容

等级	等级描述
1	例行的事务：按照既定的程序和规章工作；处在主管的直接监控之下；不带有技术色彩
2	需要一定的独立判断能力的职位：具有初级的技术水平；需要一定的经验；需要主管的监督
3	中等复杂程度的工作：根据既定的政策、程序和技术能独立思考；需要接受专业训练并具备一定经验；无须他人监督
4	复杂工作：独立作出决策；监督他人工作；接受高级的专业训练和较丰富的经验

最后，就是要将组织中的各个职位归到合适的级别中去。

（2）职位分类法的优缺点：

优点：简单明了，很容易被员工理解和接受，它有效地克服了职位排序法只适用于小型组织、少量职位的局限性，可以对大量的职位进行评估。而且，这种方法还具有很高的灵活性，当组织中的工作数量增加时，那些新增加的工作可以很容易地被定位在合适的位置上；当一种工作的要求变化以后，它就可能需要被重新划分到较高或者较低的工作级别中去。

缺点：它实际上假定工作因素与工作价值之间存在着稳定关系，对职位等级的划分和界定存在一定的难度，有一定的主观性，如果职位级别划分得不合理，将会影响对全部职位的评估。另外，这种方法对职位的评估比较粗糙，只能得出一个职位归在哪个等级中，到底职位之间的价值的量化关系是怎样的不是很清楚，因此用到薪酬体系中时会遇到一些困难。

工作分类法强调的是工作类别的差异，而不是单个工作的差异，因此非常适合在公共部门和大公司的管理人员和专业技术人员中应用，美国联邦政府雇员的薪酬体系就是根据工作分类法设计的。

3. 因素比较法

因素比较法是一种量化的工作评价方法，它实际上是对职位排序法的一种改进，这种方法与职位排序法的主要区别是：职位排序法是从整体的角度对职位进行比较和排序，而因素比较法则是选择多种薪酬因素（指企业确定薪酬时考虑的因素，也称为报酬要素或付酬要素），按照各种因素分别进行排序。

（1）因素比较法的实施步骤。因素比较法的实施步骤如下，如例 2－4 所示：

①进行工作分析，建立职务说明书，成立工作评价小组；

②选择一些在组织中普遍存在的、工作内容相对稳定、具有得到公认的市场工资水平的职位作为基准职位。这些基准职位的薪酬水平是固定的，其他职位的薪酬水平将据此来确定和调整；

③分析这些基准职位，找出一系列共同的薪酬因素。这些报酬因素应该体现出职位之间本质区别的因素，如责任、工作的复杂程度、工作压力水平、工作所需的教育水平和工作经验等；

④将每个基准职位的工资或所赋予的分值分配到相应的报酬因素上；

⑤将待评估的职位在每个报酬因素上分别与基准职位相比较，确定待评估职位在各个

因素上的分值或工资率；

⑥将待评估职位在各个报酬因素上的工资率或分数相加汇总，得到待评估职位的工资水平。

例 2－4 因素比较法示例

在一次工作评估中，就 5 个因素对职位进行评估。职位 A、职位 B、职位 C 是基准职位，其中职位 A 的市场工资水平为 1 000 元，职位 B 的市场工资水平为 2 000 元，职位 C 的市场工资水平为 4 000 元。职位 X 是待评估职位。首先将职位 A、职位 B、职位 C 按照 5 个薪酬因素进行排序，然后再将职位 X 与这 3 个基准职位进行比较，得出下表的结果。

因素 工资率（元/月）	责任大小	所需技能	任务难度	工作环境	财务影响
100	职位 A				职位 A
200			职位 A	职位 B	
300		职位 A		职位 A	职位 X
400	职位 B				职位 B
500	职位 X	职位 B	职位 B		
600		职位 X	职位 X	职位 C	
700				职位 X	
800	职位 C	职位 C			
900			职位 C		职位 C

因此，职位 X 的月工资水平为 X＝500＋600＋600＋700＋300＝2 700（元）。

（2）因素比较法的优缺点。

因素比较法的一个突出优点是可以根据在各个报酬因素上得到的评估结果计算出一个具体的报酬金额，这样可以更加精确地反映出职位之间的相对价值关系。

但是因素比较法显得比较复杂，使用因素比较法时应该注意两个问题：一是薪酬因素的确定要慎重，一定要选择最能代表职位间差异的因素；二是由于市场上的工资水平经常发生变化，因此要及时调整基准职位的工资水平。

4. 要素计点法

要素计点法是目前国内外最广泛应用的一种工作评价方法，这种方法也是一种定量化的工作评价方法。所谓要素计点，就是选取若干关键性的薪酬要素，并对每个要素的不同水平进行界定，同时给各个水平赋予一定的分值（这个分值也称为“点数”），然后按照这些关键的薪酬要素对职位进行评估，得到每个职位的总点数，以此决定职位的薪酬水平。

要素计点法实施的步骤是：

（1）进行工作分析，成立工作评价委员会。

（2）选择薪酬要素，并为这些薪酬要素建立一个结构化量表。

（3）根据这个评估量表对职位在各个要素上的表现进行评估，得出职位在各个要素上的分值，并汇总成总的点数，再根据总点数处在哪个职位级别的点数区间内确定职位的级别。

为了使设计出来的量表具有合理的结构，评价委员会首先需要为各种补偿因素的重要性赋予一个权重，补偿因素的权重是与这种因素在工作中的重要性相一致的。假定工作评价委员会决定使用技能、努力、责任和工作条件四种补偿因素，然后决定他们要使用的总点数，如1 000，再根据各种补偿因素的相对重要性确定分配这些点数。

假设技能的权重被确定为20%，那么将有总共200点分配给技能。如果技能被划分为10个等级，每提高一个等级点数增加20点，那么，一项需要掌握最低等级技能的工作在技能方面就应该得到20点，而一项需要掌握次低等级技能的工作在技能方面就应该得到40点，以此类推，如果一个工作需要最高等级的技能，那么它在技能方面就应该得到200点。按照类似的方法，我们可以对努力程度、责任和工作条件进行同样的处理。在设计结构化量表的过程中，每种补偿因素划分的各个相邻级别之间的差距最好相等。表2－14是一个典型的点数法补偿因素的结构化量表。

表2－14　点数法示例

薪酬要素	第1级	第2级	第3级	第4级	第5级
技能					
1. 教育	14	28	42	56	70
2. 经验	22	44	66	88	110
3. 知识	14	28	42	56	70
努力					
4. 体力要求	10	20	30	40	50
5. 心理要求	5	20	15	20	25
责任					
6. 设备/程序	5	10	15	20	25
7. 材料/产品	5	10	15	20	25
8. 他人安全	5	10	15	20	25
9. 他人工作	5	10	15	20	25
工作环境					
10. 工作条件	10	20	30	40	50
11. 危险	5	10	15	20	25

当我们针对各项工作把它的各种报酬因素的分数加总就是这项工作的总分，当公司中所有的工作岗位的总分数都被计算出来以后，这个公司的薪酬结构也就被建立起来了。虽然每种工作的点数范围内的所有工作确定为一个工作级别，但在一个组织中，如果不同工作系列的补偿因素有差别，或者各个工作系列之间相同的补偿因素的差别程度不同，那么就需要为不同的工作系列设计出不同的补偿因素点数的结构化量表。不难发现，点数法的设计比较复杂，但是一旦设计出来以后，其应用是十分方便的。

5. 评分法

评分法是把工作的构成因素进行分解，然后按照事先设计的结构化量表对每种工作要素进行估值。这种方法是目前运用最广泛的工作评价方法，也是一种定量化的工作评价方法，大中小企业均可采用。评分法将点数法的操作进一步细化，能设计出更合理的结构量表，对每种因素级别的解释更加详细，最重要的一点是评分法有合理的纠偏措施，可以将评价的偏差降到最低。

评分法的实施步骤是：

（1）确定待评岗位的付酬因素。不同的岗位有不同的付酬因素，一般来说，付酬因素包括劳动技能、劳动责任、劳动强度、劳动环境、对组织的贡献五类，如表 2－15 所示。

表 2－15　某公司工作评价表

一级付酬因素	二级付酬因素	级别				评分因素指标/分	评分因素指标/分	评分因素指标/分
		4	3	2	1			
劳动技能	文化理论知识	5	10	15	20	20	100	30%
	操作技能	17	26	35	40	40		
	作业复杂程度	8	15	20	30	30		
	预防、处理事故复杂程度	3	5	7	10	10		
劳动责任	产品（服务）的质量责任	8	15	20	30	30	100	15%
	经济效益责任	17	26	35	40	40		
	安全责任	8	15	20	30	30		
劳动强度	体力劳动强度	13	20	25	35	35	100	20%
	脑力消耗疲劳程度	13	20	25	35	35		
	工时利用率和工作班制	8	15	20	30	30		
劳动环境	自然环境	8	15	20	30	30	100	15%
	发生工伤事故的危险性	8	15	20	30	30		
	有毒有害物、噪声危害	5	10	15	20	20		
	工作单调性	5	10	15	20	20		
对组织目标的相对贡献	实现组织目标的贡献	25	50	75	100	100	100	20%
合计						500	500	100%

表2－15可以看出，每类付酬因素包含不同的因素指标，例如，劳动技能包括文化和技术理论知识、操作技能、作业复杂程度、处理预防事故的复杂程度等；劳动责任包括质量责任、原材料消耗责任、经济效益责任、安全责任等；劳动强度包含体力劳动强度、脑力消耗疲劳程度、作业姿势、工时利用率和工作班制等；劳动环境包括气候条件影响、作业条件危险性、有毒有害物危害、噪声危害等。

付酬因素需要根据企业特点和岗位类型确定，最少时仅两三种，最多时可达30余种。

（2）划分等级。把各付酬因素适当地分成若干等级，等级的多少取决于各付酬因素的相对权重及各等级界定与相互区分的难易；因素越重要，权重越大，等级越易界定，相互间越易区分，则级数应越多。

（3）等级描述。付酬因素的等级划分后，需要对每一因素的整体及各等级分别予以简要的描述和界定，作为每个岗位在一定因素方面的等级的评定依据。

（4）赋予付酬因素以分值。即确定各付酬因素的总分以及这些分数在各付酬因素各等级之间的分值分配。

（5）评分。将待评岗位逐一对照每一等级的说明，评出相应分数，并将各因素所评分数求和得到岗位分值，此岗位分值即为该岗位对本企业的相对价值。

（6）工资转换。岗位分值转换为工资有两种可以采用的方法：

第一种，可设置工资率转换表，根据工资转换表将岗位分值直接转换为相应的工资金额。工资转换表不是给每个岗位都确定一个与其岗位分值相对应的工资额，而是将所有的岗位合理组合，划分成一些岗级，给每个岗级指派与其价值相当的工资或工资范围，在同一岗级中的诸职务按照同一级工资付酬或在指定的工资范围内付酬。

第二种，将企业各岗位分值求和，得到企业所有岗位的岗位总分值，将企业工资总额除以企业的岗位总分值，可得到每一分的工资含量，一般称为点值。用点值乘以每个岗位的岗位分值，可得到每个岗位的工资率或工资标准。

6. 海氏评价法

海氏评价法又称海氏系统法、指导图表—形状构成法，是由美国工资设计专家爱德华·海（Edward N. Hay）于1951年研究开发出来的，它有效地解决了不同职能部门的不同职务之间相对价值的相互比较和量化的难题，被企业界广泛接受。

实际上海氏评价法也是一种点数法，它与点数法的主要区别在于海氏系统所使用的补偿因素是确定的。海氏测评法认为有三种应该给予补偿的因素：智能水平、解决问题的能力、承担的职务责任，每个付酬因素又分别由数量不等的子因素构成，具体叙述见表2－16所示。

表 2－16　海氏评价法付酬因素描述

付酬因素	付酬因素释义	子因素	子因素释义
智能水平	要使工作绩效达到可接受的水平所必需的专门知识及相应的实际运作技能的总和	专业理论知识	对该职务要求从事的职业领域的理论、实际方法与专门知识的理解。该子系统分八个等级，从基本的（第一级）到权威专门技术的（第八级）
		管理诀窍	为达到要求绩效水平而具备的计划、组织、执行、控制、评价的能力与技巧。该子系统分五个等级，从起码的（第一级）到全面的（第五级）
		人际技能	该职务所需要的沟通、协调、激励、培训、关系处理等方面主动而活跃的活动技巧。该子系统分“基本的”、“重要的”、“关键的”三个等级
解决问题的能力	在工作中发现问题，分析诊断问题，提出、权衡与评价对策，作出决策等能力	思维环境	指定环境对职务行使者的思维的限制程序。该子因素分八个等级，从几乎一切按既定规则办的第一级（高度常规的）到只作了含糊规定的第八级（抽象规定的）
		思维难度	指解决问题时对当事者创造性思维的要求，该子因素分五个等级，从几乎无须动脑只需按老规矩办的第一级（重复性的），到完全无先例可供借鉴的第五级（无先例的）
承担的职务责任	是指职务行使者的行动对工作最终结果可能造成的影响及承担责任的大小	行动的自由度	职务能在多大程度上对其工作进行个人性指导与控制，该子因素包含九个等级，从自由度最小的第一级（有规定的）到自由度最大的第九级（一般性无指引的）
		职务对后果形成的作用	该了因素包括四个等级：第　级是后勤性作用，即只在提供信息或偶然性服务上出力；第二级是咨询性作用，即出主意与提供建议；第三级是分摊性作用，即与本企业内外其他部门和个人合作，共同行动，责任分摊；第四级是主要作用，即由本人承担主要责任
		职务责任	可能造成的经济性正负后果。该子因素包括四个等级，即微小的、少量的、中级的和大量的，每级都有相应的金额下限，具体数额要视企业的具体情况而定

（资料来源：葛玉辉．人力资源管理（第2版）　北京：清华大学出版社，2008.）

其具体操作步骤是：首先针对三个付酬因素分别进行评价，再在此基础上进行综合评价，计算出分值，算出各个工作的相对价值。

海氏工作评价系统将三种付酬因素的各子因素进行组合，形成三张海氏工作评价指导图表。

（1）智能水平。智能水平指的是要使工作绩效达到可接受的水平所必需的专门业务知识及其相应的实际运作技能的总和，智能这一因素中包含三个子因素，三种子因素的组合即对应于表示某特定职位等级的相对价值，用一个单一的数值（分数）来代表，如表 2－17 所示。

表 2－17　海氏工作分析指导因素之一：智能水平

		管理技巧														
		起码的			相关的			多样的			广博的			全面的		
人际技能		基本的	重要的	关键的	基本的	重要的	关键的	基本的	重要的	关键的	基本的	重要的	关键的	基本的	重要的	关键的
专业理论知识	基本业务的	50	57	66	66	76	87	87	100	115	115	132	152	152	175	200
		57	66	76	76	87	100	100	115	132	132	152	175	175	200	230
		66	76	87	87	100	115	115	132	152	152	175	200	200	230	264
	初等业务的	66	76	87	87	100	115	115	132	152	152	175	200	200	230	264
		76	87	100	100	115	132	132	152	175	175	200	230	230	264	304
		87	100	115	115	132	152	152	175	200	200	230	264	264	304	350
	中等业务的	87	100	115	115	132	152	152	175	200	200	230	264	264	304	350
		100	1158	132	132	152	175	175	200	230	230	264	304	304	350	400
		115	132	152	152	175	200	200	230	264	264	304	350	350	400	460
	高等业务的	115	132	152	152	175	200	200	230	264	264	304	350	350	400	460
		132	152	175	175	200	230	230	264	304	304	350	400	400	460	528
		152	175	200	200	230	264	264	304	350	350	400	460	460	528	608
	基本专门技术	152	175	200	200	230	264	264	304	350	350	400	460	460	528	608
		175	200	230	230	264	304	304	350	400	400	460	528	528	608	700
		200	230	264	264	304	350	350	400	460	460	528	608	608	700	800
	熟练专门技术	200	230	264	264	304	350	350	400	460	460	528	608	608	700	800
		230	264	304	304	350	400	400	460	528	528	608	700	700	800	928
		264	304	350	350	400	460	460	528	608	608	700	800	800	920	1 056
	精通专门技术	264	304	350	350	400	460	460	528	608	608	700	800	800	920	1 056
		304	350	400	400	460	528	528	608	700	700	800	920	920	1 056	1 216
		350	400	460	460	528	608	608	700	800	800	920	1 056	1 056	1 216	1 400
	权威专门技术	350	400	460	460	528	608	608	700	800	800	920	1 056	1 056	1 216	1 400
		400	460	528	528	608	700	700	800	920	920	1 056	1 216	1 216	1 400	1 600
		460	528	608	608	700	800	800	920	1 056	1 056	1216	1 400	1 400	1 600	1 840

（资料来源：萧鸣政．工作分析的方法与技术（第二版）．北京：中国人民大学出版社，2006.）

①子因素一：专业理论知识。指的是对该职务要求从事的职业领域的理论、实际方法

与专门性知识的了解，可以划分为八个等级（每一等级又分为三个亚级）。

基本业务的。指非技能性工作岗位，工作是简单的重复操作或日常文职事务，涉及简单的程序和普通工具的使用；该工作可在几日或几周内学会，只需要受初等程度的教育，具备基本的读、写和算术运算技能；不需要某一领域的专门知识，如收发员、清洁工、门卫。

初等业务的。指半技能性工作，工作是高度重复性的，涉及标准化的程序和简单的设备或机器的操作；只需要受中等程度的教育和短期的业务培训，能熟练地执行本业务的主要方法和程序，如叉车操作员、打字员。

中等业务的。指熟练的技能性工作，工作涉及程序的指导和专业化设备的熟练操作；需受中等程度的职业教育或1~2年的在职培训和工作经验；能熟练地执行本业务的工作，如秘书、木工、司机。

高等业务的。指熟练的技能性工作，需掌握本业务的基础理论、原理、方法及程序；需要3年左右的与工作有关的专门业务课程培训或一定时间的工作经验的积累；能够处理一些简单的业务问题，如电工、机器修理工、人事助理。

基本专门技术的。指专业技术性工作，需受过正规的相关学科系统理论、知识及方法的高等教育培训，系统地掌握某学科领域的基础理论、原理、方法及程序，并具有一定的该领域的实践经验；具有一定的分析能力；能够独立组织工作，解决本学科领域的经常遇到的常规问题，如机械工程师、电气工程师、律师、记者、编辑。

熟练专门技术的。指熟练的专业技术工作，需受过正规的相关学科系统理论、知识及方法的高等教育培训，熟练地掌握本专业领域的系统理论、原理、方法及程序；具有丰富的该领域的实践经验和多年从业经验；具有较强的综合分析能力；能够独立组织工作，解决本学科领域的复杂问题，如财务部经理、资深记者、高级编辑、高级工程师等。

精通专门技术的。指深入系统地掌握本领域的理论、原理、方法及程序，并具有丰富的、全面的实践经验；具有很强的综合分析判断能力和独到的见解。在本领域内，对整个组织的重大利益的多个方面具有独创能力和决断能力，如营销总监、人事总监、企业总经理、总工程师等。

权威专门技术的。指深入系统地掌握本领域的理论、原理、方法及程序，并具有丰富的、全面的实践经验；具有很强的综合分析判断能力和独创性研究能力，在该领域具有权威性，如两院院士、首席研究员。

②子因素二：管理诀窍。指的是为达到要求绩效水平而具备的计划、组织、执行、控制及评价的能力与技巧，可以划分为五个等级：

起码的。指从事具体的工作，但工作与其他的工作是相关的整体，有时需监督他人的工作，但不负有计划和组织的责任，如会计、设计工程师、销售业务员。

有关的。指负责依据上级设定的目标设定部门目标并制订具体的实施方案，需整合和协调部门内相类似的活动，并与其他部门协调，如销售部经理、财务部经理、技术部经理。

多样的。指负责依据上级设定的目标设定部门目标并制订具体的实施方案，需整合和协调部门内多种不同职能的活动，并与其他部门协调，如分厂厂长、分公司经理。

广博的。指在全公司范围内，负责公司战略目标的制定、整个组织活动的组织和广泛的协调，如公司总经理。

全面的。指在行业范围内，负责公司经营使命和资源使用效率的管理，制定公司的战略方向并有目的地调整经营方向和经营理念，如董事长、董事。

③子因素三：人际关系技巧。指该职务所需要的激励沟通、协调、培养、关系处理等方面主动而活跃的活动技巧，可以划分为三个等级：

基本的。指只要根据公司的全体员工行为规范准则处理与别人的关系即可。与他人接触的目的是为了交流信息、寻求指导和说明事物，如技术员、工程师。

重要的。指主动地理解、影响和服务于他人，对于完成自己和他人的工作是重要的。与他人接触的目的是通过说服、肯定、解释去影响他人的行为和观点，如咨询顾问、技术顾问、记者等。

关键的。指具有最大限度地理解、选择、发展和激励他人的技巧。需经常与组织内外的人员紧密联系或面对面的接触，目的是决定是否改变别人的行为及需改变的行为是否发生，如一线生产主管、总经理、部门经理。

（2）解决问题的能力。一般来说，在组织系统中层次越低，要解决的问题越简单、越常规，就越有既定的规章制度可依循，对他发挥创造性思维的要求也越低；层次越高则反之。

由于人的思维不可能凭空进行，必须以事实、理论和方法作为依据，即人必须以他已经知道的一切去思维，即使是对最具创造性的工作也是如此，因此解决问题的能力是用其智能的利用率来测量的，用一个百分数来表示，如表2－18所示，付酬子因素可分解为两个方面：

表2－18　海氏工作分析指导因素之一：解决问题的能力

		思维难度				
		重复性的	模式化的	中间型的	适应性的	无先例的
思维环境	高度常规的	10%～12%	14%～16%	19%～22%	25%～29%	33%～38%
	常规的	12%～14%	16%～19%	22%～25%	29%～33%	38%～43%
	半常规的	14%～16%	19%～22%	25%～29%	33%～38%	43%～50%
	标准化的	16%～19%	22%～25%	29%～33%	38%～43%	50%～57%
	明确规定的	19%～22%	25%～29%	33%～38%	43%～50%	57%～66%
	广泛规定的	22%～25%	29%～33%	38%～43%	50%～57%	66%～76%
	一般规定的	25%～29%	33%～38%	43%～50%	57%～66%	76%～87%
	抽象规定的	29%～33%	38%～43%	50%～57%	66%～76%	87%～100%

（资料来源：萧鸣政．工作分析的方法与技术（第二版）．北京：中国人民大学出版社，2006.）

①子因素一：思维环境。指定环境对职务占有者思维所设的限制的松紧；从几乎一切都按既定规则办的第一级（高度常规的），到只作了含糊规定的第八级（抽象规定的），

这又可分为八个等级：

高度常规的。指工作的内容与方法已有详细、明确的指导和规则，只能按照上级的命令行事，如收发员、清洁工、门卫。

常规的。指常规、重复性的，工作的内容与方法已有规定、标准和指导，可依据需要灵活处理，容易解决，如接待员、机器操作工。

半常规的。指有明确的规章制度和多样化的程序，但需选择性地运用指导和以往的经验解决问题，如出纳员、计算机操作员、高级秘书。

标准化的。指在已有的多样规章和程序、标准的指导下，需发挥主观能动性，自主地运用方法解决复杂的问题，如程序员、机修工、电工。

明确规定的。指有清楚的政策、原则和明确的目标，工作复杂多样，需发挥主观能动性，自主决定工作的方法和程序，如设计工程师、商业分析师、人事部经理。

广泛定义的。指在广泛的政策和目标的指导下解决带有全局性的问题，需要深入细致地调查研究、综合分析、论证，作出决策，如分厂厂长、分公司经理。

一般规定的。指有多种选择性的政策和原则，有一定的开拓性。如战略性的问题，需要花很多时间和精力调查研究、综合分析，反复论证，作出重大决策，如公司总经理。

抽象规定的。指只有公司的总方针和最终目标，开拓性很强，如董事长。

②子因素二：思维难度（创造性）。指解决问题时当事者需要进行创造性思维的程度，从几乎不需动多少脑筋只需按老规矩办的第一级（重复性的），到完全无可供借鉴的第五级（无先例的），这又分为五个等级：

重复性的。指无须改进的，一切工作已有明确的规定，只需应用已习得的知识和经验于重复的情景即可，不需要进行创造和改进，如装配线上的工人、清洁工。

模式化的。指一般改进的，需要根据相类似的情景选择性地应用已习得的知识和经验，进行一般性的改进，如司机、电话接线员。

中间型的。指变化的情景需通过应用已获得的知识进行调查、发现和选择解决问题的方法，如设计师、机械维护工程师、记者、编辑。

适应性的。指需通过发现问题、明确问题的性质并创造性地设计解决问题的方法，属重大创新的问题，有时需要根据行业的先进经验，创立新的方法和技术，如商务经理、战略制定者、协会主席。

无先例的。指新出现的情景，完全创新的，没有可借鉴的经验，需要进行创造性的新发明，如首席研究员、企业董事会主席。

（3）承担的职务责任。承担的职务责任是指任职者的工作后果对组织生存、发展影响的广度和深度，可以通过三项子因素进行测评：行动的自由度、职务对后果形成的作用、职务责任，具体的分数如表 2－19 所示。

①子因素一：行动的自由度。指任职者为履行岗位职责进行决策、活动的受控制或受指导的程度。岗位对组织影响的广度与深度，受到行动的自主程度制约，可以划分为九个等级（每一等级又分为三个亚级）：

有规定的。指有关工作内容、方法由详细的程序和规则决定或上级决定，遇到规则和程序没有明确的情况，可随时请示上级解决，工作成效受上级详细的实时监督，如一线生产操作工、保安员。

受控制的。指有关工作内容、方法由较具体的书面指导或程序决定，可依据需要改变任务安排，上级一般监督的重点是工作结果的质和量，如采购员、会计员、出纳员。

标准化的。指有关工作内容、方法由标准化的程序和实际做法指导，可依据需要改变工作的任务安排和工作方法，但上级需对工作进度和结果进行监督，如动漫设计员、维修技术员、设计工程师。

一般性规定的。指有关工作内容、方法由明确的政策、程序和先行的做法指导，上级仅指示工作目标，进行每周或每月的事后监督，具体的工作安排和工作方法与程序由自己决定，如记者、策划、编辑。

有指导的。指有关工作内容、方法由较宽泛的政策、程序和先行的做法指导，上级仅指示工作目标，进行季度或年度的事后监督，具体的工作安排与工作方法与程序由自己决定，如销售部经理、人事部经理。

方向性指导的。指有关工作内容、方法由一般性政策和管理原则、方法指导，在战略框架的指导下工作，进行年度或更长周期的事后监督，如分公司经理。

广泛性指引的。指仅受一般性原则的指引，工作结果接受宽泛的政策和普遍原则的评价，如集团公司总经理。

战略性指引。指在公司战略目标指导下，工作结果受董事会监督与评价，如公司总部的总裁。

一般性无指引的。指不受监督的，只受一般原则的指引，如公司董事长、董事。

②子因素二：职务对后果形成的作用。岗位在实现组织目标中的作用可以划分为间接作用和直接作用，间接作用和直接作用可以通过价值链分析而加以区分。若该岗位处于价值创造链条的中心环节，则归为直接作用；否则，则归为间接作用。

间接作用，分后勤性作用和辅助性作用。后勤性作用是指向为组织的目标实现作出重要贡献的部门或岗位，提供信息或后勤服务；辅助性作用是指向为组织的目标实现作出重要贡献的部门或岗位，提供建设性建议，以辅助其决策。

直接作用，分分摊性作用和主要作用。分摊性作用是指和本企业内部其他部门或企业外部的人合作（除上下级以外），共同行动，责任分摊；主要作用是指由本人承担主要责任，对组织目标中某一方面的结果有控制性的影响，独立承担或虽有别人参与，但他们是次要的、配角性的。

表 2－19　海氏工作分析指导因素之一：承担的职务责任

职务责任		微小				少量				中量				大量			
职务对后果形成的作用		间接		直接		间接		直接		间接		直接		间接		直接	
		后勤	辅助	分摊	主要	后勤	辅助	分摊	主要	后勤	辅助	分摊	主要	后勤	辅助	分摊	主要
行动的自由度	有规定的	10	14	19	25	14	19	25	33	19	25	33	43	25	33	43	57
		12	16	22	29	16	22	29	38	22	29	38	50	29	38	50	66
		14	19	25	33	19	25	33	43	25	33	43	57	33	43	57	76
	受控制的	16	22	29	38	22	29	38	50	29	38	50	66	38	50	66	87
		19	25	33	43	25	33	43	57	33	43	57	76	43	57	76	100
		22	29	38	50	29	38	50	66	38	50	66	87	50	66	87	115
	标准化的	25	33	43	57	33	43	57	76	43	57	76	100	57	76	100	132
		29	38	50	66	38	50	66	87	50	66	87	115	66	87	115	152
		33	43	57	76	43	57	76	100	57	76	100	132	76	100	132	175
	一般性规定的	38	50	66	87	50	66	87	115	66	87	115	152	87	115	152	200
		43	57	76	100	57	76	100	132	76	100	132	175	100	132	175	230
		50	66	87	115	66	87	115	152	87	115	152	200	115	152	200	264
	有指导的	57	76	100	132	76	100	132	175	100	132	175	230	132	175	230	304
		66	87	115	152	87	115	152	200	115	152	200	264	152	200	264	350
		76	100	132	175	100	132	175	230	132	175	230	304	175	230	304	400
	方向性指导的	87	115	152	200	115	152	200	264	152	200	264	350	200	264	350	460
		100	132	175	230	132	175	230	304	175	230	304	400	230	304	400	528
		115	152	200	264	152	200	264	350	200	264	350	460	264	350	460	608
	广泛性指引的	132	175	230	304	175	230	304	400	230	304	400	528	304	400	528	700
		152	200	264	350	200	264	350	460	264	350	460	608	350	460	608	800
		175	230	304	400	230	304	400	528	304	400	528	700	400	528	700	920
	战略性指引的	200	264	350	460	264	350	460	608	350	460	608	800	460	608	800	1 056
		230	304	400	528	304	400	528	700	400	528	700	920	528	700	920	1 216
		264	350	460	608	350	460	608	800	460	608	800	1 056	608	800	1 056	1 400
	一般性无指引的	304	400	528	700	400	528	700	920	528	700	920	1 216	700	920	1 216	1 600
		350	460	608	800	460	608	800	1 055	608	800	1 056	1 400	800	1 056	1 400	1 840
		40	528	700	920	528	700	920	1 216	700	920	1 215	1 600	920	1 215	1 600	2 112

（资料来源：萧鸣政．工作分析的方法与技术（第二版）．北京：中国人民大学出版社，2006.）

③子因素三：职务责任。指可能造成的经济性正负后果，可以划分为四个等级。

微小。任职者的工作失误只限于本岗位，一般不影响其他岗位的工作。

少量。任职者的工作失误会影响到本部门其他相关岗位的工作，或对整个部门有影响，但一般不影响其他部门。

中量。任职者的工作失误会对本部门和其他相关部门产生影响。

大量。任职者的工作失误会对整个公司产生重大影响。

（4）付酬因素的综合评价。依据表 2－17、2－18、2－19 对三个付酬因素分别作了评价之后，还必须采取一定的办法将它们综合起来。通常的方法是，结合考虑各职务的“形态构成”，以确定三因素的权重，进而据此计算出各职务相对价值的总计分，完成职务评价活动。

所谓“职务的形态构成”，是开发此方法的海氏提出来并命名的，他认为职务具有一定的“形态”，这个形态主要取决于技能和解决问题的能力两因素相对于职务责任这一因素的影响力间的对比与分配。

从这个角度去观察，企业中的职务可分为三种类型，如图 2－4 所示。

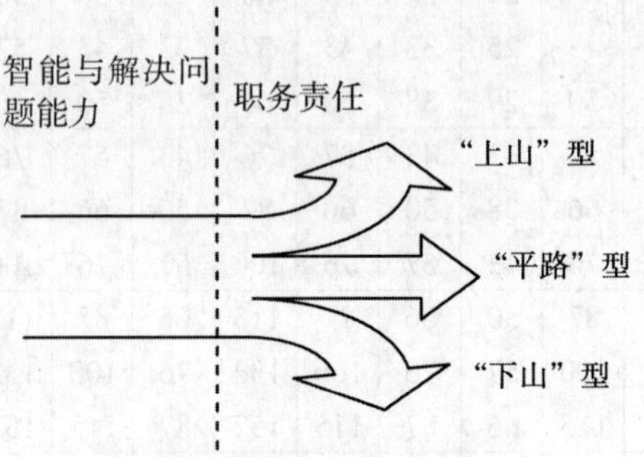

图 2－4　职务的形态构成

（资料来源：魏新，刘苑辉，黄爱华. 人力资源管理概论. 广州：华南理工大学出版社，2007.）

“上山”型。此类职务的责任比智能与解决问题的能力重要，如公司副总裁、销售经理、负责生产的干部等。

“平路”型。智能和解决问题能力在此类职务中与责任并重，平分秋色，如会计、人事等职能干部。

“下山”型。此类职务的责任不及智能与解决问题能力重要，如科研开发、市场分析干部等。

通常各类职务的形状构成要由薪酬专家分析确定，并据此给技能、解决问题的能力这两因素与责任因素各自分配不同的权重，即分别向前两者与后者指派代表其重要性的一个百分数，三个百分数之和应恰为 100%。有了这些百分比，便不难算出各职位的评价总分来，分清各个管理职务的相对价值。

下面以对小车司机班班长、产品开发工程师、营销副总经理这三个职位为例，利用海氏工作评价指导图表进行工作评价。

（1）智能水平。根据表 2－17，营销副总经理在企业中全面主管营销事务，而营销工作往往是企业中最难应付的工作，需要很高的管理技巧，因此在管理技巧方面应是全面的；营销副总要精通营销管理的各项专门知识，并要在下属当中树立自己的绝对权威，方可充分调动广大营销人员的积极性，因此在专业知识方面应是权威的；在人际技巧方面，他需要具备熟练的人际技能，这是关键的，因此营销副总经理的技能因素价值为 1 400。

产品研发工程师负责企业的研发工作要求有很高的专门知识，因此在专门知识方面应是精通专门技术的；在管理技巧方面，因其主要工作是独立开展研究活动，无须管理或很少有开展管理活动的必要，因此应为起码的；在人际技能方面，应为基本的。因此产品研发工程师的技能价值分为304。

小车司机班班长在专业知识方面没有太多的要求，只需高等业务性的；在管理诀窍方面，管理一批司机，工作简单，只需起码的；在人际技能方面，小车司机文化虽然不高，但均是为企业高级管理人员提供服务的，长期与高管人员在一起，因此在某种程度上有一定的特权，应付起来不太容易，需要最高一级即关键性的人际处理技巧，所以其技能因素价值分为175。

（2）解决问题的能力。根据表2－18，营销副总经理是企业市场的开拓者，每天都要面对瞬息万变的市场独立作出营销决策，很多情况下企业都缺乏明确的政策指导，其思维环境属“抽象规定的”。为了占领市场，营销副总经理需要开展高度的创造性工作，这些工作在企业无先例可循，其思维难度可列为“无先例的”，因此解决问题能力便评价为技能的87％。

产品开发工程师在产品开发过程中受到行业规范、各种技术标准等的限制，其思维环境属第六级“广泛规定的”；但由于产品开发属于高度创造性的活动，其思维难度属“无先例的”，因此解决问题能力便评价为技能的66％。

小车司机班班长属于最基层管理者，其管理活动受企业各种规章制度和上级的约束，其思维环境属“标准化的”；其管理不需要有太多的创造性，基本上是“模式化的”，因此解决问题能力便评价为技能的22％。

（3）承担的职务责任。根据表2－19，营销副总经理的行动自由度比较大，属于“战略性指引的”；职务责任很大，有“大量”的影响，对后果形成的影响比较大，因为其对企业的营销策略和企业进一步发展有“直接主要”影响，因此该职位在这一因素上的整体评分为1 056。

产品开发工程师的行动自由度比较大，属于“方向性指导”的；职务责任不大，只有“少量”的影响，对后果形成的影响比较大，因为其对企业新产品开发和企业进一步发展有“直接”影响，因此属于分摊的，该职位在这一因素上的整体评分为264。

小车司机班班长行动自由度小，只属第三级“标准化的”；但他是整个小车司机班的带头人，所起的作用是最高的第四级“主要”的；不过他级别太低，对经济后果的责任也属最低，为“微小”的，因此该职位在这一因素上的整体评分为57。

（4）职务的形状构成。根据海氏工作评价系统法，上述三种职务分别属于以下三种类型：

营销副总经理属于“上山”型，该职务的责任比技能与解决问题的能力重要。

产品开发工程师属于“下山”型，该职务的责任不及技能与解决问题能力重要。

小车司机班班长属于“平路”型，该职务的技能和解决问题的能力与责任并重。

根据三种职务的“职务形态构成”，赋予三种职务三个不同因素以不同的权重，即分别向三个职务的技能、解决问题的能力两因素与责任因素指派代表其重要性的一个百分数，这两个百分数之和恰为100％。根据一般性原则，粗略地确定“上山”型、“下山”型、“平路”型三组因素的权重分配分别为（40％＋60％）、（70％＋30％）、（50％＋50％）。这样将这三个职务在三个因素上的工作评价得分及其相应权重汇总如下：

营销副总经理评价总分＝［1 400×（1＋87％）］×40％＋1 056×60％＝1 680.8

产品开发工程师评价总分＝［304×（1+66%）］×70%+264×30%=432.448

小车司机班班长评价总分＝［175×（1+25%）］×50%+57×50%=137.875

根据上述计算结果可以看出，用海氏工作评价法评价出的分数，比直觉性的主观评估要精确和合理一些，只是评价过程非常复杂，并且需聘请专家进行，因此运用这种方法成本很高。评价分获得后，具体工资额的确定要参考外界市场情况确定。

【本章小结】

工作分析，也可以叫做职位分析、岗位分析，是指了解组织内的一种职位并以一种格式把与这种职位有关的信息描述出来，从而使其他人能了解这种职位的过程。

工作说明书，也称为职位说明书或岗位说明书，是关于工作是什么以及工作任职者具备什么资格的一种书面文件，包括两部分，即工作描述（关于工作本身的任务、职责和责任）和工作规范（关于完成工作的人所必须具备的知识、技能和能力）。

工作评价，是根据工作分析的结果，按照一定标准，对工作的性质、强度、责任、复杂性以及所需的任职资格等因素的差异程度进行综合评价，其本质是确立每个工作之间相对价值高低的过程。

【讨论题】

1. 什么是工作分析？它有什么意义和作用？
2. 工作分析的步骤是什么？每一步需要完成什么任务？
3. 工作说明书由哪些部分组成？如何编写工作说明书？应注意什么问题？
4. 工作分析的方法有哪些？每一种的内容是什么？各自有什么优缺点？
5. 什么是工作评价？工作评价的方法有哪些？

【实训练习】

1.（　　）是人力资源规划、人员招聘等日常人事管理活动的重要前提和依据。(2009年11月四级真题)

（A）岗位调查　（B）岗位评价　（C）岗位分析　（D）岗位分类分级

2.（　　）是由一组相似相近的任务所组成的劳动活动，是构成岗位的前提和基础。(2009年5月四级真题)

（A）工作　（B）职业　（C）职位　（D）岗位

3.（　　）为企业岗位归级列等奠定了基础。(2010年5月三级真题)

（A）岗位分析　（B）岗位评价　（C）绩效考核　（D）培训开发

4. 需要经常作薪酬调查，成本比较高的岗位评价方法是（　　）。(2010年5月三级真题)

（A）排列法　（B）分值法　（C）因素比较法　（D）评分法

5. 工作说明书的内容包括（　　）。(2010年5月三级真题)

（A）资料　（B）岗位基本资料　（C）政治面貌

（D）心理品质要求　（E）工作内容和要求

6. 以下关于工作岗位分析的作用说法错误的是（　　）。(2009年11月三级真题)

（A）为岗位评价奠定了重要基础　　（B）为员工的素质测评提供依据

（C）使员工明确自己的工作职责　　（D）能揭示出工作中的薄弱环节

7. 以下关于岗位规范和工作说明书的说法错误的是（　　）。（2009年11月三级真题）

（A）岗位规范的结构形式呈现多样化

（B）工作说明书不受标准化原则的限制

（C）岗位规范覆盖的范围比工作说明书广泛

（D）岗位规范与工作说明书的内容有所交叉

8. 以下有关工作岗位评价的说法，不正确的是（　　）。（2009年11月三级真题）

（A）评价中心是现有的人员　　（B）以岗位员工的工作活动为对象

（C）是工作岗位分析的延续　　（D）为岗位的分类分级提供了前提

9. 在岗位评价的方法中，（　　）最合适能随时掌握较为详细的薪酬调查资料的企业采用。（2009年11月三级真题）

（A）排列法　（B）分值法　（C）因素比较法　（D）评分法

10. 若企业规模较大，岗位设置繁杂，进行岗位调查时应采用（　　）。（2009年11月四级真题）

（A）现场观测法　　（B）面谈法

（C）书面调查法　　（D）综合上述三种方法

11. 岗位调查的内容主要应包括岗位的（　　）。（2009年11月四级真题）

（A）岗位责任　（B）劳动强度　（C）岗位名称和在职人员的姓名

（D）工作任务的性质　（E）担任本岗位工作所需要的体力

12. 简要说明岗位规范的定义和主要内容。（2010年5月三级真题）

13. A公司在岗位评价过程中，采取了百分比系数法。以B岗位为例，其评价要素（E_i）及其权重（P_i）、评价指标（E_{ij}）及其权重（P_{ij}）、评价指标得分（X_{ij}）如下表所示。（2010年11月三级真题）

评价要素	评价指标	评价指标评定			评价要素得分		
E_i	E_{ij}	X_{ij}	P_{ij}（%）	$X_{ij} \cdot P_{ij}$	X_i	P_i（%）	$X_i \cdot P_i$
任职资格	专业知识水平	80	40			30	
	工作经验	80	60				
能力要求	组织协调能力	80	40			30	
	沟通能力	80	40				
	创造能力	60	20				
责任与强度	工作复杂程度	60	20			40	
	工作责任	80	30				
	监督责任	80	25				
	工作强度	60	25				
工作岗位评价总分							

请回答以下问题：

(1) 填写上表，计算出B岗位各评价要素指标的得分（X_i）以及评价总分。

(2) 说明设计各评价要素和指标权重的基本要求。

14. 某公司人力资源部经理的工作说明书的主要内容如下：

(1) 负责公司的劳资管理，并按绩效考评情况实施奖罚；

(2) 负责统计、评估公司人力资源需求情况，制订人员招聘计划招聘公司员工；

(3) 按实际情况完善公司《员工工作绩效考核制度》；

(4) 负责向总经理提交人员鉴定、评价的结果；

(5) 负责管理人事档案；

(6) 负责本部门员工工作绩效考核；

(7) 负责完成总经理交代的其他任务。

该公司总经理认为这份工作说明书格式过于简单、内容不完整、内容描述不准确，请为该公司人力资源部经理重新编写一份工作说明书。(2010年11月三级真题)

【案例分析】

案例2-1　杰拉尔德·琼斯的困惑

佩多塞科工厂的老板杰拉尔德·琼斯（Gerald Jones）希望修改厂内的工作说明书，大多数的工作分析资料都已收集完毕，现在是准备具体工作说明书的时候了，他将收集到的工作分析资料交给人力资源部主管约翰·凯思（John Case），部分内容如下：

最初的工作说明书是为“点焊工人”这一职位而准备的，“工作活动”这一项主要包括将零件焊接在一起，这些零件由不到两磅重的薄钢板组成，点焊工人要从身边编了号的箱子里取出初步加工好的钢板，将工件固定好，然后将它们焊接在一起。“与其他工人的关系”这一项对一个工厂的一线工人来说，是相当标准化的，操作着同样机器的其他操作工人彼此相距不远，在20~30英尺范围内。起重机操作工把零件箱根据要求移到工作台上再移走，放到指定的位置，工作时几乎没有时间交谈。“监督程度”在该行业中也是很标准的，点焊工的主管负责管理着几名工作内容基本相同的操作工人，工人应在几乎无须监督的情况下工作，并且很少向工头请示。“记录和报告”没有作为这项工作的一部分。“技能和反应速度要求”这一项可有可无，为了达到时间的定额标准，工人必须在3.2秒以内分别从不同的箱子中取出两个零件，一起放到指定位置并完成加工工作。“工作条件”并不理想，工作站相对拥挤，操作者必须佩戴安全墨镜，夏天周围气温可能会高达50℃~80℃。噪音水平在60分贝左右，安全但让人烦躁，此外光线也过强。

约翰·凯思得知老板给他的工作后，说：“您发的这份文件要求我在两周之内修改工厂中各项工作的工作说明吗?”

“对，有问题吗?”杰拉尔德问。

约翰解释说：“这是在浪费时间，尤其是我还有其他更重要的事要做。它至少要花去我30个小时的时间。你想让我放下其他工作去写工作说明？这办不到。”

“我们几年都没有检查这些工作说明了，它们需要做大修改，而且当它们被发到员工手里时，我还会听到各种意见。”

“工作说明修改好后怎么还会有各种意见呢？”杰拉尔德问道。约翰回答说：“整个这件事就是复杂。让人们注意工作说明的存在，可能会使一些人认为工作说明中未规定的工作就不必做。而且我敢打赌，如果把我部门里的人实际正在做的工作写进工作说明里，无形中就强调了一些工作的现时迫切性，同时也就忽视了另外一些工作。我现在可承担不起士气低落和工作混乱的后果。”

（资料来源：刘善仕．人力资源管理．广州：华南理工大学出版社，2004.）

问题：

（1）仔细阅读人力资源主管约翰·凯思与老板杰拉尔德·琼斯的对话，你能否找出其中对工作说明的错误认识？

（2）如果约翰·凯思不修改工作说明书，会对以后的工作产生什么样的不良后果？

（3）请根据给出的工作分析资料，完成相应的工作说明书。

案例2－2 岗位分析遭到谁的阻拦了？

Lumapo被一家私营企业录用为人力资源经理，这家企业规模不大，员工只有近30人。Lumapo进公司不久就发现公司管理有些混乱，员工职责不清，工作流程也不科学。每当发生事情，A部门经理说“归B部门管”，B部门称不知道，让他找C部门。他希望进行岗位分析，重新安排组织架构。

Lumapo和岗位分析小组的成员积极筹备一番后开始行动。不料，员工的反应态度是出乎意料地不配合。“我们部门可是最忙的部门了，我一个人就要干3个人的活。”“我每天都要加班到9点以后才回去，你们可别再给我加工作量了。”“哦，是不是要裁人啦？怎么突然要工作分析呢？”胆小者支支吾吾，疑心重重。“真抱歉，手头忙，等过一阵再谈吧。”态度冷淡不配合的更不在少数，一周下来，Lumapo精疲力尽，收获却寥寥无几。

Lumapo经多方了解后，才知道他的前任也作过岗位分析，不但作了岗位分析，还立即根据分析结果进行了人员的大调整，不但删减或合并了大量的人员和岗位，而且还对员工的工作量都作了调整，每个人的工作量有增无减。有了这个“前车之鉴”，大家忙不迭地夸大了自己的工作量，生怕岗位分析把自己“分析掉了”，要不就增加更大的工作量和责任。

（资料来源：魏新，刘苑辉，黄爱华．人力资源管理概论．广州：华南理工大学出版社，2007.）

问题：

（1）岗位分析的目的是否是为了增大员工的现有工作量？如果不是，你认为岗位分析在人力资源管理中处于怎样的位置？为什么它是人力资源管理工作的基础？

（2）员工对于人力资源管理部门组织的岗位分析，通常都持不满的态度，你认为这一情绪产生的原因是什么？有何良策可以缓解这种冲突？

（3）你认为工作的交叉和重叠在岗位分析后是否可能全部消失？如果不能，你认为有何方法能补充这一不足？

第三章　人力资源战略与人力资源规划

【篇首案例】

20 世纪 80 年代，为了扩大自己的客户基础，百事可乐相继兼并了肯德基炸鸡、塔克贝尔和必胜客等快餐连锁店。但是百事可乐的这一战略决策实施后并没有获得成功，结果他们不得不在 1998 年抛弃兼并的快餐连锁店。

为什么这个雄心勃勃的战略不能付诸实施？他们失败的症结在哪里？有评价说，这一战略失败的原因是："在没有充分理解企业将以什么优势去参与某个市场的竞争的情况下，草率地作出了到哪里去竞争的决定。"后来人们认识到，该战略的低劣之处就在于，决策的制定者根本没有考虑"依靠什么来竞争"的问题。他们没有认识到公司已有的员工队伍（大部分是专业技术人员）和快餐业劳动力（技术水平比较低的人员和中学生）之间的区别。

其实，这些都应该是人力资源部负责的工作，这些问题通过人力资源管理就能解决，所以百事可乐此项战略的失败归根结底在于没有充分发挥好人力资源管理在企业战略管理中的作用。

（资料来源：刘善仕．人力资源管理．广州：华南理工大学出版社，2004.）

第一节　人力资源战略概述

一、人力资源战略的定义和发展历程

人力资源战略是指在不断变化的环境中，分析组织的人力资源需求、设计满足这些需求的行动方案的管理过程。人力资源战略从规划起步，大体经历了三个发展阶段：职能规划、系统规划、战略规划。

老子说："欲致鱼者，先通谷；欲求鸟者，先树木。水积而鱼聚，木茂而鸟集。"可见，预见性和事先准备是成事的关键。早在 20 世纪初，国外一些企业就开始了关于人力资源战略规划的探索，直到今天这一领域都是学术界与企业界关注的焦点。

1. 人力资源战略的定义

人力资源战略从广义上讲，是指企业制订所有与人相关的方向性规划；从狭义上讲可以定义为：在不断变化的环境中，分析组织的人力资源需求、设计满足这些需求的行动方案的管理过程。

2. 人力资源战略的发展历程

人力资源战略与其他战略理论具有相同的表述形式，即通过分析企业外部环境与自身

现状，得出企业的长远目标和行动计划。人力资源战略的前身是人力资源规划，从研究内容上也不难看出，人力资源战略从规划起步，大体经历了三个发展阶段：职能规划、系统规划、战略规划。

“二战”之后，由于产品与服务的需求旺盛，出现人才短缺，大家把注意力放在如何获得有能力的管理者和熟练工人上，人力资源战略解决的问题主要是合理安排工人以提高生产效率，这一阶段被称为“职能规划”。

进入20世纪60年代，人力资源战略不断发展完善，进入了系统规划阶段。人力资源战略的使命变为“让适当数量和种类的人，在适当的时间和地点，从事使组织与个人双方获得最大长期利益的工作”（Vetter，1967）。这个概念的诞生，使人力资源战略的内容更加丰富起来，形成五大部分：确定组织目标与计划、预测人力资源需求、评价企业内部人员技能和供给特征、确定净人力资源需求、制订行动方案以保证人才到位，这些内容成为当今人力资源管理工作的主要内容之一。

20世纪70年代末，人力资源战略研究发生了巨大变化，其范围不仅限于供求平衡或数量预测，而是上接企业战略，下到方案落实，到达了真正意义上的“战略规划”阶段。此时的人力资源战略由于其内容广、作用大、具有战略意义，摇身变为战略层次上的规划，使这项工作陡增了难度与挑战，也就是在这个时候，雇员被重新认识，他们被视作企业的一种资源而不是一种费用的表达式。

20世纪80年代以后，伴随企业的充分精简，企业家极力降低管理费用，他们更加关注职业规划、绩效考核、弹性工作时间与多样化的福利制度，人力资源战略的重点也集中在继任计划、企业变革、人员精简等方面。1989年对美国137家企业的调查表明，人力资源战略规划技术变得更加短期化，很少有企业还用十年前常见的长期规划技术，对人才供求的定量预测技术也不太常用了（Greer，1989）。

二、人力资源战略的制定与实施

在人力资源战略制定方面，一些成熟的模型得到了广泛认可，人力资源战略制定不是一般人认为的由上而下的单向过程，这样的战略是很难推行的。李·戴尔指出，自上而下的规划可以提供战略框架，自下而上的规划则能提供具体行动方案（LeeDyer，1986）。事实也是如此，人力资源战略是一个自上而下与由下而上的双向过程。只有基于这样的认识，通过人力资源战略规划，把企业战略和人力资源管理很好地连贯起来，构成一个双向互动的整体，才能保证人力资源战略最终的可行性。

1. 人力资源战略的制定实施流程

人力资源战略的制定也有规律可循，一般而言，它是一个从外到内、再由内到外的制定过程，图3－1反映了这个流程的核心部分，可以看到，人力资源战略的核心流程大体上包括：依据企业战略制定人力资源战略、依据人力资源战略进行人才盘点和人才需求、通过供与求的对比得出三大计划和相关策略，从而完成人力资源战略的主要工作。这个核心流程揭示了人力资源战略的主要任务，中间深色框图表示人力资源战略的重点和难点，如果这部分得出不正确的结论，会导致整个战略的失败，核心流程中没有列出薪酬策略等内容，因为那些工作是人力资源战略原则确定后，需要单独制定的。

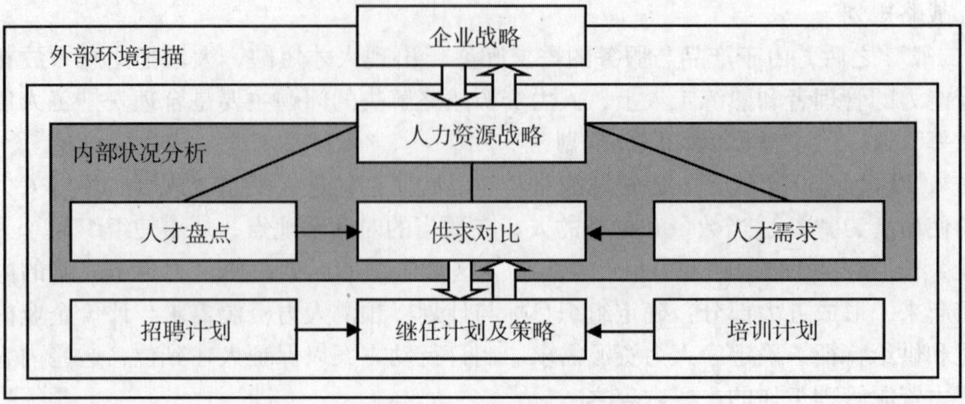

图 3－1　人力资源战略的制定实施流程

链接：公司战略与人力资源战略密不可分

苹果公司的公司战略与人力资源战略

公司战略要点：

* 公司通过提供独特的个人计算机产品以及创新性的顾客服务，帮助人们改变工作学习及交流的方式
* 作为新方向与方法的先导
* 做到与众不同
* 致力于顾客满意
* 成为更加全球化的公司
* 建设一个完整平台及良好的“苹果人”关系

相应的人力资源战略：

* 组织结构重组，重新部署管理与技术人才
* 1990 年，公司近半数的雇员只有两年工作经历，技术和管理的候补力量明显不足
* 1991 年，采取了整体减员措施，重点转向人员配置和人员利用率的改进

2. 人力资源战略的制定方式

20 世纪 90 年代以来，由于技术更新和环境变化的速度加快，企业制定人力资源战略的工具和技术，呈现出多样化趋势。

第一，在不同时期和不同环境下使用不同的规划工具成为共识。

第二，管理者对人才的数量预测逐渐淡化，转而关注战略性人才的配置与培养。

第三，人们更加明确了人力资源战略的作用，它不是一套空洞的技术，而是保证人力资源管理与企业战略相一致的工具，同主体战略一样具有指导意义。

制定人力资源战略有三种常见方式：整合式、并列式、独立式。由于人力资源战略与企业战略息息相关，这三种不同方式都是针对企业战略而言的。人力资源战略可以与企业战略一同制定，称作“整合式”，也可以只作人力资源战略，称作“并列式”或“独立式”。整合式具有整体性强的特点，常在企业兴办之初使用，其主要难点在于协调各种资源，并且难以达到完备性。并列式比较灵活，时间也好掌控，许多企业采用这一方法，它的难度在于如何与主体战略相衔接，搞不好会背道而驰。独立式可以由人力资源部自行操作，往往要在企业战略比较明确之后才可以采用，否则也是虚有其表。

3. 人力资源战略的制定步骤和主要内容

我国企业在人力资源战略制定中，主要问题是缺乏系统思考和执行的连贯性，经常是一任领导一种战略，战略与执行相偏离。作为企业领导者，要明确人力资源战略的全过程，对关键步骤给予高度重视，才能使人力资源战略具备有效性。我们依据上面提出的核心流程，结合具体工作，可以把人力资源战略落实成三个阶段：评估阶段、制定阶段、实施阶段。具体步骤包括：第一是明确企业战略；第二是分析企业核心优势；第三是了解企业人才供求；第四是制订行动方案。如图 3－2 所示。

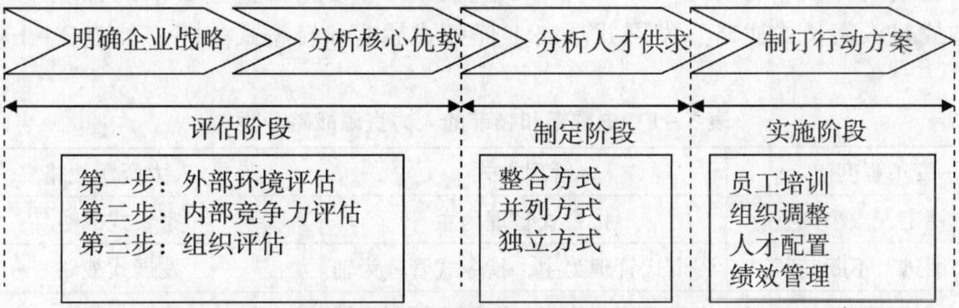

图 3－2　人力资源战略的制定步骤和主要内容

三、人力资源战略的类型

1. 康奈尔大学的分类

美国康奈尔大学的研究将人力资源战略分为三种：诱引战略、投资战略和参与战略。

（1）诱引战略。这种战略主要是通过丰厚的薪酬去诱引和培养人才，从而形成一支稳定的高素质员工队伍。常用的薪酬制度包括利润分享计划、奖励政策、绩效奖酬、附加福利等。由于薪酬较高，人工成本势必增加，为了控制人工成本，企业在实行高薪酬的诱引战略时，往往严格控制员工数量，所吸引的也通常是技能高度专业化的员工，招聘和培训的费用相对较低，管理上则采取以单纯利益交换为基础的严密的科学管理模式。

（2）投资战略。这种战略主要是通过聘用数量较多的员工，形成一个备用人才库，以提高企业的灵活性，并储备多种专业技能人才，这种战略注重员工的开发、培训以及培育良好的劳动关系。在这方面，管理人员担负了较重的责任，要确保员工得到所需的资源、培训和支持。采取投资战略的企业目的是与员工建立长期的工作关系，故企业十分重视员工，视员工为投资对象，使员工感到有较好的工作保障。

（3）参与战略。这种战略谋求员工有较大的决策参与机会和权力，使员工在工作中有自主权，管理人员更像教练一样为员工提供必要的咨询和帮助，采取这种战略的企业很注重团队建设、自我管理和授权管理。企业在对员工的培训上也较重视员工的沟通技巧、解决问题的方法、团队工作等，如日本企业开创的 QC 小组就是这种人力资源战略的典型。

2. 舒勒（Schuler）的人力资源战略分类

舒勒于 1989 年将人力资源战略分为以下三种：

（1）累积型战略。用长远观点看待人力资源管理，注重人才培训，通过甄选获取合适人才。以终身雇佣为原则，以公平原则对待员工，员工晋升速度慢；薪酬以职务和年资为标准，高层管理者与员工差距不大。

（2）效用型战略。用短期观点来看待人力资源，较少提供培训。职位一有空缺，随时填补，非终身雇佣制，员工晋升速度快，采用以个人为基础的薪酬。

（3）协助型战略。协助型战略介于上述两者之间。个人不仅需要具备技术性能力，还要在同事间具有良好的人际关系。培训方面，员工个人负有学习责任，公司只提供协助。

3. 史戴斯和顿菲的分类

根据史戴斯和顿菲的研究（1994），人力资源战略可能因企业变革的程度不同而分为以下四种战略：家长式战略、发展式战略、任务式战略和转型式战略，如表 3－1 所示。

表 3－1　史戴斯和顿菲的人力资源战略分类

变革程度	管理方式	人力资源战略
基本稳定，微小调整	指令式管理为主	家长式战略
循序渐进，不断变革	咨询式管理为主，指令式管理为辅	发展式战略
局部改革	指令式管理为主，咨询式管理为辅	任务式战略
总体改革	指令式管理与高压式管理并用	转型式战略

（资料来源：葛玉辉．人力资源管理（第 2 版）．北京：清华大学出版社，2008.）

（1）家长式战略。这种战略主要运用于避免变革、寻求稳定的企业，其主要特点是：集中控制人事的管理；强调程序、先例和一致性，进行组织和方法研究；硬性的内部任免制度；强调操作和督导；人力资源管理的基础是奖惩和协议。

（2）发展式战略。当企业处于不断变化和发展的经营环境时，为适应环境的变化，企业采取渐进变革式和发展式人力资源战略，其主要特点是：注重发展个人和团队；尽量从内部进行招聘；制订大规模的发展和培训计划；运用内在激励多于外在激励；优先考虑企业的总体发展；强调企业整体文化；重视绩效管理。

（3）任务式战略。这种战略运用于企业面对局部变革的企业，其战略的制定是采取自上而下的指令方式，企业在战略推行上有较大的自主权，但要对本企业的效益负责。采取这种战略的企业依赖于有效的管理制度，其主要特点是：非常注重业绩和绩效管理；强调人力资源规划，工作再设计和工作常检查；注重物质奖励；内部和外部招聘并重；进行正规的技能培训；有正规程序处理劳动关系问题；非常强调战略事业单位的组织文化。

（4）转型式战略。当企业已完全不能再适应经营环境而陷入危机时，全面变革急不可待，企业在这种紧急情况下没有时间让员工较大范围地参与决策，彻底的变革有可能触及相当部分员工的利益而不可能得到员工的普遍支持，企业只能采取强制高压式和指令式的管理，包括企业战略、组织机构和人事的重大改变，创立新的结构、领导和文化等。

与这种彻底变革相配合的是转型式人力资源战略，其主要特点是：进行影响整个企业和事业结构的重大变革；调整员工队伍的结构，进行必要的裁员，缩减开支；从外部招聘管理骨干；对管理人员进行团队训练，建立新的“理念”和“文化”；打破传统习惯，摒弃旧的组织文化；建立适应经营环境的新的人力资源系统和机制。

第二节　人力资源规划概述

人力资源规划（human resource planning）包括需求预测、供给预测和供需平衡三个阶段，其中对人力资源需求的分析更多的是以“事”为中心而展开，而对人力资源供给的分析则主要以“人”为中心展开。

中国有句古话说得好，“凡事预则立，不预则废”，意思是说在做任何事情的时候，如果想要取得成功就必须提前作好计划，否则往往会失败。人力资源管理同样如此，为了保证整个系统正常运转，发挥其应有的作用，也必须认真作好计划，通过人力资源规划这一职能实现的。

一、人力资源规划的定义和流程

1. 人力资源规划的定义

人力资源规划，是指在企业发展战略和经营规划的指导下进行人员的供需平衡，以满足企业在不同发展时期对人员的需求，为企业的发展提供符合质量和数量要求的人力资源保证。简单来说，人力资源规划就是对企业在某个时期内的人员供给和人员需求进行预测，并根据预测的结果采取相应的措施来平衡人力资源的供需。它包含三层含义：一是企业进行的人力资源规划是一种预测；二是人力资源规划的主要工作是预测供需关系，制定必要的人力资源政策和措施；三是人力资源规划必须与企业的战略相适应，必须反映企业的战略意图和目标。

要准确地理解人力资源规划的含义，必须把握以下几个要点：

（1）人力资源规划要在企业发展战略和经营规划的基础上进行，适应环境的变化。人力资源规划必须以企业的最高战略为坐标，考虑内部和外部环境的变化，因为不断变化的环境必然会对人力资源的供给状况产生持续的影响，人力资源规划就是要适应这一变化，并作出科学的预测，使得组织内的人力资源总处于满足供给的状况，为组织总体目标的实现提供充足的人力资源保证。

（2）人力资源规划应当包括两个部分的活动，一是对企业在特定时期内的人员供给和需求进行预测；二是根据预测的结果采取相应的措施进行供需平衡。这两部分内容，前者是后者的基础，离开了预测，将无法进行人力资源的平衡；后者则是前者的目的，如果不采取措施平衡供需，预测就将失去意义。

（3）人力资源规划对企业人力资源供给和需求的预测要从数量和质量这两个方面进行，企业对人力资源的需求，数量只是一个方面，更重要的是保证质量，也就是说供给和需求不仅要在数量上平衡，还要在结构上匹配，而对于后者，人们往往容易忽视。

总之，从上述三方面可以看出，人力资源规划着眼于为未来的组织发展预先准备人力资源，它所考虑的不是某一个人，而是一组人员。人力资源规划是组织发展战略和年度计划的重要组成部分，是组织未来发展的重要基础。

2. 人力资源规划的流程

通过人力资源规划，要能够回答或者说要能够解决下面几个问题：

（1）企业在某一特定时期内对人力资源的需求是什么，即企业需要多少人员，这些人员的构成和要求是什么？

（2）企业在相应的时间内能得到多少人力资源的供给？这些供给必须与需求的层次和类别相对应。

（3）在这段时期内，企业人力资源供给和需求比较的结果是什么，企业应当通过什么方式来达到人力资源供需的平衡？

可以说，上述三个问题是人力资源规划的三个基本要素，涵盖了人力资源规划的主要方面，人力资源规划的流程也是为了解决这三个问题，如图 3－3 所示。

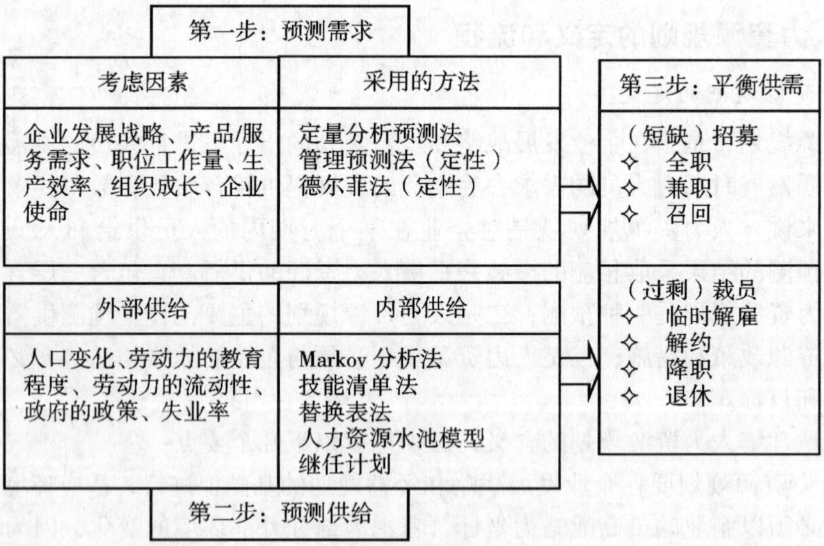

图 3－3　人力资源规划的流程

（资料来源：［美］乔治·伯兰德，斯科特·斯内尔．人力资源管理（第十三版）．魏海燕主译．大连：东北财经大学出版社，2006.）

步骤一：预测需求。在考虑相关因素的前提下，采取合适的方法对企业未来某一特定时期内所需要的人力资源的数量、质量及结构进行估计。

步骤二：预测供给。对未来某一特定时期内能够提供给企业的人力资源的数量、质量以及结构进行估计，包括内部供给和外部供给。

步骤三：平衡供需。比较前两步的结果，采取相应的措施以达到人力资源供给和需求的平衡。

二、人力资源规划的内容

人力资源规划的内容，也就是其最终结果，主要包括两个方面：

1. 人力资源整体规划

人力资源整体规划指对计划期内人力资源规划结果的总体描述，包括预测的需求和供给分别是多少，作出这些预测的依据是什么，供给和需求的比较结果是什么，企业平衡供需的指导原则和总体政策是什么等。

在总体规划中，最主要的内容就是供给和需求的比较结果，也可以称作净需求，进行人力资源规划的目的就是得出这一结果。

2. 人力资源业务规划

人力资源业务规划是总体规划的分解和具体，包括人员补充计划、人员配置计划、人员接替和提升计划、人员培训开发计划、工资激励计划、员工关系计划和退休解聘计划等内容。这些业务规划的每一项都应当设定自己的目标、任务和实施步骤，它们的有效实施是总体规划得以实现的重要保证，人力资源业务规划的内容，如表 3－2 所示。

表 3－2　人力资源业务规划的内容

规划名称	目标	政策	预算
人员补充计划	类型、数量、层次对人员素质结构的改善	人员的资格标准、人员的来源范围、人员的起点待遇	招聘选拔费用
人员配置计划	部门编制、人力资源结构优化、职位匹配、职位轮换	任职条件、职位轮换的范围和时间	按使用规模、类别和人员状况决定薪酬预算
人员接替和提升计划	后备人员数量保持、人员结构改善	选拔标准、提升比例、未提升人员的安置	职位变动引起的工资变动
培训开发计划	培训的数量和类型、提升内部供给、提高工作效率	培训计划的安排、培训时间和效果的保证	培训开发的总成本
工资激励计划	劳动供给增加、士气提高、绩效改善	工资政策、激励政策、激励方式	增加工资奖金的数额

（续上表）

规划名称	目标	政策	预算
员工关系计划	提高工作效率、员工关系改善、离职率降低	民主管理、加强沟通	法律诉讼费用
退休解聘计划	劳动力成本降低，生产率提高	退休政策及解聘程序	安置费用

（资料来源：葛玉辉．人力资源管理（第 2 版）．北京：清华大学出版社，2008.）

三、人力资源规划的类型

在实践中，人力资源规划存在着不同的类型和形式：

（1）按照规划的独立性，分为独立性的人力资源规划和附属性的人力资源规划。

独立性的人力资源规划是指将人力资源规划作为一项专门的职责来进行，最终结果体现为一份单独的规划报告，这就类似于市场、生产、研发等职能部门的职能性战略计划；附属性的人力资源规划是指将人力资源规划作为企业整体战略计划的一部分，在规划整体战略的过程中对人力资源进行规划，并不是专门进行的，其最终结果大多不单独出现。

独立性的人力资源规划，其内容往往比较详细；而附属性的人力资源规划，内容则比较简单，有些项目甚至省略。

（2）按照规划的范围大小，分为整体的人力资源规划和部门的人力资源规划。

整体的人力资源规划是指在整个企业范围内进行的规划，它将企业的所有部门都纳入规划的范围；部门的人力资源规划是指在某个或某几个部门范围内进行的规划。

虽然整体的人力资源规划是以部门的人力资源规划为基础进行的，但是两者没有从属关系，有时企业可能只是进行部门的而不进行整体的人力资源规划。

（3）按照规划的时间长短划分，可分为短期的人力资源规划、中期的人力资源规划和长期的人力资源规划。

短期的人力资源规划是指一年及一年以内的规划，这类规划由于时间相对较短，因此其目标比较明确，内容也比较具体，更多地体现为操作性的东西；长期的人力资源规划指五年及五年以上的规划，由于规划的时间较长，对各种因素不可能作出准确的预测，因此这类规划往往是指导性的，在具体实施时要随着内外部环境的变化而不断进行调整，具有强烈的战略性色彩；中期的人力资源规划介于长期和短期之间，一般指一年以上五年以内的规划。

对短期规划来说，中期规划具有一定的指导性，但是对长期规划来说，中期规划又是它的具体落实，就好比是长期规划的阶段性目标，往往具有战术性的特点。

四、人力资源规划的作用

人力资源规划的实施，对于企业的良性发展及人力资源管理系统的有效运转具有非常重要的作用。

1. 确保组织生存发展过程中对人力资源的需求

现在的社会变化很快，在日趋激烈的市场经济竞争的大环境中，产品的更新换代速度加快，一项新技术的研究、应用和产业化周期大为缩短，这就意味着组织要不断地采用新技术和新工艺，提高劳动生产率。那么从人力资源供给的角度来看，组织如果不能事先对内部的人力资源状况进行系统的分析，采取有效的措施，或挖掘现有员工的潜力，提高他们的素质，或从外部招聘高素质人才，组织势必面临着人力资源短缺的状况，所以人力资源规划可以做到未雨绸缪。

另外，组织内部的因素也在不断地变化，如岗位的调动、职务的升降、辞职、辞退、退休等因素，必将影响人力资源的数量和质量，因此，同样需要对人力资源规划进行适时的调整。一般来说，处于稳定状态下的组织并不需要进行专门的、大规模的人力资源规划，这是因为，组织的生产工具、技术条件和生产经营范围没有发生很大的变化，人力资源的数量、结构自然也就相对稳定。但从长远来看，大多数组织随着时代的变化将处于不稳定的发展状态之中，组织的生产技术条件和生产规模决定了人力资源的数量和结构会发生较大的变化，由此带来人力资源需求量和供给量的变化。这要求提前作出相应的人力资源规划，以满足组织的发展。

2. 人力资源规划有利于组织战略目标的制定和实现

组织在制定战略目标和发展规划时，首先考虑的是本组织现在拥有的人力资源状态，长期以来，中外众多成功企业的实践都表明，一套切实可行的人力资源规划，完全有助于管理层全面深入地了解内部人力资源的配置状况。一方面，人力资源规划以组织的总体目标为宗旨；另一方面，人力资源规划又有助于组织长远规划的制订，并最终促进组织总体目标的顺利实现。

3. 人力资源规划有助于调动员工的积极性和创造性

合理的人力资源规划是员工继续努力工作的动力和生活保障，如果人力资源规划不仅满足了员工的物质需要而且满足了精神需要，工作的积极性就会被很好地激发出来。如果员工对组织和自己的目标或结果不明确，就会挫伤其积极性和创造性，影响工作效率，甚至造成组织高级人力资源的流失。如果流失的员工有一技之长，就会增加竞争对手的实力。更严重的是若形成人才流失的恶性循环，将使组织的人力资源的供求关系日趋失衡。

4. 人力资源规划可以降低人力资源成本

人力资源成本中一项最大的支出就是工资支出，而工资总额在很大程度上又取决于组织内部人力资源的分布状况，即处于不同职务或不同级别的员工的数量构成。就一般情况而言，组织发展初期，低工资的员工相对较多，人力资源成本相对较低；组织进入成熟期后，整体规模相应扩张，人力资源的数量和质量均已提高，人力资源成本必然是“水涨船高”。考虑到市场竞争激烈、通货膨胀加剧等因素，人力资源成本还可能会令组织难以负担。

如果不进行人力资源规划或人力资源规划不切实际，必然使组织在人力资源成本方面处于被动局面：一是因预算太低，无法满足组织对人力资源数量特别是质量的需求；二是因人力资源数量和质量的失衡，在对人力资源成本无法控制的同时，造成人力资源数量和质量的浪费。无论哪种情况出现，都要影响组织的整体利益和战略目标的实现。因此，通过人力资源规划，预测组织员工数量变化和结构变化，并作出相应的调整，进而把人力资源成本维持在相对合理的水平线内，无疑是促进组织可持续发展的不可或缺的部分。

5. 有利于人力资源管理活动的有序化

与职务分析一样，人力资源规划是企业人力资源管理的基础，它由总体规划和各分类执行规划构成管理活动，如确定人员的需求量和供给量、调整职务和任务、培训等提供可靠的信息和依据，进而保证管理活动的有序化。如果没有人力资源规划，那么，企业什么时候需要补充人员，补充哪个层次的人员，如何避免各部门人员提升的机会不均等，以及如何组织培训等，都会出现很大的随意性和混乱。

第三节　人力资源的需求预测

人力资源的需求预测（requirement forecast）指对企业的未来某一特定时期内所需要的人力资源的数量、质量及结构进行估计。

这里所指的需求是完全需求，是在不考虑企业现有人力资源状况和变动情况下的需求，至于净需求，要和预测的供给进行比较后才能够得到。例如，企业现有员工 100 人，明年有 10 人退休，如果没有其他因素的变动，那么明年的人力资源需求仍然为 100 人，但是内部的人力资源供给却只有 90 人，两者比较后的净需求为 10 人。

一、人力资源需求预测的影响因素

企业对人力资源的需求直接与企业内部的职位相关，企业设置多少职位，就需要有多少人员；企业设置什么样的职位，就需要有什么样的人员。因此，影响组织人力资源需求的因素主要来自组织内部，但外部因素对组织的人力资源需求也会产生影响。归纳起来，影响人力资源需求的因素主要有：

（1）企业的发展战略和经营规划。这直接决定着企业未来的职位设置情况，例如，当企业决定实行扩张战略，未来企业设置的职位肯定就要增加；当企业调整经营领域时，未来企业的职位结构就会发生相应的变化。

（2）产品和服务的需求。按照经济学的观点，企业对人力资源的需求是一种派生需求，它源自顾客对企业产品和服务的需求，这两种需求之间是一种正相关的关系，当产品和服务的需求增加时，企业设置的职位相应也会增加；反之，企业设置的职位就会减少。产品和服务需求数量的变化，直接体现在企业经营规模的变化上。

（3）职位的工作量。如果职位的工作量不饱满，就要合并相关的职位，职位数量就要减少；相反，如果职位的工作量超负荷，就要增设相应的职位，职位数量就要增加。衡量职位的工作量是否合理，主要借助工作分析来进行。

（4）生产效率的变化。在其他条件不变的情况下，生产效率的变化会引起职位数量的反向变化，生产效率提高，同一职位承担的工作量增加，职位的设置会减少；生产效率降低，职位的设置就要增加。而引起生产效率变化的原因又有很多，如生产技术的改变、工作方式的调整、对员工进行的培训、薪酬水平的提高以及员工能力和态度的变化等。

（5）技术、设备条件的变化。企业生产技术水平的提高、设备的更新，一方面会使企业所需要的人员数量减少，另一方面对人员知识、技术与技能的要求则随之提高。

（6）企业规模的变化。企业规模的变化主要来自两个方面：一是在原有的业务范围内扩大或压缩规模；二是增加新的业务或放弃旧的业务。这两个方面的变化都会对人力资源需求的数量和结构产生影响。企业规模扩大，则需要的人力就会增加，新的业务更需要掌握新技能的人员；企业规模缩小，则需要的人力也将减少，于是就会发生裁员、失业。

（7）外部因素。外部因素对企业人力资源需求的影响，多是通过影响内部供给或内部因素而起作用的，影响人力资源需求的外部因素主要包括经济环境、技术环境、竞争对手等。经济环境的变化会影响到企业的规模和经营方向；技术环境的变化会影响到企业的技术和设备，这就间接地影响了企业的人力资源需求；竞争对手之间的人才竞争，则会造成企业间的人才流动，流出人才的企业就会产生新的需求。

二、人力资源需求预测的方法

1. 定性方法

定性方法包括管理估计法、德尔菲法和企业远景预测分析。

（1）管理估计法（managerial estimate）。又称经验推断法，指管理者主要以过去的经验为基础来对未来的人员需求作出估计。管理者先估计企业产品或服务的需求，然后就产品或服务的特性、所需技术、行政支援等，将需求转化为工作量预算，再按数量比率转为人力需求。

例如，一个企业组织根据以往的经验认为在一个车间里的管理人员，如一个班组长，一般管理 10 个人为最好。因此，根据这一经验，就可以从工人的增减数来预测对班组长一级管理人员的需求。又如，一个服装厂根据本身以往经验认为，一个缝纫工人每天可以做 6 件衬衫的话，那么如要在未来某段时期内扩大生产规模，就可以按生产单位计算来预测出所需的缝纫工人数目。还可以采用这种方法预测出相对管理人员需求的预测数。当然，不同人的经验会有差别。因此，保持历史的档案，并采用多人集合的经验，产生的偏差会小一些。这种方法也并不复杂，较适合于技术较稳定的企业的中、短期人力资源预测规划。

这些估计可以由高层管理人员作出并向下传递，或者由较低层的管理人员作出估计并向上传递来作进一步的修改，或者是较高和较低层管理人员的某种综合。最好是将“自下而上”与“自上而下”两种方式结合起来运用：先由公司提出需求的指导性建议，再由各部门按公司指导性建议的要求，会同人事部门、工艺技术部门、员工培训部门确定具体用人需求，同时，由人事部门汇总确定全公司的用人需求，最后将形成的职工需求预测交由公司经理审批。

（2）德尔菲法（Delphi technique）。20 世纪 40 年代由 O. 赫尔姆和 N. 达尔克首创，20 世纪 60 年代由美国兰德（Rand）公司进一步发展而成的一种特殊的预测方法。德尔菲是古希腊的一座城市，因阿波罗神殿而驰名，由于阿波罗有着超常的预测未来的能力，故德尔菲成了预测的代名词。

德尔菲法是指根据人力资源规划的程序，选出多个对企业比较了解的专家，他们可以是企业内部的管理人员，也可以是来自企业外部的相关专家，然后依据系统的程序，采用匿名发表意见的方式，即专家之间不得互相讨论，不发生横向联系，只能与调查人员发生关系，以反复的填写问卷来集结问卷填写人的共识及收集各方意见。

德尔菲法的具体实施步骤如下：

①组成专家小组，按照课题所需要的知识范围，确定专家和专家人数的多少，可根据预测课题的大小和涉及面的宽窄而定，一般不超过20人；

②向所有专家提出所要预测的问题及有关要求，并附上有关这个问题的所有背景材料，同时请专家提出还需要什么材料，然后，由专家作书面答复；

③各个专家根据他们所收到的材料，提出自己的预测意见，并说明自己是怎样利用这些材料并提出预测值的；

④将各位专家第一次判断意见汇总，列成图表，进行对比，再分发给各位专家，让专家比较自己同他人的不同意见，修改自己的意见和判断，也可以把各位专家的意见加以整理，或请身份更高的其他专家加以评论，然后把这些意见再分送给各位专家，以便他们参考后修改自己的意见；

⑤将所有专家的修改意见收集起来汇总，再次分发给各位专家，以便做第二次修改，逐轮收集意见并为专家反馈信息是德尔菲法的主要环节，收集意见和信息反馈一般要经过三四轮，在向专家进行反馈的时候，只给出各种意见，但并不说明发表各种意见的专家的具体姓名，这一过程重复进行，直到每一个专家不再改变自己的意见为止；

⑥对专家的意见进行综合处理。

（3）企业远景预测分析（scenario analysis）。企业远景预测分析涉及用劳动力环境扫描数据来开发可供选择的劳动力方案，这些方案是通过召开部门管理者和人力资源管理者参加的头脑风暴会议来制订的，预测在未来五年或五年以后他们认为自己公司需要的劳动力会是什么样子。一旦这些预测成形，管理者接下来就要回过头去识别关键的变化点，企业远景预测分析的最大优点是它鼓励开放的、不受固定框框约束的思考。

2. 定量方法

定量预测人力资源需求的方法包括各种统计和模型方法，统计方法以某种方式利用历史数据来估计未来的需求，模型方法通常提供整个组织人力资源所需求的简化了的抽象模型，包括总体预测法、工作负荷法、趋势预测法。

（1）总体预测法。同时考虑了内在和外在因素的影响，其公式如下：

$$E_N = \frac{(L_{agg} + G)\ \frac{1}{X}}{Y}$$

式中：E_N——N年后预测劳动力的数值；

L——目前企业活动的总值；

G——企业活动在N年后的成长总值；

X——N年后劳动生产力的增加比率（假如增加5%，则$X=1.05$）；

Y——目前企业活动对人力资源的转换总值；

Agg——总体的数字。

这种方法假定企业的经营活动和雇用人数有正比例的关系，类似的方法有各种生产功能模式，这些模式均以生产量作为预测的主要变量。

例1：一间工厂现年的销售额（L）为60 000 000元，预计5年后是80 000 000元，即增长（G）20 000 000元，预计每年生产效率提高1%，即5年共提高5%（$X=1.05$），转换数值按经验和工作设计推算为60 000 000元的销售额用60人，即每1 000 000元用1人（$Y=1\ 000\ 000$），依此推算，5年后需用人数为：

$$E_5=\frac{(60\ 000\ 000+20\ 000\ 000)\times\frac{1}{1.05}}{1\ 000\ 000}=76.19\approx77\text{（个）}$$

（2）工作负荷法。即按照历史数据，先计算对某一特定的工作每单位时间（如每天）的每人的工作负荷（如产量），再根据未来的生产量目标（或劳务目标）计算所完成的总工作量，然后根据前一标准折算所需的人力资源数。

例2：某工厂新设一车间，其中有四类工作，现拟预测未来3年操作所需的最低人力数。

第一步：根据现有资料得知这四类工作分别所需的标准任务时间为0.5、2.0、1.5、1.0小时/件。

第二步：估计未来3年每一类工作的工作量，即产量，如表3-3所示。

表3-3　某新设车间的工作量估计（产量：个）

工作＼时间	第一年	第二年	第三年
工作1	12 000	12 000	10 000
工作2	95 000	100 000	120 000
工作3	29 000	34 000	38 000
工作4	8 000	6 000	5 000

第三步：折算为所需工作时数，如表3-4所示。

表 3-4　某新设车间的工作时数估计（小时）

时间 工作	第一年	第二年	第三年
工作 1	6 000	6 000	5 000
工作 2	190 000	200 000	240 000
工作 3	43 500	51 000	57 000
工作 4	8 000	6 000	5 000
总计	247 000	263 000	307 000

第四步：根据实际的每人每年可工作时数折算所需人力。假设每人每年工作小时数为 1 800 小时，从表 3-4 数据可知，未来 3 年所需的人力数分别为 138 人、147 人和 171 人。

（3）趋势预测法（trend analysis approach）。要求预测者必须拥有过去一段时间的历史数据资料，然后用最小平方法求得趋势线，将这趋势线延长，就可预测未来的数值。趋势预测法以时间或产量等单个因素作为自变量，人力数为因变量，且假设过去人力的增减趋势保持不变，一切内外影响因素保持不变。

例 3：某公司，已知过去 12 年的人力数量，如表 3-5 所示。

表 3-5　某公司过去 12 年的人力数量

年度	1	2	3	4	5	6	7	8	9	10	11	12
人数	510	480	490	540	570	600	640	720	770	820	740	930

利用最小平方法，求直线方程：$y = a + bx$

其中：

$$a = \bar{y} - b\bar{x} \qquad b = \frac{\sum_{i=1}^{n}(x_1 - \bar{x})(y_1 - \bar{y})}{\sum_{i=1}^{n}(x_1 - \bar{x})^2}$$

$$\bar{x} = \frac{\sum_{i=1}^{n} x_i}{n} \qquad \bar{x} = \frac{\sum_{i=1}^{n} x_i}{n}$$

得出：$a = 390.7$　　$b = 41.3$　　$y = 390.7 + 41.3x$

则可预测未来第 13 年的人数为 $y = 390.7 + 41.3 \times 13 = 928$（人）

（4）比率分析法（ratio analysis）。这种方法是通过计算特殊的要素和所需要的雇员的数目之间的一个精确比率来确定未来人力资源需求的方法，这样它就提供了一种比趋势分析更为精确的估计值。

例如，在一所大学里对教授的需求可以以学生/教员的比率为基础来预测。比如说，假设一所大学有 10 000 名学生和 500 名教授；这样学生/教员的比率就是 10 000/500 或者说 20/1。这一比率表明，大学对于每 20 名学生就需要 1 名教授。如果这个大学预期明年注册的学生将会增加 1 000 名，它将需要另外雇用 50（1 000/20）名教授（假设目前的 500 名教授在明年前没有人要离开）。

第四节　人力资源的供给预测

人力资源的供给预测（availability forecast）指对企业的未来某一特定时期内能够提供给企业的人力资源的数量、质量及结构进行估计，包括内部供给预测和外部供给预测。

由于超出企业获取能力的供给对企业来说没有任何意义，因此在预测供给时必须对有效的人力资源供给进行预测。

一般来说，人力资源的供给包括内部供给和外部供给两个来源，内部供给指从内部劳动力市场提供人力资源；外部供给指从外部劳动力市场提供人力资源。相比内部供给来说，企业对外部人力资源供给的可控性比较差，因此人力资源供给预测主要侧重于内部的供给。

一、内部供给和外部供给

1. *内部供给来源及分析*

人力资源的内部供给来源于企业内部，主要是分析企业内部人力资源的结构、质量与数量，以决定来自于企业内部的候补人员来填补需求预测中的职位空缺，包括：

（1）现有人力资源的分析。人力资源不同于其他资源，即使外部条件都保持不变，人力资源自身的自然变化也会影响到未来的供给，比如退休、生育等，因此在预测未来人力资源的供给时，需要对现有的人力资源状况作出分析。例如，企业现有 58 岁的男性员工 30 人，那么即使没有其他因素的影响，由于这些人两年后要退休，因此后年企业内部的人力资源供给就会减少 30 人。一般来说，现有人力资源的分析主要是对年龄结构作出分析，因为人力资源自身的变化大多与年龄有关，此外还有员工的性别、身体状况等也要进行分析。

（2）人员流动的分析。在进行人员流动分析时，假定人员的质量不发生变化，人员的流动主要包括两种：

一是人员由企业流出。由企业流出的人员数量形成了内部人力资源供给减少的数量，造成人员流出的原因有很多，如辞职、辞退等。举一个例子，比如企业现有 1 000 人，预测后年的辞职率为 3%，那么后年的人力资源供给就要减少 30 人。

二是人员在企业内部的流动。对这种流动的分析应针对具体的部门、职位层次或职位类别来进行，虽然这种流动对于整个企业来说并没有影响到人力资源的供给，但是对内部的供给结构却造成了影响。例如，当人员由 B 部门流入 A 部门时，对 A 部门来说，由于流入了人员，供给量会增加，流入了多少人员，其内部的人力资源供给就增加了多少；而对 B 部门来说，由于流出了人员，供给量会减少，流出了多少人员，其内部的人力资源供给量就减少了多少。

在分析企业内部人员流动时，不仅要分析实际发生的流动，还要分析可能的流动，也就是说要分析现有人员在企业内部调换职位的可能性，从而可以预测出潜在的内部供给。例如，对于A职位来说，在未来的第三年有15名员工可以从事该职位，那么对于这一职位来说就有15人的内部供给。同实际流动的分析一样，分析可能的流动时也要针对具体的部门、职位层次或职位类别来进行。分析员工可能的流动性，主要的依据是绩效考核即对员工工作业绩、工作能力的评价结果。

(3) 人员质量的分析。进行人员质量分析时，假定人员没有发生流动，人员质量的变化会影响到内部的供给，质量的变动主要表现为生产效率的变化。当其他条件不变时，生产效率提高，内部的人力资源供给相应增加；相反，内部的供给就减少。影响人员质量的因素有很多，如工资的增加、技能的培训等。对人员质量的分析不仅要分析显性的，而且还要分析隐性的，如加班加点，虽然员工实际的生产效率没有发生变化，但是由于工作时间延长了，相应每个人完成的工作量就增多了，这同样增加了内部的供给，类似的还有工作分享、缩短工作时间等。

通过上述分析可以得出企业未来人力资源内部供给的变化值，将它和现有的人力资源进行比较就能计算出未来一定时期内企业内部所能提供的人力资源，从而可以预测人力资源的内部供给。

2. 外部供给来源及影响因素

外部人力资源供给主要来源为当地劳动力市场和行业劳动力市场，据此可以了解招聘某种专业人员的潜在可能性。在美国，有一些机构定期为企业进行外部劳动力市场条件的预测和劳动力供给的估计。

了解企业外部的人力供给情况的渠道主要来自两个方面：①宏观经济形势，主要了解劳动力市场的供求情况；②判断预期失业率，一般来说，失业率越低，劳动力供给越紧张，招聘员工就会越难。这一步可以参考政府机构和金融部门的公开出版物。

外部人力资源供给是由组织在劳动力市场上采取的吸引活动引起的，外部供给分析也要研究潜在员工的数量、能力等因素；与内部人力资源供给预测的区别在于外部供给分析的对象是在组织按照以往方式吸引和甄选时，计划从外部加入组织的劳动力。组织根据过去的录用经验可以了解那些可能进入组织的员工的数量，这些新进员工的工作能力、经验、性别和成本等方面的特征，以及这些新进的员工能够承担组织中的哪些工作。当然，对外部人力资源供给的预测也不可能十分精确，但是这种分析的主要意义在于为组织提供一个研究新员工的来源和他们进入组织方式的分析框架。

一般来说，影响外部供给的因素主要有外部劳动力市场的状况、人们的就业意识、企业的吸引力等。当外部劳动力市场紧张时，外部供给的数量就会减少；当外部劳动力市场宽松时，供给的数量就会增多。人们的就业意识也会影响外部的供给，如果企业不属于人们择业时的首选行业，那么外部供给量自然就比较少，反之就比较多。另外，企业的吸引力也会影响外部的供给，当企业对人们的吸引力比较强时，人们都会愿意到这里来工作，供给量也就会比较多；相反，如果企业不具有吸引力，人们都不愿意到这里来工作，那么供给量就会减少。在分析企业的吸引力时，不仅要看绝对的水平，还要看相对的水平，也就是与竞争对手相比的吸引力如何，这对于吸引专业性较强的人力资源来说更有意义。

二、人力资源供给预测的方法

由于企业对外部人力资源供给的可控性比较差，因而人力资源供给预测的方法主要是针对内部供给预测而言，包括马尔科夫分析法、技能清单法、替换表法和人力资源水池模型。

1. 马尔科夫分析法（Markov Analysis）

马尔科夫分析法是用来预测事件间隔点上（一般为 1 年）各类人员分布状况的一种动态预测方法，这也是从统计学中借鉴过来的一种定量预测方法，它假设每一年的人员流动情况是一样的，其基本思想是找出过去人力资源流动的比例，依此来预测未来人力资源供给的情况，如表 3－6 所示为运用马尔科夫分析法对一家零售公司进行的分析结果。

在该例子中，要求根据 2002 年的人员流动情况来预测 2003 年各岗位的内部人员供给。以区域经理为例，2002 年的流动情况为：66% 的区域经理仍在原岗位，11% 的区域经理被晋升到店铺经理助理，8% 被降职到部门经理，还有 15% 离职，到 2002 年底还剩余 96 人。

表 3－6　马尔科夫分析法示例

2002 年 \ 2003 年	店铺经理	店铺经理助理	区域经理	部门经理	售货员	离职
店铺经理（n=12）	90% 11					10% 1
店铺经理助理（n=36）	11% 4	83% 30				6% 2
区域经理（n=96）		11% 11	66% 63	8% 8		15% 14
部门经理（n=288）			10% 29	72% 207	2% 6	16% 46
售货员（n=1 440）				6% 86	74% 1066	20% 288
预测供给	15	41	92	301	1 072	351

注：阴影表示调动比率，空白表示员工的实际数量。

根据马尔科夫分析法，2003 年的流动情况应和 2002 年一样，而根据 2002 年底剩余的 96 人，可分别计算出这些人中，经过 2003 年一年的时间，96×66%＝63 位区域经理仍在原岗位，96×11%＝11 位区域经理被晋升到店铺经理助理，96×8%＝8 位被降职到部门经理，还有 96×15%＝14 位离职。依此类推，分别计算出其他岗位的人员流动情况再进行汇总，如表所示。

2. 技能清单法（skill inventory）

技能清单是一个用来反映员工工作能力特征的列表，这些特征包括培训背景、以前的经历、持有的证书、已经通过的考试、主管的能力评价等。技能清单是对员工竞争力的一个反映，可以用来帮助人力资源的计划人员估计现有员工调换工作岗位的可能性的大小，决定哪些员工可以补充企业当前的空缺。

企业的人力资源计划不仅要保证为企业中空缺的工作岗位提供相应数量的员工，同时还要保证每个空缺都有合适的人员来填补。因此，有必要建立员工的工作能力记录，其中包括基层操作员工的技能和管理人员的管理能力的种类及所达到的水平，如表3－7所示。

技能清单的作用是服务于晋升人选的确定、管理人员接续计划、对特殊项目的工作分配、工作调动、培训、工资奖励计划、职业生涯规划和组织结构分析，对于要求其成员频繁调动的组织或者经常组建临时性团队或项目组的组织，其技术档案中应该包括所有的雇员，对于那些主要使用技能清单来制订管理人员接续计划的组织，技能清单中可以只包括管理人员。

表3－7　技能清单示例

<table>
<tr><td>姓名：</td><td>部门：</td><td>科室：</td><td>工作地点：</td><td colspan="2">填表日期：</td></tr>
<tr><td colspan="2">到职日期：</td><td colspan="2">出生年月：</td><td>婚姻状况：</td><td>工作职称：</td></tr>
<tr><td rowspan="5">教育背景</td><td>类别</td><td>学位种类</td><td>毕业日期</td><td>学校</td><td>主修科目</td></tr>
<tr><td>高中</td><td></td><td></td><td></td><td></td></tr>
<tr><td>大学</td><td></td><td></td><td></td><td></td></tr>
<tr><td>硕士</td><td></td><td></td><td></td><td></td></tr>
<tr><td>博士</td><td></td><td></td><td></td><td></td></tr>
<tr><td rowspan="4">培训背景</td><td colspan="2">培训主题</td><td colspan="2">培训机构</td><td>培训时间</td></tr>
<tr><td colspan="2"></td><td colspan="2"></td><td></td></tr>
<tr><td colspan="2"></td><td colspan="2"></td><td></td></tr>
<tr><td colspan="2"></td><td colspan="2"></td><td></td></tr>
<tr><td>技能</td><td colspan="2">技能种类</td><td colspan="3">证书</td></tr>
<tr><td rowspan="4">意向</td><td colspan="3">你是否愿意担任其他类型的工作</td><td>是</td><td>否</td></tr>
<tr><td colspan="3">你是否愿意调到其他部门工作</td><td>是</td><td>否</td></tr>
<tr><td colspan="3">你是否愿意接受工作轮换以丰富工作经验</td><td>是</td><td>否</td></tr>
<tr><td colspan="5">如果可能，你愿意承担哪种工作</td></tr>
<tr><td rowspan="2">你认为自己需要接受何种训练</td><td colspan="5">改善目前的技能和绩效：</td></tr>
<tr><td colspan="5">提高晋升所需要的经验和能力：</td></tr>
<tr><td colspan="6">你认为自己现在就可以接受哪种工作指派：</td></tr>
</table>

（资料来源：魏新，刘苑辉，黄爱华．人力资源管理概论．广州：华南理工大学出版社，2007.）

3. 替换表法（replacement chart）

替换表法也称职位置换法，通过对企业现有人员的状况作出评价，然后记录他们的工作绩效、晋升的可能性和所需要的训练等内容，以此来预测企业潜在的内部供给，这样当某职位出现空缺时，就可以及时进行补充，为直观起见，往往将这种替换制作成图，如图3－4所示。

制订这一计划的过程是：确定计划包括的工作岗位范围、确定每个关键职位上的接替人选、评价接替人选目前的工作情况和是否达到提升的要求、确定职业发展需要，并将个人的职业目标与组织目标相互结合。前面的技能清单描述的是个人的技能，而置换图描述的是可以胜任组织中关键岗位的个人。

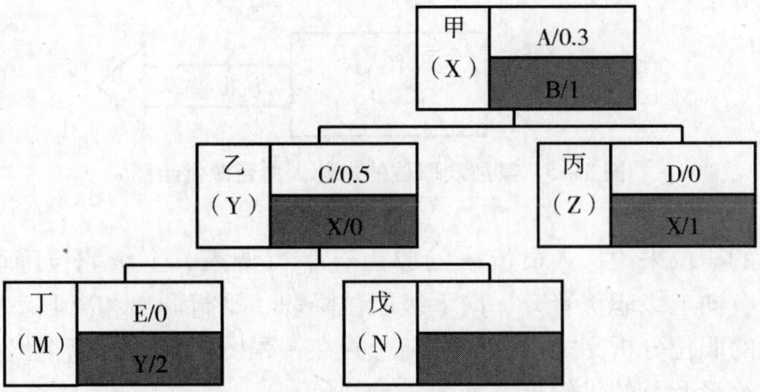

图3－4　某个部门的人员替换图

假设这是公司某个部门的组织架构图，该部门有X、Y、Z、M、N五个职位，分别由甲、乙、丙、丁、戊五个人来从事，在每个职位后面的两个方框中，上面空白的方框中记录了目前从事该职位的员工能够调动的岗位及适应新岗位的时间，下面阴影的方框中记录了该员工可以晋升的职位以及晋升所需的时间。例如，对甲来说，他还可以从事A职位的工作，完全适应新职位需要0.3年，也就是大约三个半月的时间；此外他还可以晋升到B职位，晋升到这一职位需要1年的时间。需要指出，由于这种方法预测的是潜在的供给，因此对于甲来说，他1年以后并非一定可以晋升到B职位。再比如对于丁来说，他还可以从事E职位的工作，而且能够立即适应新职位；此外他还可以晋升到Y职位，但需要2年的时间，同样的道理，2年后他也并非一定可以晋升到Y职位。由图3－5还可以看出，戊既不能调动，也不能晋升。

为了保证预测的准确性，需要对人员的替换信息进行及时的更新。例如，戊经过培训后，具备了相应的技能，能够调动到别的职位，那么在下一年度的替换图中，就要把这一信息添加进去。

4. 人力资源“水池”模型

人力资源“水池”模型是在预测企业内部人员流动的基础上来预测人力资源的内部供应，它与人员替换有些类似，不同的是人员替换是从员工出发来进行分析，而且预测的是一种潜在的供给；“水池”模型则是从职位出发进行分析，预测的是未来某一时间现实的供给。

这种方法一般要针对具体的部门、职位层次或职位类别来进行，由于它要在现有人员的基础上通过计算流入量来预测未来的供给，这就好比是计算一个水池未来的蓄水量，因此称为“水池”模型，下面通过一个职位层次分析的例子来看一下这个模型是如何运行的。

首先，要分析每一层次职位的人员流动情况，可以用下面的公式来进行预测。

未来的供给量 = 现有的人员数量 + 流进人员的数量 - 流出人员的数量

如图 3 - 5 所示，该层次职位现有人员 30 人，流入 9 人，流出 15 人，故未来的内部供给量为 30 + 9 - 15 = 24 人。

图 3 - 5　某层次职位的内部人力资源供给图

对每一层次的职位来说，人员流入的原因有平行调入、上级职位降职和下级职位晋升；流出的原因有向上级职位晋升、向下级职位降职、平行调出和离职。

对所有层次的职位分析完之后，将它们合并在一张图中，就可以得出企业未来各个层次职位的内部供给量及总的供给量，如图 3 - 6 所示。

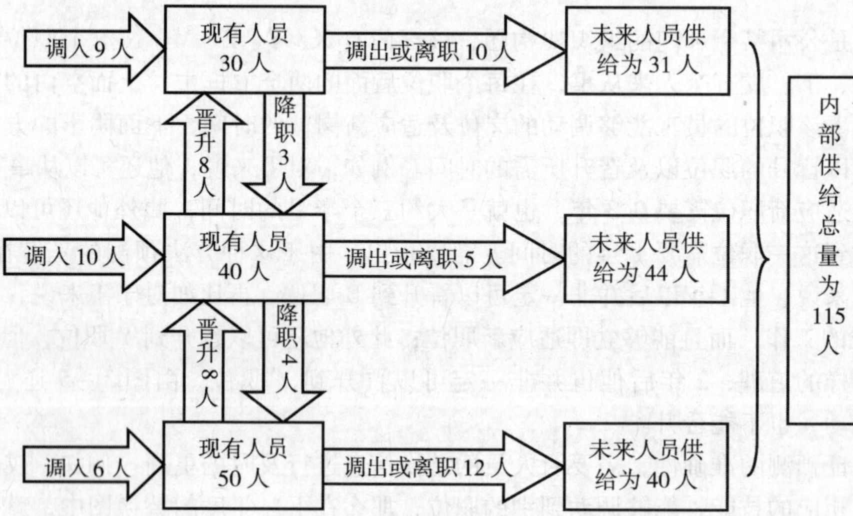

图 3 - 6　人力资源供给图

第五节　人力资源供需的平衡

人力资源规划的最终目的是实现企业人力资源供给和需求的平衡，因此在预测人力资源的供给和需求之后，就要对两者进行比较，并根据比较的结果来采取相应的措施。

企业人力资源供给和需求预测的比较，一般会有以下几种结果：①供给和需求在数量、质量及结构方面都基本相等；②供给和需求在总量上平衡，但是结构上不匹配；③供给大于需求；④供给小于需求。

如果出现第一种情况，说明企业未来的人力资源供给和需求基本上是平衡的，这当然是比较理想的结果，但是现实中这种情况几乎是不可能的。对于企业来说，更多的会出现后面三种情况，这就要求企业针对具体情况采取相应的措施，以实现供需平衡。当然，即便是第一种情况，也并不是说企业就不用采取任何措施了，因为对供给和需求的预测是在一定假设条件下进行的，所以企业要保证这些假设条件能够实现，如果条件发生了变化，供给和需求可能出现新的不平衡。

一、供给和需求总量平衡，结构不匹配

企业人力资源供给和需求完全平衡一般是很难发生的，即使在供需总量上达到了平衡，往往也会在层次和结构上出现不平衡。对于结构性的人力资源供需不平衡，一般要采取下列措施实现平衡：

（1）进行人员内部的重新配置，包括晋升、调动、降职等来弥补那些空缺的职位，满足这部分的人力资源需求。

（2）对人员进行有针对性的专门培训，使他们能够从事空缺职位的工作。

（3）进行人员置换，解聘那些企业不需要的人员，补充企业需要的人员，以调整人员的结构。

二、供给大于需求

当预测的供给大于需求时，即出现了人员过剩现象，可以采取以下措施从供给和需求两方面来平衡供需：

（1）企业扩大经营规模或开拓新的增长点，以增加对人力资源的需求，如企业可以实施多种经营吸纳过剩的人力资源供给。

（2）永久性辞退某些劳动态度差、技术水平低、劳动纪律观念差的员工，这种方法虽然比较直接，但是由于会给社会带来不安定因素，因此往往会受到政府的限制。

（3）鼓励提前退休或内退，对一些接近而还未达退休年龄者，应制定一些优惠措施，如提前退休者仍按正常退休年龄计算养老保险工龄，有条件的企业，还可一次性发放部分奖金（或补助），鼓励提前退休。

（4）冻结招聘。就是停止从外部招聘人员，通过自然减员来减少供给。

（5）减少员工的工作时间，随之降低工资水平，这是西方企业在经济萧条时经常采用的一种解决企业临时性人力资源过剩的有效方式。

（6）采用由多个员工分担以前只需一个或少数几个人就可完成的工作和任务，企业按工作任务完成量来计发工资的办法。这与上一种方法在实质上是一样的，都是减少员工工作时间，降低工资水平。

（7）合并和关闭某些臃肿的机构或部门。

（8）提高员工整体素质，如制订全员轮训计划，使员工始终有一部分在接受培训，为企业扩大再生产准备人力资本。

三、供给小于需求

当预测的供给小于需求时，即出现了人员短缺现象，同样可以从供给和需求两个角度来平衡供需。可以采取下列措施：

（1）从外部雇用人员，包括返聘退休人员。这是最为直接的一种方法，可以雇用全职的也可以雇用兼职的，要根据企业自身的情况来确定。如果需求是长期的，就要雇用全职的；如果是短期需求增加，就可以雇用兼职的或临时的。

（2）提高现有员工的工作效率，这也是增加供给的一种有效方法，提高工作效率的方法有很多，如改进生产技术、增加工资、进行技能培训、调整工作方式等。

（3）如果短缺现象不严重，且本企业的员工又愿延长工作时间，则可以根据《劳动法》等有关法规，制订延长工时适当增加报酬的计划，这只是一种短期应急措施。

（4）降低员工的离职率，减少员工的流失，同时进行内部调整，增加内部的流动来提高某些职位的供给。

（5）可以将企业的某些业务进行外包，这其实等于减少了对人力资源的需求。

（6）制订聘用非全日制临时用工计划，如返聘已退休者，或聘用小时工等。

（7）制订聘用全日制临时用工计划。

上述平衡供需的方法在实施过程中具有不同的效果，如靠自然减员来减少供给，过程就比较长；而裁员的方法见效就比较快，这些方法的效果比较如表 3-8 所示。

表 3-8　供需平衡方法的比较

	方法	速度	员工受伤害的程度
供给大于需求	裁员	快	高
	减薪	快	高
	降级	快	高
	工作分享或工作轮换	快	中等
	退休	慢	低
	自然减员	慢	低
	再培训	慢	低

（续上表）

	方法	速度	员工受伤害的程度
供给小于需求	加班	快	高
	临时雇用	快	高
	外包	快	高
	培训后换岗	慢	高
	减少流动数量	慢	中等
	外部雇用新人	慢	低
	技术创新	慢	低

（资料来源：［美］雷蒙德·A. 诺伊等. 人力资源管理赢得竞争优势. 刘昕译. 北京：中国人民大学出版社，2001.）

由于企业人力资源供给和需求的不平衡，不可能是单一的供给大于需求或者供给小于需求，往往会相互交织在一起，出现某些部门或某些职位的供给大于需求，而其他部门或其他职位的供给小于需求，如关键职位的供给小于需求，但是普通职位的供给大于需求，因此企业在制定平衡供需的措施时，应当从实际出发，综合运用这些方法，使人力资源的供给和需求在数量、质量及结构上都达到平衡匹配。

【本章小结】

人力资源战略是指在不断变化的环境中，分析组织的人力资源需求、设计满足这些需求的行动方案的管理过程。

人力资源规划是指在企业发展战略和经营规划的指导下进行人员的供需平衡，以满足企业在不同发展时期对人员的需求，为企业的发展提供符合质量和数量要求的人力资源保证。

需求预测的方法包括定性和定量两个方面，定性方法指管理估计法、德尔菲法和企业远景预测分析；定量方法则包括总体预测法、工作负荷法、趋势预测法。

供给预测则包括内部供给和外部供给，方法有马尔科夫分析法、技能清单法、替换表法和人力资源“水池”模型。

企业人力资源供给和需求预测的比较，一般会有以下几种结果：供给和需求在数量、质量及结构方面都基本相等；供给和需求在总量上平衡，但是结构上不匹配；供给大于需求；供给小于需求。当出现不平衡时，企业可分别采取相应的措施缓解这种不平衡。

【讨论题】

1. 简述人力资源战略的定义和发展历程。
2. 人力资源战略规划的定义和流程是什么？
3. 人力资源需求预测的影响因素和方法有哪些？
4. 缓解人力资源供需不平衡的措施有哪些？

【实训练习】

1. 在人力资源规划中，人员规划的内容包括（　　）。(2009 年 11 月三级真题)

(A) 企业劳动定员　　(B) 人力资源现状分析　　(C) 人员供需平衡

(D) 人力资源费用控制　　(E) 人员需求与供给预测

2. 某公司于 2006 年 6 月 11 日成立，在职员工人数为 80 人，6 月份以后至 7 月份没有出现人员变动；8 月 1 日，该公司正式聘用 20 人；8 月 20 日，有 5 名员工离职。请计算：该公司 6、7、8 月份的月平均人数各是多少？(2009 年 11 月四级真题)

【案例分析】

案例 3－1　惠普的人力资源战略管理

战略管理是很复杂的过程，将人力资源策略与战略规划过程相联系只能使战略管理变得更为复杂。许多著名的公司都有出色的人力资源管理纪录，惠普公司就是其中一个。

成立于 1939 年的惠普公司现已是著名的跨国公司，它的产品包括计算机、计算器、精密计量仪器，该公司明确规定了七条公司战略目标：

利润：制造足够的利润用于公司的发展壮大。

客户：生产出满足客户需要的产品。

兴趣范围：限制其他公司进入本公司独特产品新领域的可能性。

增长：在改进能够满足顾客需求的赢利产品的前提下的可能性。

员工：与公司员工分享共同创造的成功；按照员工的绩效提供工作保障；承认个人成就；帮助员工从工作中获得满足感和成就感。

管理：促进主动性和创造性；允许在实现明确的目标过程中，个人拥有极大的行为自由度。

公民权：保证公司所处的社区由于公司的设立比从前更好。

与这些目标相应的“人力资源战略”是一系列的观念和策略，包括以下几方面：

信任员工，自由

尊重和尊严，个人的尊重

认同，成就感，参与性

保障，持久，员工发展

保险，解除个人烦恼

利润的分享和责任的分担，互助

目标管理（非直接管理），分权制度

非正式化，称呼名字，开放式交流

错误是学习的机会

培训和教育、咨询

绩效与热情

以此为指导，形成了参与式管理风格，这种管理要求并且支持个人的自由和主动性，并强调共同的目标和团队合作。根据人力资源战略，公司以共同商议确定目标的形式为员工指出方向，员工可以创造性地采用自己的方式来实现这一目标，为公司的成功作出贡献。

惠普公司的人力资源管理作为其管理的核心而得到了发展，诸如产品战略，组织和财务方面的企业决策都由人力资源战略所驱动，并且与人力资源管理的理念相联系。比如说，为了保证公司以个人为中心，并且保持非正式的、开放的风格，公司内部各部门都实行小型化。当某些分支机构发展起来以至超过了理想的规模，惠普公司就对这些部门再进行划分。一贯坚持以人力资源管理为核心的原则，使公司一直保持领先的地位。结果是公司不论作为雇用者，或者作为经营者，都受到了很高的评价。

（资料来源：刘善仕．人力资源管理．广州：华南理工大学出版社，2004.）

问题：

（1）惠普公司的企业战略目标中有哪些是与人力资源管理相关的？

（2）企业的战略目标对公司人力资源管理风格有何影响？

（3）人力资源管理战略对整个公司的战略有何帮助？

案例3－2 Donna Karan国际公司的人力资源规划

面对挑战是一回事，而能够战胜挑战又是另一回事。1997年，总部位于纽约的Donna Karan国际公司的赢利情况令人失望。作为一家年轻的、快速成长的公司，它没有一直按照利润最大化、效率最高的方式构建自己的组织。这种情况迫使管理层重新评估公司核心运营群体的职能和相互关系。公司新制订了3年战略规划，主要内容为进行规模缩减，把13个分支机构减少为6个，公司还精简了高层管理结构，并把6家分支机构整合为一个运营单元。下面是和人力资源副总裁Christina Nichols（以下简称CN）就其部门如何帮助公司完成所有的这些变革所进行的讨论。

问题：是什么因素推动了最近进行的规模缩减？

CN：我们的公司很年轻，过去的发展也很快。当你快速成长的时候，你并不能总是按照最佳的赢利模式和最有效率的方式成长。因此，我们作出了一个困难的决定：停下来，对我们所做的一切进行评估，并在需要的地方重新作出调整。

问题：哪些雇员受到的影响最大？为什么是这部分雇员？

CN：这是个令人感兴趣的问题。我在这家公司工作了6年，其间也有过大大小小的几次缩减规模的经历。一般来说，事先会确定一个各部门的缩减比例，不过这一次的缩减是由对分支机构内部进行重组带来的，目的是提高效率和节约成本。

对于重组有显著影响的另一个因素是我们与其他公司结成了战略联盟。其中包括把公司的美容业务特许经营权出售给Estee Lauder公司，把DKNY牛仔装及运动装的特许经营权出售给Liz Claibome公司，把DKNY童装的特许经营权出售给Esprit公司，这些举措使公司各个层面的雇员都受到一定影响。

问题：人力资源的含义是什么？

CN：至少可以说，重组的过程是逐步完成的！我们和新的首席执行官John Idol一起确定新的组织结构，收集和整理可能受影响的雇员的相关信息，协调重新安排这些雇员就业的服务，并且在整个过程中对管理层实施培训。最后，我们形成了一个密切的团队推动这一切成功的进行。

重组的结果是带来了许多新的挑战。随着同事数量的不断减少，留下来的雇员承担的责任越来越大，而他们自身工作的安全性也充满了变数，应对这些问题又是一件困难的任务。

重组过程结束之后，由于决定把各种产品的特许经营权出售，我们减少了很多工作岗位，这对公司来说是个全新的方向，你必须在特许经营领域里成为专家，这样才能帮助公司的雇员进行成功地转型，并与他们一起工作。

在公司转型之后，要确保雇员维持原来的薪酬和福利水平不是一件容易的事情。这是一个艰苦的过程，因为雇员转型到特许经营业务的环境中之后事情并没有结束。在这个过程中，我们扮演的角色已经从现有的工作框架和功能演化到为雇员提供最佳支持方面来了。

问题：在人力资源管理方面，你们最近的创新是什么？

CN：应该说是我们整个团队的创造。很幸运我能和一群很有才干的同事一起工作……而且我始终相信只有团队获得成功，个人的成功才有意义。

随着公司发生的改变，随着重组以后新首席执行官的到来，人力资源部的目标和工作重心发生了彻底的转变，与公司的发展方向保持一致，我们把自己定位于成为公司其他部门的战略性业务伙伴，我们已经从解决问题和制定政策进化为全面型的业务伙伴。

（资料来源：Condensed from "Redesigning the Company at Donna Karan" by Brenda Paik Sunoo，copyright July 1998. Used with permission of ACC Communications/Workforce，Costa Mesa，CA. Web site at http：//www. workforce. com. All rights reserved.）

问题：

（1）Donna Karan 公司的重组和削减规模过程与其他公司有何不同？

（2）削减规模对经理有何影响？

（3）人力资源部遇到的主要挑战是什么？

第四章　招聘与配置

【篇首案例】

上海通用汽车有限公司（SGM）的“九大门坎”

上海通用汽车有限公司（SGM）是上海汽车工业（集团）总公司和美国通用汽车公司合资建立的轿车生产企业，是迄今为止我国最大的中美合资企业之一。SGM 的目标是成为国内领先、国际上具有竞争力的汽车公司，同时 SGM 的发展远景和目标也注定其对员工素质的高要求：不仅具备优良的技能和管理能力，而且还要具备出众的自我激励、自我学习能力、适应能力、沟通能力和团队合作精神。

为了招到符合要求的员工，SGM 制定了近乎苛刻的录用程序，对应聘者设立了九大关口，见下图所示。

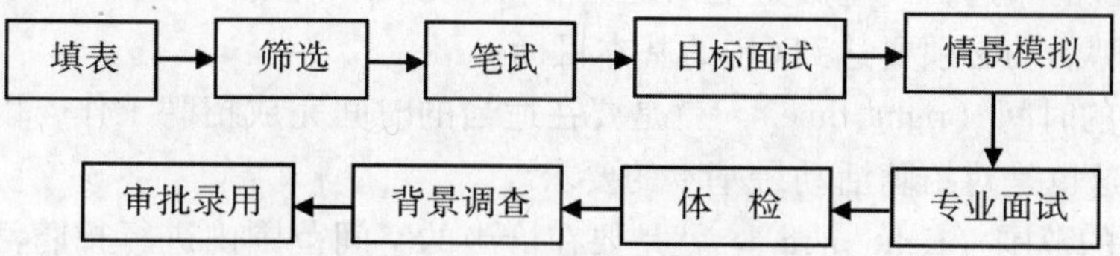

SGM 的整个评估活动完全按标准化、程序化的模式进行。

几被录用者，须经每个程序和环节都有标准化的运作规范和科学化的选拔方法，其中笔试主要测试应聘者的专业知识、相关知识、特殊能力和倾向；目标面试则由受过国际专业咨询机构培训的评估人员与应聘者进行面对面的问答式讨论，验证其登记表中已有的信息，并进一步获取信息，其中专业面试则由用人部门完成；情景模拟是根据应聘者可能担任的职务，编制一套与该职务实际情况相仿的测试项目，将被测试者安排在模拟的、逼真的工作环境中，要求被试者处理可能出现的各种问题，用多种方法来测试其心理素质、潜在能力的一系列方法，如通过无领导的两小组合作完成练习，观察应聘管理岗位的应聘者的领导能力、领导欲望、组织能力、主动性、说服能力、口头表达能力、自信程度、沟通能力、人际交往能力等。SGM 还把情景模拟推广到了对技术工人的选拔上，如通过齿轮的装配练习，来评估应聘者的动作灵巧性、质量意识、操作的条理性及行为习惯，在实际操作过程中，观察应聘者的各种行为能力，孰优孰劣，泾渭分明。

从上面 SGM 人员录用流程的描述可以看出，招聘管理工作在人力资源管理中的重要性已经得到了企业的高度重视；企业只有通过组织严格的简历筛选、面试笔试、素质测评、情景模拟等招聘管理活动，才能吸收与获得有助于企业发展战略实现的人力资源。

（资料来源：刘善仕．人力资源管理．广州：华南理工大学出版社，2004.）

工作分析和人力资源规划后，为了解决“人从哪里来?”和“人到哪里去?”这两个问题，就必须进行人员的招聘和配置活动，招聘是为了吸引、筛选并录用合适的人的过程，配置是把合适的人安排到合适的位置的过程，两者相辅相成。

第一节　人员招聘概述

招聘（recruitment）是“获取”人力资源管理要素的具体实现形式，它是按照企业经营战略规划及人力资源规划的要求，把优秀、合适的人才招聘进企业，把合适的人放在合适的岗位的过程。

一、招聘的含义

招聘是指组织为了发展的需要，根据人力资源规划和工作分析的需求，寻找、吸引那些有能力又有兴趣的人到组织中任职，并从中选出适宜人员予以录用的过程。

招聘的实质是让潜在的合格人员对本企业的相关职位产生兴趣而前来应聘，并挑选出最适合空缺岗位的人选，其基础是工作说明书和人力资源规划。

良好的招聘活动必须要达到6R的基本目标：

（1）恰当的时间（right time）。就是要在适当的时间完成招聘工作，以及时补充企业所需的人员，这也是对招聘活动最基本的要求。

（2）恰当的范围（right area）。就是要在恰当的空间范围内进行招聘活动，这一空间范围只要能够吸引到足够数量的合格人员即可。

（3）恰当的来源（right source）。就是要通过适当的渠道来寻求目标人员，不同的职位对人员的要求是不同的，因此要针对那些与空缺职位匹配程度较高的目标群体进行招聘。

（4）恰当的信息（right information）。就是在招聘之前要对空缺职位的工作职责内容、任职资格要求以及企业的相关情况全面而准确地作出描述，使应聘者能够充分了解有关信息，以便对自己的应聘活动作出判断。

（5）恰当的成本（right cost）。就是要以最低的成本来完成招聘工作，当然这是以保证招聘质量为前提的，在同样的招聘质量下，应当选择那些花费最少的方法。

（6）恰当的人选（right people）。就是要把最合适的人员吸引过来参加企业的应聘，这包括数量和质量两个方面的要求。

二、招聘的原则

人员招聘是确保企业生存与发展的一项重要的人力资源管理活动，在招聘过程中，应遵循以下原则：

1. 双向选择原则

招聘是员工和企业之间的相互选择过程。传统上认为招聘是以企业为中心的单向过程，是员工找工作，企业向员工提供工作，企业在人员选择占有绝对的优势，企业在招聘中占主动地位，应聘人员只能被动等待企业的挑选。现代的观点是招聘中企业和应聘人员之间存在双向选择，人们对企业也有选择权，在企业挑选员工的同时，未来的员工也在选择企业。招聘工作实际上是企业向应聘者推销岗位或职务的过程，招聘的成功必须考虑企业和申请者双方对申请的职务达成共识。

除了双向选择观念以外，现在招聘活动与传统招聘还存在许多差别。传统招聘内容特别强调职务申请者的技术、知识和能力必须满足企业的需求，忽略了申请者的心理需要；现代招聘中则强调申请者的人格、兴趣和爱好应适合职务说明书、企业文化和价值观的要求。从职务申请者方面来看，传统上人们选择企业多考虑经济方面，而现代人们更多地考虑企业环境、组织技术、企业发展及能否发挥自己的潜能。企业需要申请人员不仅在知识、技术和能力上符合职务需要，而且还要求在个性心理等方面满足企业要求。

2. 公平竞争原则

招聘为员工提供一个公平竞争上岗的过程，保证每个员工都能充分发挥自身的能力。企业对每一位应聘者一视同仁，不能因地域、体貌、性别等因素限制平等竞争的市场规则，按照公平、公开、公正的招聘程序，遵守法律规定和承担应有的社会义务。通过公平公正的招聘，企业可以发现最佳人选，减少明显不合格或不合适的人员进入企业，减少人员受聘后离职的可能性，帮助员工找到适合自己的工作，提高企业和个人的效率。

3. 择优录用原则

人员招聘必须制定科学的考核程序、录用标准，选择合适的测试方法来筛选和鉴别人才，在强调择优的同时注重全面的原则，对报考人员从品德、知识、能力、智力、心理、过去工作的经验和业绩进行全面考试、考核和考察。因为一个人能否胜任某项工作或者发展前途如何，是由其多方面因素决定的，特别是非智力因素对其将来的作为起着决定性作用，只有根据客观的测试结果的优劣来选拔人才，才能真正选到良才。

4. 能位匹配原则

招聘人员的数量和质量，是以企业事业发展的具体岗位数量和职责对能力的要求来决定的。人的能力有大小，专长有强弱，本领有高低；而企业的要求有区别，工作有难易，待遇有不同。招聘工作的目的不是要寻找到最优秀的人才，而是要量才录用，做到人尽其才、用其所长、职得其人，这样才能持久高效地发挥人力资源的作用。

5. 效率优先原则

招聘是一项有成本管理的活动，企业应依据不同的招聘要求，灵活选用合适的招聘程序和选拔方法，如对高级管理人员的招聘选拔因用人标准高、识别难度大，招聘选拔的程序可选择较复杂的流程，运用多种测试手段进行鉴别，确保选出的人选符合高级管理职位的要求。但对普通岗位人员的招聘、选拔，就不必选用复杂的测评系统。这样在保证招聘质量的前提下，尽量降低招聘成本，体现效率优先的招聘原则。

三、招聘的影响因素

在现实中，招聘活动的实施是受多种因素影响的，为了保证招聘工作的效果，必须对这些因素有所了解，归纳起来，影响招聘活动的因素主要有外部因素和内部因素两大类。

1. 外部影响因素

（1）国家的法律法规。由于法律法规的本质是规定人们不能做什么事情，因此在一般意义上，国家的法律法规对企业的招聘活动具有限制作用，它往往规定了企业招聘活动的外部边界。例如，西方国家的法律规定，企业的招聘信息中不能涉及性别、种族和年龄的特殊规定，除非证明这些是职位所必需的；再如，近期北京市政府也规定，企业的招聘信息中不能出现“35岁以下”和“北京户口”之类的条件，这些都对企业的招聘活动起到了一定的限制和约束作用。

（2）外部劳动力市场。由于招聘特别是外部招聘，主要是在外部劳动力市场进行的，因此市场的供求状况会影响招聘的效果，当劳动力市场的供给小于需求时，企业吸引人员会比较困难；相反，当劳动力市场的供给大于需求时，企业吸引人员就会比较容易。在分析外部劳动力市场的影响时，一般要针对具体的职位层次或职位类别来进行，例如，技术工人的市场比较紧张，企业招聘这类人员就会较困难，往往要投入大量的人力、物力。

（3）竞争对手。在招聘活动中，竞争对手也是非常重要的一个影响因素，应聘者往往是在进行比较之后才作出决策，如果企业的招聘政策与竞争对手存在大的差距，那么就会影响企业的吸引力，从而降低招聘效果。由此，在招聘过程中，与竞争对手间的比较优势是非常重要的。

2. 内部影响因素

（1）企业自身的形象。一般来说，企业在社会中的形象越好，越有利于招聘活动，良好的企业形象会给应聘者产生积极的影响，引起他们对企业空缺职位的兴趣，从而有助于提高招聘的效果。例如，在美国《财富》杂志2000年的一次排名中，思科公司当选为信息产业“最吸引员工的公司”；在国内，一些形象良好的企业，比如青岛海尔、联想集团、南方报业等，往往都是大学生择业的首选。企业的形象取决于多种因素，如公司的发展趋势、薪酬待遇、工作机会及企业文化等。

（2）企业招聘的预算。由于招聘活动必须支出一定的成本，因此企业招聘的预算对招聘活动有着重要的影响，充足的招聘资金可以使企业选择更多的招聘方法，扩大招聘的范围，如可以花大量的费用来进行广告宣传，选择的媒体也可以是影响力比较大的；相反，有限的招聘资金会使企业进行招聘时的选择大大减少，这会对招聘效果产生不利的影响。

（3）企业的政策。企业的相关政策对于招聘活动有着直接的影响，企业在进行招聘时一般有内部招聘和外部招聘两个渠道，至于选择哪个渠道来填补空缺职位，往往取决于企业的政策。有些企业可能倾向于外部招聘，而有些企业则倾向于内部招聘；另外，在外部招聘中，企业的政策也会影响到招聘的来源的选择，有些企业更愿意在学校进行招聘，而有些企业更愿意在社会上进行招聘。

四、招聘的流程

招聘是由招募、甄选、录用和评估四个过程构成：招募是使潜在的合格人员对本企业某特定岗位产生兴趣，并前来应征该职位的过程；甄选则是通过系列科学方法，对征募过程确定的申请者中的潜在合格人员进行选择的过程；录用即最终确定相应职位的合格人选的过程；评估即对招聘的成本以及招聘到的人员数量、质量进行评价的过程。整个流程如图 4－1 所示。

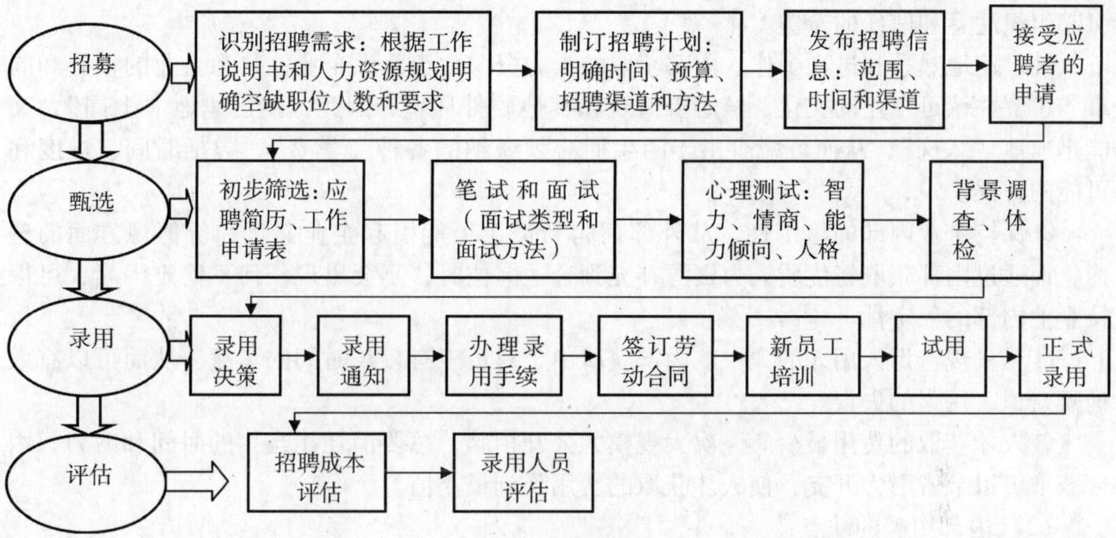

图 4－1 招聘的流程

第二节 人员招募

招募是及时地、足够多地吸引具备资格的个人并鼓励他们申请一个组织中的工作岗位的过程。

从概念可以看出，招募实际上是一个让人知道本企业的招聘信息并诱导其决定申请本企业职位的过程，这个阶段的主要工作是在明确招聘渠道和招聘方法的基础上，制订招聘的计划及发布招聘信息。

一、招聘的渠道

常见的招聘渠道包括内部招聘与外部招聘，相对应的招募来源也就有内部来源与外部来源之分，对于企业来说，这两种招聘方式也是各有利弊的，需要针对企业的特点与招聘对象的不同，采取不同的招聘方式。比如内部招聘的典型是宝洁公司，它除了最初的基层员工采用外部招聘外，中高层都是内部提拔，因为它的严格筛选和系统科学的培训，保证了它有优越的内部招聘条件，而大部分公司则采取了外部招聘或内外招聘结合的形式，采用何种招聘渠道，应视企业实际情况而定。

1. 内部招聘

内部招聘指通过企业内部去获得企业所需要的各种人才，企业本身是一个人才的蓄水池，由于工作和岗位的原因，很多人才的优点未能被发现，因此可以通过内部提拔、横向调动、轮岗、重新雇用或召回以前的雇员来获取人才。

（1）内部招聘的优点：

①激发员工的内在积极性。内部获取能极大地鼓舞员工的内在积极性。企业实行内部招聘，员工就感受到企业真正给自己提供了发展空间，就存在着晋升的可能与推销自己、引起组织注意和信任的希望。

②迅速地熟悉和进入工作。内部获取的人力资源由于熟悉企业，熟悉企业的领导和同事，了解并认可企业的文化、核心价值观和其他硬件环境，因此，能迅速地“上岗”，又能迅速地“入岗”，从而可减少由于陌生而必须缴纳的各种“学费”，包括时间、进度和可能的失误。

③保持企业内部的稳定性。从外部招聘新员工可能引起企业文化和价值观方面的碰撞，而通过内部获取将优质人力资源补充到合适岗位时，不会出现任何不稳定因素，可保持企业内部的稳定性。

④尽量规避识人用人的失误。内部获取由于对员工有较长时间的了解，从而可以有效地规避识人用人的失误。

⑤人才获取的费用最少。一次大规模的公开招聘，总要消耗相当多的时间和财力，内部获取可以节省财力开支，使人才获取的费用降到最小值。

（2）内部招聘的缺点：

①容易形成企业内部人员的板块结构。人员流动少以及内部晋升的途径和方法容易形成企业内部人员的帮派和板块结构，当内部晋升渠道畅通时，非正式组织想推荐自己小圈子的人员就成为一种必然。

②可能引发企业高层领导的不团结。用人的分歧历来是在企业高层领导中最容易引起断裂的分歧，因为这涉及权力的分配，涉及个人核心班子的组成和个人威信的提高。因此，当出现用人分歧时，企业高层领导原本存在的不团结因素会更加明显化，而这种状况的产生是内部获取过程中最大的损伤。

③缺少思想碰撞的火花，影响企业的活力和竞争力。企业不会因为内部获取产生思想碰撞，也不会由于这种碰撞出现的不平衡而引发深层思考和继续碰撞。

④企业高速发展时，容易以次充优。不少企业为了规避识人与用人的失误，几乎所有的管理人员均由内部选拔。当企业高速发展时，这种由内部晋升的方法不仅不能满足工作的需要，而且“以次充优”的现象将会十分普遍和严重。

⑤营私舞弊的现象难以避免。由于彼此熟悉和了解，当一个崭新的机会来临时，不可避免地会出现托人情、找关系的现象，结果难以避免徇私情、走后门、官官相护或出现利益联盟的情况。

⑥会出现涟漪效应。内部的每次提升，会出现一连串的提升和调动，这种“牵一发而动全身”的涟漪效应会使企业领导不得不去接受本不应该移动的岗位和个人，从而给企业的工作带来损害。

链接材料：涟漪效应

“涟漪效应”亦称为“模仿效应”，是由美国教育心理学家杰考白·库宁(Jacob Kounit)提出的，定义为：一群人看到有人破坏规则，而未见对这种不良行为的及时处理，就会模仿破坏规则的行为，如果破坏规则的人是人群中的领导者，那么波及人群的效应就更加严重。

形象地说，“涟漪效应”描述的是这样一种现象：往一湖平静的湖水里扔进一块石头，泛起的水波纹会逐渐波及很远的地方。

社会解析：小的事件如果不加以控制会演化成大的危机，即一种危机同时引发多种危机。原本由一个出发点引发周围的点持续性震动，震动会慢慢减退，但如果没有任何阻力，震动会波及很远距离的点，这就是“涟漪效应”。在社会上有某些现象引起的社会波动，如不受舆论的制止，将会波及很远的人群，甚至造成不可收拾的局面。例如，超女效应，郭德纲效应，“9·11”效应等。

2. 外部招聘

所谓外部招聘就是让社会上较广泛的相关人群获知企业的有关招聘信息，吸引他们申请相关职位的过程。虽然内部招聘有很多优点，但是它的一个最明显的缺点就是征募范围狭小，仅局限于本企业之内，容易形成企业的不良风气和由于企业缺少新鲜血液而显得老气横秋。特别是当企业处于创业初期或快速发展的时候，需要大量的各种各样的人才（如专业技术人员、高级管理人员等），此时仅仅依靠内部招聘是远远不够的，必须充分利用企业外部的人力资源，采用外部招聘的方式来为企业获得所需的人才。

（1）外部招聘的优点：

①能带来新思想、新观念，补充新鲜血液，使企业充满活力。新员工可以给企业带来新的观念、新的思想方法、新的文化和价值观，甚至新的人群和新的社会关系，给企业带来思想碰撞和新的活力。

②可以规避“涟漪效应”产生的各种不良反应，无须调整其他岗位和人员。

③避免过度使用内部不成熟的人才。外部获取能保护和完善“能岗匹配”的原则，使内部人员获得必要的培训和充足的成熟时间，避免过度使用不成熟的人才。

④大大节省培训费用。外部获取使企业能获得符合企业所要求的学历和经历的高素质人才，从而可使企业节省培训费用和培训时间。

（2）外部招聘的缺点：

①人才获取成本高。无论是招聘高层次人才，还是中、低层次人才，均须支付相当高的招聘费用，包括招聘人员的费用、广告费、测试费、专家顾问费等。

②可能会选错人。虽然层层把关，但选错人的风险依然存在，不仅可能浪费人力、物力和财力，而且可能影响企业的正常运作，甚至耽误发展的良机。

③给现有员工以不安全感。外部获取，特别是获取非空缺岗位的新员工，会使老员工产生不安全感，致使其工作热情下降，影响员工队伍的稳定性。

④文化的融合需要时间。引入人才的新思想、新观念的同时也会带来对现有企业文化的挑战和思考，彼此的认同和相互吸引是事业成功的基础，而融合的时间会部分地影响工作的进展。

⑤工作的熟悉及与周边工作关系的密切配合需要时间。新员工对本职工作的熟悉，对企业工作流程的熟悉，对与之配合的工作部门的熟悉，对上级、下属、同事的工作配合均需要时间，对企业外界相关部门的熟悉和建立良好关系也需要时间。

链接材料：鲶鱼效应

挪威人喜欢吃沙丁鱼，尤其是活鱼，市场上活沙丁鱼的价格要比死沙丁鱼高许多。所以渔民总是千方百计地想办法让沙丁鱼活着回到渔港，但是沙丁鱼的生命力不强，虽然经过种种努力，绝大部分沙丁鱼还是在中途因窒息而死亡，但却有一条条渔船总能让大部分沙丁鱼活着回到渔港，船长严格保守着秘密。直到船长去世，谜底才揭开：原来是船长在装满沙丁鱼的鱼槽里放进了一条以鱼为主要食物的鲶鱼。鲶鱼进入鱼槽后，由于环境陌生，便四处游动。沙丁鱼见了鲶鱼十分紧张，左冲右突，四处躲避，加速游动，这样沙丁鱼缺氧的问题就迎刃而解了，沙丁鱼也就不会死了。这样一来，一条条沙丁鱼欢蹦乱跳地回到了渔港，这就是著名的"鲶鱼效应"。

渔夫采用鲶鱼来作为激励手段，促使沙丁鱼不断游动，以保证沙丁鱼活着，以此来获得最大利益。在企业管理中，管理者要实现管理的目标，同样需要引入鲶鱼型人才，以此来改变企业相对一潭死水的状况。

二、招聘的方法

根据内、外部不同的招聘渠道，各自有不同的招聘方法。

1. 内部渠道的招聘方法

（1）工作公告法。工作公告（job posting）法，也称布告法、张榜法，它是内部招聘最常用的方法，尤其是对非管理层的职位而言。其操作方式是将工作空缺的信息张贴在企业的布告栏上，让企业员工获知有关内部招聘的信息，工作公告中通常会对招聘工作的类型、职位说明、职位要求、薪资待遇、工作环境有一个简要的说明；所有具备这些资格的员工都可以申请或"投标"该职位，人力资源部门或用人部门筛选这些申请，选中最合格的申请人进行面试。

工作公告中应注意的问题有：考虑法律的许可性；确认任职资格要求；确定空缺岗位的工作种类；确定工作张榜的内容；建立完善的评审制度；确定工作张榜的地点；及时向申请者提供反馈。

通过工作公告可以让员工了解企业的职位空缺，提高企业选拔的透明度和公正性，可以对员工产生激励，提高其进取精神和减少员工流失。

（2）档案法。许多企业的人事部门，都备有管理人员及工程技术人员甚至普通职工的个人资料档案，从中可以查找到企业现有人员的教育、培训、经验、技能、绩效等素质情况，帮助企业管理人员及招聘者确定符合某空缺职位要求的人员。档案管理对于企业确定现在职工素质状况及内部提升来说，是非常重要的，但是此档案中的个人资料必须是可靠、及时并尽可能详细的，需不断地加以补充，才能真正起到作用。当然，在确定了人选以后，还要征求本人的意见，看其是否对新职位感兴趣。档案法常常和布告法及推荐法联合使用，以起到互为补充的作用。

（3）推荐法。推荐法是指企业内部员工根据岗位的需要，通过推荐介绍的形式为企业找寻相关人才的方式。员工将人才推荐进来之后，企业再组织用人部门与人力资源部门进行相关的选拔与测评。推荐法中最常用的就是主管推荐，即当企业出现职位空缺时，可以要求部门主管提供一些他们认为合适此项工作的下属作为候选人。主管推荐法给予了主管推荐的权力，因而受到了极大的推崇。同时，这种方法的可信性与有效性都很高。

2. 外部渠道的招聘方法

（1）广告（advertising）。招聘广告是外部渠道中使用最为普遍的一种方法，它通过广播、报纸、电视和行业出版物等媒介向社会传递企业的招聘需求信息，阅读广告的不仅有应聘者，还有潜在的工作申请人，以及客户和一般大众，因此公司的招聘广告代表着公司的形象，需要认真实施，常见的广告媒介如表 4－1 所示。

表 4－1 常见的广告媒介比较

特点 方式	优点	缺点
报纸	发行量大，读者多，可以使招聘信息广泛传播，费用较低	由于报纸的信息量大，可能会使本招聘信息被忽略
业务通信	在地方高等院校、技术学校等的业务通信上有确定的读者群，可以有目的地招揽专门人才，费用较低	读者少，信息传播面不广
就业出版物	读者众多，信息传播快，费用较低	影响仅仅局限在读这类刊物的人之中
广播收音机	瞄准目标人群，传播范围广，费用较低	不易引起听众注意
电视	传播广泛，生动鲜明，容易引起注意，有利公于司的自我宣传	费用很高

（资料来源：刘善仕．人力资源管理．广州：华南理工大学出版社，2004.）

企业用广告吸引应聘者，有很多优点。第一，工作空缺的信息发布迅速，能够在一两天之内就传达给外界；第二，同许多其他吸引方式相比，广告渠道的成本比较低；第三，在广告中可以同时发布多种类别岗位的招聘信息；第四，广告发布方式可以给企业保留许多操作的优势。例如，企业可以要求申请人在特定的时间段内亲自来企业、打电话或向企业的人力资源部门邮寄自己的简历等。此外企业还可以利用广告渠道发布“遮蔽广告”

(blind advertisement)，即在广告中不出现招聘企业的名称，避免暴露自己的业务区域扩展计划，避免企业丑闻对招聘的影响，或者避免让内部员工发现企业试图招聘外部人员替换某些职位的人员。

使用广告时要注意两点：第一，媒体的选择，广告媒体的选择取决于招聘岗位的类型，一般说来，低层次职位可以选择地方性媒体，高层次或专业化程度高的职位则要选择全国性或专业性的媒体；第二，广告的结构，广告的结构应遵循四个原则，即注意（从广告设计的总体设计上引起读者的注意）、兴趣（利用撰写生动的、具有煽动性的、能引起读者共鸣的广告词和巧妙、新颖的呈现方式激起读者的兴趣）、欲望（通过强调吸引人的一些因素创造求职的愿望）和行动（向应聘者提供联络方法促使求职的行动）。

（2）职业介绍机构（employment agency）。当企业急于填补一个不是很重要的职位，或缺乏招聘经验，或因只招少量的员工而不必设计一个详尽的招聘方案，或在劳动力市场供给紧张时试图招聘到正在就业的员工等原因进行征募时，可以考虑用职业介绍机构。

特里·利普（Terry L. Leap）和米歇尔·克里诺（Michael D. Crino）认为，在下述情况下，适合通过职业介绍机构进行招聘：第一，企业根据过去的经验发现难以吸引到足够数量的合格应聘者；第二，企业只需要招聘很小数量的员工；第三，企业急于填充某关键岗位的空缺；第四，企业试图招聘那些正在就业的员工；第五，企业在目标劳动力市场上缺乏招聘的经验。

①公共就业服务机构。我国目前存在的人才交流中心、职业介绍所、劳动力就业中心多属于公共就业服务机构。

②私营就业服务机构。私营就业服务机构可以进行筛选应聘者的部分先期工作，但由于不是企业亲自进行的筛选，所以可能选出的应聘者并不是很合适，这些不是很合适的应聘者被直接送到负责雇用他们的主管人员那里后，监督人员又很可能由于各种原因不能过多地选择就相信就业服务机构的挑选，这样，不能达到招聘到最合适的应聘者的效果。

③猎头公司。猎头公司也称为“经理搜寻公司”，是一种专门帮助企业搜寻符合特定职位人才的机构，一般以中高级管理人员为主，所以他们将目标定位在各大企业的中高层管理人员或知名大学的 MBA，并与他们保持密切联系，他们会充分利用企业的人才网，为企业网罗到需要的人才，但是费用很高，一般是所推荐人才年薪的1/4～1/3。

（3）校园招聘（campus recruitment）。学校作为培养各种各样人才的摇篮，是企业人力资源的主要来源。高校每年会为社会输送大量的专业人才，尽管学生的就业经验不足，但是他们扎实的基本知识、巨大的可塑性吸引许多企业到校园招聘，其主要的做法如表4－2所示。

表4－2　校园招聘的主要方式

方法	目的
在学校设立专业奖学金	吸引那些在学业上取得优异成绩的学生
为即将毕业的学生提供免费实习的机会	通过试用期的相互了解来招聘优秀的学生
资助学校大型项目	宣传企业，以吸引众多学生毕业后到企业发展
在学校设立“优秀学生专业技能数据库”	抢先一步网罗人才，储备人才

（续上表）

方法	目的
毕业生供需见面会	企业和学生之间提供双向选择的机会
招聘专场，商业讲座	吸引人才，扩大影响
与院校教师和行政领导建立密切联系	可以从中获得很多学校政策和学生的信息

（资料来源：刘善仕．人力资源管理．广州：华南理工大学出版社，2004.）

校园招聘要小心一种误区：认为毕业生的学校越是名牌越好。实际上并不是所有名牌大学的毕业生都适合本企业的，招聘是要选拔最合适的人才，而不是最优秀的人才。不少企业的实践经验证明，某些名牌大学的学生自视甚高，不屑于从事一些具体烦琐的工作，对企业的忠诚度也不高。因此，不少企业反其道而行之，特别钟爱从非名牌大学毕业生中招聘所需要的人才。

链接：宝洁公司的校园招聘

宝洁公司每年都会从各大高校中招聘大量的人才，他们对校园招聘十分重视。通常在每年毕业之际，都会派出大型的招聘团到几大名校。在招聘过程中，宝洁公司不仅注重对企业基本情况、部门设置、工作环境、企业文化等各个方面的详细介绍，同时还会为学生提供许多精美的宣传资料，而且宝洁公司派出的招聘团成员大多是各个部门的精英，有的是所要招聘岗位的部门经理或更高级别的管理人员，有的甚至还是从该校毕业的优秀生，他们每个人都能以自己的亲身经历与体会向你描绘他们眼中的宝洁公司是怎样的，他们在宝洁公司中所获得的知识与技能、机会与成长、激励与拼搏。其流程如下：

1. 前期的广告宣传：派送招聘手册，招聘手册基本覆盖所有的应届毕业生，以达到吸引应届毕业生参加其校园的招聘会的目的。

2. 校园招聘宣讲会程：发放宝洁招聘宣讲会介绍材料；播放招聘专题片；宝洁公司招聘负责人详细介绍公司情况，包括企业的业务发展情况及其独特的企业文化、良好的薪酬福利待遇和新员工的职业发展前景；招聘负责人答学生问。

3. 网上申请：填写自传式申请表及回答相关问题，实际上是宝洁的一次筛选考试。

4. 笔试：主要包括解难能力测试、英文测试、专业技能测试三部分。

5. 面试：分初试和复试两轮。初试是一对一，一般中文进行，面试时间大概在30～45分钟；复试大约需要60分钟，面试官至少是3人，为确保招聘到的人才是用人单位（部门）真正所需要和经过亲自审核的，复试都是由各部门高层经理来亲自面试。

6. 发出录用通知。

校园招聘的优点体现在以下几个方面：

①针对性强。可以根据企业的需要，选择学校、专业、特殊的专长等。

②选择面大。学校是培养人才的基地，可供选择的人数多，具备各种专长的也大有人在，因此，选择的机会要比校园外的多得多。

③选择层次是立体的。校园招聘有较低层次的中专、大专，也有中等层次的本科，还有较高层次的硕士和博士，这种选择的立体性只有校园招聘具备。

④适宜进行战略性人才选择和储备部分优秀人才。由于校园人才的层次多、人数多，可供选择的机会多，便于企业进行战略性人才选择。

⑤校园招聘的人才比较单纯，像一块璞玉，可以雕琢成各种精美的玉器。由于学生社会资历浅，思想单纯，因此接受能力和可塑性均强于其他来源的人才，如果培养、任用得当，人才对企业的认可度较高，忠诚度也较高。

校园招聘的缺点主要体现在以下几个方面：

①由于没有任何工作经历，企业对应聘者今后可能的表现和绩效缺少充分的把握。

②由于学生缺乏工作经验，企业投入的培训成本高。很多企业不喜欢招聘刚出校门的学生，主要原因是想节约培训成本，让别的企业培养 3 ~ 5 年，再想办法把较成熟的人员挖到自己企业来。

③由于学生常有眼高手低、对工作期望值过高的缺点，因此一年内跳槽的概率高，造成招聘成本高。

④如果培养、任用不当，学生可能会不认可企业的文化和价值观，影响企业团队建设。

（4）网络招聘（network recruitment）。网络招聘也称为电子招聘，它是一种新兴的招聘渠道，是指企业通过网络渠道来获得应聘人员的资料，从而选拔合格员工的方式。由于这种方法信息传播范围广、速度快、成本低、供需双方选择余地大，且不受时间、地域的限制，因而被广泛采用。

企业可用两种方式通过网络来进行招聘：其中一种方式是在企业网站上建立一个招聘渠道，由企业自己来进行求职者资料的获取和筛选；另一种方式是委托专业的招聘网站进行招聘，最后再进行验证测试即可。

链接材料：常见的招聘网站

前程无忧网 http：//www. 51job. com　中华英才网 http：//www. chinahr. com

智联招聘网 http：//www. zhaopin. com　南方人才网 http：//www. job168. com

应届生求职网 http：//www. yingjiesheng. com

更多的网站可去中国招聘汇 www. zgzph. com，该网站收集了全国各地知名的人才招聘网站。

网络招聘的一个最大难点是对应聘者提供的信息的处理，企业的人力资源部门将花大量时间对其中的优劣作出判断和处理，如何在其中作出快速有效的选择对人力资源部门而言是较为困难的。

（5）员工推荐。员工推荐的方式是指企业内部人员推荐和介绍职位申请人到企业中来，现在有很多公司逐渐认识到通过员工推荐的方法聘用现有员工的家属或朋友有很多好处，这种方式既可以节省招聘人才的广告费和付给职业介绍机构的费用，还可以得到忠诚而可靠的员工；对员工而言，如果他推荐的工作申请人的特征与组织的要求不相匹配，不仅会影响自己在企业中的地位，也将危及自己和被推荐者之间的关系。

微软公司在进入一个新市场时，就有将近40%的员工通过内部推荐的方式进入公司，思科公司差不多有一半的雇员是通过内部员工推荐被雇用的。美国企业的经验表明，采用员工推荐方式最多的企业是员工数量在500～2 000人之间的企业，而采用员工推荐方式最少的企业是员工数量在10 000人以上的大型企业。

三、招聘计划的制订与审批

招聘计划是招聘的主要依据，制订招聘计划的目的在于使招聘更趋合理化、科学化。招聘计划使得用人部门可以根据部门的发展需要，根据人力资源规划的人力净需求、职务说明的具体要求，对招聘的岗位、人员数量、时间限制等因素作出详细的计划。

具体内容包括：招聘的岗位、人员需求量、每个岗位的具体要求；招聘信息发布的时间、方式、渠道与范围；招聘对象的来源与范围；招聘方法；招聘测试的实施部门；招聘预算；招聘结束时间与新员工到位时间。

招聘计划由用人部门制订，然后由人力资源部门进行复核，特别是要对人员需求量、费用等项目进行严格复查，签署意见后交上级主管领导审批。

四、招聘信息的发布

招聘信息发布的时间、方式、渠道与范围是根据招聘计划来确定的，由于招聘的岗位、数量、任职者要求的不同，招聘对象的来源与范围不同，以及新员工到位时间和招聘预算的限制，招聘信息发布时间、方式、渠道与范围也是不同的。

1. 信息发布的范围

信息发布的范围是由招聘对象的范围决定的，发布信息的面越广，接收到该信息的人就越多，应聘者也就越多，可能招聘到合适人选的概率就越大。相应地，招聘的费用会增加。

2. 信息发布的时间

在条件允许的情况下，招聘信息应尽早发布，这样有利于缩短招聘进程，而且有利于使更多的人获取信息，使应聘人数增加。

3. 招聘对象的层次性

招聘对象均是处在某个层次上的，要根据招聘岗位的要求与特点，向特定的人员发布招聘信息。

第三节　人员甄选

甄选（selection），是指通过运用一定的工具和手段对已经招募到的求职者进行鉴别和考察，区分其人格特点与知识技能水平，预测其未来工作绩效，从而最终挑选出企业所需要的、恰当的职位空缺填补者。人员甄选的方法主要包括：

（1）根据招募到的人员的个人简历或工作申请表进行初步筛选，剔除求职材料不实者和明显不合格者。

（2）结合笔试和面试挑选知识和技能等各方面较为突出者。

（3）通过心理测试结果剔除心理健康程度和能力明显不合格者，或按一定比例淘汰低分值者。

链接：甄选小故事

有一个农场，因捕鼠科科长离职而造成场内鼠患成灾，农场总经理命令人力资源部经理，"五天之内要给我招聘一名捕鼠科科长回来，否则你也给我走人"。人力资源部经理接到这个指示后，回去赶紧就写了一张小红纸条贴在农场的大门口，上面这样写道："本农场欲招捕鼠科科长一位，待遇优，福利好，有意者请来面试。"

第二天，农场门口来了这么7位应聘者：鸡、鸭、羊、狗、猪、猫、猫头鹰。好，现在开始筛选。

第一轮筛选是学历筛选。鸡、鸭都是著名高校的优秀毕业生，当然过关；羊和狗是大专毕业，也过关；猫和猫头鹰是高中毕业，人力资源部经理皱了皱眉头，也过关了。结果，第一关淘汰下来只有一位，那就是只读到小学二年级的猪先生。

第二轮是笔试。这当然难不倒大学本科毕业的鸡和鸭；羊因为平时勤勉，也勉强过关了；狗呢，上学的时候不太认真，碰到这些题目有些为难，可是它在这么短的时间内，已经给主考官鞠了六个躬，点了九次头，所以也过关了；猫头鹰本来是不会做的，可是它眼力好，偷看了别人答案，所以也就抄过了关。只有猫因为坚持原则，不会做就是不会做，所以，这一轮被淘汰的只有猫一个人。

第三轮是答辩。总经理、农场场主和人力资源部经理三个人坐在那里，应聘者一个接一个地进来。第一个是鸡，它一进来就说："我在学校时是学捕鼠专业的，曾经就如何掌握鼠的习性与行动方式写过一篇著作。"三个人一碰头，这个好，留下了。

第二个进来的是鸭，它说："我没有发表过什么著作，但是在大学期间，我一共发表了 18 篇有关鼠的论文，对于鼠的各个种类我是了如指掌。"这个也不错，也留下了。

第三个进来的是羊，羊说："我没有那么高的学历，也没有发表过什么论文、著作。但是我有一颗持之以恒的心和坚硬的蹄子。你们只要帮我找到老鼠洞口，然后我就站在那里，高举着我的前蹄，看到有老鼠出来我就踩下去，十次当中应该会有两三次可以踩死，只要我坚持下去，相信有一天我会消灭老鼠的！"三个主考官被羊的这种精神感动了，于是也录取了。

第四个进来的是狗，狗一进来就点头哈腰地说："瞧您三位慈眉善目的，一定都是十分优秀的成功人士……"一顿马屁狂拍，三个人被拍得晕晕乎乎的，最终也录用了。

最后一个是猫头鹰，没有高学历，没有什么论文著作，唯一的成绩就是从事捕鼠一年多来抓了五六百只的田鼠，但是又不会拍马屁，又长得恶形恶脸的，一点都不讨人喜欢，所以就被淘汰了。

至此，整个招聘活动结束了，大家可以看到的是，真正会捕鼠的像猫、猫头鹰，都被淘汰了。这个招聘是结束了，但是结果呢？当然是失败的……

为什么会导致这个失败的结果呢？

原因就是单纯地以学历、以外在的东西来招聘，而忽略了招聘的本质是什么。我们在选择一个人的时候，常常会不经意地陷入学历、外表等误区，其实人的素质和能力绝大部分是隐性的，从外表可以看出来的仅仅是冰山一角，大部分的东西还是在水面以下的。

在招聘之前应该做的是——我们需要什么样的人？他们应该具备什么样的能力、素质？如何在甄选的过程中去辨别这些能力？我们应当通过什么样的渠道去搜寻这样的人才？把这些事情都做好以后，才有可能提升招聘成功率。

一、个人简历或工作申请表

招募到的人员可以通过自己制作的个人简历或企业要求填写的工作申请表来提供初步筛选的依据，一份好的个人简历或工作申请表可以帮助企业减少招聘成本，提高招聘效率，尽快招到理想的人选，下面分别从应聘者的个人简历制作和招聘方的工作申请表的设计两方面进行介绍。

1. 个人简历

从应聘者的角度讲，一份吸引人的个人简历可以迅速地让他脱颖而出，而一份完整的个人简历由封面、求职信（application）和简历（resume）三部分构成。

（1）求职信的写法。求职信包括：首先是打招呼；说明你为什么申请工作；说明你对公司的了解情况以及你为何要申请该公司工作；说明你能为公司提供的帮助等问题。示例如以下链接材料所示。

链接材料：求职信示例

您好！

感谢您在百忙之中抽出时间来阅读我的求职信。

我是××大学××届应届毕业生，所学专业是××，本专业主要培养……

在大学里，让我深深体会到人才的辈出，本人有着不轻易服输的性格，不断地严格要求自己，努力完善自己的不足。四年的大学学习生活，使我深深地感受到，与优秀学生共事，使我在竞争中获益；向实际困难挑战，让我在挫折中成长，使我牢固掌握了本专业的理论知识，同时还积极参加各种实践实习，不仅提高了自己的动手能力与实践能力，而且丰富了自己的社会知识，对企业的实际生产与营销活动也有了更深的认识。

"宝剑锋从磨砺出，梅花香自苦寒来。"对我来说，我不是个天才，但我永远相信勤能补拙这个道理，也相信凭借不懈的努力和积极的创举，终究会达到成功的彼岸！因此端正的学习态度和严谨的学风塑造了我朴实、稳重、创新的作风，也培养了我乐观向上、勤奋好学、脚踏实地、吃苦耐劳的性格特点。

我相信对于优秀的员工：1+1>2。我仰慕贵公司尊重知识、重视人才之名，希望贵公司能给我一个发挥能力的机会，我将为贵公司的事业发展尽我全力。

愿贵公司事业蒸蒸日上，屡创佳绩！

此致

敬礼！

自荐人：×××

××年×月×日

(2) 简历的内容。一般包括：个人基本信息（姓名、性别、照片、年龄、学历与专业、联系方式）；你要应聘的工作（求职意向）；受教育情况；工作经历或兼职经历（公司名称、职位、工作内容、绩效成果）；实践活动（对应届毕业生而言，包括校内实践和校外实践，罗列的格式可按照职位、内容、心得的顺序）；技能（英语、计算机能力和其他）；个人兴趣、爱好。

简历的结构在很大程度上反映了应聘者的组织和工作能力，结构合理的简历都比较简练，一般不超过两页，通常应聘者为了强调自己近期的工作，描写教育背景和工作经历时，可以采取从现在到过去的时间排列方式，相关经历常被突出表述。

编写完美简历的技巧：巧妙使用数字和比例，营造比较优势；巧妙使用资历概述，第一时间吸引眼球；巧妙地标明绩效和成果，突出个人能力；巧妙应用黑体，定位面试官注意范围；有所言，有所不言，扬长避短。

2. 工作申请表

从企业的角度讲，一份精心设计（一般由人力资源部设计）的工作申请表可以直观地使招聘人员在众多的应聘者中进行挑选。工作申请表（employee requisition）是由企业的人力资源部根据工作说明书设计，每一栏目均有一定的目的，不要烦琐重复，着眼于对应聘者的初步了解，应包括以下几个方面的信息：

（1）个人情况，包括姓名、年龄、性别、婚姻、地址、电话及工作经历，目前的任职单位及地址，现任职务、工资、以往工作简历及离职原因。

（2）教育与培训情况，包括最终学历、学位，所接受过的培训。

（3）生活及个人健康状况，包括家庭成员，同本企业职工是否有亲属关系，健康状况需医生证明。

（4）其他。

表 4－3 是××公司求职申请表。

表 4－3　××公司求职申请表

应聘职位：________　编号：________

NO：________

姓名			学历		出生日期		
性别		婚姻状况		籍贯		身高	
身份证号				户口所在地			
毕业学校				毕业时间		专业	
爱好							
现工作单位及地址							
家庭地址				邮政编码		电话	
档案所在地							
职务		子女人数		姓名		性别	
家庭主要成员		关系	年龄	工作单位			职务
工作简历							
时间	单位		职位	月薪	离职原因		电话
经济状况：现月收入：________　其他收入：________　期望收入：________							
主要工作成就及获得奖励、处分情况（如需要可另附页）							

（续上表）

接受培训情况：
对本公司的了解程度：____________ 了解方式：____________
请简述你对应聘职位的理解： 职位名称：________ 主要职责：____________ 任职资格及要求：____________
为什么愿意到本公司工作：
对公司的期望和要求：
可到职日期：________
我保证上述所填内容均属事实，虚假陈述应被解雇。 申请人：________　　填表日期：________

二、笔试

笔试是一种最古老而又最基本的选择方法，是让应聘者在试卷上笔答事先拟好的题目，然后根据应聘者答题的正确程度来评定成绩的一种选择方法，这种方法主要通过测试应聘者的基础知识和素质能力的差异，判断该应聘者对招聘岗位的适应性。

笔试在员工招聘中有相当大的作用，尤其是在大规模的员工招聘中，它可以把员工的基本活动了解清楚，然后可以划分出一个基本符合需要的界限。通过笔试主要了解应聘者是否掌握应聘岗位必须具备的基础知识和专业知识，一般在甄选初期进行，成绩合格者才能继续参加下一轮的测试。

笔试的内容包括语言能力、专业技能、综合能力和心理素质等，其评价标准是速度和正确率。这种甄选方法的优点在于：花费的时间少、效率高、成本低，对应聘者的知识、能力、技术的考察可信度较高，成绩评价比较客观。缺点则是它不能全面地考察应聘者的工作态度、品德修养及其他一些隐性能力，因此，笔试往往作为人员选拔的初步筛选方法。

提高笔试的有效性应注意以下几个问题：

（1）命题是否恰当。命题是笔试的首要问题，命题恰当与否，决定着笔试考核的效度如何。无论是以招聘管理人员和科技人员为目的的论文式笔试，还是以招录工人和职员为目的的测试式笔试，其命题必须既能考核应试者的文化程度，又能体现出应聘岗位的工作特点和特殊要求。考试命题过难、过易都会影响其效度。

（2）确定评阅计分规则。各个考题的分值，应与其考核内容的重要性及考题难度成比例。若分值分配不合理，则总分数不能有效地表示被试者的真正水平。

（3）阅卷及成绩复核。在阅卷和成绩复核时，关键要客观、公平，不徇私情。为此，应防止阅卷人看到答卷人的姓名。阅卷人应共同讨论打分的宽严尺度，并建立严格的成绩复核制度，以及考试违规处理的制度等。

三、面试

面试（interview）是通过主试与应聘者双方面对面地观察、交谈等双向沟通方式，了解应聘者的能力特征和个性品质的一种人事选拔方法。

它的优点是：①适应性强。面试可以在许多方面收集有用的信息，主试可以根据不同的要求，对被试者提各种各样的问题，有时在某一个方面可以连续提各种问题，以全面深入地了解被试者。②可以进行双向沟通。在面试时，主试可向被试者提问，被试者可以向主试提问，主试在了解被试者的同时，有时被试者也在了解主试，这样对于招聘工作有比较积极的作用。③有人情味。可以多渠道地获得被试者的有关信息。

面试的缺点是：时间较长；费用比较高；面试官可能存在主观偏见；不容易数量化；测试的有效性和可靠性不甚确定。

1. 面试的基本程序

面试是一种操作难度较高的测评形式，随意性较大，一般的人难以掌握，或者说由于不掌握面试的程序和缺少面试的技巧，而达不到面试应有的效果。为了改进这一点，使面试能够被一般水平的人操作，提高面试的质量与可比性，在实施中应掌握面试的程序和技巧。

（1）面试前的准备阶段。一方面是面试官的准备，主要包括认真审阅应聘者的简历：基本资格的审查；熟悉应聘者的有关资料，特别要留心一些介绍模糊的地方；估计应聘者提供的各种材料的可信度；笔试和心理测试的成绩；面试的提纲及面试评分表；面谈地点的布置；专人导引和接待；等待时间的安排；面试主持人的安排。另一方面是应聘者的准备。企业应当将面试的时间和地点提前通知应聘者，以便应聘者提前作好准备。

链接材料：面试前应聘者的准备

1. 对面试问题的准备：包括应聘者个人信息、应聘动机、工作经验、相关的问题；其他准备：必要的随身携带的东西（如奖状和证书），身体和精力的准备。

2. 面试的心理准备：保持积极的心理状态，充足的自信心，具有竞争意识，具有顽强意志；克服消极心理状态——恐惧心理，自卑心理、怯场心理。

3. 面试礼仪的准备：仪表，仪态，正确运用体态语言（手势，姿态，微笑，目光）；服饰应庄重。

4. 对企业背景的准备：对该企业的相关背景，如人员结构、企业文化、行业规模等的了解；对企业所在行业领域情况的准备。

（2）面试开始阶段。面试的开始主要是消除应聘者的紧张情绪，建立和谐的气氛，使应聘者尽快恢复常态。面试官可以通过聊一些人们经常议论的问题如天气、交通等来消除应聘者的紧张情绪，还可以向应聘者介绍各位面试官，向应聘者说明面试的目的、主要步骤和程序。面试时应从应聘者可以预料到的问题开始发问，如工作经历、文化程度等，然后再过渡到其他问题，营造和谐的面谈气氛，有利于观察应聘者的表现，以求全面客观地了解应聘者。

（3）正式面试阶段。采用灵活的提问和多样化的形式，交流信息，进一步观察和了解应聘者。此外，还应该察言观色，密切注意应聘者的行为与反应，对所提的问题、问题间的变换、问话时机及对方的答复都要多加注意。所提问题可根据简历或应聘申请表中发现的疑点，先易后难逐一提出，尽量营造和谐自然的环境。

链接材料：诸葛亮的面试策略

问之以是非，而观其志；穷之以词辩，而观其言；

咨之以计谋，而观其识；告之以祸难，而观其勇。

（4）结束面试阶段。在面试结束之前，在面试考官确定问完了所有预设的问题之后，应该给应聘者一个机会，询问应聘者是否有问题要问，是否有要加以补充或修正之处。不管录用还是不录用均应在友好的气氛中结束面试。如果对某一对象是否录用有分歧意见时，不必急于下结论，还可安排第二次面试。同时，要整理好面试记录表。

（5）面试评价阶段。面试结束后，应根据面试记录表对应聘人员进行评估。评估可采用评语式评估，也可采用评分式评估。评语式评估的特点是可对应聘者的不同侧面进行深入的评价，能反映出每个应聘者的特征，但缺点是应聘者之间不能进行横向比较。评分式评估则是对每个应聘者相同的方面进行比较，其特点正好与评语式评估相反，如表 4－4 所示。

表 4－4 某公司面试评价表

姓名：　　性别：　　年龄：　　编号： 应征职位：　　所属部门：					
评价要素	评价等级				
	1（差）	2（较差）	3（一般）	4（较好）	5（好）
1. 个人修养					
2. 求职动机					
3. 语言表达能力					
4. 应变能力					
5. 社交能力					
6. 自我认识能力					
7. 性格内外向情况					
8. 健康状况					
9. 掩饰性					
10. 相关专业知识					
11. 总体评价					
评价	□建议录用　□有条件录用　□建议不录用				
用人部门意见 签字：	人力资源部门意见 签字：		总裁（总经理）意见 签字：		

（资料来源：付亚和，许玉林．劳动人事管理实务卷．北京：中国人民大学出版社，1993.）

2. 面试的问题

（1）面试的一般问题：求职动机、应聘者与工作的匹配性、专业知识与特长、工作经验、工作态度与工作技巧、事业心与进取心、言语表达能力。

（2）面试中特别关注的问题：发展潜力、学习的能力、适应能力、对企业文化的认同性。

链接材料：面试常见问题

1. 介绍你自己。
2. 你对我们公司有什么样的了解？
3. 你对应聘的这个岗位有什么样的了解？
4. 为什么你希望来我们公司工作？
5. 请具体举例说明你的最大优点。
6. 请具体举例说明你的最大缺点。
7. 请问你的期望薪酬？
8. 你觉得这个职位最吸引你的地方是什么？最不吸引你的地方又是什么？
9. 为什么我们应该雇用你？
10. 你希望在工作中能够获得什么？
11. 谈论一下你对你应聘的这个职位的理解。
12. 你需要多久才能够对公司作出显著的贡献？
13. 在我们这个行业中你觉得什么是最重要的趋势？
14. 你为什么离开你现在的工作（上一个工作）？
15. 在你上一份工作中，你最喜欢哪个方面？最不喜欢哪个？

3. 面试的类型

（1）按面试所提的问题，面试可分结构化面试、非结构化面试与半结构化面试：

①结构化面试（structured interview）。又称定向面试，指面试过程有一定的遵循格式，面试前通常测定一系列问题，然后在面试过程中，根据应聘者的回答与标准答案相比较，给出相应的分数。结构化面试具有规范性、客观性及便于评分的优点，如表 4－5 就是定向面试中一个提问的提纲，值得注意的是并非表中的所有问题都一定要按次序一一提问，面试中根据应聘者的表现可以跳过一些问题，也可以加上一些问题。

②非结构化面试（non-structured interview）。又称非定向面试，随时发问，无固定的提问程式，面试官通常从同样的问题开始提问，然后根据应聘者的回答进行追问。谈话可以向任意方向展开，可以问随机想起的问题。提出的问题和得到的答案往往都是因人而异。

非定向面试有几个特点：面试问题的不确定性，尽管面试官从同样的问题开始提问，但由于是根据应聘者的回答来提问的，因此提出的问题具有很大的不确定性；答案的非标准性，对于同一个问题可以有多种答案，而且不能绝对地说哪种答案对、哪种答案错。

③半结构化面试（semi-structured interview）。将前两者结合起来。

表4－5 结构化面试提问表

面谈对象姓名		所在部门		申请职位	
面谈地点		面谈时间		面谈人	
	面谈内容				
工作兴趣	1．这一职位涉及哪些方面的工作 2．你为什么想做这份工作 3．你为什么认为你能胜任这方面的工作 4．你对待遇有什么要求 5．你是怎么知道我们公司的				
目前工作情况	1．如果可能，你什么时候可以到我们公司工作 2．你现在的工作单位及工作职务情况如何				
工作经历	1．请你简述你以前的工作经历，主要指职务及工作内容 2．你所取得的主要工作成绩有哪些 3．在以前的工作经历中，你一直是从事同一种工作吗 4．说明你曾经从事过哪些不同的工作、时间及各方面的主要成绩 5．你认为自已最适合做哪方面的工作？曾经在哪些方面有成就感 6．你最初的薪水是多少？现在的薪水是多少 7．你目前的求职意向是什么？要求薪水是多少 8．请简述以前几个工作的离职原因 9．在选择新工作时，你最看重的是公司的哪些方面				
教育背景	1．你认为你所受的哪些教育和培训将帮助你胜任你所申请的工作 2．对你受过的所有正规教育进行说明 3．说明你工作以外的培训及学习情况				
个人问题	1．你愿意出差吗 2．你最大限度的出差时间可以保证多长 3．你对加班的看法。				
其他	1．你认为你最大的优点是什么 2．你认为你最大的缺点是什么 3．你有哪些爱好和特长？你的性格特征如何 4．你对以前工作单位满意的地方在哪里，不满意的地方在哪里 5．你与以前的上、下级及同事关系怎么样 6．你对我们公司的印象怎么样？包括规模、特点、环境、竞争地位等 7．你对申请的职位的最大兴趣是什么 8. 介绍一下你的家庭情况 9. 你认为对你的工作激励作用的因素有哪些 10. 你更喜欢独自工作还是协作工作				

（2）从参与面试的人员来分，可分个别面试、小组面试与集体面试：

个别面试，即一个面试官和一个应聘者。

小组面试，即由两三个人组成的面试小组对各个应聘者分别进行面试。

集体面试，即由两三个人组成的面试小组对若干应聘者同时进行面试。

4. 面试提问的技巧

面试技巧是面试实践中解决某些主要问题与难点问题的一些技术，是面试操作经验的积累。在面试中，“问”、“听”、“观”、“评”是几项重要而关键的基本功。

就“问”而言，无论哪种面试，都有导入过程，在导入阶段中的提问应自然、亲切、渐进式地进行，如“什么时候到的？家离得远吗？是怎么来的”等；同时，面试考官的提问与谈话，应力求使用标准话及不会给应试者带来误解的语言，通俗、简明地表达自己的问题；并且，问题安排要先易后难，循序渐进，先熟悉后生疏，先具体后抽象，让应聘者逐渐适应、展开思路，并进入角色。当然，提问方式的选择以及恰到好处地转换、收缩、结束，扩展问题和问话，也有很多值得注意的技巧。

面试考官作为面试的召集者，也是面试的主持者，其提问的方式以及问题决定了从应聘者那里可以得到什么资料或多少资料。一般来说，面试考官应运用一些提问的技巧来影响面试的方向以及进度。主要提问方式有：

（1）开放式提问。开放式提问让应聘者自由地发表意见或看法，以获取信息，避免被动。一般在面试开始的时候运用，用以缓解面试的紧张气氛，消除应聘者的心理压力，使应聘者充分发挥自己的水平和潜力。开放式提问又分为无限开放式和有限开放式。无限开放式提问没有特定的答复范围，目的是让应聘者说话，有利于应聘者与面试考官进行沟通，如“谈谈你的工作经验”等问题。有限开放式提问要求应聘者的回答在一定范围内进行，或者对回答问题的方向有所限制。

（2）封闭式提问。封闭式提问即让应聘者对某一问题作出明确的答复，如“你曾干过秘书工作吗”，一般用“是”或“否”回答。它比开放式的提问更加深入、直接。封闭式提问可以表示两种不同的意思：一是表示面试考官对应聘者答复的关注，一般在应聘者答复后立即提出一些与答复有关的封闭式问话；二是表示面试考官不想让应聘者就某一问题继续谈论下去，不想让对方多发表意见。

（3）清单式提问。清单式提问即鼓励应聘者在众多选项中进行优先选择，以检验应聘者的判断、分析与决策能力。例如，在回答“你认为产品质量下降的主要原因是什么”的问题时，对所出的各个选项，进行优先选择。

（4）假设式提问。假设式提问即鼓励应聘者从不同角度思考问题，发挥应聘者的想象能力，以探求应聘者的态度或观点。如“如果你处于这种状况，你会怎样处理”等。

（5）重复式提问。重复式提问让应聘者知道面试考官接收到了应聘者的信息，检验获得信息的准确性。如“你是说”，“如果我理解正确的话，你说的意思是……”等。

（6）确认式提问。确认式提问鼓励应聘者继续与面试考官交流，表达出对信息的关心和理解。如“我明白你的意思！这种想法很好！”等。

（7）举例式提问。这是面试的一项核心技巧，又称为行为描述提问。传统的面试往往集中问一些信息，十分注意求职申请表中所填的内容，加以推测分析。同时还询问应聘者过去做过的工作，据此来判断他将来能否担任此岗位，这是完全必要的。但有时应聘者也会编造一些假象。为了克服这一点，在考察应聘者的工作能力、工作经验时，可针对其过去工作行为中特定的例子加以询问。基于行为连贯性原理，所提问题应涉及工作行为的全过程，而不应当集中在某一点上，从而能较全面地考察一个人。当应聘者回答该问题时，面试考官可通过应聘者解决某问题或完成某项任务所采取的方法和措施，鉴别应聘者所谈问题的真假，了解应聘者实际上解决问题的能力。面试中一般可让应聘者列举应聘职务要求的并与其过去从事的工作相关的事例，从中总结和评价应聘者的相应能力。

4. 面试的方法

（1）无领导小组讨论。无领导小组讨论（leaderless group discussion）是对一组人同时进行测试的方法，它将讨论小组（一般由 4 ~ 6 人组成）引入一间只有一桌数椅的空房间中，不指定谁充当主持讨论的组长，也不布置议题与议程，只是发给一个简短案例，即介绍一种管理情境，其中隐含着一个或数个待决策和处理的问题，以引导小组展开讨论。

这种方法通常没有人告诉任何一个小组成员他应该坐在哪个位置上，一般使用一张圆桌，而不用长方形的会议桌，以使每个坐席的位置具有同等的重要性。在小组讨论的过程中，即使出现冷场、僵局的情况，甚至发生争吵，测评者也不出面干预，令其自发进行。

最后的测评过程，是由几位观察者给每一个参试者评分，根据每人在讨论中的表现及所起作用，观察者按既定维度予以评分。这些维度通常是主动性、宣传鼓励与说服力、口头沟通能力、企业管理能力、人际协调能力、自信、创新能力、心理承受力等。应注意的是，这些素质和能力是通过被测评者在讨论中所扮演的角色（如主动发起者、指挥者、鼓动者、协调者等）的行为来表现的。

链接材料：无领导小组讨论示例

假如让你重新走唐僧西天取经的路，途中遇到 10 个人，他们分别是：武则天、牛顿、瓦特、岳飞、张飞、李白、李逵、郑和、林黛玉、孔子。现在你要从中选出 3 个人来作取经伙伴，给 3 分钟的看题时间，15 ~ 20 分钟的无领导小组讨论，最后派一位代表进行总结陈词。

（2）公文处理。公文处理（in-basket）又称文件筐测试，在这种测评方法中，面对大量的报告、备忘录、电传、信函和其他材料，要求应聘者对所有的文件进行恰当的处理。例如，先处理那些对公司来说意义重大且急需处理的文件；对请示文件作出批示；回复信件等。由此可以测试候选人的组织、计划、协调、分析、判断、分派人物的能力，处理问题的条理程度及收集和利用信息的能力。

公文处理模拟法是经过多年实践检验的、有效的管理人员的测评方法，具体步骤如下：

①发给每个被测评者一套文件汇编（由 15 ~ 25 份文件组成），包括下级呈来的报告、请示、计划、预算，同级部门的备忘录，上级的指示、批复，规定、政策，外界用户、供

应商、银行、政府有关部门乃至所在社区的函电、传真及电话记录，甚至还有群众检举或投诉信等，这些文件经常会出现在管理人员的办公桌上。

②向应试者介绍有关的背景材料，然后告诉应试者，他现在就是这个岗位上的任职者，负责全权处理文件筐里的所有公文材料。要使应试者认识到，他就是管理者，要根据自己的经验、知识和性格在给定的时间内去处理解决问题。他不能说自己将如何去做，而应是真刀真枪地处理每一件事。因此，每个应试者都留下一沓笔记、备忘录、信件等，这是每个应试者工作成效的最高纪录。

③最后，将处理结果交给测评组，按既定的考评维度与标准进行考评。通常不是定性式地给予评语，而是就某些维度逐一定量式地评分（常用五分制）。最常见的考评维度有七个，即个人自信心、企业领导能力、计划安排能力、书面表达能力、分析决策能力、敢担风险倾向与信息敏感性；但也可按具体情况增删，如加上创造性思维能力、工作方法的合理性等。总之，应当将应聘者的岗位胜任能力与远程发展的潜质作为测评的重点。

为保证测试的有效性，这些文件的编写要逼真、准确，应从单位的存档文件、记录、函电、报告及现场调查收集的信息素材中提炼加工。这些素材有些是已经被实践证明了的经验和教训，有些则是各种信息和条件大部分具备或完整具备，有待作出决策并付诸实施的。依次编写的文件的处理难度与重要性也各不相同。同时，文件中应有足够信息才能作出合理决策，一般还附有该企业单位结构系统图、有关人员名单及当月的日历等，以供参考。

（3）角色扮演。在这个活动中设置一系列尖锐的人际矛盾和冲突，让应聘者扮演某一角色并进入情境去处理矛盾和冲突，通过观察应聘者在不同角色中的表现来评价应聘者的人际交往能力、思维敏捷性、情绪控制力及口头表达能力等。

链接材料：角色扮演示例

请应聘扮演公司人事部经理来解雇公司的一名司机（限定：属公司提前解约）。

目的：了解应聘者心理素质和潜在能力，以及处理事情的沟通技巧。

（4）即席发言。给被试者一个题目，让其稍作准备后发言，以了解反应理解能力、语言表达能力、气质风度及发散思维能力等素质。

5. 面试中常见的偏差

由于各种客观因素的影响，面试中主试者常常出现以下偏差：

（1）定式效应。定式是指主体在过去经验的影响下心理处于一种准备状态，定式效应是指这种准备状态对后继的知觉、思维等活动产生的影响，使其具有一定的倾向性、选择性。评分的定式效应就是由于评价者受过去知觉经验和已有心理准备状态的影响，从而在评定过程中表现出来的选择性和倾向性。

定式效应既有积极的作用，往往有利于评价者深入准确地掌握面试标准，同时又有消极作用。其消极作用是：一是评价者对评价对象的知觉易出现错误，产生昏沉、幻觉；二是束缚评价者的思维，出现虽然已制定有详细完备的评分标准，但评价者仍按自己的评定方式形成自己独特的“标准答案”或“标准模式”的现象。

其结果是：对评价对象的感知错觉，会使评价者主观臆断地错误理解考生的意图，从而出现评分错误；评价者容易削足适履，按图索骥，用自己的思路框框去硬套考生的答案，对符合自己思路的给较高分数，不符合的则给低分，尤其是对面试对象独特新颖的回答，评价者反倒不假思索地评为低分或错误；形成评价者之间对面试标准的掌握大相径庭的局面。定式效应是造成评分主观随意性的重要原因，在评定前进行试评，统一对标准的理解和掌握，是消除定式效应的有效方法之一。

（2）光环效应。光环效应也叫成见效应，指在人际相互交往过程中形成的一种夸大的社会印象，表现为在个体的社会知觉过程中，将对对方的最初印象不加分析地用来判断、推论其其他品质。如一个人最初被认为是好的，他就被一种积极的光环所笼罩，人们易将好的品质赋予他。相反，一个人最初被认为是不好的，就会被消极的光环所笼罩，人们易将不好的品质赋予他。

光环效应又称以点概面效应，是一种主观的心理倾向。日常生活中，人们常常会因为一个人勤奋耐劳而忽略其能力不足的缺点，或由于性情急躁而掩盖了工作中的其他优点，而作出肯定或否定的判断。这种以点概面、以偏概全的情况，在面试评分中也屡见不鲜，表现为评价者由于答卷某方面的优点长处（或不足）非常明显，容易对此产生清晰明显的知觉，因而忽视其他方面的缺点不足（或优点），被局部的个别信息所左右，产生片面主观的判断，造成评分误差。

（3）顺序效应。我们常常有这样的体验，吃过苦药，然后喝水，平淡的水居然有甜味，这种感觉的相互影响就是一种顺序效应。

评分中的顺序效应是指评定中对出现于不同次序位置的评价对象评分的不一致性，或出现评分过严或过松的不一致倾向。初始效应使评价者对面试标准掌握前后不一致，出现前紧后松或前松后紧的现象，其中又以前紧后松居多。这是因为评价者开始阅卷时对面试标准的掌握没有底，大多数都有从严掌握标准的心态，而评定一部分评价对象后，标准掌握逐渐趋于稳定，因而呈现前紧后松的趋势。特别是当面试的对象较多时，意味着接连数天的连续作战，而评定本身又是一种脑力消耗很大的劳动，评价者容易出现身体和大脑疲劳。在这种情况下，势必影响面试标准执行的统一性和连续性，出现前紧后松、宽严不一致的现象。另外，有些评价者也会在开始感到无所适从时掌握面试标准过松，待到后来出现有的得分有超过规定最高分数的趋势，或遇到高分集中优劣难分时又从严掌握，因而形成“前松后紧”，顺序效应对面试评分的稳定性和一致性影响很大。

（4）对比效应。对比效应又称反差效应，是指评价者区分不同答卷正误优劣时产生的一种不平衡反差心理。这是由于人们在事物的对照比较中，常会由于选取的参照对象不同而作出不同的判断。当参照对象“完美无缺”时，其他的便有黯然失色之感；反之，在某个较差的参照对象的衬托之下，会使人对比较的对象产生良好的印象。

这种心理反差对比较效应在评定中表现为：①对首次出现的解答方式，评价者常会认为其“新颖独特”，“有创造精神”；而后出现的解答与第一次相当，甚至稍有高明之处的，评价者则会产生“雷同”、“没有新意”之感，结果评分便有高低之别，产生尺度偏差。②当评价者在连续评了几份质量较高的对象后，见到一个较差的评价对象，给分就可能偏低；反之，则可能给分偏高。

（5）集中趋势效应。集中趋势效应是指评定中出现面试对象得分相近而缺乏区分度的现象，这种情况在大规模面试中较为明显，集中趋势效应的消极作用是使面试区分度过小，不同水平考生拉不开距离，优秀考生也难以脱颖而出。

（6）首因效应。首因效应是对某事物产生的第一印象或看法对人们再次认识这一事物时所产生的影响或作用。在社会交往中，两个素不相识的人第一次见面所留下的印象会对以后的交往产生一定的影响。面试评分过程中也存在这种现象，评价者对评价对象产生的第一印象会对其评分产生一定作用和影响，主要表现在：评价对象的穿着打扮、行为是否得体、形体是否优美都会对评定员评分产生影响。

（7）风格偏好效应。不同的人其爱好兴趣也有不同，在面试对象的评价上，这种爱好兴趣上的差异往往使评分者形成各具特色的评定偏好和评定风格，从而影响评分的客观性和一致性。

（8）情绪效应。情绪对人的认识活动无时无刻不在发生着作用和影响，评分者情绪对评分的影响主要表现在：①当评价者心情高兴时，工作起来有干劲，思维敏捷，注意力集中，评分认真细致；而当其心绪烦闷时，不仅注意力分散、评分随意草率，而且可能借评分来发泄心中的不快。②当评分人员烦躁不安、忧郁不满时，他们满眼看到的都是缺陷、错误，不容易看到对象的长处，因而给分就会较低；而如果心情较好，则在评分中就会不自觉地对错误表示宽容，评分就会高些。这样使评分宽严失当，失去客观性，特别是长时间评定或气候的变化等因素对评分者的情绪影响很大，应尽力想办法去控制。

（9）角色效应。角色身份不同的人，看待同一事物，其观点也会有异，评价者由于其身份角色的差别，在评分中其评定的角度、观点、侧重面也会不同。如评定者与面试对象如果是老乡、同学，甚至有相同的人生经历，都容易使评定人员产生同情心，进而打出较高的分数，出现偏差。

（10）疲劳效应。如果面试评定时间过长（一次或连续长时间评定），会引起评分者的疲劳，导致体能消耗、注意力下降、情绪低落，评定的客观性和一致性下降。因此，当应征者人数较多时，应先用简便易行的笔试或标准化的心理测验进行筛选后，对有限的候选人进行面试，这样才能保证面试的有效性。

四、心理测试

心理测试是运用心理测量技术了解被试者智力水平和个性特征的一种方法，目前，这种方法在西方国家的招聘录用中使用得非常广泛，测试的内容主要分为四大类：能力测验、人格测试、兴趣测验和成就测验。

1. 能力测试

能力测试是用于测定从事某项特殊工作所须具备的某种潜在能力的一种心理测试。这种测试可以有效地测量人的某种潜能，从而预测他在某职业领域中成功和适应的可能性，或判断哪项工作适合他。这种预测作用体现在：什么样的职业适合某人；为胜任某岗位，什么样的人最合适。因此，它对人员招聘与配置都有重要意义。

能力测试的内容一般可分为：

（1）普通能力倾向测试。其主要内容有思维能力、想象能力、记忆能力、推理能力、分析能力、数学能力、空间关系判断能力、语言能力等，可以了解一个人的基本智力水平，常用的有韦克斯勒智力量表，如表4－6所示。

（2）特殊职业能力测试。它是指那些特殊的职业或职业群的能力，测试职业能力的目的在于：测量已具备工作经验或受过有关培训的人员在某些职业领域中现有的熟练水平；选拔那些具有从事某项职业的特殊潜能，并且能经过很少或不经特殊培训就能从事某种职业的人才。

（3）运动机能测试。主要包括两大类：一是心理运动能力，如选择反应时间、肢体运动速度、四肢协调、手指灵巧、手臂稳定、速度控制等；二是身体能力，包括动态强度、爆发力、广度灵活性、动态灵活性、身体协调性与平衡性等。在人员选拔中，对这部分能力的测试一方面可通过体检进行，另一方面可借助于各种测试仪器或工具进行。

表4－6　韦克斯勒智力量表

言语量表
常识：知识的广度、一般学习能力及对日常事物的认识能力
背数：注意力和短时记忆能力
词汇：言语理解能力
算术：数学推理能力、计算和解决问题的能力
理解：判断能力和理解能力
类同：逻辑思维和抽象概括能力
操作量表
填图：视觉记忆、辨认能力，视觉理解能力
图片排列：知觉组织能力和对社会情境的理解能力
积木图：分析综合能力、知觉组织及视觉协调能力
图形拼凑：概括思维能力与知觉组织能力
数字符号：知觉辨别速度与灵活性

2. 人格测试

所谓人格，由多种人格特质构成，大致包括体格与生理特质、气质、能力、动机、价值观与社会态度等。人格对工作成就的影响是极为重要的，不同气质、性格的人适合不同种类的工作。对于一些重要的工作岗位如主要领导岗位，为选择合适的人才，则需进行人格测试。因为领导者失败的原因，往往不在于智力、能力和经验不足，而在于人格特质不适合。

3. 兴趣测试

职业兴趣揭示了人们想做什么和他们喜欢做什么，从中可以发现应聘者最感兴趣并从中得到最大满足的工作是什么。如果当前所从事的工作与其兴趣不相符合，那么就无法保证他会尽职尽责、全力以赴地去完成本职工作。在这种情况下，不是工作本身，而更可能是高薪或社会地位促使他们从事自己并不热衷的职业。然而，一个有强烈兴趣并积极投身本职工作的人与一个对其职业毫无兴趣的人相比，两者的工作态度与工作绩效是截然不同的。

如果能根据应聘者的职业兴趣进行人事合理配置，则可最大限度地发挥其潜力，保证工作的圆满完成。一般来说，可以将人们的兴趣分为六类：现实型、智慧型、常规型、企业型、社交型和艺术型。

4. 成就测试

成就测试常用来测量人在某一工作领域所具有的知识，可以了解一个人的工作、知识等，具有较高的信度。

五、甄选后的人事决策

甄选完毕后要进行人事决策，为提高决策效率，可先设计一张评价表，表中罗列某一岗位的所有目标维度，供参加招聘活动的评价员打分，然后在人事评价会上集中讨论，得出综合评分。如表 4－7 所示。

表 4－7　前台文员求职者评价表

求职者：李某

评价 维度	打字模拟	王某 （人事面试）	张某 （主管人面试）	综合评分
打字技术	4	0	3－	4
注意细节的能力	0	2＋	2	2
主动性	0	3	2	2＋
计划性	0	3	0	3
行政公文回忆能力	0	3	0	3
独立性	0	2	2	2
工作高标准	0	0	4	4
承受压力的能力	0	4	2	2

评分等级说明：5 分——大大高于令人满意的水平（大大超出圆满完成工作必须达到的水平）；4 分——高于令人满意的水平（超出所要求的行为的质、量标准）；3 分——令人满意（符合所需求的行为质、量标准）；2 分——稍低于令人满意的水平（总的看来不符合所需求的行为质、量标准）；1 分——大大低于令人满意的水平（大大低于圆满完成工作所必须达到的水平）；0 分——没有机会让求职者表现其在该方面的能力。

不同评价员会对同一求职者在某些维度的表现作出大不相同的评价，表 4－7 中便是一例。原因在于他们在甄选过程中曾提出过不同的问题，得出了不同的行为事例。因此，要对各位评价员的评分进行讨论和综合。综合评分不是平均分，而是经过讨论、依据最有力的行为事例所得出的评价。例如，表 4－7 中人事面谈员对该求职者“承受压力的能力”评 4 分，而主管人对该求职者此项评 2 分，其综合分为 2 分，这表明该主管人所提供的行为事例更有意义，更具说服力。

一旦对每位求职者的各目标维度都得出综合评价，便可进行比较分析，作出最后决定。而对于一些相对重要的职位，在最终录用前，还要调查他的背景，如会计、出纳这两个职位涉及账目和现金，就需要了解该应聘者在以前任职单位的工作表现、离职的原因，如果是因为账目不清楚或亏空公款等现象而被革职的，企业聘用这样的员工就有很大的风险。因此，在正式录用前应该调查清楚新员工的背景，尽量把招聘工作做细、做完整。

第四节　人员录用

录用（placement）指最终确定相应职位的合格人选的过程，包括试用合同的签订、员工的安排与试用、正式录用等环节。

人员录用是依据挑选的结果作出录用决策并进行安置的活动，其中最关键的内容是作好录用决策，正确的录用决策需要考虑一系列的因素和遵循一定的程序。

一、人员录用的过程

1. 试用合同

员工进入组织前，要与组织签订试用合同，员工试用合同是对员工与组织双方的约束与保障。试用合同应包括以下主要内容：试用的职位、试用的期限、员工在试用期的报酬与福利、员工在试用期的工作绩效目标与应承担的义务和责任、员工在试用期应接受的培训、员工在试用期应享受的权利、员工转正的条件、试用期组织解聘员工的条件与承担的义务和责任、员工辞职的条件与义务、员工试用期被延长的条件等。

2. 员工的安排与试用

员工进入组织后，组织要为其安排合适的职位。一般来说，员工的职位均是按照招聘要求和应聘者意愿来安排的。人员安排即人员试用的开始，试用是对员工的能力与潜力、个人品质与心理素质的进一步考核。

3. 正式录用

员工的正式录用即通常所称的“转正”，是指试用期满且试用合格的员工正式成为该组织的成员的过程。员工能否被正式录用关键在于试用部门对其考核结果如何，组织对试用员工应坚持公平、公正、能岗匹配的原则进行录用。

正式录用过程中用人部门与人力资源部门应完成以下主要工作：员工试用期的考核鉴定；根据考核情况进行正式录用决策；与员工签订正式的录用合同；给员工提供相应的待遇；制订员工发展计划；为员工提供必要的帮助与咨询等。

二、人员录用的策略

在录用阶段，需要将挑选阶段的多种考核和测验结果组合起来，进行综合评价，从中择优确定录用名单。一般来说，有以下几种策略：

1. 多重淘汰式

多重淘汰式中每种测试方法都是淘汰性的，应聘者必须在每种测试中都达到一定水平，方能合格。该方法是将多种考核与测验项目依次实施，每次淘汰若干低分者。全部通过考核项目者，再按最后面试或测试的实得分数，排出名次，择优确定录用名单。

2. 补偿式

补偿式中不同测试的成绩可以互为补充，最后根据应聘者在所有测试中的总成绩作出录用决策。如分别对应聘者进行笔试与面试选择，再按照规定的笔试与面试的权重比例，综合算出应聘者的总成绩，决定录用人选。值得注意的是，由于权重比例不一样，录用人选也会有差别。

假设在甲、乙两人中录用一人，两人的基本情况与考核得分，如表 4-8 所示。到底录用谁，关键要看不同项目的权重系数。

表 4-8　各种项目的权重情况

		技术能力	学历	政治思想水平	组织领导能力	事业心	解决问题能力	适应能力
甲的得分		0.9	0.5	1	1	0.8	0.8	1
乙的得分		0.7	0.9	0.8	0.8	1	1	0.7
权重	W_1	1	1	1	1	1	1	1
	W_2	1	0.5	1	0.8	0.8	0.7	0.6
	W_3	0.5	1	0.8	1	0.8	0.7	0.6

如果各考核因素的权重均相同，则甲综合得分为6，乙为5.9，甲为优；如果突出技术能力与政治思想水平，则甲综合得分为4.75，乙为4.51，甲为优；如果突出学历与组织领导能力，则甲综合得分为4.55，乙为4.61，乙为优。

3. 结合式

结合式中，有些测试是淘汰性的，有些是可以互为补偿的，应聘者通过淘汰性的测试后，才能参加其他测试。

三、录用决策要素

1. 信息准确可靠

这里的信息包括应聘人员的原始信息和招聘过程中的现实信息。例如，应聘人员的年龄、性别、毕业学校、专业、学习成绩；应聘人员的工作经历、原工作岗位的业绩、收集的背景资料，原单位领导和同事的评价等；应聘过程中各种测试的成绩和评语。

2. 资料分析方法正确

（1）注意对能力的分析。信息和资料有可能相当繁杂，在众多资料中，要注意对应聘者能力的分析，包括沟通能力、应变能力、组织能力、协调能力等。

（2）注意对职业道德和品格的分析。注意应聘者在以往工作中表现出的职业道德和品格。

（3）注意对特长和潜力的分析。对具备某些特长和潜力的人要加以特别的关注。

（4）注意对个人社会资源的分析。个人的社会资源对企业无疑也是一笔财富，录用决策时应加以重视。

（5）注意对学历背景和成长背景的分析。学历背景包括毕业的学校、专业、攻读的学位及学习的连续性等资料，成长背景包括其成长环境、成长过程、家庭影响和对其成长有重要影响的人和事。对学历背景和成长背景的分析能加强对其个性、知识总量、专业能力和心理健康等多方面的了解。

（6）注意对面试中现场表现的分析。面试是对一个人综合能力和综合素质的测评，应注意应聘者在面试现场中所表现出的语言表达能力，形体表达能力，风度、礼貌、教养和心理的健康，控制情绪的能力，分析问题的能力和判断能力等。

3. 招聘程序科学

招聘程序一定要一个层次一个层次地进行，例如，招聘工作通常进行三轮面试，第一轮是人力资源部的初步筛选，第二轮是业务部门进行相关业务的考察和测试，第三轮是招聘职位的最高层经理和人事招聘专员参加测试，每轮均有淘汰，最后再进行匹配度分析。

如果招聘一开始就由总裁谈话，后面的许多工作就十分难做了，如某企业集团的董事长未经任何程序步骤，自己直接进行面谈选择了三位准备担任该集团子公司总经理的人员，结果在使用中发现了许多问题，其中有一个连毕业文凭都是假的。如果能够有背景资料的收集，有由主考官组成的考官小组面试，这样的错误是不会发生的。

4. 能力与岗位匹配

如果把一个人放在一个不适合的岗位，对企业和个人都会造成很大的损失。能力与岗位匹配是指尽可能使人的能力与岗位要求的能力达成匹配，这种匹配包含着“恰好”的意思，“匹配”比“个体优秀”更重要。

四、录用决策的程序

在招聘过程中，甄选的目的就是为了对应聘者作出判断，作出对应聘者接受或拒绝的决定。为了保证甄选过程中信息的完整性，还需要一系列的信息整理和分析过程，具体过程见图 4－2 所示。

1. 总结应聘者的信息

评价小组或专家委员对应聘者的兴趣在于每位应聘者“现在能做什么”、“愿意做什么”、“将来可能做什么”、“意向是什么”等方面的信息。根据企业发展和职位的需要，专家最终把注意力集中在“能做”与“愿做”两个方面。其中，“能做”是指知识和技能以及获得新的知识和技能的能力（或潜力）；“愿做”是指工作动机、兴趣和其他个人特性。这两个因素是良好的工作表现所不可缺少的，用简单的式子表示如下：

工作表现＝能做×愿做

这里，“能做”的因素可以从测试得分和经核实的信息中获得；“愿做”的因素的判断则较为困难，可以从面试的回答和申请表的相关信息中推测应聘者“愿做”的信息。

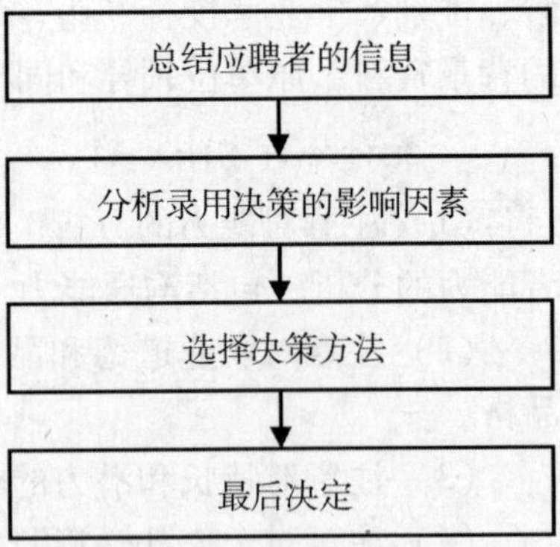

图4－2 录用决策的程序

2. 分析录用决策的影响因素

录用决策时，一般要考虑以下问题：

（1）注重应聘者的潜能，还是根据组织的现有需要？

（2）企业现有的薪酬水平与应聘者要求之间的差距。

（3）以目前对工作的适应度为准，还是以将来发展潜力为准？

（4）合格与不合格是否存在特殊要求？

（5）高于合格标准的人员是否在考虑范围之列？

3. 选择决策方法

（1）诊断法。

这种方法主要根据决策者对某项工作和承担者资格的理解，在分析候选人所有资料的基础上，凭主观印象作出决策。这里，每个评价者会对候选人作出不同的评价，不同的人可能对同一应聘者作出不同的决策，这样，“谁是最终的决定者”就显得非常重要了。

这种方法较为简单，成本较低，得到广泛的使用。但是，由于主观性强，评价者的素质和经验在科学合理的判断中起着重要的作用。

（2）统计法。

统计法比诊断法所作的决定显得客观一些，这种方法首先要区分评价指标的重要性，赋予权重，然后根据评分的结果，用统计方法进行加权运算，分数高者即获得录用。使用统计法选择候选人时，可以采用三种不同的模式：①补偿模式，某些指标的高分可以替代另一些指标的低分，即使用并联指标。②多切点模式，要求候选人达到所有指标的最低程度。③跨栏模式，采用串联指标，只有在每次测试中获得通过，方可进入下个阶段的挑选和评判。这种评价方法对指标体系的设计要求较高。

4. 最后决定

让最有潜力的应聘者进入诊断性面试，最后由用人部门主管（或专家小组）作出决定，并反馈给人力资源管理部门，然后，由人力资源管理部门通知应聘者有关的录用决定，办理各种录用手续。

链接：LG 承认招工过程出现失误　录用全部应聘者

2005 年 11 月，韩国信息技术咨询及网络解决方案提供商 LG CNS 成立于 1987 年，由 LG 和 EDS 合资创办，专注 IT 咨询、网络系统整合及架构外包等业务。

公司在招聘员工时出现失误，最后，该公司表示将录用全部 383 名应聘者，其中包括未能通过最后面试的 69 人。

LG 在录用过程中，由于一官员的失误，错误地通报这 69 位应聘者已经通过了面试并将被雇用，但随后发现错误并于第二天打电话通知这些人，这些所谓的“受害者”在多家门户网站发表抗议和不满，其中很多人抱怨称：“出现了这样的系统性错误，这家公司又怎能将其 IT 系统出售给其他用户呢？”有人表示为此承受了经济和精神损失，其中还有一小部分人已经辞掉了目前的工作，并希望能被该公司录用。

LG CNS 则表示，这并不是一个系统错误，而是发布信息时的人为失误，公司同时表示，之所以决定录用这些应聘者，是因为他们觉得有义务对失误承担责任，并不是因为媒体和公众的压力。

公司首席执行官 Jung Byung-chul 发表声明称，“我们向可能受到伤害的应聘者以及他们的家人表示最诚挚的歉意。我们将以此为鉴，尽最大的努力回馈社会”。

公司发言人 Yoon Kyung-hoon 表示，“对我们来说，雇用这些人不存在直接利益。我们之所以这样做是为了对社会负责”。Yoon 同时表示，最后决定雇用的这些人具备足够的长处，尽管他们未能通过个人评估。他说，“他们都通过了文件筛选以及第一阶段的技术面试，他们有能力为公司工作”。

在 LG CNS 宣布这一决定之后，绝大多数应聘者均给予高度评价。尽管如此，仍有人担心可能面临该公司的歧视。其中一名在首尔工作不肯透漏姓名的应聘者表示，“最后决定雇用的这些员工将被安排到较差的岗位，最终也将被迫辞职”。

第五节　人员招聘评估

招聘评估是招聘职能的最后环节，包括对招聘的成本、招聘到的人员数量与质量、信度与效度三方面进行评价。

招聘评估是招聘过程中必不可少的一个环节，它通过成本与效益核算能够使招聘人员清楚地知道费用的支出情况，区分哪些是应支出项目，哪些是不应支出项目，这有利于降低今后招聘的费用，为组织节省开支。

招聘评估通过对录用员工的绩效、实际能力、工作潜力的评估即通过对录用员工质量的评估，检验招聘工作成果与方法的有效性，有利于招聘方法的改进。

一、成本效益评估

招聘成本效益评估是指对招聘中的费用进行调查、核实，并对照预算进行评价的过程，招聘成本效益评估是鉴定招聘效率的一个重要指标。如果成本低，录用人员质量高，就意味着招聘效率高；反之，则意味着招聘效率低。从另一个角度来看，成本低，录用人数多，就意味着招聘效率高；反之则意味着招聘效率低。

1. 招聘成本

招聘成本分为招聘总成本与招聘单位成本。招聘总成本即是人力资源的获取成本，它由两个部分组成。一部分是直接成本，包括招募费用、选拔费用、录用员工的家庭安置费用和工作安置费用以及其他费用（如招聘人员差旅费、应聘人员招待费等）；另一部分是间接费用，包括内部提升费用、工作流动费用。

招聘单位成本是招聘总成本与实际录用人数之比，如果招聘实际费用少，录用人数多，意味着招聘单位成本低；反之，则意味着招聘单位成本高。

2. 成本效用评估

成本效用评估是对招聘成本所产生的效果进行的分析，主要包括招聘总成本效用分析、招募成本效用分析、人员选拔成本效用分析和人员录用成本效用分析等。计算方法是：

总成本效用 = 录用人数/招聘总成本

招募成本效用 = 应聘人数/招募期间的费用

选拔成本效用 = 被选中人数/选拔期间的费用

人员录用效用 = 正式录用的人数/录用期间的费用

3. 招聘收益成本比

它既是一项经济评价指标，同时也是对招聘工作的有效性进行考核的一项指标，招聘收益成本比越高，则说明招聘工作越有效。

招聘收益成本比 = 所有新员工为组织创造的总价值/招聘总成本

二、录用人员评估

录用人员评估是指根据招聘计划对录用人员的质量和数量进行评价的过程，在大型招聘活动中，录用人员评估显得十分重要。如果录用人员不合格，那么招聘过程中所花的时间、精力和金钱都浪费了；只有全部招聘到合格的人员才能说全面完成了招聘任务。

判断招聘数量的一个简单的方法就是看职位空缺是否得到满足，雇用率是否真正符合招聘计划的设计。衡量招聘质量是按照企业的长、短期经营指标来分别确定的，在短期计划中，企业可根据求职人员的数量和实际雇用人数的比例来认定招聘质量；在长期计划中，企业可根据接受雇用的求职者的转化率来判断招聘的质量。

1. 数量评估

录用员工数目的评估是对招聘工作有效性检验的一个重要方面，通过数量评估，分析在数量上满足或不满足需求的原因，有利于找出各招聘环节上的薄弱之处，改进招聘工作；同时，通过录用人员数量与招聘计划数量的比较，为人力资源规划的修订提供了依据。

主要从录用比、招聘完成比、应聘比三方面考虑。

（1）录用比 = 录用人数/应聘人数 ×100%

录用比例越小，说明录用者的素质可能越高。

（2）招聘完成比 = 录用人数/计划招聘人数 ×100%

招聘完成比等于或大于100%，说明在数量上全面或超额完成了招聘计划。

（3）应聘比 = 应聘人数/计划招聘人数 ×100%

应聘比则说明招募的效果，应聘比越高，则招聘信息发布的效果越好。

2. 质量评估

录用员工质量的评估是对员工的工作绩效行为、实际能力、工作潜力的评估，它是对招聘的工作成果与方法的有效性检验的另一个重要方面，质量评估既有利于招聘方法的改进，又对员工培训、绩效评估提供了必要的信息。

录用人员的质量评估实际上是对录用人员在人员选拔过程中对其能力、潜力、素质等进行的各种测试与考核的延续，也可根据招聘的要求和工作分析得出的结论，对录用人员进行等级排列来确定其质量，其方法与绩效考核方法类似。当然，录用比和应聘比这两个数据也在一定程度上反映了录用人员的质量。

三、信度与效度评估

信度与效度评估是对招聘过程中所使用的方法的正确性与有效性进行的检验，这无疑会提高招聘工作的质量。信度和效度是对测试方法的基本要求，只有信度和效度达到一定水平的测试，其结果才适于作为录用决策的依据，否则将误导招聘人员，影响其作出正确的决策。

1. 信度评估

信度主要是指测试结果的可靠性或一致性。可靠性是指一次又一次的测试总是得出同样的结论，它或者不产生错误，或者产生同样的错误。通常信度可分为稳定系数、等值系数、内在一致性系数。

稳定系数是指用同一种测试方法对一组应聘者在两个不同时间进行测试的结果的一致性。一致性可用两次结果之间的相关系数来测定。相关系数高低既与测试方法本身有关，也跟测试因素有关。此法不适用于受熟练程度影响较大的测试，因为被测试者在第一次测试中可能记住某些测试题目的答案从而提高了第二次测试的成绩。

等值系数是指对同一应聘者使用两种对等的、内容相当的测试方法，其结果之间的一致性。

内在一致性系数是指把同一（组）应聘者进行的同一测试分为若干部分加以考察，各部分所得结果之间的一致性。这可用各部分结果之间的相关系数来判断。

此外，还有评分者信度，这是指不同评分者对同样对象进行评定时的一致性。例如，如果许多人在面试中使用一种工具给一个求职者打分，他们都给候选人相同或相近的分数，则这种工具具有较高的评分者信度。

2. 效度评估

效度，即有效性或精确性，是指实际测到应聘者的有关特征与想要测的特征的符合程度。一个测试必须能测出它想要测定的功能才算有效。效度主要有三种：预测效度、内容效度、同侧效度。

预测效度是说明测试用来预测将来行为的有效性。在人员选拔过程中，预测效度是考虑选拔方法是否有效的一个常用指标。我们可以把应聘者在选拔中得到的分数与他们被录后的绩效分数相比较，两者的相关性越大，则说明所选的测试方法、选拔方法越有效，以后可根据此法来评估、预测应聘者的潜力。若相关性很小或不相关，说明此法在预测人员潜力上效果不大。

内容效度，即测试方法能真正测出想测的内容的程度。考虑内容效度时，主要考虑所用的方法是否与想测试的特性有关，如招聘打字员，测试其打字速度和准确性、手眼协调性和手指灵活度的操作测试的内容效度是较高的。内容效度多应用于知识测试与实际操作测试，而不适用于对能力和潜力的测试。

同侧效度是指对现在员工实施某种测试，然后将测试结果与员工的实际工作绩效考核得分进行比较，若两者的相关系数很大，则说明此测试效度就很高。这种测试效度的特点是省时，可以尽快检验某测试方法的效度，但若将其应用到人员选拔测试时，难免会受到其他因素的干扰而无法准确地预测应聘者未来的工作潜力。例如，这种效度是根据现有员工的测试得出的，而现在员工所具备的经验、对组织的了解等，则是应聘者所缺乏的。因此，应聘者有可能因缺乏经验而在测试中得不到高分，从而错误地被认为是没有潜力或能力的。其实，他们若经过一定的培训或锻炼，是有可能成为称职的员工的。

第六节　人员的配置

一、人员配置的原理

1. 要素有用原理

人力资源配置过程中，首先要遵循一个宗旨，即任何要素（人员）都是有用的；换言之，没有无用之人，只有没用好之人，而配置的根本目的是为所有人员找到和创造其发挥作用的条件。

这一原理说明，对于那些没有用好之人，其问题之一是没有深入全面地识别员工，没有发现他们的可用之处。这是因为人的素质往往表现为矛盾的特征，或者呈现非常复杂的双向性，优点和缺点共生，失误往往掩盖着成功的因素，这为发现人才，识别人才，任用人才，用其所长，增加了许多困难，因此，正确的识别员工是合理配置人员的前提。

其问题之二是没有为员工发展创造有利的条件。只有条件和环境适当，员工的能力才能得到充分发挥。例如，企业推行双向选择、公开招聘、竞争上岗等新的人事政策，为许多人才提供了适合其发展的工作环境和条件，为许多人走上更高一级的岗位提供了机会。

过去企业经常强调，伯乐式领导者对企业员工识别和配置所发挥的关键作用。但企业现在更强调创造良好的政策环境，建立“动态赛马”的用人机制，让更多的员工能够在这一机制下脱颖而出，化被动为主动，从根本上摆脱单纯依赖“伯乐”的局面。可见，识才、育才、用才是管理者的主要职责。

2. 能位对应原理

人与人之间不仅存在能力特点的不同，而且在能力水平上也是不同的。具有不同能力特点和水平的人，应安排在要求相应特点和水平的职位上，并赋予该职位应有的权力和责任，使个人能力水平与岗位要求相适应。

人力资源管理的根本任务是合理配置使用人力资源，提高人力资源投入产出比率。要合理使用人力资源，就要对人力资源的构成和特点有详细的了解。人力资源是由一个个的劳动者的劳动能力组成的，而各个劳动者的劳动能力由于受到身体状况、受教育程度、实践经验等因素的影响而各自不同，形成个体差异。

就个体能力来说，这种差异包括两方面：一是能力性质、特点的差异，即能力的特殊性不同。个人能力的特殊性，形成他的专长、特长，即他能干什么，最适合干什么。二是能力水平的差异，不同的人，能力才干是不同的，有的高些，有的低些。世界上也不存在两个能力水平完全相等的人。承认人与人之间能力水平上的差异，目的是为了在人力资源的利用上坚持能级层次原则，大才大用，小才小用，各尽所能，人尽其才。

一个单位或组织的工作，一般可分为四个层级，即决策层、管理层、执行层和操作层。决策层工作属于全局性工作，决策的正确与否，关系到事业的成败。因此，决策层的能级最高。管理层工作是将决策层的决策付诸实施的一整套计划、监督、协调和控制的过程，管理层的能级是仅次于决策层的比较高的能级。执行层工作是将管理层拟定的方针、方案、计划、措施等变成具体工作标准、工作定额、工作方法，以及各种督促、检查手段的实施过程，执行层的能级比管理层低。操作层工作就是通过实际操作来完成执行层制定的工作标准、工作定额，并接受各种监督检查。它是一个单位或组织中能级最低的层次。一个单位或组织中的工作，包括这样四个层次，应该配备具有相应能力等级的人来承担。只有这样，才能形成合理的能位对应，大大提高工作效率，顺利完成任务。

3. 互补增值原理

这个原理强调人各有所长也各有所短，以己之长补他人之短，从而使每个人的长处得到充分发挥，避免短处对工作的影响，通过个体之间取长补短而形成整体优势，实现组织目标的最优化。这是因为，当个体与个体之间，个体与群体之间具有相辅相成作用的时候，互补产生的合力要比单个人的能力简单相加而形成的合力大得多，群体的整体功能就会正向放大；反之，整体功能就会反向缩小，个体优势的发挥也受到人为的限制。因此，按照现代人力资源管理的要求，一个群体内部各个成员之间应该是密切配合的互补关系，互补的一组人必须有共同的理想、事业和追求，而互补增值原理最重要的是“增值”。

4. 动态适应原理

动态适应原理指的是人与事的不适应是绝对的，适应是相对的，从不适应到适应是在运动中实现的，随着事物的发展，适应又会变为不适应，只有不断调整人与事的关系才能达到重新适应，这正是动态适应原理的体现。

从组织内部来看，劳动者个人与工作岗位的适应不是绝对的和一定的，无论是由于岗位对人的能力要求提高了，还是人的能力提高要求变动岗位，都要求我们及时地了解人与岗位的适应程度，从而进行调整，以达到人适其位，位得其人。

5. 弹性冗余原理

弹性冗余原理要求在人与事的配置过程中，既要达到工作的满负荷，又要符合劳动者的生理心理要求，不能超越身心的极限，保证对人、对事的安排要留有一定的余地，既带给劳动者一定的压力和紧迫感，又要保障所有员工的身心健康。

它要求我们既要避免工作量不饱满的状况，也要避免过劳的现象发生，因此体力劳动的强度要适度，不能超过劳动者能承受的范围；脑力劳动也要适度，以促使劳动者保持旺盛的精力；劳动时间也要适度，以保持劳动者身体健康和心理健康；工作目标的管理也要适度，既不能太高，也不能太低。总之，根据具体情况的不同，如工种、类别、行业的不同，以及环境、气候的不同，弹性冗余度也应有所不同。

链接：配置小故事

在美国一个农村，住着一个老头，他有三个儿子。大儿子、二儿子都在城里工作，小儿子和他在一起，父子相依为命。

突然有一天，一个人找到老头，对他说："尊敬的老人家，我想把你的小儿子带到城里去工作?"

老头气愤地说："不行，绝对不行，你滚出去吧!"

这个人说："如果我在城里给你的儿子找个对象，可以吗?"

老头摇摇头："不行，快滚出去吧!"

这个人又说："如果我给你儿子找的对象，也就是你未来的儿媳妇是洛克菲勒的女儿呢?"

老头想了又想，终于被儿子当上洛克菲勒的女婿这件事打动了。

过了几天，这个人找到了美国首富石油大王洛克菲勒，对他说："尊敬的洛克菲勒先生，我想给你的女儿找个对象?"

洛克菲勒说："快滚出去吧!"

这个人又说："如果我给你女儿找的对象，也就是你未来的女婿是世界银行的副总裁，可以吗?"

洛克菲勒还是同意了。

又过了几天，这个人找到了世界银行总裁，对他说："尊敬的总裁先生，你应该马上任命一个副总裁!"

总裁先生摇头说："不可能，这里这么多副总裁，我为什么还要任命一个副总裁呢，而且必须马上？"

这个人说："如果你任命的这个副总裁是洛克菲勒的女婿，可以吗？"

总裁先生当然同意了。

这虽然是一个小故事，但却是当代企业家配置资源的最佳方式！

二、人员的空间配置

1. 企业劳动分工

（1）企业劳动分工的概念。

劳动分工是在科学分解生产过程的基础上所实现的劳动专业化，使许多劳动者从事着不同的但又相互联系的工作。劳动分工有三个主要层次，即一般分工、特殊分工和个别分工。一般分工是按社会生产的大类划分的，如农业、工业、建筑业、交通运输、商业等。特殊分工是一般分工的再分解、再细化，将上述各大部门分解成许多行业，如农业可分为种植业、林业、畜牧业、渔业；工业可分为冶金业、化工业、机械业等。一般分工与特殊分工是社会内部的分工，简称社会分工；个别分工是企业范围内的分工，它是每个企业内部各部门及每个生产者之间的分工。个别分工是把生产、服务过程分解为若干局部的劳动，各个局部的劳动既相互联系，又各自独立，具有专门的职能，企业的劳动分工，正是建立在社会分工基础上的个别分工。

（2）企业劳动分工的作用。

劳动分工对促进企业生产的发展，提高劳动效率具有极其重要的作用。具体表现在：

①劳动分工一般表现为工作简化和专门化。这有利于劳动者较快地提高熟练程度，不断积累经验，完善操作方法，提高劳动效率。

②劳动分工能不断地改革劳动工具，使劳动工具专门化。由于劳动分工，劳动者长期从事一种工作。为了提高效率，他必须会寻找或设计制造出适应这种工作的专门工具。这样，通用工具就慢慢被专用工具代替了。同时，由于专用工具从通用工具中逐步分化出来，又促进劳动的进一步分工。

③有利于配备工人，发挥每个劳动者的专长。每个劳动者的劳动能力和特长客观上存在差异。劳动分工形成的具有不同特点的局部劳动，可以为每个劳动者提供与本人的劳动能力和特长相适应的工作。

④劳动分工大大扩展了劳动空间，使产品生产过程有更多的劳动者同时参与，因而有利于缩短产品的生产周期，加快生产进度。

⑤劳动分工可以防止因劳动者经常转换工作岗位而造成的工时浪费。

（3）企业劳动分工的形式。

企业内部劳动分工，一般有以下几种形式：

①职能分工。企业全体员工按所执行的职能分工，一般分为工人、学徒、工程技术人

员、管理人员、服务人员及其他人员。这是企业劳动组织中最基本的分工，是研究企业人员结构，合理配备各类人员的基础。

②专业（工种）分工。这种分工是职能分工下面第二个层次的分工。专业或工种分工是根据企业各类人员的工作性质的特点所进行的分工，如工程技术人员及管理人员可以按专业特点分为设计人员、工艺人员、计划人员、财会人员、统计人员等。生产工人按他们从事的生产工艺的性质及使用的工艺装备特点进行分工，如机械制造业的工种有造型工、冶炼工、锻工、车工、铣工、电工等。这类分工对有计划地培训人员是重要的，同时也是研究每类人员构成的基础。

③技术分工。指每一专业和工种内部按业务能力和技术水平高低进行的分工。例如，技术人员分为助理技术员、技术员、助理工程师、工程师和高级工程师。每个专业及工种的级别，应该规定相应的业务能力和技术水平规范。进行这种技术分工，有利于发挥员工的技术业务专长，鼓励员工不断提高自己的技术水平。企业应使各个技术等级的人员保持合理的比例，注意提高员工队伍的素质，以适应企业不断提高生产经营水平的需要。

2. 员工配置的基本方法

员工配置的基本方法主要有三种：以人为标准进行配置、以岗位为标准进行配置和以双向选择为标准进行配置。

假设在一次招聘中分别测定众多求职者，并把他们安排到多种不同性质的岗位上去。这是岗位和人之间相匹配的过程，既包括了对人员的选择，也包括对人员进行合理的安置，适用于同时招聘多人，此方法成本也较低。如表 4－9 所示列出了多位应聘者的综合测试得分。

表 4－9　10 位应聘者在 5 种岗位上的综合测试得分

应聘者 岗位	A	B	C	D	E	F	G	H	I	J
1	4.5	3.5	2.0	2.0	1.5	1.5	4.0	2.5	2.0	1.0
2	3.5	3.0	2.5	2.5	2.5	2.0	3.5	2.0	2.5	0.5
3	4.0	2.0	3.5	3.0	0.5	2.5	3.0	3.0	1.0	1.5
4	3.0	2.0	2.5	1.5	2.0	2.0	3.5	2.0	0.5	0.5
5	3.5	4.5	2.5	1.0	2.0	2.0	1.5	1.5	1.0	0.5

假设岗位测试的要求最低分为 3.0 分，首先淘汰分数全部不达最低要求标准的人员，也就是 F 和 I 先排除出局，然后在剩余 8 人中选出 5 个人来担当不同的岗位，由于企业录用决策依据不同，录用结果亦有不同。

（1）以人员为标准进行配置。

即从人的角度，按每人得分最高的一项给其安排岗位。这样做可能出现同时多人在同一岗位上得分最高，结果只能选择一个员工，从而将其他优秀人才拒之门外。另外，如果应聘者的最高分都没出现在某一岗位，该岗位就可能出现空缺。

具体做法是，在每一位测试者中标出得分最高的岗位，如表4－10所示，再从该岗位中选择得分最高者。其结果应当是A（4.5）从事岗位1，E（3.0）从事岗位2，C（4.0）从事岗位3，B（3.5）从事岗位5，岗位4的应聘者得分都不是其最高分，所以出现空缺。应聘者D、G、H、J四人将被淘汰。

表4－10 以人员为标准的配置结果

岗位＼应聘者	A	B	C	D	E	F	G	H	I	J
1	4.5	3.5	2.0	2.0	1.5		4.0	2.5		2.0
2	3.0	3.0	3.5	2.5	3.0		2.5	3.0		2.5
3	3.5	2.0	4.0	3.0	0.5		3.0	3.5		2.5
4	2.5	2.0	2.5	1.5	2.0		3.5	2.0		1.5
5	3.5	3.5	2.5	1.0	2.0		1.5	1.5		3.0

（2）以岗位为标准进行配置。

导入以岗位需求作为标准的配置方法，即从岗位的角度出发，每个岗位都挑选最好的人来做，但这样做可能会导致一个人被好几个岗位选中。尽管这样做的组织功能最高，但只有在允许岗位空缺的前提下才能实现，因此常常是很不完善的。

具体的做法是，从每个岗位中选取得分最高的应聘者，如表4－11所示。如果一个人同时被几个岗位选中，则优先匹配得分最高的岗位。结果是A（4.5）从事岗位1，C在岗位2和岗位3的得分都是最高，优先匹配岗位3（4.0），G（3.5）从事岗位4，B（3.5）从事岗位5。D、E、H、J四人将被淘汰。岗位2将出现空缺。

表4－11 以岗位为标准的配置结果

岗位＼应聘者	A	B	C	D	E	F	G	H	I	J
1	4.5	3.5	2.0	2.0	1.5		4.0	2.5		2.0
2	3.0	3.0	3.5	2.5	3.0		2.5	3.0		2.5
3	3.5	2.0	4.0	3.0	0.5		3.0	3.5		2.5
4	2.5	2.0	2.5	1.5	2.0		3.5	2.0		1.5
5	3.5	3.5	2.5	1.0	2.0		1.5	1.5		3.0

（3）以双向选择为标准进行配置。

由于单纯地以人为标准或单纯以岗位为标准进行配置，均有欠缺，因此，可采用双向选择的方法进行统筹配置，兼顾人员和岗位的匹配。即在岗位和应聘者两者之间进行必要的调整，以满足各个岗位人员配置的要求。采用双向选择的配置方法，对岗位而言，有可能本岗位上没有安排得分最高的员工；而对员工而言，有可能没有被安排到其得分最高的岗位上工作。但该方法综合平衡了岗位和人员两个方面的因素，既现实可行，又能从总体上满足岗位人员配置的要求，是最优化配置的方法。

具体的做法是，将每个人和每个岗位的最高得分从行列中都选择出来，如表4－12所示，综合平衡的结果是A（4.5）从事岗位1，B（3.5）从事岗位5，C（4.0）从事岗位3，E（3.0）从事岗位2。G（3.5）从事岗位4。D、H、J三人被淘汰。岗位不出现空缺。

表4－12　以双向选择为标准的配置结果

应聘者 岗位	A	B	C	D	E	F	G	H	I	J
1	4.5	3.5	2.0	2.0	1.5		4.0	2.5		2.0
2	3.0	3.0	3.5	2.5	3.0		2.5	3.0		2.5
3	3.5	2.0	4.0	3.0	0.5		3.0	3.5		2.5
4	2.5	2.0	2.5	1.5	2.0		3.5	2.0		1.5
5	3.5	3.5	2.5	1.0	2.0		1.5	1.5		3.0

三、人员的时间配置

1. 工作时间组织的内容

对于企业来说，工作时间组织的主要任务是建立工作班制，组织好工作轮班，以及合理安排工时制度。企业里的工作班制有单班制和多班制两种。

单班制是指每天组织一个班生产；多班制是指每天组织两班或两班以上的员工轮流生产。工作轮班是指在实行多班制生产条件下，组织各班人员按规定的时间间隔和班次顺序轮流进行生产活动的一种劳动组织形式，它体现了劳动者在时间上的分工协作关系。

实行单班制还是多班制，主要取决于企业生产工艺的特点。工艺过程不能间断进行的，如发电、化工、石油、冶金等行业的主要生产过程，都是连续生产，必须实行多班制。工艺过程可以间断进行的，如机械制造、纺织等行业的工作班制，要根据企业生产的任务、经济效益和其他有关的生产条件而定。一般来说，实行单班制不利于厂房、机器设备的充分利用，但员工生活起居比较有规律，有利于员工的身体健康，劳动组织工作也比较简单。多班制有利于充分利用机器设备，缩短生产周期，合理使用劳动力，但需要组织工作轮班，组织工作较为复杂。

根据企业实际灵活安排工时，制度也是工作时间组织的一项重要内容。我国已经把周制度工时从48小时缩短到40小时，企业可以根据实际情况试行较为灵活的工作时间制度，即采取软化工时的模式，如实行弹性工作制，即每周制度工时不变，在每天工作时间中规定有核心时间，在核心时间内必须上班，核心时间之外可以自由选择上下班时间；此外还有：非全时工制，即是以天或周为单位，其工时长度可以少于社会的正常工时，比如一天只工作4～6小时，一周只做3～4天工作，这一制度最适合家庭主妇；分职制，即将一个职业岗位由两个人分担，共同从事全时的工作，工资与福利待遇按各人所做的工时比例分配；另外还有在家做工和野外工作的大班制等。设计灵活且适宜的工时制度，有助于缓和冗员过多的矛盾，满足劳动者的实际需要，有利于他们的身心健康，提高劳动积极性。

2. 工作轮班组织应注意的问题

为了组织好多班制生产，除了要解决轮休、倒班方法外，还应注意以下几个问题：

（1）工作轮班的组织，应从生产的具体情况出发，以便充分利用工时和节约人力。在一个企业里，并非各类工人都须实行统一的轮班制度。例如，在化工企业，有的化工产品的操作工人需要三班连续工作，但包装工人也可组织两班制甚至单班制生产。再如，车间的检修工人，除在系统停车大修或主要设备发生故障时需要实行多班制，通常只需要实行单班制。

（2）要平衡各个轮班人员的配备。应注意各班人员数量保持大致相等，避免相差过多。在业务素质、技术力量的配备上，也要注意平衡，防止把骨干力量都集中在一个班。各班人员配备后，应尽量保持相对固定，避免调动频繁，以利于加强班组管理和工人之间的联系。

（3）建立和健全交接班制度。在交接班时，对于交接设备的完整、清洁、润滑和安全，机器的使用运转情况，工具有无丢失，产品的质量和数量，在制品的完成程度以及生产中存在的问题等，都要按规定的手续交接清楚。这样不仅能明确各班工人的责任，使各班工人更关心本班生产，并且能够加强各班之间的协作，使上一班工人关心下一班工人的工作，主动为下一班准备好有利的生产条件。

（4）适当组织各班工人交叉上班。当工人从事前后密切衔接的不同工序时，为了便利下一班工人在接班前做好准备工作，上一班工人做好结束工作，可以把各班工人上下班的起止时间，进行适当的交叉；或者下一班工人中的一部分工人，提前上班，先做好生产准备工作。这就可使前后两班的工作密切配合，减少不必要的工时损失。

（5）工作轮班制对人的生理、心理会产生一定的影响，特别是夜班对人的影响最大。科学家和社会学者的研究表明，倒班制使员工的生物钟发生极大混乱。当工人在短时间内频繁地改变上班时间时，他们的睡眠周期就不能适应。国外调查资料表明，一旦有8%的长期上夜班的工人因睡不好觉而垮掉，而在每个星期轮班时，有60%的人在班上打盹儿。倒班特别是经常上夜班给工人造成了身心危害，还造成许多工业事故，例如，美国三里岛核电站和苏联切尔诺贝利核电站出现的核泄漏事故，大都发生在后半夜。

为了解决夜班疲劳、工人生理、心理不适应和工作效率下降的问题，一般可采用以下办法：适当增加夜班前后的休息时间；缩短上夜班的次数，例如，采取四班三运转制的倒班办法。

时间生物学家科尔曼和其他一些研究人员在美国犹他州大盐湖矿物和化学公司进行了试验。过去，该公司的员工上一个星期白班，接着上一个星期夜班，然后再上一个星期中班，而研究人员设计的新的倒班方法是，先上白班，接着上中班，然后再上夜班，每班工作时间每天向前推移1～2小时，而且每3个星期才换班一次，在每次倒班时还给几天空闲时间。他们认为，这样做才能符合人体生物钟自然变化的规律，使工作轮班与人体生理机构相互适应。经过九个月的实验，工厂管理人员发现工人生病、缺勤和事故数量大大减少，而工人生产效率提高了20%。

3. 工作轮班的组织形式

工作轮班的组织形式很多，按照工人的分班的班组数，可以分为两班制、三班制和四班制；按照每个班轮换上几种不同时间段的回数，可以分为二交替和三交替，也称二运转和三运转。组合起来就形成各种轮班形式，如表4－13所示。企业通常采用的有两班二交替（两班二运转）、三班三交替或四班三交替。

表4－13 工作轮班的组织形式

班制数 / 交替回数	两班制	三班制	四班制
二交替	两班二交替	三班二交替	四班二交替
三交替	—	三班三交替	四班三交替

（1）两班二交替。

两班制只有一种形式，就是两班二交替。每天分早中两班组织生产，工人不用上夜班。这有利于身体健康，也便于机器设备的维修保养和做好生产前的准备工作。工人倒班也比较简单，每隔一周轮换一下班次即可。两班二交替还有一个好处，就是应对变化相当灵活，特别有利于那些以订单引导生产的、生产任务不稳定的公司。当生产任务不饱满时，可以增加两班的交叉重叠时间，以缩短设备的运转时间；而当生产任务紧张时，可以延长每班的工作时间，极限可以延长到每班12小时，即24小时设备连续运转。当然，保障工人的身心健康是前提，不能使工人长期加班。

（2）三班二交替。

三班二交替，与两班二交替类似，也是早中班交替，但是因为有三个班组的工人轮换，所以是生产设备是没有休息日的。三班二交替的标准设置是，每班工人上4天休息2天一个轮换。以一周7天40个小时的法定工作时间为基准计算，每个班的标准工作时间是（40/4）×（6/7）=8.57小时，也就是8小时35分钟。一般单位将半小时作为交接班重叠时间，另外8小时作为单独一个班的工作时间。

表4－14 三班二交替轮班形式

日期	1	2	3	4	5	6	7	8	9	10	…
甲班	早班	早班	早班	早班	休息	休息	中班	中班	中班	中班	…
乙班	中班	中班	休息	休息	早班	早班	早班	早班	休息	休息	…
丙班	休息	休息	中班	中班	中班	中班	休息	休息	早班	早班	…

（3）三班三交替。

传统的交替勤务形式之一，每天分早、中、晚三班组织生产，每班标准工作时间为8

个小时，一周连续上班 5 天休息 2 天，轮换下个班次，公休日若安排生产，就作为加班处理。

三交替按照倒班的方式可以分为正倒班和反倒班。正倒班是甲、乙、丙三班工人都按照早→中→晚→早的顺序轮换；反倒班的次序则相反，甲、乙、丙三班工人都按照晚→中→早→晚的顺序轮换。

表 4－15　三班三交替轮班形式

日期 / 班组	正倒班					反倒班				
	上 5	休 2	上 5	休 2	上 5	休 2	…	上 5	休 2	…
甲班	早班		中班		夜班		早班	夜班		中班
乙班	中班		夜班		早班		中班	早班		夜班
丙班	夜班		早班		中班		夜班	中班		早班

（4）四班二交替。

四班二交替的特殊性在于，两个交替班次是白班和夜班，每个班上两天休息两天，共 4 天为一个周期，再轮班进入下个周期。每班标准工作时间是（40/2）×（4/7）＝11.4 小时。如果每班规定上班时间是 12 小时，每一个月需要另外安排一天作为休息天。

表 4－16　四班二交替轮班形式

日期	1	2	3	4	5	6	7	8	9	10	…
甲班	白班	白班	休息	休息	夜班	夜班	休息	休息	白班	白班	…
乙班	休息	休息	白班	白班	休息	休息	夜班	夜班	休息	休息	…
丙班	夜班	夜班	休息	休息	白班	白班	休息	休息	夜班	夜班	…
丁班	休息	休息	夜班	夜班	休息	休息	白班	白班	休息	休息	…

四班二交替除了上述的上二休二的形式之外，也可以安排上一休一、上三休三等形式。原则是上班的天数与休息的天数对等为一个交替周期。

（5）四班三交替。

这也是一种传统的交替勤务形式。三个交替班次是早班、中班和夜班，一般是每个班上两天早班，接着上两天中班，再接着上两天夜班，然后休息两天，总共 8 天为一个周期，再轮班进入下个周期。每班标准工作时间是（40/6）×（8/7）＝7.6 小时。同样，如果每班规定上班时间是 8 小时，则每个月中工人有一天应安排休息或作为加班处理。

表 4－17　四班三交替轮班形式

日期	1	2	3	4	5	6	7	8	9	10	…
甲班	早班	早班	中班	中班	夜班	夜班	休息	休息	早班	早班	…
乙班	中班	中班	夜班	夜班	休息	休息	早班	早班	中班	中班	…
丙班	夜班	夜班	休息	休息	早班	早班	中班	中班	夜班	夜班	…
丁班	休息	休息	早班	早班	中班	中班	夜班	夜班	休息	休息	…

值得注意的是，四班三交替的轮班制的特点是倒班之间没有休息日间隔，所以只能采用正倒班的方式，否则如果是反倒班，将出现员工只有 8 小时休息又要上班的情形。

除了上述早、中、夜每两天倒班休息两天，8 天为一周期的形式之外，也可以安排每一天倒班休息一天，4 天为一周期；或者早、中、夜每三天倒班休息三天，12 天为一周期等形式。

【本章小结】

招聘指组织为了发展的需要，根据人力资源规划和工作分析的需求，寻找、吸引那些有能力又有兴趣的人到组织中任职，并从中选出适宜人员予以录用的过程。

招募是使潜在的合格人员对本企业某特定岗位产生兴趣，并前来应征该职位的过程。

甄选则是通过系列科学方法，对在征募过程确定的申请者中的潜在合格人员进行选择的过程。

录用即最终确定相应职位的合格人选的过程。

评估即对招聘的成本效益、招聘到的人员数量和质量、招聘的信度与效度进行评价的过程。

配置指的是人与事的配置关系，是通过人与事的配合及人与人的协调，充分开发利用员工，实现组织目标。

【讨论题】

1. 招聘的定义和原则是什么？
2. 招聘的渠道包括哪些，各有什么优缺点？
3. 内部渠道的招聘方法包括哪些，各自的优缺点是什么？
4. 外部渠道的招聘方法包括哪些，各自的优缺点是什么？
5. 人员甄选的定义和方法？
6. 人员录用包括哪几个过程？
7. 招聘评估包括哪几个方面？

【实训练习】

1. （　　）是指当对一个人某些特性形成好或坏的印象之后，人们就倾向于据此推论其他方面的特性。（2009 年 11 月四级真题）

（A）光环效应　（B）投射效应　（C）首因效应　（D）刻板印象

2. 心理测验按测验的内容可分为两大类，一类是能力测验，一类是（　　）测验。(2009 年 11 月四级真题)

（A）人格　（B）成就　（C）性格　（D）情商

3.（　　）筛选法适合于初步选拔应聘者。(2009 年 11 月四级真题)

（A）笔试　（B）面试　（C）小组　（D）材料

4. 内部招募的优点不包括（　　）。(2009 年 11 月四级真题)

（A）费用高　（B）适应较快　（C）来源广

（D）激励性强　（E）可能造成矛盾

5. 选择报纸刊登广告的好处包括（　　）。(2009 年 11 月四级真题)

（A）查询方便　（B）信息量大　（C）保留时间较长

（D）发行量大　（E）广告大小可灵活选择

6. 在以下招聘方式中，成本最高的是（　　）。(2010 年 5 月三级真题)

（A）发布广告　（B）网络招聘　（C）校园招聘　（D）猎头推荐

7.（　　）的优点是对候选人的了解比较准确。(2010 年 5 月三级真题)

（A）校园招聘　（B）借助中介　（C）猎头公司　（D）熟人推荐

8. “如果我理解正确的话，你说的意思是……”，这属于（　　）。(2010 年 5 月三级真题)

（A）开放式提问　（B）封闭式提问　（C）重复式提问　（D）假设式提问

9.（　　）用于测定从事某项特殊工作所具备的某种潜质。(2010 年 5 月三级真题)

（A）人格测试　（B）能力测试　（C）兴趣测试　（D）道德测试

10. 不同测试的成绩可以互为补充的人员录用策略是（　　）。(2010 年 5 月三级真题)

（A）补偿式　（B）多重淘汰式　（C）结合式　（D）领导决定式

11. 招募成本效用的计算公式为（　　）。(2010 年 5 月三级真题)

（A）招募成本效用＝录用人数/招聘总成本

（B）招募成本效用＝应聘人数/招募期间的费用

（C）招募成本效用＝被选中人数/选拔期间的费用

（D）招募成本效用＝正式录用的人数/录用期间的费用

12. 对求职者的信息掌握较全面，招聘成功率高的员工招募方式是（　　）。(2009 年 11 月三级真题)

（A）校园招聘　（B）借助中介　（C）猎头公司　（D）熟人介绍

13.（　　）提问是鼓励应聘者从不同角度思考问题的面试提问方式。(2009 年 11 月三级真题)

（A）开放式　（B）封闭式　（C）清单式　（D）假设式

14.（　　）评估是决定招聘效率的一个重要指标。(2009 年 11 月三级真题)

（A）招聘预算　（B）招聘成本管理

（C）招聘费用　（D）招聘成本效益

15. 常用的信度评估系数不包括（　　）系数。(2009 年 11 月三级真题)
(A) 稳定　(B) 外在一致性　(C) 等值　(D) 内在一致性
16. 内部选拔的缺点包括（　　）。(2010 年 5 月三级真题)
(A) 选拔费用高　(B) 抑制个体创新　(C) 产生“团体思维”
(D) 不利于组织的内部团结　(E) 导致部门之间“挖人才”的现象
17. 以下属于一般知识和能力的是（　　）。(2010 年 5 月三级真题)
(A) 智商　(B) 记忆能力　(C) 理解速度
(D) 数字能力　(E) 财务会计知识
18. 提高笔试的有效性应注意的问题包括（　　）。(2010 年 5 月三级真题)
(A) 命题是否恰当　(B) 确定命题记分规则　(C) 学历水平相当
(D) 阅卷及成绩复核　(E) 经历大致相同
19. 面试能够使用人单位全面了解应聘者的（　　）。(2010 年 5 月三级真题)
(A) 外貌风度　(B) 业务知识水平　(C) 工作经验
(D) 道德品质水平　(E) 求职动机
20. 结构化面试的优点包括（　　）。(2010 年 5 月三级真题)
(A) 对面试考官的要求较低　(B) 所收集信息范围不受限
(C) 有利于提高面试的效率　(D) 对所有应聘者均按同一个标准进行
(E) 便于进行分析、比较，减少主观性
21. 常用的效度评估类型包括（　　）。(2010 年 5 月三级真题)
(A) 预测效度　(B) 费用效度　(C) 内容效度
(D) 人员效度　(E) 同侧效度
22. 一般情况下，报纸招聘广告比较适合于（　　）。(2009 年 5 月四级真题)
(A) 某个特定地区的招聘　(B) 候选人数量较大的岗位
(C) 某个特定行业的招聘　(D) 流失率较高行业或职业
(E) 失业率较低行业或职业
23. 招聘申请表一般由招聘单位的（　　）设计，应聘人员在求职时自己填写。(2009 年 5 月四级真题)
(A) 人力资源部门　(B) 上级主管部门
(C) 业务部门主管　(D) 人事行政总监
24. 强盛公司是一家跨国公司在中国的子公司，以研制、生产、销售药品为主。随着生产业务的扩大，为了对生产部门的人力资源进行更有效的管理，公司决定在生产部设立一个职位，主要负责生产部与人力资源部之间的协调工作。生产部提出在企业外招聘合适的人员，人力资源部立即发布了招聘信息。在接下来的 7 天里，人力资源部共收到了 800 多份简历，他们先从中挑出 70 份简历，然后再次筛选，最后确定了 5 名候选人。人力资源部经理把候选名单交给生产部，生产部从中挑选了两人。其中一名候选人 A 在面试中表现出色，经理对其比较满意，但其个人材料中缺少在最近工作单位的主管的评价材料，最终，公司还是录取了 A，A 一进入公司便风风火火地投入到工作中。6 个月过去了，公司发现，A 的工作没有预期的那么好，指定的工作经常不能按时完成，有时甚至表现出不能

胜任工作的行为，这引起了管理层的不满。(2010 年 5 月三级真题)

请回答下列问题：

(1) 强盛公司的选拔过程出现哪些失误？

(2) 为什么要进行背景调查？背景调查的原则有哪些？

25. 宝洁公司在用人方面是外企最为独特的，它与其他外企不同，只招收刚从大学毕业的学生。由于我国只有每年的 7 月份才有毕业生，宝洁才不得不招收少量非应届毕业生，中国宝洁公司北京地区人力资源部傅经理介绍说，在中国宝洁公司，90% 的管理人员是从各大学应届毕业生中招聘来的。20 年来，宝洁公司已经聘用了几千名应届大学生。(2009 年 11 月三级真题)

请结合本案例回答下面问题：

(1) 宝洁公司为什么只招收应届大学毕业生？

(2) 在招聘应届大学毕业时，宝洁公司应该注意哪些问题？

26. 某公司是一家经营办公设备的跨国公司。今年年初，该公司决定在售后服务部门实施交叉销售的经营战略，在提供售后服务的同时，销售其他办公设备，并对售后服务人员进行销售技巧培训，但是许多售后服务人员还是不适应既是服务人员又是销售人员的角色。后来，经过多次培训、教育、督促，甚至下达硬性指标，上半年销售业绩仍然没有明显改善，甚至有部分人产生了抵触情绪。(2010 年 11 月三级真题)

请回答下列问题：

(1) 人员配置要遵循哪些原理？

(2) 从人力资源管理的角度来看，公司应该怎样做才能改善当前局面，实现交叉销售的经营战略？

27. 某公司拟招聘两名工作人员，表 1 是人力资源部通过笔试进行初选之后，对所挑选出来的甲、乙、丙、丁四名候选人进行综合素质测评的得分，以及 A 和 B 两类岗位素质测评指标的权重，如下表所示，请根据下表的数据，分别为 A 和 B 两类岗位各选出 1 名最终候选人。(2010 年 5 月三级真题)

项目		知识水平	事业心	表达能力	适应能力	沟通能力	协调能力	决策能力
甲		0.9	0.5	1	1	0.8	0.9	1
乙		0.7	1	0.5	0.8	1	0.8	0.9
丙		0.8	0.8	0.7	0.8	0.8	1	0.8
丁		1	0.9	1	0.7	0.7	0.7	0.9
权重	A	0.8	0.9	0.7	1	1	0.6	0.7
	B	0.9	1	0.8	0.9	0.9	1	1

【案例分析】

案例4－1　纽约联合印刷公司的“择人之道”

纽约联合印刷公司的销售经理皮尔森先生，此时正在审核瑞·约翰逊先生的档案材料，这位约翰逊先生申请担任地区销售代表的职务。联合印刷公司是同行业中的最大厂家，经营印刷初级教育直至大学教育的教材用书，系列、完整的商贸性出版物，以及其他非教育类的出版物，该公司目前正考虑让约翰逊手下的销售成员同大学教授们打交道。

约翰逊是由杰丽·纽菲尔德介绍给这家公司的，而纽菲尔德是眼下公司负责西部地区的销售商中工作非常成功的一位。虽然他到公司仅两年，但他的工作表现已清楚地表明其前途无量。在他到公司的短时期内，就将在自己负责区域内的销售额增加了三倍，他与约翰逊从少年时代就是好朋友，而且一起就读于伊利诺伊州立大学。

从档案上看，这位约翰逊先生似乎是一个爱瞎折腾的人，很明显的一点是在其大学毕业后的10年内，他没有一项固定的工作。在其工作中，持续时间最长的是在芝加哥作了八个月的招待员。他在Riviera待了两年，所做的一切仅够维持生活，而今他刚回来。由于没有足够的钞票，所以不管在哪儿，他都想方设法谋生，既然他以往是这种情况，在多数情况下公司就会自动取消考虑他的资格，但皮尔森先生还是决定对约翰逊的申请给予进一步考虑，这主要是因为公司的一个主要销售商力荐他，尽管这个人很清楚约翰逊的既往。

皮尔森先生在亚利桑那州的菲尼克斯花了两天时间，同纽菲尔德及其一位朋友顾问，一道会见了约翰逊先生，三人一致认为问题关键在于：约翰逊先生能否安顿下来，为生活而认真工作。约翰逊对这个问题抱诚恳的态度，并承认自己没料到会有这种答复，他清楚自己以前的工作情况，可他似乎又觉得会得到这份预想的工作。约翰逊先生似乎有优越的素质来胜任，他的父母是东部一所具有相当规模的大学教授，他在学术氛围中成长起来，因而，充分了解向教授们推销教材过程中所需解决的各种问题。他是一个有能力、知进取的人，在会见后，皮尔森先生和顾问都认为，如果他能安顿下来投入工作，他会成为一名杰出的销售人员。但是两人也意识到还有危险存在：那就是约翰逊先生可能会再次变得不耐烦而离开这个工作去某个更好的地方。不过，皮尔森决定暂时雇用约翰逊。

公司挑选程序的一部分要求在对人员最后雇用之前对每一位应聘者进行一系列心理测试，一些测试表明：约翰逊先生充满智慧且具有相当熟练的社会技能；然而，其余几项关于个性和兴趣的测试，则呈现出了令公司难以接受的一个侧面。测试报告说：约翰逊先生有高度的个人创造力，这将使他不可能接受权威，不可能安顿下来投入一个大的部门所要求的工作中去。关于他的个性评估了许多，但是所有一切都归于一个事实：他不是公司想雇用的那类人。依据测试结果，皮尔森先生还是拿不定主意是否向总裁建议公司雇用约翰逊先生。

问题：

（1）是否可录用约翰逊先生？皮尔森先生将建议什么？

（2）假如皮尔森雇了约翰逊先生，那么你认为约翰逊先生会不会“这山盼着那山高”，在皮尔森公司干一段时间后再又跳槽？

案例4-2 丰田公司的全面招聘体系

丰田公司著名的“看板生产系统”和“全面质量管理”体系名扬天下，但是其行之有效的“全面招聘体系”却鲜为人知，正如许多日本公司一样，丰田公司花费大量的人力物力寻求企业需要的人才，用精挑细选来形容一点也不过分。丰田公司全面招聘体系的目的就是招聘最优秀的有责任感的员工，为此公司作出了极大的努力。

丰田公司全面招聘体系大体上可以分成六大阶段，前五个阶段招聘大约要持续5~6天。

第一阶段，丰田公司通常会委托专业的职业招聘机构，进行初步的甄选。应聘人员一般会观看丰田公司的工作环境和工作内容的录像资料，同时了解丰田公司的全面招聘体系，随后填写工作申请表。1个小时的录像可以使应聘人员对丰田公司的具体工作情况有个概括了解，初步感受工作岗位的要求，这同时也是应聘人员自我评估和选择的过程，许多应聘人员知难而退，专业招聘机构也会根据应聘人员的工作申请表和具体的能力和经验作初步筛选。

第二阶段，评估员工的技术知识和工作潜能。通常会要求员工进行基本能力和职业态度心理测试，评估员工解决问题的能力、学习能力和潜能以及职业兴趣爱好。如果是在技术岗位上工作的应聘人员，还需要进行6个小时的现场实际机器和工具操作测试，通过上述阶段的应聘者的有关资料转入丰田公司。

第三阶段，丰田公司接手有关的招聘工作。本阶段主要是评价员工的人际关系能力和决策能力，应聘人员在公司的评估中心参加一个4小时的小组讨论，讨论的过程由丰田公司的招聘专家即时观察评估，比较典型的小组讨论可能是应聘人员组成一个小组，讨论未来几年汽车的主要特征是什么。实地问题的解决可以考察应聘者的洞察力、灵活性和创造力。同样在第三阶段应聘者需要参加5个小时的实际汽车生产线的模拟操作，在模拟过程中，应聘人员需要组成项目小组，负担起计划和管理的职能，比如如何生产一种零配件，人员分工、材料采购、资金运用、计划管理、生产过程等一系列生产考虑因素的有效运用。

第四阶段，应聘人员需要参加一个1小时的集体面试，分别向丰田的招聘专家谈论自己取得过的成就，这样可以使丰田的招聘专家更加全面地了解应聘人员的兴趣和爱好，他们以什么为荣，什么样的事业才能使应聘员工兴奋，以便更好地作出工作岗位安排和职业生涯计划。在此阶段也可以进一步了解员工的小组互动能力。

通过以上四个阶段，员工基本上被丰田公司录用。

第五阶段，对应聘人员进行一个25小时的全面身体检查。了解员工的身体一般状况和特别情况，如酗酒、药物过敏等问题。

第六阶段，新员工需要接受6个月的工作表现和发展潜能评估，新员工会接受监控、观察、督导等方面的密切关注和培训。

（资料来源：刘善仕. 人力资源管理. 广州：华南理工大学出版社，2004.）

问题：

（1）丰田公司在招聘过程中使用了哪些甄选方法和手段？

（2）丰田公司招聘中体现了什么招聘理念？

(3) 通过丰田公司的招聘案例你能得到哪些启示?

案例4-3 为什么招聘失败了?

NLC化学有限公司是一家跨国企业，主要以研制、生产、销售医药、农药为主。耐顿公司是NLC化学有限公司在中国的子公司，主要生产和销售医疗药品。随着生产业务的扩大，为了对生产部门的人力资源进行更为有效的管理开发，2000年初始，分公司总经理把生产部门的经理于欣和人力资源部门经理建华叫到办公室，商量在生产部门设立一个处理人事事务的职位，主要负责生产部与人力资源部的协调工作。最后，总经理说希望通过外部招聘的方式寻找人才。

在走出总经理的办公室后，人力资源部经理建华开始一系列工作，在招聘渠道的选择上，建华设计了两个方案：一个方案是在本行业专业媒体中做专业人员招聘宣传，费用为3 500元。好处是对口的人才比例会高些，招聘成本低；不利条件是企业宣传力度小。另一个方案是在大众媒体上做招聘广告，费用为8 500元。好处是企业影响力度很大；不利条件是非专业人才的比例很高，前期筛选工作量大，招聘成本高。他初步决定选用第一种方案，但是，总经理看过招聘计划后，认为公司在大陆地区处于初期发展阶段，不应放过任何一个宣传企业的机会，于是选择了第二种方案。

其招聘广告刊登的内容如下：

您的就业机会在NLC化学有限公司下属的耐顿公司

1个职位：对于希望发展迅速的新行业的生产部人力资源主管

主管生产部和人力资源部两部门协调性工作

抓住机会！充满信心！

请把简历寄到：耐顿公司人力资源部

在一周时间里，人力资源部收到了800多份简历，建华和人力资源部的人员在800份简历中筛出70份有效简历，经筛选后留下5份。他来到生产部门经理于欣的办公室，将此5人的简历交给了于欣，并让于欣直接约见面试。于欣经过筛选后认为可从两人中作选择——李楚和王智勇。他们将所了解的两人资料对比如下：

姓名/性别/学历/年龄/工作时间/以前的工作表现/结果

李楚，男，企业管理学士学位，32岁，有8年一般人事管理及生产经验，在此之前的两份工作均有良好的表现，可录用。

王智勇，男，企业管理学士学位，32岁，7年人事管理和生产经验，以前曾在两个单位工作过，第一位主管评价很好，没有第二位主管的评价资料，可录用。

从以上的资料可以看出，李楚和王智勇的基本资料相当。但值得注意的是：王智勇在招聘过程中，没有上一个公司主管的评价。公司通知两人，一周后等待通知，在此期间，李楚在静待佳音；而王智勇打过几次电话给人力资源部经理建华，第一次表示感谢，第二次表示非常想得到这份工作。

生产部门经理于欣在反复考虑后，来到人力资源部经理室，与建华商谈录用何人，建华说："两位候选人看来似乎都不错，你认为哪一位更合适呢?"于欣说："两位候选人的资格审查都合格了，唯一存在的问题是王智勇的第二家公司主管给的资料太少，但是虽然如此，我也看不出他有何不好的背景，你的意见呢?”建华说：“很好，于经理，显然你我对王智勇的面谈表现都有很好的印象，人嘛，有点圆滑，但我想我会很容易与他共事，相信在以后的工作中不会出现大的问题。”于欣说：“既然他将与你共事，当然由你作出最后的决定。”于是，公司最后决定录用王智勇。

王智勇来到公司工作了六个月，在工作期间，经观察发现王智勇的工作不如期望的好，指定的工作他经常不能按时完成，有时甚至表现出不能胜任其工作的行为，所以引起了管理层的抱怨，显然他不适合此职位，必须加以处理。

然而，王智勇也很委屈：来公司工作了一段时间，招聘所描述的公司环境和各方面情况与实际情况并不一样，原来谈好的薪酬待遇在进入公司后又有所减少，工作的性质和面试时所描述的也有所不同，也没有正规的工作说明书作为岗位工作的基础依据。

那么，到底是谁的问题呢?

（资料来源：刘善仕．人力资源管理．广州：华南理工大学出版社，2004.）

问题：

（1）你认为此次招聘失败的原因是什么?

（2）你觉得应该怎样改进?

（3）确定合适人选应该考虑哪些因素?

（4）通过这个失败的例子，你认为应该怎样对测试进行验证?这一信息如何能有益于经理人员?

第五章　培训与开发

【篇首案例】

施乐公司通过员工培训获取竞争优势

施乐公司的CEO戴维·凯恩斯普面临着一个严重的问题：施乐公司的市场份额从18.5%降到了10%，要想重新获得竞争优势，施乐公司就必须大力改善其产品和服务质量，而要做到这一点，就必须要改变员工的行为。

为此，施乐公司开发了一个为期5年的题为"通过质量来引导"的计划。该计划有两项内容：一是使消费者永远满意；二是提高质量是每一位员工的职责。

为贯彻这一计划，施乐公司开设了一系列培训课程，这些课程是为指导员工做什么而设计的，目的是在质量改善方案中完成其新的工作任务，培训内容包括组建团队、提高技能等方面。

结果，消费者对施乐公司的认知发生了戏剧性的改变：消费者的满意度上升了40%，对质量问题的投诉下降了60%。施乐公司又重新夺取了美国复印机市场的王位。

第一节　培训与开发概述

培训是向新员工或现有员工传授其完成本职工作所必需的相关知识、技能、价值观念和行为规范的过程。开发则是增加和提高员工的知识和能力，以满足企业将来的工作需求。

一、培训与开发的定义

培训（training）与开发（development）是两个既相联系又相区别的概念：培训是企业向员工提供所必需的知识与技能的过程；开发是依据员工需求与组织发展要求对员工的潜能开发与职业发展进行系统设计与规划的过程。两者的最终目的都是通过提升员工的能力，实现员工与企业的同步成长。在实践中，往往对培训与开发不作严格的区分。

培训更多的是一种具有短期目标的行为，目的是使员工掌握目前所需要的知识和技能；而开发则更多的是一种具有长期目标的行为，目的是使员工掌握将来所需要的知识和技能，以应对将来工作所提出的要求。两者的区别如表5-1所示。

表 5－1　培训与开发的区别

	关注	时间	内涵	目标	参与	使用工作经验的程度
培训	当前	较短	较小	为当前做准备	强制	低
开发	未来	较长	较大	为变化做准备	自愿	高

其实，培训和开发的实质是一样的，都是要通过改善员工的工作业绩来提高企业的整体绩效，只是关注点有所不同，一个更关注现在，而另一个更关注将来。

在此，我们把其当作一个概念来理解，培训开发指企业通过各种方式使员工具备完成现在或将来工作所需要的知识、技能，并改变他们的工作态度，以改善员工在现有或将来职位上的工作业绩，并最终实现企业整体绩效提升的一种计划性和连续性的活动。

对培训开发含义的准确理解，需要把握几个要点：培训开发的主体是企业；培训开发的客体是企业的全体员工；培训开发的内容范围与员工的工作有关；培训开发的目的是改善员工的工作业绩并提升企业的整体绩效。

同时，培训开发对于企业的意义并不局限对员工技能与能力的培养，更是深化组织发展、推行企业管理行为与文化实践的重要内容，作为外在薪酬表现形式的培训开发也对激励员工和稳定队伍具有一定的积极作用。因此，越来越多的企业将培训开发用于实现两个新的目的：一是向员工传授更为广泛的其他技能，使员工的技能由单一技能转向多重技能，以适应不断变化的客户需求与组织发展的需要，如主动解决客户需求技能、有效沟通技能、团队合作技能及学习技能；二是利用培训开发来强化员工对组织的认同，提高员工的忠诚度，培养员工的客户服务意识，提高员工的适应性和灵活性，使员工与组织同步成长。

二、培训开发的类型

在实践中，培训开发具有各种不同的形式，对这些类型的辨别将有助于加深对培训开发的理解，按照不同的标准，可以将培训开发划分为不同的类型。

（1）按照培训对象的不同，可以将培训开发划分为新员工培训和在职员工培训两大类。

新员工培训是指对刚刚进入企业的员工进行培训；在职员工培训是指对已经在企业中工作的员工进行培训。由于培训的对象不同，这两类培训之间存在着比较大的差别，新员工培训相对来说比较简单，因此通常所讲的培训开发是针对后者而言的。

按照员工所处的层次不同，在职员工培训又可细分为基层员工培训、中层员工培训和高层员工培训三类。由于这三类员工在企业中所处的位置不同，承担的责任不同，发挥的作用也不同，因此对他们的培训开发要区别对待，应当侧重不同的内容，采取不同的方法。

（2）按照培训形式的不同，可以将培训开发划分为在职培训和脱产培训两大类。

在职培训（on-the-job training，ONJT）是指员工不离开工作岗位，在实际工作过程中接受培训；脱产培训（off-the-job training，OFFJT）是指员工离开工作岗位，专门接受培训。这两种培训形式各有利弊，企业在实施过程中需要根据实际情况来选择合适的形式。

（3）按照培训性质的不同，可以将培训开发划分为传授性的培训和改变性的培训。

传授性的培训是指使员工掌握自己本来所不具备的内容的培训，例如，员工本来不知道如何操作机床，通过培训使他能够进行操作，这种培训就是传授性的培训；改变性的培训是指那些改变员工本来已具备的内容的培训，例如，员工知道如何操作机床，但是操作的方法有误，通过培训使他掌握正确操作的方法，这种培训就是改变性的培训。

（4）按照培训内容的不同，可以将培训开发划分为知识性培训、技能性培训和态度性培训三大类。

知识性培训是指以业务知识为主要内容的培训；技能性培训是指以工作技术和工作能力为主要内容的培训；态度性培训是指以工作态度为主要内容的培训。这三类培训对于员工个人和企业绩效的改善都具有非常重要的意义，因此在培训中都应当给予足够的重视。

此外，按照其他标准，培训开发还可以划分为其他不同的类型。需要再次强调指出，对培训开发类型进行划分的意义并不完全在于这些类型本身，而在于对培训开发的深入了解。

三、培训的系统模式

员工培训是人力资源部的重要职能，培训做得好，无论对员工的自我增值，还是对企业绩效的提高，都起着十分重要的作用，而培训活动的成本无论从费用、时间与精力上来说，又都是不低的，所以必须精心设计与组织。人力资源培训系统（简称 HRT）模型如图 5 – 1 所示，由四个环节构成一个循环过程，这四个环节分别是：培训需求的评估；培训方案的设计；培训方案的实施；培训效果的评估。

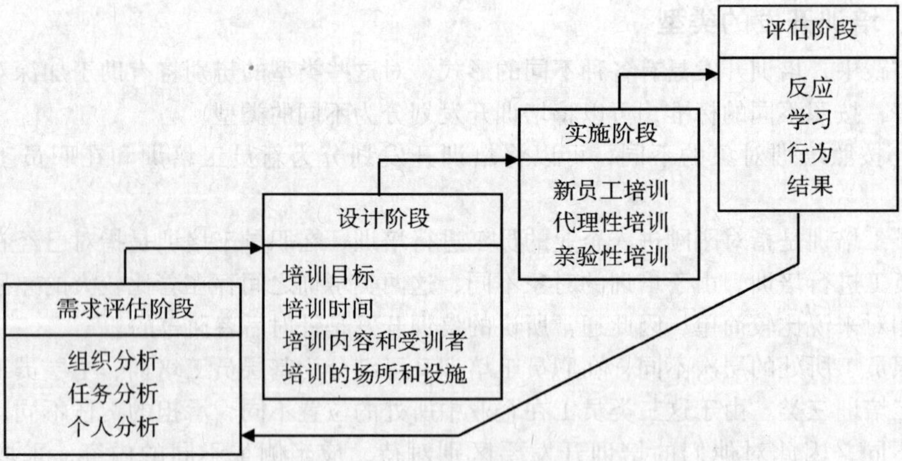

图 5 – 1 培训的系统模式

（资料来源：[美] 乔治·伯兰德，斯科特·斯内尔．人力资源管理（第十三版）．魏海燕主译．大连：东北财经大学出版社，2006.）

1. 培训需求的评估

在关注到培训的种类、地点、对象，以及哪种培训方法最能有效地增强雇员的知识、技能与能力之前，首先要确定组织中哪里需要培训、培训的内容是什么以及组织中的哪些人需要进行培训，而这些全部都是需求评估要完成的任务。

培训需求的评估就是通过对组织、任务和个人三个层面的分析来确定组织中培训的重点、培训的内容和培训的对象。

2. 培训方案的设计和实施

一旦培训需求的确定后，下一步就是要设置培训的目标，以及根据培训的目标设计和实施培训的方案，包括培训目标的设置、培训时间的选择、培训者的安排、培训的内容和培训对象的确定、培训场所和设施的安排、培训方法的选择、培训费用的预估。

3. 培训效果的评估

培训的最后阶段是从反应、学习、行为、结果四个层次评估培训的有效性。

第二节　培训需求的评估

培训的需求评估是判断组织中哪里需要培训、培训的内容是什么以及组织中的哪些人需要进行培训的过程，分别由组织分析、任务分析和个人分析组成。

培训需求分析（training needs analysis）是指在规划和设计培训活动之前，通过一系列的方法和技术，对组织层次、任务层次和个人层次的现有状况、应有状况及存在问题进行系统的调查分析，以确定是否有培训的需要，以及需要哪些方面的培训的一种活动或过程。

需求评估是培训工作的起点，可通过三个层面的分析来判断组织中的培训需求，如图5－2所示。

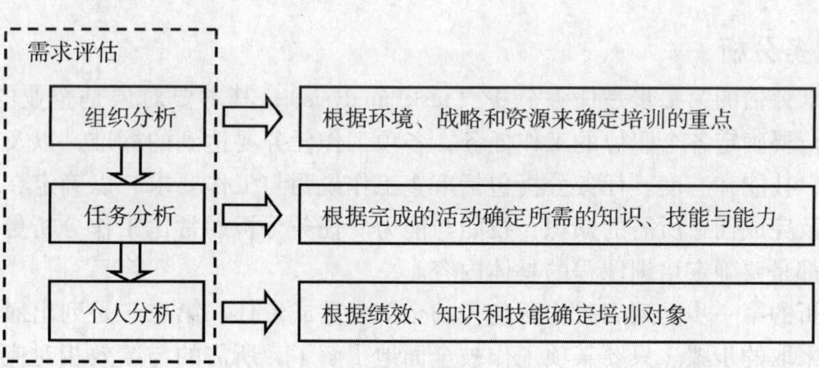

图5－2　培训需求的评估

一、组织分析

组织分析（organization analysis），是需求评估的第一步，要找出会影响培训需求的各种因素，组织分析检查组织的环境、战略和资源，以决定培训的重点应放在哪里。

经济与公共政策方面的问题影响培训需求，例如，因为“9·11”恐怖袭击事件，机场保安人员的培训大为加强，同时，针对各航线的空服人员、交通行业的雇员、核能发电厂的雇员，甚至主题游乐园的保安人员的培训课程也增加了不少。

组织分析着重于确定员工培训在整个组织范围内的需要，包括以下几个重点内容：

(1) 分析企业组织经营战略与发展目标。在分析企业战略与目标的基础上，要预测本企业未来在技术、销售市场及组织结构上可能发生的变化，并预测未来需要哪些方面的知识和技能。

(2) 企业现有的人力资源的数量、质量和效率。通过对企业过去的统计数据的分析，了解企业现有员工的能力，找出企业人力资源现状与企业发展需要之间的差距，从而估计具体的培训对象及培训内容。

(3) 分析企业为培训提供的资源和支持。根据企业现有的能力，估计企业在力所能及的范围内可以开展哪些方面的培训是企业急需的。

链接：雅芳的培训阶梯

第一阶段：全员培训。培训内容包括：引导培训；公司文化介绍；PDP 介绍；职业形象和礼仪；时间管理；电话技巧。

第二阶段：主管培训。培训内容包括：管理基础；PDP1、2、3；团队建设；冲突管理；会议技巧；表达技巧。

第三阶段：经理培训。培训内容包括：经理角色；变革管理；如何发现问题；甄选面试；领导；非财务经理的财务培训；发展教练；职业生涯。

第四阶段：亚太和总部管理项目培训。培训内容包括：AIM；中层经理培训；领导力培训。

二、任务分析

培训需求评估的第二步是任务分析（task analysis），其主要对象是企业的各个职位，通过任务分析要确定各个职位的工作任务，各项工作任务要达到的标准，以及完成任务所必需的知识、技能和态度。任务分析包括审查工作说明与工作要求，以确定在特定工作的行为表现以及完成任务所需的知识、技能与能力。任务分析通常比工作分析更为具体，但整体的目的都是要确定培训课程的具体内容。

任务分析的第一步是列出工作所包含的全部任务或责任，第二步是列出雇员为了完成每项任务所采取的步骤。只要某项工作被全面地了解了，所需的与绩效相对应的技能与知识的绩效类型（如讲解、召回、辨别、操作）就可以被定义。例如，在拍摄胸部 X 光片的任务中，放射线工作人员准确地放置患者（操作），给予特殊指导（讲解），并检查患者与 X 光显像管适当的距离（辨别）。受训者所需的绩效技能和知识类型，可以通过观察和询问有技能的工作人员或参阅审查工作说明来确定。这可以帮助培训者遴选计划内容，并选定最有效的培训方法。

然而，像工作分析一样，任务分析似乎从着重于固定的任务结果，转变为实现更优异的绩效所需要的灵活的整套能力。诸如 Case 和 Principal 金融集团等公司发现，当转变为工作团队时，灵活性要求雇员按需要调整他们的行为。能力评估侧重于雇员成功所需的整套技能和知识，尤其是决策导向和知识密集的工作。当培训课程基于工作导向时，任务分析会随工作经历不断的变化而过时；当培训课程基于能力评估时，培训课程更有弹性，而且可能更有耐久性，已在医疗卫生行业得到广泛运用。

三、个人分析

在组织分析与任务分析之后，有必要进行个人分析（person analysis），包括确定需要培训的雇员，同样重要的是需要确定不需要培训的雇员。从这一点来说，个人分析显得非常重要：首先，通过个人分析可以使组织避免把不需要培训的雇员也送去参加培训；其次，通过个人分析可以帮助经理了解雇员未来发展的可能性，并针对他们不足的地方设计培训课程。

培训的重点在于促成员工的个人行为发生所期望的转变，没经验的员工绩效不良可能是由于缺乏所需的知识或技能，有经验的员工没做好工作则可能是因为养成了不良的工作习惯或原来的培训不当，这些都可通过个人分析而被发现。

个人分析的主要内容包括：员工的工作表现；员工工作绩效不佳的原因；员工的职业生涯。通过对以上内容的分析，确定员工现有的知识、技能及所能承担的责任，重点是衡量员工的能力是否符合目前及将来升迁的职位的要求。如发现员工存在不足之处，要积极加以引导和培训，并着重挖掘有潜质的人才。

如 Teradyne 和 Hewlett－Packard 等公司把绩效评估信息纳入个人分析之中。不过，尽管绩效评估可以指出没有达到期望，但它一般不能揭示原因。如果绩效不佳是因为能力问题，进行培训也许是一个不错的方法。然而，如果绩效不佳是因为激励不足或雇员无法控制的因素，那么培训就不是解决方法了。最终，经理不得不与雇员坐下来谈论可以改善的地方，让他们共同确定实现利益最大化的开发方法。

链接：水桶效应

Buckets Effect/Cannikin Law，又称木桶原理或短板理论，其核心内容为：一只水桶盛水的多少，并不取决于桶壁上最高的那块木块，而恰恰取决于桶壁上最短的那块。根据这一核心内容，“水桶效应”还有两个推论：其一，只有桶壁上的所有木板都足够高，那水桶才能盛满水；其二，只要这个水桶里有一块不够高度，水桶里的水就不可能是满的。

木桶原理由美国管理学家彼得提出的，组成木桶的木板如果长短不齐，那么木桶的盛水量不是取决于最长的那一块木板，而是取决于最短的那一块木板。这就是说构成组织的各个部分往往是优劣不齐的，而劣势部分往往决定了整个组织的水平，因此要想提高整个组织的水平，应想办法提升最短的那一块木板的高度。

第三节　培训方案的设计和实施

培训方案的设计和实施包括培训目标的设置、培训时间的选择、培训者的安排、培训的内容和培训对象的确定、培训场所和设施的安排、培训方法的选择、培训费用的预估。

一、培训目标的设置

设置培训目标将为培训计划提供明确的方向和依循的构架，有了目标，才能确定培训的对象、内容、时间、教师、方法等具体内容，并可在培训之后，对照此目标进行效果评估。培训目标可分为若干层次，从某一培训活动的总体目标到某项学科直至每堂课的具体目标，越来越具体。设置培训目标必须与企业的宗旨相一致，要现实可行，要用书面语言明确陈述，其培训结果应是可以测评的。

培训目标主要有以下五大类：

1. 技能培养

掌握技能当然离不开思维活动，在较低层的职工中，需要涉及具体的操作训练；在高层中，则主要是思维性活动了。例如，分析与决策能力也要涉及具体的技巧训练；又如，书面与口头沟通能力、人际关系技巧等。

2. 传授知识

这包括概念与理论的理解与纠正、知识的灌输与接受、认识的建立与改变等，都属于智力活动，理论与概念必须和实际相结合，才能透彻理解，灵活掌握，巩固记忆。

3. 转变态度

这当然也必须涉及认识的变化，所以有人把它归入上述“传授知识”这一类中，但态度的确立或转变还涉及感情因素，这在性质与方法上毕竟不同于单纯的传授知识。

链接：普罗维登公司（Provident）“有效的电话技术”培训课程的目标

当你完成本课程回到工作岗位后，你应该：

快捷应答电话，如果可能，不迟于第二声铃响。

保留一份经常拨打的电话号码名录。

在开始谈话时先表明身份。

随时将电话通信录和笔放在电话机旁。

接别人电话时要有问必答，热心助人。称呼来电者的姓名，使谈话有人情味。

留下书面信息时，要写上日期、时间、来电者的正确姓名、来电者的电话号码、留言内容、你的姓名。

在转电话之前，先向来电者说明你想做什么。

对所有来电一视同仁，感谢对方来电。

使用礼貌用语，如“我能否”、“请”、“谢谢”。

4. 工作表现

受训者经过培训后在一定的工作情境下应达到特定的工作绩效和行为表现。

5. 培训应有助于实现部门或企业的绩效目标

培训方案的目标包括下列三要素：培训后的行为或绩效的标准要求，对于培训计划而言，这个标准应具体列明。例如，培训后打字速率应为每分钟若干字；何种状况下，这个绩效标准可以加以运用；评估上述行为或绩效标准的方法。

二、培训时间的选择

培训时间是指培训在什么时候进行，在培训实施中，这也是非常重要的一点。

培训时间的安排无外乎工作时间内和工作时间外，企业在安排培训时间的时候，除了考虑成本以外，更主要的是要考虑培训的实际效果。通常来说，如果一味将培训活动安排在八小时工作时间以外，员工容易产生抵触心理，导致缺勤率高，参与程度低，培训活动过于被动；如果经常将培训活动安排在八小时工作时间以内，势必影响企业正常工作的开展，延迟了工作进度，造成企业整体运营成本增加。

作为培训活动的组织者来说，应该掌握的基本原则是，在保证企业正常生产与经营活动照常进行的前提下，力求降低实施培训活动的成本（尤其是受训者的机会成本），提高培训活动的有效性，因此，培训活动安排在正常工作时间内抑或是安排在八小时工作时间外，并无定论。另外，具体在安排培训时间的时候，如果是将培训活动安排在正常工作时间内进行，也应注意具体的时间点。

一般来说，培训时间的确定要考虑两个因素：一是培训需求；二是受训人员。培训时间确定得科学合理，一方面可以保证培训及时地满足培训的需求；另一方面也有助于受训人员安心地接受培训，从而保证培训的效果。例如，企业准备引进新的设备，那么合理的培训时间应当确定在设备引进之前，这样员工就可以及时地使用新的设备；如果等引进完之后再对员工进行培训，就会造成设备有一段时间闲置。再比如，当员工的工作任务比较繁忙时，除非培训的需求非常紧急，否则一般最好不要安排培训。如果培训是连续性的，还要制定出培训的时间进度表。

培训时间确定完之后，还要及时地发布通知，确保每一个受训人员知道在什么时间要接受培训，这样他们就可以提前做好准备，以免时间上发生冲突，影响培训的实施。

另外，企业培训工作者在确定并公示了培训时间后，切忌随意更改时间，因为企业里的每个人确实工作任务都很重，参加一次培训活动需要许多的协调工作，并且，培训应该尽量遵守时间安排，不要随意拖延。

三、培训者的安排

培训者的选择是培训实施的一项重要内容，培训者选择得恰当与否对于整个培训活动的效果和质量有着直接的影响，培训者必须有良好的品质、完备的知识、丰富的经验，还要善于沟通，优秀的培训者往往能够使培训工作更加富有成效。

培训者的来源一般有两个渠道：一是外部渠道（如某一领域专家、行内专业人士、大学教授等）；二是内部渠道（如公司的高层主管）。从这两个渠道选择培训者各有利弊，表5－2就是对各自的利弊所作的一个简单比较。

表5－2　内、外部渠道选择培训者的利弊比较

渠道	优　点	缺　点
外部渠道	·培训者比较专业，具有丰富的培训经验 ·没有什么束缚，可以带来新的观点和理念 ·与企业没有直接关系，员工比较容易接受	·费用比较高 ·对企业不了解，培训的内容可能不实用，针对性不强 ·责任心可能不强
内部渠道	·对企业情况比较了解，培训更有针对性 ·责任心比较强 ·费用比较低 ·可以和受训人员进行更好的交流	·可能缺乏培训经验 ·受企业现有状况的影响比较大，思路可能没有创新 ·员工对培训者的接受程度可能比较低

（资料来源：董克用，叶向峰．人力资源管理概论．北京：中国人民大学出版社，2004.）

近年来，我国各地出现了大量的专业培训机构，以满足企业日益增长和不断变化的培训需求，这些机构通常只有固定的办公地点，但没有正规学校所具备的教学场所和设施。它们通常没有专职的教学培训人员，但以合同的方式聘请了不少的专业培训师。这些机构根据企业对员工的培训需求，开发和设计出相应的培训方案和教材，主要以“公开课”和“内训”两种方式为企业提供培训服务。

“公开课”是指培训机构以广告方式向众多企业邀请相关人员参加的集中性的短期培训，或周末两天，或一周，或一个月，培训地点通常是在宾馆、饭店的会议室，每次参加人数可以是几十人或几百人。“内训”则是培训机构为某企业专门提供的短期培训项目，通常在该企业内部进行，没有外部人员参加。两者相比较，利弊显而易见。“公开课”有利于来自不同企业的人员交流、学习和借鉴其他企业的经验，且费用较低；但针对性较差，一个企业派去参加的人数有限。“内训”相反，培训内容对企业而言可以比较具体和有针对性，该企业参加人员可以比较多，讨论问题也能深入，不必忌讳外泄机密或“家丑”；但费用较高，而且不能与除培训师外的企业外部人员交流。

四、培训的内容和培训对象的确立

培训的内容是指应当进行什么样的培训；培训的对象是指哪些员工需要接受培训，这两个项目都是第一阶段培训需求分析的结果。

五、培训场所和设施的安排

培训场所是指培训要在什么地方和环境进行，培训场所的选择也会影响培训的效果，合适的场所有助于创造有利的培训条件，建立良好的培训环境，从而增进培训的效果。培训场所的选择，最主要的是要考虑培训的方式，应当有利于培训的有效实施。例如，采取授课法，就应当在教室进行；采取讨论法，就应当在会议室进行；而采取游戏法的话，则应当选择有活动空间的地方。此外，培训场所的选择还应当考虑培训的人数、培训的成本等因素。

此外，在培训计划中，还应当清楚地列出培训所需的设备，如坐椅、音响、投影机、屏幕、白板以及文具等，准备好相应的设备也是培训顺利实施的一个重要保证。

一个良好的培训场地应符合三个主要条件：一是交通方便；二是安静、独立且不受干扰；三是为学员提供足够大的空间，学员可以自由移动，学员可以清楚地看到其他学员、培训师和培训中使用的其他设施。培训室座位的布置安排应根据培训师与学员之间及学员之间预期的交流沟通要求而设计，培训室座位的不同设计如图 5－3 所示。

每一种培训室座位布置满足不同的培训需求，一般来说，圆形和马蹄形座位安排适合于小组活动和非正式培训课，有利于互动式学习；教室形和剧场形座位安排适合于大组活动和学习，但互动性不够；扇形座位适合于中等或大型活动，在一定程度上可兼顾互动式学习。

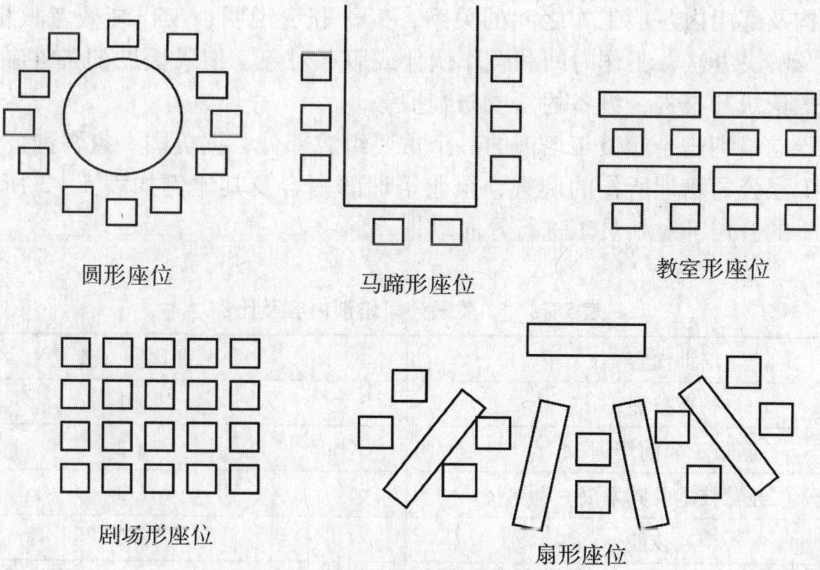

图 5－3　培训室座位的不同设计

（资料来源：石金涛，唐宁玉，顾琴轩．培训与开发．北京：中国人民大学出版社，2003.）

六、培训方法的选择

培训方法的选择要和培训内容紧密相关，不同的培训内容适用于不同的培训方法。不同培训方法有不同特点，在实际工作中，应依据公司的培训目的、培训内容及培训对象，选择适当的培训方法。本书将其归为以下六类：新员工导向培训、直接传授型培训、实践型培训、参与型培训、态度型培训、科技时代的新型培训等。

1. 新员工导向培训

新员工导向培训（employee orientation）亦称岗前或职前培训，指为新员工提供有关公司和工作的基本背景情况的活动。这种背景信息对员工做好本职工作起着导向性的作用。因此，导向培训是企业通过预先规划的各种活动，将新员工介绍到企业组织、部门中去，并使他们成为合格员工的培训。

新员工导向培训的主要内容包括以下四方面：

（1）公司概况。公司的创业、成长、发展过程，公司经营战略和目标，公司的优势和面临的挑战；公司的企业文化和价值观、行为规范和标准；产品和服务，主要客户情况；公司活动范围；组织结构；主要负责人员等。

（2）主要政策及其程序。假期、请假、加班、报销的政策及其程序，购买内部产品的特权和享受内部服务等政策及其程序，工资、福利和奖励政策及其程序，员工培训和职业发展政策及其程序，绩效管理的政策及其程序等。

（3）公司设施和部门参观。设施参观、规定的用餐地点、急救站、员工出入口、停车场、禁区等，部门工作休息室、个人物品储藏柜、火灾报警箱、主管办公室等。

（4）部门职能和岗位职责。部门目标及最新优先事项或项目，与其他职能部门的关系，部门结构及部门内各项工作之间的关系，工作职责说明，工作绩效考核标准和方法，常见的问题及解决办法，工作时间和合作伙伴或服务对象，请求援助的条件和方法，加班要求，规定的记录和报告，设备的领取与维护等。

新员工导向培训是企业员工培训的一个重要组成部分，据美国一家咨询公司对全美12种行业的991家公司培训所作的调查，企业培训的内容及其比例如表5－3所示，由表中可知，71.2%的公司都对新员工进行导向培训。

表5－3　美国公司培训内容及比例

培训内容	培训比例（%）
管理技能	77.1
新员工职前培训	71.2
经营技术及其发展	67.3
沟通技能	58.2

（续上表）

培训内容	培训比例（%）
专业技术、知识更新	58.2
时间管理	51.2
劳动安全	50.4
新设备的操作与维修	47.4

（资料来源：石金涛，唐宁玉，顾琴轩．培训与开发．北京：中国人民大学出版社，2003.）

（1）新员工的组织社会化过程。

新员工进入一个组织，必须经历组织社会化的阶段，组织社会化（organizational socialization）是指使新员工转变为合格的组织成员的过程，有效的社会化包括员工为胜任本职工作做准备，对组织有充分的了解以及建立良好的工作关系，新员工导向培训是员工实现组织社会化的重要途径和方法。

新员工在进入企业组织之前，每个人的工作经历、价值观念、文化背景等各不相同，与企业组织文化也不完全一致。新员工在招聘阶段，虽然对公司的形象、产品、市场及要承担的工作职责、薪酬待遇等有一定的了解，但很可能是比较片面或零碎的。当新员工进入现实的工作环境时，如果不对新员工进行导向培训，极易产生现实冲突，即新员工对其新工作环境怀有的期望与工作实际情况之间存在差异，这种差异会使新员工产生失落感或挫败感。

一般来说，新员工进入一个企业，他或她面临的主要问题有三个方面：

①进入群体的问题。是否为群体中的其他成员所接受？人们会不会喜欢他或她？是否安全可靠？

②现实与期望的矛盾。主要关于工资、福利、假期、公司政策和员工行为规范等的现实与期望的矛盾。

③第一工作环境的问题。同事是否主动与新员工交往并指导其如何达到作业标准？第一项工作是如何分派的？为什么这样分派？公司对员工工作的要求和标准是什么？

为了克服这些问题，新员工必须了解三个领域的专门信息，首先是公司的要求、期望、规范、传统和政策；其次是工作交往和沟通方面的行为，如允许的交往、工作气氛、与同事及上司的交往及交往途径；最后是工作的技术或技能方面的要求。

新员工克服刚进企业新面临问题的过程，是其组织社会化的过程，也是其经历的磨合阶段，新员工的磨合阶段有长有短，一个有效的导向培训可使磨合阶段最短化，尽快使员工进入适应阶段。

（2）新员工导向培训的方式。

入职培训的方式可灵活多样，可以是授课式、研讨会形式，也可以是在岗实地培训，甚至可以是户外训练等方式。

①实地培训。例如，美国惠而浦公司对新加入的销售人员采用实地培训。以 7 个人为一组，安排在公司密歇根总部附近的房子里，为期两个月，只有 2 个周末允许回家度假。

除了普通的讲授方式，还让新销售员工每天用公司的产品洗衣、做饭、洗碗，他们也会在当地的商店购买家用电器，把惠而浦的产品和竞争者的产品作比较等。这个培训使新加入的销售人员快速熟悉产品和业务，参加了该项目的员工通过试用期留在惠而浦的比率也比较高，而且还吸引了不少人前来应聘销售的职位。

②伙伴制。公司采用“伙伴制”，就是给每个新员工指定安排一名工作职责相近、热诚负责的老员工作为“结对子”的“伙伴”，事无巨细，随时可给予新员工必要的协助和指点；而被选上做“伙伴”也是企业对优秀员工的一种认可和荣誉，对其额外的付出，企业也给予一定的奖励。这种一对一的“贴身全程服务”彰显了企业的亲和力和凝聚力，也是将企业文化得以传播和加强的可靠途径。

③第三方的培训。也有的企业会请第三方的培训公司，把更新颖的户外拓展训练作为入职培训的一部分。这种拓展训练沿用了体验式培训的基础理论，结合新人融入方面的心理学和组织行为学研究成果，通过科学的情境设计，让课程兼顾新人的个体行为感受、团队角色观念的树立和企业价值认同的推动，从而促进新员工融入企业，加强新员工对企业的认同感和归属感；同时，也使新员工在体验中理解和认同企业的文化。

链接：Intel 的新员工导向培训

Intel 的新员工培训基本上不涉及技术方面的内容，在开始的课程中可能会告诉员工薪金的情况，Intel 公司的基本情况，这个过程有一个星期，是封闭式培训，也叫新员工整体培训。培训的课程包括 Intel 的成立过程，整个公司的架构，亚太区、中国内地的架构，很大部分是讲 Intel 的文化，5 天课程可能有 2 天在讲 Intel 的文化，详细介绍 Intel 的方向是什么、战略是什么。

Intel 还给员工安排了一个执行层 ESM（executive staff member）和员工对话，称为 new hire forum，Intel 从亚太区派来两个副总裁级别的人来中国跟新员工见面对话。一般这样的座谈会是在新员工在 Intel 工作 6 至 9 个月后，由这些高级副总裁来回答他们的问题。

Intel 管理新员工的经理还会从公司拿到一套资料，这套资料是非常明确地告诉经理每个月教新员工干什么事情，Intel 要求经理首先对新员工的一对一交流的内容是什么，其次培训什么，都写得很清楚。经理对新员工每个人的情况都有记录，保证每个新员工得到相同的对待。培训是每个主管经理主要的内容，在经理行为的评估时，30% 看他们在管理员工方面的表现。

2. 直接传授型培训

直接传授型培训法适用于知识类培训，主要包括讲授法、专题讲座法和研讨法等。

（1）讲授法。

讲授法是指培训师按照准备好的讲稿系统地向受训者传授知识的方法，它是最基本的培训方法，适用于各类学员对学科知识、前沿理论的系统了解，主要有灌输式讲授、启发式讲授、画龙点睛式讲授三种方式，讲课教师是讲授法成败的关键因素。

讲授法的优点：传授内容多，知识比较系统、全面，有利于大面积培养人才；对培训环境要求不高；有利于教师的发挥；学员可利用教室环境相互沟通；也能够向教师请教疑难问题；员工平均培训费用较低。

讲授法的局限性：传授内容多，学员难以完全消化、吸收；单向传授不利于教学双方互动；不能满足学员的个性需求；教师水平直接影响培训效果，容易导致理论与实践相脱节；传授方式较为枯燥单一。

（2）专题讲座法。

专题讲座法形式上和课堂教学法基本相同，但在内容上有所差异。课堂教学一般是系统知识的传授，每节课涉及一个专题，接连多次授课；专题讲座是针对某一个专题知识，一般只安排一次培训，这种培训方法适合于管理人员或技术人员了解专业技术发展方向或当前热点问题等。

专题讲座法的优点：培训不占用大量的时间，形式比较灵活；可随时满足员工某一方面的培训需求；讲授内容集中于某一专题，培训对象易于加深理解。

专题讲座法的局限性：讲座中传授的知识相对集中，内容可能不具备较好的系统性。

（3）研讨法。

研讨法是指在指导教师引导下，学员围绕某一个或几个主题进行交流，相互启发的培训方法，包括两种类型：以指导教师或受训者为中心的研讨；以任务或过程为取向的研讨。

以教师为中心的研讨从头至尾由教师组织，教师提出问题，引导受训者作出回答。教师起着活跃气氛，使讨论不断深入的作用；讨论的问题除主题本身外，有时也包括由受训者的回答引出的问题；讨论也可以采用这种形式，教师先指定阅读材料，然后围绕材料提出问题，并要求受训者回答；研讨结束后，由教师进行总结。

以受训者为中心的研讨常常采用分组讨论的形式，有两种方法：一是由教师提出问题或任务，受训者独立提出解决办法；二是不规定研讨的任务，受训者就某议题进行自由讨论，相互启发。

任务取向的研讨着眼于达到某种目标，这个目标是事先确定的，即通过讨论弄清某一个或几个问题，或者得出某个结论，组织这样的研讨需要设计能够引起讨论者兴趣、具有探索价值的题目。

过程取向的研讨着眼于讨论过程中成员之间的相互影响，重点是相互启发，进行信息交换，并增进了解，加深感情。

任务与过程取向的研讨。这种类型的研讨既能得出某个结论，又能达到相互影响的目的，这需要对讨论进行精心的组织。例如，先分成小组讨论，小组内进行充分的交流，意见达成一致；然后小组推举一人在全体学员的讨论会上发言。

研讨法的优点：

①多向式信息交流。在讨论过程中，教师与学员间，学员与学员间相互交流、启发和借鉴，及时反馈，有利于学员取长补短，开阔思路，促进能力的提高。

②要求学员积极参与，有利于培养学员的综合能力。研讨法要求在调查准备的基础上，就研讨内容提出自己的观点，找出解决办法，因而学员必须独立思考，收集、查阅各

种资料，分析问题，并用语言表达，同时还要能判断评价别人的观点并及时作出反应。

③加深学员对知识的理解。通过对实际问题的研究、讨论，为学员提供了运用所学知识的机会，加深了学员对原理知识的理解，提高其运用能力，并激发进一步学习的动力。

④形式多样，适应性强，可针对不同的培训目的选择适当的方法。

研讨法的缺点：对研讨题目、内容的准备要求较高；对指导教师的要求较高。

3. 实践型培训

实践型培训法简称实践法，主要适用于以掌握技能为目的的培训，它是通过让学员在实际工作岗位或真实的工作环境中，亲身操作、体验，掌握工作所需的知识、技能的培训方法，在员工培训中应用最为普遍。这种方法将培训内容和实际工作直接相结合，具有很强的实用性，是员工培训的有效手段，适用于从事具体岗位所应具备的能力、技能和管理实务类培训。

实践法有很多优点：经济，受训者边干边学，一般无须特别准备教室及其他培训设施；实用、有效，受训者通过实干来学习，使培训的内容与受训者将要从事的工作紧密结合，而且受训者在实践的过程中，能迅速得到其工作行为的反馈和评价。

实践法的常用方式如下：

（1）工作指导法。

工作指导法又称教练法、实习法，是指由一位有经验的工人或直接主管人员在工作岗位上对受训者进行培训的方法。指导教练的任务是教受训者如何做，提出如何做好的建议，并对受训者进行激励。

工作指导法的优点是应用广泛，可用于基层生产工人培训，如让受训者通过观察教练工作和实际操作，掌握机械操作的技能。也可用于各级管理人员培训，让受训者与现任管理人员一起工作，后者负责对受训者进行指导，一旦现任管理人员因退休、提升、调动等原因离开岗位时，训练有素的受训者便可立即顶替，如设立助理职务培养和开发企业未来的高层管理人员。

这种方法并不一定要有详细、完整的教学计划，但应注意培训的要点：一是关键工作环节的要求；二是做好工作的原则和技巧；三是需避免、防止的问题和错误。

（2）工作轮换法。

工作轮换法是指让受训者在预定时期内变换工作岗位，使其获得不同岗位的工作经验的培训方法。以管理岗位的工作轮换培训为例，让受训者有计划地到各个部门学习，如生产、销售、财务等部门，在每个部门工作几个月。实际参与所在部门的工作，或仅仅作为观察者，以便了解所在部门的业务，扩大受训者对整个企业各环节工作的了解。

工作轮换法的优点：能丰富受训者的工作经验，增加对企业工作的了解；使受训者明确自己的长处和弱点，找到适合自己的位置；改善部门间的合作，使管理者能更好地理解相互间的问题。

工作轮换法的缺点：工作轮换法鼓励“通才化”，适合于一般直线管理人员的培训，不适用于职能管理人员。

（3）特别任务法。

特别任务法是指企业通过为某些员工分派特别任务对其进行培训的方法，此法常用于管理培训。其具体形式如下：

①委员会或初级董事会。这是为有发展前途的中层管理人员提供的，培养分析全公司范围问题的能力，提高决策能力的培训方法。一般“初级董事会”由 10 ~ 12 名受训者组成，受训者来自各个部门，他们针对高层次的管理问题，如组织结构、经营管理人员的报酬、部门间的冲突等提出建议，并将这些建议提交给正式的董事会，通过这种方法为这些管理人员提供分析公司高层次问题的机会。

②行动学习。这是让受训者将全部时间用于分析、解决其他部门而非本部门问题的一种课题研究法。4 ~ 5 名受训者组成一个小组，定期开会，就研究进展和结果进行讨论。这种方法为受训者提供了解决实际问题的真实经验，可提高他们分析、解决问题，以及制订计划的能力。

(4) 个别指导法。

个别指导法和我国以前的“师傅带徒弟”或“学徒工制度”相类似。目前我国仍有很多企业在实行这种“传帮带”式培训方式，主要是通过资历较深的员工的指导，使新员工能够迅速掌握岗位技能。

个别指导法的优点：新员工在师傅指导下开始工作，可以避免盲目摸索；有利于新员工尽快融入团队；可以消除刚从高校毕业的受训者开始工作时的紧张感；有利于企业传统优良工作作风的传递；新员工可从指导人处获取丰富的经验。

个别指导法的缺点：为防止新员工对自己构成威胁，指导者可能会有意保留自己的经验、技术，从而使指导浮于形式；指导者本身水平对新员工的学习效果有极大影响；指导者不良的工作习惯会影响新员工；不利于新员工的工作创新。

4. 参与型培训

参与型培训法是调动培训对象积极性，让其在培训者与培训对象双方的互动中学习的方法。这类方法的主要特征是每个培训对象积极参与培训活动，从亲身参与中获得知识、技能，掌握正确的行为方式，开拓思维，转变观念，其主要形式有自学、案例研究法、头脑风暴法、模拟训练法、敏感性训练法和管理者训练法。

(1) 自学。

自学适用于知识、技能、观念、思维、心态等多方面的学习。自学既适用于岗前培训，又适用于在岗培训，而且新员工和老员工都可以通过自学掌握必备的知识和技能。

自学的优点：

①费用低。自学只需要为自学者创造一定的学习条件或对自学进行必要的组织，如购买书籍，而不需要聘请教师和购置大件教学设备，不需要解决学员的食宿问题，因此自学费用比课堂培训低得多。

②不影响工作。与集中培训不同，自学往往是在业余时间进行，学习和工作不会发生矛盾，对工作一般不会产生影响。

③学习者自主性强。自学者可根据自己的具体情况安排时间和进度，有重点地选择学习内容，学习者自主性强，可弹性安排学习计划。

④可体现学习的个别差异。自学者可以对学习内容进行选择，着重学习自己不熟悉的内容。同时，学习者可按照自己习惯的方法学习。

⑤有利于培养员工的自学能力。在信息时代，每个人都必须终身受教育，学会如何学习对于每个人都非常重要。自学的过程是学习者主动地掌握知识的过程，必然会提高学习能力。

自学的缺点：

①学习的内容受到限制。自学时缺少交流、演练和指点，通过交流、演练和指点才能掌握的东西显然不适合自学。

②学习效果可能存在很大差异。每个员工的自学能力和主动性不同，学习效果可能存在很大差异。

③学习中遇到疑问和难题往往得不到解答。在课堂培训时，教师会对重点和难点进行着重讲解，使受训者能够听懂。在自学时，学习者遇到不懂的问题可能无法得到解答。

④容易使自学者感到单调乏味。在讲授时，教师一般通过生动的讲解引起学员的兴趣，营造良好的学习气氛。自学是单个进行，如果恰好学习者对学习的内容缺乏兴趣，就会产生单调、乏味的感觉。

（2）案例研究法。

案例研究法是一种信息双向性交流的培训方式，它将知识传授和能力提高两者融合到一起，是一种非常有特色的培训方法，可分为案例分析法和事件处理法两种。

①案例分析法。案例分析法又称个案分析法，它是围绕一定的培训目的，把实际中真实的场景加以典型化处理，形成供学员思考分析和决断的案例，通过独立研究和相互讨论的方式，来提高学员的分析及解决问题的能力的一种培训方法。

用于教学的案例应满足以下三个要求：内容真实；案例中应包含一定的管理问题；分析案例必须有明确的目的。

案例分析可分为两种类型：第一种是描述评价型。即描述解决某种问题的全过程，包括其实际后果（不论成功或失败）。这样，留给学员的分析任务只是对案例中的做法进行事后分析，以及提出"亡羊补牢"性的建议。第二种是分析决策型。即只介绍某一待解决的问题，由学员去分析并提出对策。本方法更能有效地培养学员分析决策、解决问题的能力。上述两种方法不是截然分开的，中间存在着一系列过渡状态。一般来说。解决问题的过程有 7 个环节：找问题→分主次→查原因→提方案→细比较→做决策→试运行。

一个案例可以终止于7 个环节中的任一处。例如，若已到第 3 个环节，即问题产生原因已找出，留给学员去做的事便是对症下药，列出若干备选方案，逐一权衡比较，然后制定出决策等；若只找出了问题，分清了主次，则查明原因这一环节也有待学员去做，学员的任务便加重了，案例的分析难度也相应增加。如此逐步上溯，若案例只介绍了头绪纷繁的一种管理情景，则学员应找出此情景中究竟存在哪些问题，案例研究的难度也就更大了；反之，若案例中 7 个环节均已覆盖，即介绍了解决问题的全过程及其后果，学员已能对此做法作一番评价，这才属于描述评价型的案例。

②事件处理法。事件处理法是指让学员自行收集亲身经历的案例，将这些案例作为个案，利用案例研究法进行分析讨论，并用讨论结果来警戒日常工作中可能出现的问题。学员间通过彼此亲历事件的相互交流和讨论，可使企业内部信息得到充分利用和共享，同时有利于形成一个和谐、合作的工作环境。

事件处理法的适用范围：适宜各类员工了解解决问题时收集各种情报及分析具体情况的重要性；了解工作中相互倾听、相互商量、不断思考的重要性；通过自编案例及案例的交流分析，提高学员理论联系实际的能力、分析解决问题的能力，以及表达、交流能力；培养员工间良好的人际关系。

事件处理法的优点：参与性强，变学员被动接受为主动参与；将学员解决问题能力的提高融入知识传授中；教学方式生动具体，直观易学；学员之间能够通过案例分析达到交流的目的。

事件处理法的缺点：案例准备的时间较长且要求高；案例法需要较多的培训时间，同时对学员能力有一定的要求；对培训顾问的能力要求高；无效的案例会浪费培训对象的时间和精力。

链接：哈佛大学的案例研究法

目前世界上最有名的案例设计来自哈佛大学，早在1980年，哈佛法学院教授Mr. Christopher Columbus Langdell发明了个案研究方法，将法院的判例作为个案。以后，这种方法逐渐发展到医学、商业和社会工作方面。

现在，哈佛大学的案例研究方法的做法是：讲师先将故事作简要的介绍，并描述问题发生所需要的条件或可能的状况，学生自行相悖一遍后，再看资料，这样有利于激发学生的想象力和发现案例的吸引力，然后由学生个人从个案中去寻找答案。或者透过团体的训练方式，由于每个学生的想法不同，可能提出许多不同形式的解决方法，学员在训练中可互相观摩学习。

（3）头脑风暴法。

头脑风暴法又称研讨会法、讨论培训法。头脑风暴法的特点是培训对象在培训活动中相互启迪思想、激发创造性思维，它能最大限度地发挥每个参加者的创造能力，提供解决问题的更多、更好的方案。

头脑风暴法的操作要点：只规定一个主题，即明确要解决的问题，保证讨论内容不泛滥。把参加者组织在一起无拘无束地提出解决问题的建议或方案，组织者和参加者都不能评议他人的建议和方案。事后再收集各参加者的意见，交给全体参加者。然后排除重复的、明显不合理的方案，重新表达内容含糊的方案。组织全体参加者对各可行方案逐一评估，选出最优方案。头脑风暴法的关键是要排除思维障碍，消除心理压力，让参加者轻松自由、各抒己见。

头脑风暴法的优点：培训过程中为企业解决了实际问题，大大提高了培训的收益；可以帮助学员解决工作中遇到的实际困难；培训中学员参与性强；小组讨论有利于加深学员对问题理解的程度；集中了集体的智慧，达到了相互启发的目的。

头脑风暴法的缺点：对培训顾问要求高，如果不善于引导讨论，可能会使讨论漫无边际；培训顾问主要扮演引导的角色，讲授的机会较少；研究的主题能否得到解决也受培训对象水平的限制；主题的挑选难度大，不是所有的主题都适合用来讨论。

（4）模拟训练法。

模拟训练法以工作中的实际情况为基础，将实际工作中可利用的资源、约束条件和工作过程模型化，学员在假定的工作情境中参与活动，学习从事特定工作的行为和技能，提高其处理问题的能力。其基本形式是：由人和机器共同参与模拟活动；人与计算机共同参与模拟活动。

模拟训练法的优点：学员在培训中工作技能将会获得提高；通过培训有利于加强员工的竞争意识；可以带动培训中的学习气氛。

模拟训练法的缺点：模拟情景准备时间长，而且质量要求高；对组织者要求高，要求其熟悉培训中的各项技能。

这种方法与角色扮演类似，但并不完全相同。模拟训练法更侧重于对操作技能和反应敏捷的培训，它把参加者置于模拟的现实工作环境中，让参加者反复操作，解决实际工作中可能出现的各种问题，为进入实际工作岗位打下基础。这种方法比较适用于对操作技能要求较高的员工的培训。

（5）敏感性训练法。

敏感性训练法又称T小组法，简称ST（Sensitivity Training）法，要求学员在小组中就参加者的个人情感、态度及行为进行坦率、公正的讨论，相互交流对各自行为的看法，并说明其引起的情绪反应。它的目的是要提高学员对自己的行为和他人行为的洞察力，了解自己在他人心目中的“形象”，感受与周围人群的相互关系和相互作用，学习与他人沟通的方式，发展在各种情况下的应变能力，在群体活动中采取建设性行为。

敏感性训练法适用于组织发展训练；晋升前的人际关系训练；中青年管理人员的人格塑造训练；新进人员的集体组织训练；外派工作人员的异国文化训练等。

敏感性训练法常采用集体住宿训练、小组讨论、个别交流等活动方式。具体训练日程由指导者安排，内容可包括问题讨论、案例研究等。讨论中，每个学员充分暴露自己的态度和行为，并从小组成员那里获得对自己行为的真实反馈，承受以他人的方式给自己提出意见，同时了解自己的行为如何影响他人，从而改善自己的态度和行为。

（6）管理者训练。

管理者训练（Manager Training Plan）简称MTP法，是最为普及的管理人员培训方法，旨在使学员系统地学习，深刻地理解管理的基本原理和知识，从而提高他们的管理能力。

管理者训练适用于培训中低层管理人员掌握管理的基本原理、知识，提高管理能力。一般采用专家授课、学员间研讨的培训方式。企业可进行大型的集中训练，以脱产方式进行。

管理者训练的操作要点；指导教师是管理者训练法的关键，一般采用外聘专家或由企业内部曾接受过此法训练的高级管理人员担任。

5. 态度型培训

态度型培训法主要针对行为调整和心理训练，具体包括角色扮演法和拓展训练等。

（1）角色扮演法。

角色扮演法（role playing）是在一个模拟真实的工作情境中，让参加者身处模拟的日常工作环境之中，并按照他在实际工作中应有的权责来担当与实际工作类似的角色，模拟性地处理工作事务，从而提高处理各种问题的能力。这种方法的精髓在于“以动作和行为作为练习的内容来开发设想”。也就是说，学员们不是针对某问题相互对话，而是针对某问题采取实际行动，以提高个人及集体解决问题的能力。

行为模仿法是一种特殊的角色扮演法，它通过向学员展示特定行为的范本，由学员在模拟的环境中进行角色扮演，并由指导者对其行为提供反馈的训练方法，它适宜于中层管理人员、基层管理人员、一般员工的培训。它能使学员的行为符合其职业、岗位的行为要求，提高学员的行为能力；使学员能更好地处理工作环境中的人际关系。这种培训方法根据培训的具体对象确定培训内容，如基层主管指导新雇员，纠正下属的不良工作习惯等。它的操作步骤为：首先，建立示范模型；其次，角色扮演与体验；再次，社会行为强化；最后，培训成果的转化与应用。

角色扮演法的优点：学员参与性强，学员与教师之间的互动交流充分，可以提高学员培训的积极性；角色扮演中特定的模拟环境和主题有利于增强培训效果；在角色扮演过程中，学员之间需要进行交流、沟通与配合，因此可增加彼此之间的感情交流，培养他们的沟通、自我表达、相互认知等社会交往能力；在角色扮演过程中，学员可以互相学习，及时认识到自身存在的问题并进行改正，明白本身的不足，使各方面能力得到提高；提高学员业务能力，同时加强了其反应能力和心理素质；具有高度的灵活性，实施者可以根据培训的需要改变受训者的角色，调整培训内容，同时，角色扮演对培训时间没有任何特定的限制，根据要求而决定培训时间的长短。

角色扮演法的缺点：场景是人为设计的，如果设计者没有精湛的设计能力，设计出来的场景可能会过于简单，使受训者得不到真正的角色锻炼、能力提高的机会；实际工作环境复杂多变，而模拟环境却是静态的、不变的；扮演中的问题分析限于个人，不具有普遍性；有时学员由于自身原因，参与意识不强，角色表现漫不经心，影响培训效果。

综上所述，角色扮演法既有优点，又有不足之处，是一种难度很高的培训和测评方法。要想达到理想的培训和测评效果就必须进行严格的情景模拟设计，同时，保证角色扮演全过程的有效控制，随时纠正可能产生的问题。

（2）拓展训练。

拓展训练是指通过模拟探险活动进行的情景式心理训练、人格训练、管理训练。它以外化型体能训练为主，学员被置于各种艰难的情境中，在面对挑战、克服困难和解决问题的过程中，使人的心理素质得到改善，包括场地拓展训练和野外拓展训练两种形式。

①场地拓展训练。场地拓展训练是指需要利用人工设施（固定基地）的训练活动，包括高空断桥、空中单杠、缅甸桥等高空项目，和扎筏泅渡、合力过河等水上项目等。

场地拓展的特点：有限的空间，无限的可能。如训练场地的几根绳索，却是能否生存的关键；几块木板，成了架设通往成功的桥梁。有形的游戏，锻炼的是无形的思维。在培训师的引导下，利用简单的道具，整个团队进入模拟真实的训练状态，团队和个人的优点得以凸显，问题也不同程度地暴露出来，在反复的交流回顾中，也许找到了某些想要的答案，也许为今后问题的解决提供了思路。简便，容易实施。场地拓展训练可以在会议厅里进行，也可以在室外的操场上进行，因此它既可以作为一次单独的完整团队培训项目来开展，又能很好地和会议、酒会、其他培训相结合。场地拓展训练可以促进团队内部和谐，提高沟通的效率，提升员工的积极性，对形成从形式到内涵真正为大家认同的企业文化有明显的作用，也能作为企业业务培训的补充。

②野外拓展训练。野外拓展训练是指在自然地域，通过模拟探险活动进行的情景体验式心理训练。它起源于第二次世界大战中的海员学校，英文是 Outward Bound，意思是一艘小船离开安全的港湾，勇敢驶向探险的旅程，去接受一个个挑战，战胜一个个困难。它旨在训练海员的意志和生存能力，后被应用于管理训练和心理训练等领域，用于提高人的自信心，培养把握机遇、抵御风险、积极进取和团队精神等素质，以提高个体的环境适应与发展能力，提高组织的环境适应与发展能力。

野外拓展训练的基本原理：通过野外探险活动中的情景设置，使参加者体验所经历的各种情绪，从而了解自身（或团队）面临某一外界刺激时的心理反应及其后果，以实现提升学员能力的培训目标。

野外拓展训练包括远足、登山、攀岩和漂流等项目。这些活动是参加者的一种媒介，可以使他们了解自身与同伴的力量、局限和潜力。

野外拓展训练的优点：野外拓展借助自然地域，轻松自然；野外拓展提供了真实模拟的情境体验；野外拓展使参与人员拥有开放接纳的心理状态；野外拓展使参与人员拥有与以往不同的共同生活经历。

6. 科技时代的新型培训

随着现代社会信息技术的发展，大量的信息技术被引进培训领域。在这种情况下，新型的培训方式不断涌现，如网上培训、虚拟培训等在很多公司受到欢迎。

（1）网上培训。

网上培训，又称为基于网络的培训，是指通过企业的内部网或因特网对学员进行培训的方式。它是将现代网络技术应用于人力资源开发领域而创造出来的培训方法产物，它以其无可比拟的优越性受到越来越多企业的青睐。

在网上培训中，老师将培训课程储存在培训网站上，分散在世界各地的学员利用网络浏览器进入该网站接受培训。

网上培训有以下优越性：无须将学员从各地召集到一起，大大节省了培训费用；在网上培训方式下，网络上的内容易修改，且修改培训内容时，无须重新准备教材或其他教学工具，可及时、低成本地更新培训内容；网上培训可充分利用网络上大量的声音、图片和影音文件等资源，增强课堂教学的趣味性，从而提高学员的学习效率；网上培训的进程安排比较灵活，学员可以充分利用空闲时间进行，而不用中断工作。

网上培训的缺点：网上培训要求企业建立良好的网络培训系统，这需要大量的培训资金，中小企业由于受资金限制，往往无法花费资金购买相关培训设备和技术；某些培训内容不适用于网上培训方式，如关于人际交流的技能培训就不适用于网上培训方式。

（2）虚拟培训。

虚拟培训是指利用虚拟现实技术生成实时的、具有三维信息的人工虚拟环境，学员通过运用某些设备接受和响应环境的各种感官刺激而进入其中，并可根据需要通过多种交互设备来驾驭环境、操作工具和操作对象，从而达到提高培训对象各种技能或学习知识的目的。

虚拟培训的优点在于它的仿真性、超时空性、自主性、安全性。在培训中，学员能够自主地选择或组合虚拟培训场地和设施，而且学员可以在重复中不断增强自己的训练效果；更重要的是这种虚拟环境使他们脱离了现实环境培训中的风险，并能从这种培训中获得感性知识和实际经验。

除了上面的培训方法之外，还有函授、业余进修，开展读书活动，参观访问等方法，这些方法是通过参加者的自身努力、自我约束能够完成的，公司只起鼓励、支持和引导作用。

七、培训费用的预估

由于培训都是需要费用的，因此在培训计划中还需要编制培训的预算，这里的培训费用一般只计算直接发生的费用，如培训地点的场租、培训的教材费、培训者的授课费以及培训的设备费等。对培训的费用作出预算，便于获取资金支持以保证培训的顺利实施，同时也是培训评估的一个依据。

第四节 培训效果的评估

为了判断培训课程是否改善了学习、影响了工作中的行为和对组织的绩效产生影响，培训效果的评估可以从反应、学习、行为和结果四个层面展开。

培训效果评估的主要内容是调查收集培训对象和有关人员对培训项目的看法，检验培训对象学习之后态度行为的变化是否达到了培训的预期目标，以及培训项目的实施是否提高了企业的整体绩效和满足了培训需求。

国内外运用得最为广泛的评估模式叫柯克帕模式，由柯克帕特里克于1959年提出，将培训效果分为四个递进的层次，每个层级评估的内容和方法如表5－4所示。

一级评估——反应：评估培训对象对培训的印象如何。因为无论教师怎样认真备课，学员只要对某方面不感兴趣，就不会认真学习。

二级评估——学习：检查培训对象对培训内容的掌握程度。这种检查可能以考卷形式进行，也可能是实地操作。

三级评估——行为：评估培训对象接受培训后在工作行为上的变化。这是为了记录学员是否真正掌握了课程内容并运用到工作中去。

四级评估——结果：评估培训给组织带来的相关产出的变化。如果一门课程达到了让员工改变工作态度的目的，那么这种改变是否对提高公司的经营业绩起到了应有的作用。

业内权威人士认为：要使与工作相关的培训做得好，至少对其中一些课程要进行三级评估（衡量培训前后的工作表现）和四级评估（衡量公司经营业绩的变化）。三级评估适用于那些意在改变工作表现，而且客户对实际效果期望很高的课程。例如，负责修电话的技工不只负责装电话机和拉电话线。作为一线客户服务的技工，他们必须有效地跟客户交流，有时甚至要说服客户继续购买他们的换代产品。四级评估需要一些硬性数据。假如财务部每天平均有700万美元的应收款，那么就可以为他们开设一门课程，教他们如何更有效地追讨欠款。

表5-4 培训效果的评估

评估级别	主要内容	可询问的问题	衡量方法
一级评估 反应层评估	观察学员的课堂反应	学员喜欢该培训课程吗？ 课程对自身有作用吗？ 对培训讲师及培训场地有何意见？ 课堂反应是否积极主动？	问卷、评估调查表填写、访谈
二级评估 学习层评估	检查学员的学习效果	学员在培训中学到了什么？ 培训后，学员知识及技能方面有多大程度的提高？	评估调查表填写、笔试、案例研究
三级评估 行为层反应	衡量培训后的工作表现	学员在学习后有无改变行为？ 学员工作中是否用到培训所学？	绩效考核、测试、观察等
四级评估 结果层评估	衡量公司经营业绩变化	行为改变对组织的影响是否积极？ 组织是否因培训而经营得更好？	考察事故率、生产率、流动率等

一、反应

评估培训课程最简单和最常用的方法之一，就是评估参与者的反应如何。只有受训者才真正知道什么培训内容和方法是最有效的，他们可以批评培训者，或对受训者的互动、反馈等提供建议，愉悦的受训者更可能想去关注培训原则，并且想在工作中利用信息。但是，受训者一般不愿意直接说出其真实想法，可以通过问卷、评估调查表填写或访谈收集相关信息。例如，

对这个计划，你的学习目标是什么？你达到了吗？

课程对自身有作用吗？

你喜欢这个课程吗？

你将把它推荐给其他具有相似学习目标的人吗？

对于改善这个课程，你有什么建议？

组织应该继续提供它吗？

虽然基于受训者反应的评估方法不断改善，但是大多的有关培训效果的结论还是以缺乏具体反馈的广泛的满意度测量为主。此外，有一点应该注意到，受训者的正面反应不保证培训就会成功。从受训者那里收集大量的意见是容易的，但就像这种信息令管理层满意一样，它也许对组织的作用并不大，除非它能转化为改进的行为和工作绩效。

二、学习

评估培训的效果也可以不考虑受训者对培训的想法，直接看看他们究竟学了什么东

西。因此，可以在培训开始前先测量他们的知识和技能，作为受训者的基本标准，在培训结束后，再进行标准测量，以看看是否有改善。然而，除了测验培训前后的受训者，也可以对参照组里的个人进行测量，以与那些培训的人相比较，这样就能够确定改进是由于培训而不是其他因素（如工作的变更、薪酬等）。参照组必须由没有接受过培训，但是在诸如经验、以前的培训和工作水平等方面都与受训者相一致的雇员组成。

三、行为

有时候会发现在培训课程中学到的大部分东西都没应用到工作上，不过这并不是说培训没有效果。事实上，在雇员反应和学习的测量方面，课程的分数可能很高。但是出于某些原因，受训者没有在工作中将所改变的行为表现出来，即没有将培训成果转化出来。

为了实现更大的培训成果转化，必须对员工的行为进行评估，使员工有效地应用所学习到的原则于工作所需的方面上。

为了实现更大的转化，经理和培训者可以采取几种方法：

（1）特征相同的要素。将培训转化到工作中，能够为培训课程中的情况与工作情形尽可能地紧密联系创造条件。

（2）重视通用原则。因为工作的变更或工作环境不能正确地匹配，培训者通常强调培训的通用原则，而非关注日常行为，这种方法帮助受训者学习如何根据不同的工作情况来应用主要的学习重点。

（3）营造转化环境。一些情况下，受训的行为没有展现出来，是因为其他经理、同事和雇员依然受旧的方式和日常事务所牵制。为了避免这类问题，经理应该确保工作环境支持、强化和鼓励应用新技能或知识的受训者。

（4）为雇员提供转化战略。特别是在不能有助于转化的环境下，经理也应该为受训者提供应对他们的转化环境的战略与策略。有一个方法称为预防复发（relapse prevention，RP），教导每个受训者如何参与和处理他们回到工作中后会遇到的无法避免的障碍，即回复到以前的行为。通过识别会妨害转化的高风险情况和制定应对战略，预防复发的方法可以帮助雇员更好地保留所学的行为。

另有几种评估将所学的技能转化到工作中的方法。例如，在施乐公司，经理使用多种方法，包括观察受训者回到原来职位的情形、与受训者的经理面谈和检查受训者接受培训后的绩效评估。他们结合这些指标来确定培训与开发是否对工作行为产生影响。

四、结果

培训管理者正面临着额外的压力，就是显示给别人他们的课程所产生的最“基本的（bottom-line）”结果，某些用于评价培训的结果导向性标准包括：增加的生产量、更少的雇员报怨、减少的成本与浪费和提高利润。

谈及结果导向性标准，许多组织开始从培训课程的效用的角度来考虑，效用是指从培训产生的相关成本中所获得的好处。摩托罗拉公司已经进行几项研究来评估培训带给公司的价值，在一项研究当中，摩托罗拉公司发现，每投入培训课程 1 美元，就会为公司带来

33 美元的报酬，基于每 1 美元支出的计算，如果培训的成本高而利润低，或者如果雇员跳槽，培训的效用就会低。

逐渐地，有复杂的培训系统的组织通过培训来支持长期战略和变革，而不是寻求从他们的投资中获得短期财务收益。例如，佛罗里达电力和照明公司、摩托罗拉公司和 Hawker De Havilland 公司，它们不寻求“偿还”，视培训为提供创造竞争优势的知识和技能，以及为持续变革做准备的文化手段。

【本章小结】

培训是向新员工或现有员工传授其完成本职工作所必需的相关知识、技能、价值观念和行为规范的过程。开发则是增加和提高员工的知识和能力，以满足企业目前和将来的工作需求。

人力资源培训系统由四个环节构成一个循环过程：培训需求的评估；培训方案的设计；培训方案的实施；培训效果的评估。

培训需求分析是指在规划和设计培训活动之前，通过一系列的方法和技术，对组织层次、任务层次和个人层次的现有状况、应有状况及存在问题进行系统的调查分析，以确定是否有培训的需要，以及需要哪些方面培训的一种活动或过程。

培训方案的设计和实施包括培训目标的设置、培训时间的选择、培训者的安排、培训的内容和培训对象的确定、培训场所和设施的安排、培训方法的选择、培训费用的预估。

培训的方法分为六类：新员工导向培训、直接传授型培训、实践型培训、参与型培训、态度型培训、科技时代的新型培训等。

为了判断培训课程是否改善了学习、影响了工作中的行为和对组织的绩效产生影响，培训效果的评估可以从反应、学习、行为和结果四个层面展开。

【讨论题】

1. 培训与开发的定义和类型有哪些？
2. 培训与开发的流程有哪些？
3. 培训需求评估的定义和内容有哪些？
4. 培训的方法有哪些？
5. 培训效果评估的内容有哪些？

【实训练习】

1. 以下关于现代企业有效的培训系统，说法正确的是（　　）。（2009 年 5 月四级真题）

（A）最终能够有效地改善企业的经营业绩

（B）促进了员工现在和未来工作绩效的提高

（C）目的是在企业中最大限度地实现能岗匹配

（D）主要通过学习训练等手段提高员工的工作能力

（E）出发点是在企业间的人才竞争中取得领先优势

2. 根据培训范围，员工培训可分为（ ）。(2009年11月四级真题)
(A) 岗前培训 (B) 企业内培训 (C) 全员培训
(D) 企业外培训 (E) 单项培训
3. 常用的在岗培训方法有（ ）。(2009年5月四级真题)
(A) 工作指导法 (B) 设立“助理”职位 (C) 工作轮换法
(D) 特殊任务的委派 (E) 角色扮演法
4. 岗前培训的作用主要有（ ）。(2009年5月四级真题)
(A) 新员工进入群体过程的需要 (B) 打消新员工不切实际的期望
(C) 满足新员工需要的专门信息 (D) 建立企业管理人员绝对权威
(E) 降低文化冲击对企业的影响
5. 对工作任务安排非常紧凑的员工进行培训需求分析时，不宜采用的调查方法是（ ）。(2010年5月三级真题)
(A) 观察法 (B) 问卷调查法 (C) 面谈法 (D) 工作分析法
6. 授课法的局限性在于（ ）。(2010年5月三级真题)
(A) 不能满足学员的个性需求 (B) 传授的方式较为枯燥单一
(C) 内容不具备较好的系统性 (D) 教师水平直接影响培训的效果
(E) 单项传授不利于教学双方互动
7. 个别指导法的优点包括（ ）。(2010年5月三级真题)
(A) 可以避免新员工的盲目摸索 (B) 有利于企业传统优良作风的传递
(C) 有利于新员工尽快融入团队 (D) 使受训者找到适合于自己的位置
(E) 消除刚毕业员工开始工作的紧张感
8.（ ）是了解受训人员组成需求的关键信息渠道。(2010年5月三级真题)
(A) 培训教师 (B) 生产管理或计划部门
(C) 受训人员 (D) 管理部门和主管领导
9. 自学作为一种培训方式，其优点不包括（ ）。(2010年5月三级真题)
(A) 学习费用低 (B) 学习者自主性很强
(C) 不影响工作 (D) 学习内容不受限制
10. 在案例分析法中，解决问题的过程包括以下7个环节，排序正确的是（ ）。
①找问题 ②查原因 ③分主次 ④提方案 ⑤细比较 ⑥试运行 ⑦做决策（2010年5月三级真题)
(A) ①②③④⑤⑥⑦ (B) ①③②④⑤⑦⑥
(C) ①②④⑤③⑦⑥ (D) ①③②⑤④⑥⑦
11. 在态度型培训法中，行为模仿法不适宜于（ ）的培训。(2010年5月三级真题)
(A) 高层管理人员 (B) 基层管理人员
(C) 中层管理人员 (D) 一般生产人员
12. 针对（ ）的培训与开发，应采用工作传授、个人指导和模拟训练等培训方法。(2010年5月三级真题)
(A) 基础理论知识 (B) 创造性

（C）解决问题能力　　　　　　　　　　（D）技能性

13. 在培训方法中，（　　）主要适用于以掌握技能为目的的培训。（2009年11月三级真题）

（A）实践法　　　（B）讲授法　　　（C）专题法　　　（D）研讨法

14. 行为模仿法的操作步骤包括：（　　）。（2009年11月三级真题）

①角色扮演与体验　②建立示范模型　③社会行为强化　④培训成果的转化与应用

（A）①②③④　　　（B）③①②④　　　（C）①②④③　　　（D）②①③④

15. 研讨法的优点有（　　）。（2009年11月三级真题）

（A）形式多样适应性强　　　　　　　（B）多向式信息交流

（C）有利于大面积培养人才　　　　　（D）有利于培养学员综合能力

（E）加深学员对知识的理解

16. 敏感性训练法适用于（　　）。（2009年11月三级真题）

（A）组织发展训练　　　　　　　　　（B）晋升前的人际关系训练

（C）新进员工的集体组织训练　　　　（D）外派人员的异国文化训练

（E）中青年管理人员人格塑造训练

17. 讲授法的局限性在于（　　）。（2010年5月三级真题）

（A）不能满足学员的个性需求　　　　（B）传授的方式较为枯燥单一

（C）内容不具备较好的系统性　　　　（D）教师水平直接影响培训的效果

（E）单项传授不利于教学双方互动

18. 绩效受多方面因素的影响，其中个人行为和工作的影响因素包括（　　）。（2010年5月三级真题）

（A）企业外部环境　　（B）个人生理条件　　　（C）企业内部因素

（D）个人心理条件　　（E）国内政治局势

19. 采用目标管理法来考评绩效，在制定目标时应注意（　　）。（2010年5月三级真题）

（A）目标的具体性　　（B）目标数量不宜过多　　（C）目标要可测量

（D）员工参与目标设定　（E）应制定达到目标的详细步骤和时间

20. 影响课堂培训效果的因素有（　　）。（2009年11月四级真题）

（A）教师的教学水平　　（B）教学方法　　　　（C）课堂时间的长短

（D）培训内容　　　　　（E）学员的学习态度

21. H公司是一家生产壁炉设备的企业，有150名员工。近几个月来，公司已经失去三个主要客户。经调查发现，原因为公司产品的次品率为12%，是行业平均水平的两倍。为此，HR经理制订了一个有关质量控制的培训计划，目的是使次品率降低到同行业平均水平以下。HR经理向所有的一线主管发出通知，要求他们确定哪些员工存在质量方面的问题，并派其参加培训。通知还附有一份课程大纲。培训情况如下：

培训目标：在6个月内将次品率降低到行业平均水平以下。培训地点：公司餐厅。培训时间：8个工时，分解为四个单元来进行，每周实施一个单元，具体时间安排在早餐与午餐之间，这也是准备午餐和清洗早餐餐具的时间。培训方式：教师讲课、学员讨论、案例研讨和电影。准备课程时，教师把讲义中的很多内容印发给每个学员，以便学员提前准备每一章的内容。培训过程中，学员花费了相当多的时间来讨论教材中每章后面的案例。培训人数：本来应该有大约50名员工参加每个单元培训，但是平均只有30名左右出席。在培训检查过程中，很多主管强调生产的重要性，HR经理从接受培训的员工处得知那些真正需要培训的人已经回到车间工作去了。培训结束后，产品的次品率并没有发生明显的变化。HR经理对培训没有能够实现预定目标而感到非常失望。(2009年11月四级真题)

针对以上案例，请回答下列问题：

(1) 导致H公司培训效果不明显的原因有哪些?

(2) 应如何进行培训反馈?

22. 某电信公司2009年3月份，从各大专院校招收了一批本科毕业生和硕士研究生，这些人员将填补公司市场营销、财务人事、技术研发等各部门120多个工作岗位的空缺。请您为该公司设计一个适合于对这些大学生进行入职教育的培训方案。(2010年5月三级真题)

【案例分析】

案例5－1　麦当劳的培训

在麦当劳的企业里，有超过75%的餐厅经理，50%以上的中高层主管，以及1/3以上的加盟经营者，普通雇员在麦当劳的职业生涯是由计时员工开始的。麦当劳的“训练魔法”一直令外界好奇，究竟麦当劳是如何进行人员培训计划的呢?

一、认定训练利益

对于如何看待人员的训练和发展，麦当劳创始人雷克罗克先生说过一句经典的话：“If we’re going to go anywhere, we’ve gotten to have some talents. And I’m going to put my money into talents.”(无论在哪里，我们都需要人才。我们要不断为人才投资) 正是出于对人才的重视，早在1976年，麦当劳的创始人就已经开始在人员的发展上作投资，麦当劳认定训练可以带来利益：第一，相信有最好训练、最好生产力的麦当劳团队能够在顾客满意与员工满意上达成企业目标；第二，强调在正确的时间提供正确的训练，因为训练的价值在于对员工生产力的大幅提升，同时由于麦当劳的训练也提供给加盟经营者，而加盟经营者在麦当劳的系统里占有很大的部分，所以这对加盟经营者的生产力也有很大的帮助；第三，如果可以有效率地运用训练投资，对于麦当劳的股票投资人也会产生一定的效益，这也是麦当劳企业对投资人一个很重要的责任；第四，通过良好的训练，就能将麦当劳的标准、价值、信息已经想要做的改变一一达成共识，这对整个系统的持续经营相当重要。

二、训练不只是课程

和其他企业不同的是，麦当劳的训练是发生在真实的工作里面的，而不只是一个课程。它强调对人员策略的重视，主动地执行训练计划，并且把麦当劳的训练和人员自我的梦想、期望结合在一起。麦当劳还强调员工的参与、认同和高度责任感。在麦当劳香港汉堡大学的课程中，有一堂叫做“与成功有约”的课，目的是让高层主管有机会分享成功经验，同时也帮助未来经营领导者的训练与成长。最后一个环节就是“衡量”，在企业的训练里面衡量训练的结果与企业的成果有没有结合，这是一个关键，所以麦当劳有很好的训练需求分析，针对需要训练的部分去设计，同时必须评估训练的成果是不是能够达到组织所需。

三、四个层次的评估

第一个是“反应”。就是检查在上课结束后，大家对于课程的反应是什么，如评估表就是收集反应的一种评估方法，可以凭借大家的反应调整，以符合学员的需求。

第二就是对培训师的评估。每一位教师的引导技巧，都会影响学员的学习，所以在每一次课程结束后，都会针对教师的讲解技巧来做评估。在知识方面，汉堡大学也有考试，上课前会有入学考试，课程进行中也会有考试，主要想测试大家通过这些方式究竟吸收了多少知识，以了解训练的内容是否符合组织所要传递的内容。除此之外，汉堡大学非常重视学生的参与，会把学生的参与度量化为一个评估方法，因为当学员提出他的学习，或者是和大家互动分享时可以表现出他的知识水平。大学还对每天的课程做调整以适应学生的学习需求。

第三是“行为”。检查员工在课程中学到的东西能不能在其后的工作中改变行为、达到更好的绩效，在麦当劳有一个双向的调查，上课前会先针对学生的职能做一次评估，再请他的老板或直属主管做一个评估，在经过训练三个月之后，再做一次评估。因为学生必须在工作中应用他所学的，所以可以把职能行为在培训前后的改变做一个比较用以衡量训练的成果。这个部分在企业对人员的训练方面非常重要，这也是现在一般企业很少做到的，因为它所花的成本较大，而且分析起来也比较困难，所以很多企业都放弃这一环节。

第四，在“绩效”方面，课后行动计划的执行成果和绩效有一定的关系，每一次上完课，学生都必须设定他的行动计划，回去之后必须执行，执行之后由他的主管来为他做鉴定，以确保训练与绩效结合。

四、传授价值观与技能

企业的价值观会影响训练的成效。在麦当劳的人员训练结构上，有两个重要的部分：一个是全职业学习通道（Career-long Learning Path）；另一个是McDonald’s Center of Excellence for Training，即全球麦当劳的人员学习发展中心，包括所谓的汉堡大学。

麦当劳最主要的价值观就是“以人为本”，在训练过程中注重如何把麦当劳“以人为本”的价值观带入每一个人每一次的用餐经验中，如何落实在每一天的实际工作中。员工在传递服务的过程中，如果有一些互动、有一些关怀、有一些感受，会做出更好的成果，而这也就是麦当劳“以人为本”的要义。麦当劳在人员的发展上，就是要“传授一生受用的价值观与技能”，让每一个学习者在每一段不同的训练中学到一生受用的价值观和技能，这是麦当劳人员发展的一个很重要的观念，也就是这样的一个价值观支持麦当劳训练与人员发展系统的成功。

五、全职业生涯培训

有了上述的价值观之后，人员发展系统就可以被有效地执行，麦当劳强调的是“全职能生涯培训”，也就是从计时员工开始到高层主管，都有不同的培训计划，通过各地区的培训中心及汉堡大学进行阶段式的培训，使得麦当劳的员工能够持续不断地学习、成长。麦当劳的计时员工分为服务员、训练员、员工组长与接待员几部分，这些人都是计时的，麦当劳为什么要培育他们，要给他们这么多的训练？除了传递全球一致的产品与服务以外，这和麦当劳的价值观也有很重要的关系，麦当劳帮助员工实现梦想，所以给予每一个麦当劳员工能力提升的机会。

在麦当劳，经理不只是从计时员工晋升，也有直接从实习经理培育而成的。当麦当劳在招募实习经理这个职位的时候注重观察应聘者是否具有做餐厅经理的潜能。在餐厅经理培育的一连串训练计划方面，就是要训练实习经理可以胜任餐厅经理。训练内容包括从怎么样去经营一个楼面、最基本的餐厅的运作、如何使顾客的用餐体验舒适顺畅，到管理订货、排班等系统的培训，一直到领导技巧、怎样建立有效的团队，以及企业经营等。

中层主管的职责和餐厅经理有所不同，着重在两个方面：一是顾问的技巧，二是部门的领导，除了训练、营运，还有很多其他专业职能的训练。麦当劳有一系列专业讲师的培训课程，当然不只是上课，还会有很多的实践工作，在这些发展里面包括一连串、一系列的课程开发，让员工的能力获得提升。

提升为麦当劳的高层主管之前，在汉堡大学学习也是重要的一环。高层主管通常要经历从基层到中层主管的发展，对职能型和管理型的知识技能已经有某种程度上的掌握，才能做到高层主管。

麦当劳的高层主管训练有三个方面：全球讨论会（International Seminar）、外部发展讨论会（External Development Seminar）及执行辅导（Executive Coaching）。

（资料来源：http：//www. slpclub. com）

问题：

（1）麦当劳的培训理念是什么？

（2）麦当劳是如何将培训与企业需要有效结合在一起的？

（3）麦当劳在培训评估方面有哪些可取之处？

（4）麦当劳对员工职业生涯的关注表现在哪些地方？从组织或者员工的角度来思考，你认为该如何保证组织发展和员工发展的双赢？

案例5-2　爱立信妙用Intranet进行人员培训

瑞典爱立信公司主要生产通信产品及相关设备，提供电信问题的解决方案。到1998年底，它在全世界130多个国家设有分公司和子公司，员工超过9.3万，1998年当年实现销售收入219.55亿美元，在“财富世界500强”中名列第159位，居全球通信设备制造商前列。

爱立信于20世纪90年代初进入中国，同样发展十分迅速，很快占据了中国移动通信设备行业的最大市场份额。爱立信为什么会在中国和世界范围内取得如此大的成功？其关键环节之一是它极为重视员工培训，充分挖掘和发挥员工潜力。

爱立信中国公司设立了对公司员工和客户进行培训的专门机构，即爱立信北京培训中心。通信产品是高技术产品，我们平常见到的手机只是其中的一个终端产品，要实现它的成功通话，还需要一系列大型交换机、小型交换机及计算机管理设备等。每一套设备投入运营、每一个话局的开通，都要有相应的技术维护人员，因而随着爱立信在中国业务的迅速发展，公司员工和客户对公司培训的要求也越来越迫切。

爱立信北京培训中心正是在这种情况下于1994年成立的，它负责对公司的培训工作进行统一授课、协调和管理。爱立信北京培训中心何以能保证公司的培训公平、高效、有序？最基本的一点在于：它采取商业运作与管理的形式，具有独立而健全的组织机构（如下图）。

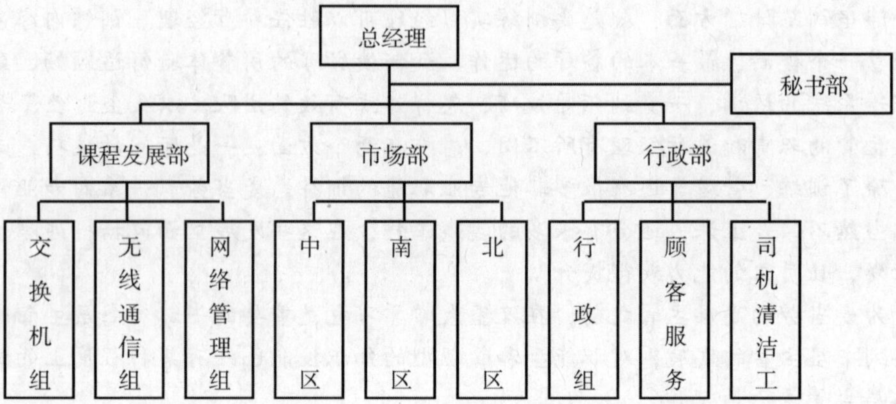

培训中心由总经理负责经营管理，总经理下面直接设立秘书部，协助总经理处理日常事务，同时下设3个业务部门，即课程发展部、市场部和行政部。其中课程发展部的主要功能是讲授爱立信的各类培训课程，由于这些课程有明显的梯度，课程发展部还负责明确课程顺序，以确保课程体系的完整和课程质量。课程发展部由1名部门经理负责，下面按课程类别进一步分为3组，即交换机组、无线通信组和网络管理组，每组设组长1名。课程发展部共有26名教师，负责讲授培训课程；1名设备支持人员，负责调试所有教学实验设备。市场部的主要工作是开发培训市场，组织和协调培训。简单来说，就是把爱立信的培训课程卖出去，并反馈用户信息，使课程设置更加适应中国市场情况，相当于公司的营销部门。市场部包括经理在内共4人，按地域划分为南、北、中三区，覆盖了中国所有区域。行政部按照职能进一步划分为3个小组：行政组负责培训课程的所有行政工作，包括在公司内部网上发出培训计划、提供学员名单、发结业证等；顾客服务组的主要工作是提供住宿、饮食、礼品等，由1个人负责；另外行政部还有1名司机，2名清洁工。

爱立信北京培训中心为培训工作制定了完善的制度和程序，充分发挥中心各部门的职能，调动公司员工和业务部门的积极性，保证了培训的高质量和井井有条。

每年年初，培训中心根据市场部的需求预测及课程发展部的课程安排，制订全年的培训计划，内容包括课程名称、时间、费用和名额等。然后由行政部把这一年的培训计划放在爱立信中国公司 Intranet（内联网）上，全公司的每一名员工都可以上网查阅。爱立信培训中心放在 Intranet 上的培训计划每月更新一次，更新的主要内容有：哪个课程已经报满，哪个课还有席位，又增加哪些新课程等，所以爱立信的员工每月都十分关注更新的培训计划，以安排自己的时间，力争在一年内完成自己的培训计划。

在查阅有关信息后，各分公司及各个部门根据自己的预算及员工培训计划安排全年的培训计划。在爱立信，每年每个员工和部门经理有1～2次“个人发展计划”谈话，部门经理根据员工的个人发展要求和本部门的情况安排员工的培训计划。也就是说，爱立信员工个人能力的培养，50%的责任在公司，50%的责任在员工自己。爱立信中国培训中心一旦发出新的培训计划，员工就可以根据与经理一起讨论的培训安排去培训中心报名。爱立信培训中心在收到报名表之后，行政部根据课程安排，给员工发一份邀请函，其内容包括课程名称、时间、地址、费用及有关规划，包括最迟在课程开始前一个月内允许取消课程等，否则即使不上课，也会收取费用。

爱立信培训中心为了保证培训计划高效而顺利进行，还特地作了许多细致的规定。例如，中心规定理论课人数最少为16人，至多24人，实验操作课人数最少6人，最多8人，这样就可以在防止课程赔本的前提下，尽可能保证教学质量。另外，为了避免某一课程因为人少无法开设，培训中心在课程开始前一个月如果发现有课程报名人数还不够，行政组将在Intranet上发布培训公告，请大家尽快报名，这样做一般都会收到很好的效果。

培训课程结束后，行政部根据考勤和考试情况，给每个学员发一个爱立信专用证书。按照规定，出勤率在90%以上才有资格领到证书。

问题：

（1）试述案例中爱立信公司培训的具体指导方针和依据是什么？有什么现实意义？

（2）爱立信公司是如何设计它的培训体系的？

（3）爱立信公司采取了怎样的培训方式？

第六章 绩效管理

【篇首案例】

光明乳业的绩效管理体系

光明乳业是中国著名的乳制品公司，其业务量在近几年中不断地增长，企业的规模和经营效益也在持续提高。随着企业规模的不断扩大，企业的绩效评估体系逐渐显露出不足，于是企业高层决策者决定重新制定绩效评估体系。

为了实现公司流程最佳组合并控制流程风险，引导员工行为以求最终实现公司战略，在制定新的绩效评估体系时，公司以企业战略为切入点，引入了战略性的绩效管理体系——平衡计分卡。

引进平衡计分卡以后，公司在设计绩效管理体系时，就以平衡记分卡思想作为绩效指标体系建立的基础。指标体系不仅包括财务方面的结果性指标，也包括客户方面、内部运营方面和学习成长方面的过程性指标，这些指标全面反映了企业战略的要求。另外，由于公司是由多个不同事业部组成的，光明设计的绩效指标体系同时也反映了各事业部自身的业务特点。各级管理人员普遍认为基于以上原则设计出来的绩效评估指标比以前更合理，减少了在签订绩效合同时的争议。

设计好绩效指标体系以后，公司从指标结构完备性、指标内容完整性和指标操作可行性三方面对这些指标进行评价。为了维护评估指标的严肃性，原则上不考虑进行所谓的年中指标调整。只有在特殊情况下，当市场上发生了行业性的不可抗力因素，而且该因素造成的影响对整个行业来讲是长期的，这时才可以调整相关指标的目标值。但进行调整时要非常慎重，处理不好，容易引发其他相似岗位的意见。

绩效评估的结果不仅用于奖金发放工作，还作为年度加薪、员工晋升、员工培训、员工选拔聘用、职业发展规划和企业/部门下一年度目标设定的依据。

第一节 绩效和绩效管理

一、绩效的定义

对于绩效的含义，人们有着不同的理解，最主要的观点有两种：

一是从工作结果的角度出发进行理解。伯纳迪恩（Bernadine，1995）认为，“绩效应该定义为工作的结果，因为这些工作结果与组织的战略目标、顾客满意感及所投资金的关系最密切”；凯恩（Kane，1996）指出，绩效是“一个人留下的东西，这种东西与目的相对独立存在”。不难看出，认为“绩效是结果”的观点认为，绩效是工作所达到的结果，是一个人工作成绩的记录。

二是从工作行为的角度出发进行理解。默菲（Murphy，1990）给绩效下的定义是：“绩效是与一个人在其中工作的组织或组织单元的目标有关的一组行为。”坎贝尔（Campbell，1990）指出：“绩效是行为，应该与结果区分开，因为结果会受系统因素的影响。”他在1993年对绩效下的定义是：“绩效是行为的同义词，它是人们实际的行为表现并且是能观察得到的。就定义而言，它只包括与组织目标有关的行动或行为，能够用个人的熟练程度（即贡献水平）来定等级（测量）。绩效是组织雇人来做并需做好的事情。绩效不是行为后果或结果，而是行为本身……”

应当说，这两种理解都是有一定道理的，但是又都很不全面，本书采用董克用的观点，从综合的角度出发来理解绩效的含义。

所谓绩效（performance），是指员工在工作过程中所表现出来的与组织目标相关的并且能够被评价的工作业绩、工作能力和工作态度，其中工作业绩指工作的结果，工作能力和工作态度则是指工作的行为。理解这个含义，应当把握以下四点：

（1）绩效是基于工作而产生的，与员工的工作过程直接联系在一起，工作之外的行为和结果不属于绩效的范围。

（2）绩效要与组织的目标有关，对组织的目标应当有直接的影响作用。例如，员工的心情不属于绩效，因为它与组织的目标没有直接的关系。由于组织的目标最终都会体现在各个职位上，因此与组织目标有关就直接表现为与职位的职责和目标有关。

（3）绩效应当是能够被评价的工作行为和工作结果，那些不能被评价的行为和结果也不属于绩效。例如，学生上课时的专心程度就不能直接作为绩效来使用，因为它很难被评价。

（4）绩效还应当是表现出来的工作行为和工作结果，没有表现出来的就不是绩效。这一点和招聘录用时的选拔评价是有区别的，选拔评价的重点是可能性，也就是说要评价员工是否能够作出绩效。

二、绩效管理的定义与流程

绩效管理（performance management），是指制定员工的绩效目标并收集与绩效有关的信息，定期对员工的绩效目标完成情况做出评价和反馈，以改善员工工作绩效并最终提高企业整体绩效的过程。

绩效管理是管理组织和员工绩效的一种体系，它是由绩效计划、绩效评估和绩效反馈组成的，如图6－1所示。其中，绩效计划主要是制定企业的愿景、战略以及对绩效进行定义等活动；绩效评估则是对组织和员工的绩效进行衡量和评价的过程；绩效反馈通过与组织或部门主管及员工交互讨论评估结果，以达到改善绩效的目的。

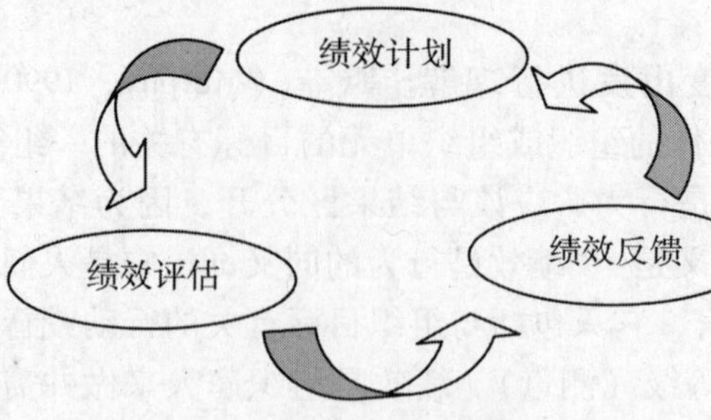

图 6－1　绩效管理流程

（资料来源：魏新，刘苑辉，黄爱华．人力资源管理概论．广州：华南理工大学出版社，2007.）

绩效管理的实施程序，大致要经历准备、实施、反馈、结果运用四个阶段：

（1）准备阶段。包括绩效计划，确定绩效评估的内容，制定评估的标准、设计评估表格及对评估者进行必要的培训。

（2）实施阶段。包括绩效评估，按事先制定的标准、运用各种方法对员工的实际行为进行绩效评估。

（3）反馈阶段。包括绩效反馈阶段。考核结束后，应把结果告诉员工，使其明白自己的绩效到底如何。

（4）结果运用。充分利用考核结果，确保其严肃性和说服力，包括根据结果对不符合实际的评估内容及标准进行修改，以便进行下一轮评估。

三、绩效管理与绩效评估的区别

绩效管理是经理和员工的对话过程，目的是为了帮助员工提高绩效能力，使员工的努力与公司的远景规划和目标任务相一致，使员工和企业实现同步发展。

绩效评估是对员工一段时间的工作、绩效目标等进行考核，是前段时间的工作总结，同时，考核结果可以为相关人事决策（晋升、解雇、加薪、奖金）等提供依据。

绩效管理与绩效评估的区别如表 6－1 所示。

表 6－1　绩效管理与绩效评估的区别

绩效管理	绩效评估
一个完整的管理过程	管理过程中的局部环节和手段
侧重于信息沟通与绩效提高	侧重于判断和评估
伴随管理活动的全过程	只出现在特定的时期
事先的沟通与承诺	事后的评价

绩效管理与绩效评估的具体区别表现为以下几点：

（1）绩效管理是一个完整的系统，绩效评估只是这个系统中的一部分。

（2）绩效管理是一个过程，注重过程的管理，绩效评估是一个阶段性的总结。

(3) 绩效管理具有前瞻性，能帮助企业和经理前瞻性地看问题，有效规划企业和员工的未来发展，绩效评估则是回顾过去的一个阶段的成果，不具备前瞻性。

(4) 绩效管理有着完善的计划、监督和控制的手段和方法，绩效评估只是管理的手段。

(5) 绩效管理注重能力的培养，绩效评估只注重成绩的大小。

(6) 绩效管理注重事先的信息沟通和绩效提高，绩效评估偏重事后的评价。

四、绩效管理的目的

绩效管理体系的设计和实施必须和考核信息的目的相一致，不同的考核目的需要用不同的方法来收集所需要的信息。因此，明确绩效管理的目的非常重要，绩效评价系统的目的主要有以下三个方面：

第一，绝大多数员工都愿意了解自己目前的工作成绩，也想知道自己如何才能工作得更好。这不仅是员工个人寻求满足感的需要，同时员工也希望通过提高自己的工作绩效和工作能力提高自己的报酬水平和获得晋升的机会。工作绩效评价可以为员工提供反馈信息，帮助员工认识自己的优势和不足，发现自己的潜在能力并在实际工作中充分发挥这种能力，改进工作绩效，有利于员工个人的事业发展。如果企业不能提供正式的关于员工工作成绩的信息反馈，员工就会寻找非正式的渠道了解自己的绩效水平，而且还可能变得非常敏感。如员工可能会因为主管人员对自己不热情而产生猜忌和挫败感，结果影响工作。

绩效管理不仅可以发现员工的长处和优点，也能够指出员工的不足和缺点，因此，员工绩效管理能够发现员工需要培训的方向，尤其是管理人员，可以指出他们在如人际冲突管理、监督技能、计划和预算能力等方面上的欠缺，为培训方案的设计和实施确定基础。

第二，绩效评价可以为甄别高效员工和低效员工提供标准，为组织的奖惩系统提供依据，从而确定奖金和晋升机会在员工个人之间的分配。在企业的薪酬决定依据中，员工业绩水平是一种重要的因素。只有实行客观公正的绩效管理体系，不同工作岗位上的员工的工作成绩才能得到合理的比较，在员工之间分配的奖金才能起到真正的激励作用。在晋升、调转和下岗决定中，员工过去的工作表现是一个非常有说服力的根据，这也要求实施有效的绩效考核。

第三，建立一个员工业绩的档案材料，以便于将来帮助组织进行人事决策，包括提升优秀员工，剔除不合格的员工，为工资调整提供理由，为员工培训确定内容，为员工的调动确定方向，并确定再招聘员工时应该重点考察的知识、能力、技能和其他品质。总之，工作绩效评价有利于人们发现组织中存在的问题，工作评价的信息可以被用来确定员工和团队的工作情况与组织目标之间的关系，以及改进组织的效率和改进员工的工作。因此，工作绩效评价既是一个过程的结束，又是一个新阶段的开始。需要指出的是，无论一个绩效评价系统多么完美，也只有最终被它所影响的人接受才能发挥其作用。

第二节　绩效评估的方法

绩效评估的方法可以分为主观行为评价法、客观行为评价法和结果法。主观行为评价法一直是比较受欢迎的方法，它具有一定的主观性；客观行为评价法能够提供更多的与雇员行为相关的信息；结果法越来越受欢迎，因为它更关注雇员为组织创造的可计量的贡献。

一、主观行为评价法

绩效评估的主观行为评价法，是将员工之间的工作情况进行相互比较，得出对每个员工的相对优劣的评价结果，主要有：简单排序法、交替排序法、成对比较法、强制分布法、情景模拟法、民意测验法等。

1. 简单排序法

在实行简单排序法的情况下，评估人将员工按照工作情况的总体情况从最好到最差进行排序。这种方法所需要的时间成本很少，简便易行，一般适合员工数量比较少的评价需求。在员工的数量比较多的情况下，就需要选择其他的排序方法。

2. 交替排序法

交替排序法是简单排序法的一个变形，人们认为简单排序法过于粗糙，很难得到一个比较合理的考核结果，而根据心理学的观点，人们比较容易发现极端的情况，而不容易发现中间的情况。于是，人们利用这种原理提出了交错排序法来克服简单排序法的缺点。

在实行交错排序法的情况下，评估人根据所要评价的绩效要素在所有需要评价的员工中首先挑选出最好的员工，然后选择出最差的员工，将他们分别列为第一名和最后一名。然后在余下的员工中再选择出最好的员工作为整个序列的第二名，选择出最差的员工作为整个序列的倒数第二名。以此类推，直到将所有员工排列完毕，就可以得到对所有员工的一个完整的排序，人们在直觉上相信这种交错排序法优于简单排序法。

3. 成对比较法

成对比较法是评估人根据某一标准将每一员工与其他员工逐一进行比较，并将每次比较中的优胜者选出，最后，根据每一员工净胜次数的多少进行排序。这一方法的比较标准往往比较笼统，不是具体的工作行为或工作成果，而是评估人对员工的整体印象，一般认为，成对比较法比较适合进行工资管理。

下面，我们结合一个假设的例子来说明成对比较法的应用。假设现在有张三、李四、王五、赵六、陈七 5 位员工需要进行考核，如果使用成对比较法，第一步可以按照表 6－2a所示的方法进行考核：先将所有需要考核的员工的姓名分别按照行和列写好，再将每个员工和部门内所有其他员工进行相互比较，将业绩水平比较高的员工的姓名或者代号写在二者交叉的空格内；第二步就可以按照每位员工“胜出”的次数来对他们进行排序，得到另一个排名表，如表 6－2b 所示。

表 6－2a　成对比较法的评价过程

	张三	李四	王五	赵六	陈七
张三	–	李四	王五	赵六	陈七
李四		–	王五	赵六	陈七
王五			–	赵六	陈七
赵六				–	陈七
陈七					–

表 6－2b　成对比较法的评价结果

员工姓名	胜出的次数	排名
张三	0	5
李四	2	3
王五	3	2
赵六	1	4
陈七	4	1

4. 强制分布法

强制分布法（forced-choice method）实际上也是将员工进行相互比较的一种员工排序方法，只不过它是对员工按照组别进行排序，而不是将员工个人进行排序。

这一方法的理论依据是数理统计中的正态分布概念，认为员工的业绩水平遵从正态分布，因此可以将所有员工分为杰出的、高于一般的、一般的、低于一般的和不合格的五种情况，其分布的典型形式如图 6－2 所示。

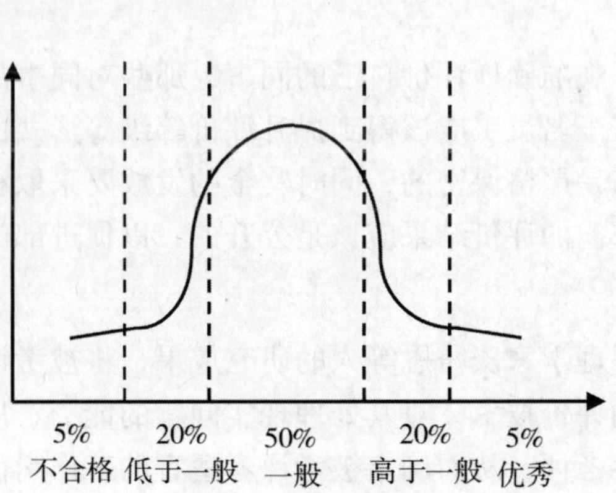

图 6－2　强制分布法

在实践中，实行强制分布法的企业通常对设定的分布形式作一定程度的变通，使员工业绩水平的分布形式呈现为某种偏态分布。强制分布的优点是可以克服评估人过分宽容或过分严厉的结果，也可以克服所有员工不分优劣的平均主义。其缺点是如果员工的业绩水平事实上不遵从所设定的分布样式，那么按照评估人的设想对员工进行强制区别容易引起员工不满。一般而言，当被评价的员工人数比较多，而且评估人又不止一人时，用强制分布法可能比较有效。

为了克服强制分布法的缺陷，同时也将员工的个人激励与集体激励更好地结合起来，可以使用团体评价制度以改进强制分布的效果，实施这种评价方法的基本步骤是：

第一，确定 A、B、C、D、E 各个评定等级的奖金分配的点数，各个等级之间点数的差别应该具有充分的激励效果。

第二，由每个部门的每个员工根据绩效评估的标准，对自己之外的所有其他员工进行 0～100 分的评分。

第三，对称地去掉若干个最高分和最低分，求出每个员工的平均分。

第四，将部门中所有员工的平均分加总，再除以部门的员工人数，计算出部门所有员工的绩效评估平均分。

第五，用每位员工的平均分除以部门的平均分，就可以得到一个标准化的评价得分，假设那些评价的标准分为 1，其附近的员工就应该得到 C 等级的评价，那些评价的标准分明显大于 1 的员工就应该得到 B 等级甚至 A 等级的评价，那些评价的标准分明显低于 1 的员工就应该得到 D 等级甚至 E 等级的评价。在某些企业中为了强化管理人员的权威，可以将员工团体评价结果与管理人员的评价结果的加权平均值作为员工最终的考核结果，但是需要注意的是，管理人员的权重不应该过大。各个评价等级之间的数值界限可以由管理人员根据过去员工绩效评估结果的离散程度来确定，这种计算标准分的方法可以合理地确定被考核的员工的业绩评价结果的分布形式。

第六，根据每位员工的评价等级所对应的奖金分配点数，计算部门的奖金总点数，然后结合可以分配的奖金总额，计算每个奖金点数对应的金额，并得出每位员工应该得到的奖金数额。其中，各个部门的奖金分配总额是根据各个部门的主要管理人员进行相互评价的结果来确定的。

为了鼓励每位员工客观准确地评价自己的同事，那些对同事的评价排列次序与最终结果的排列次序最接近的若干名员工应该得到提升评价等级等形式的奖励。另外，员工的评价结果在评价的当期应该是严格保密的，同时奖金的发放要采取秘密给付的方式，以保护员工的情绪。但是各个部门的评价结果应该是公开的，以促进部门之间的良性竞争。

5. 情境模拟法

情境模拟法是美国心理学家茨霍恩等人的研究成果，将被考评人员置于一个模拟的工作情境之中，运用仿真的评价技术，对其处理现实问题的能力、应变能力、规划能力、决策能力等做模拟现场观察考评，从而确定被考评者适宜的工作岗位和具体工作。

其优点是，使考评者如面临其境，便于直接观察，准确度较高，但要花相当多的人力、物力。目前有许多国家采用的情境模拟法只是一种“想象模拟”，如“假如您在某个岗位……”。

链接：情境模拟法示例

某市要考评招聘一个旅游局局长，为此，对10个初选通过的被考评者进行模拟考试，模拟考题如下：

如果你是某市旅游局局长，原定今晚七时在某宾馆召开各国到本市旅游的知名友好人士的茶话会，下午2点，你得到紧急汇报，该宾馆出现情况不明的火灾，作为旅游局局长，你要做哪些事？先做什么后做什么？对今晚七时的茶话会要作哪些决策？

被考核者的回答是形形色色的，没有任何两人的回答是相同的，有的人决定取消当晚七点的茶话会；有的人自己先冲上救火第一线，其余的事一概不理；有的人把所有的人派到救火第一线，而自己坐在电话机旁守电话……可以说，每一种回答都表明了某种思路、某种工作方法，很难说有十分标准的答卷，但不少人的答卷中无法自圆其说，工作显得十分忙乱，决策能力和应变能力差，但也有回答得较好的，如某人的答卷是：

在我接到火灾的消息后，我立即做出下述决定：

（1）指派办公室主任到救火现场指挥；

（2）指派行政秘书到旅游局下属各宾馆组织人马，赶赴救火现场；

（3）指派外事秘书通知各国友人把今晚茶话会改在××宾馆举行，时间不变，并通知该宾馆做好准备；

（4）指派××干事坐守在电话机旁，负责与各方联络；

（5）本人赶往现场，参加救火，鼓舞士气并在现场处理问题。

上述的“决策”并非是“标准的”或是“定量的”，但却是有条理的，表现出一定的决策能力和组织能力。

6. 民意测验法

该法把考评的内容分为若干项，制成考评表，每一项后面空出五格：优、良、中、及格、差，然后将考评表发至相当范围。考评前，也可先请被考评者汇报工作，作出自我评价，然后，由参加评议的人填好考评表，最后算出每个被考评者得分平均数，借以确定被考评者工作的档次。民意测验的参加范围，一般是被考评者的同事和直属下级，以及与其发生工作联系的其他人员。

此法的优点是群众性和民主性较好，缺点是主要由下而上地考察管理人员，缺乏由上而下的考察，由于群众素质的局限，会在掌握考评标准上带来偏差或不科学因素，一般将此法用作辅助的、参考的手段。

二、客观行为评价法

绩效评估的客观行为评价法，是根据客观标准对员工的工作绩效进行评价的方法，包括行为关键事件法、业绩评定表法、行为锚定等级评价法、行为观察评价法，其中，大多数方法在实质上都是对员工的行为按照评价的标准给出一个量化的分数或程度判断，然后再对员工在各个方面的得分进行加总，得到一个员工业绩的综合评价结果。

1. 关键事件法

在运用关键事件法（critical incident method）的时候，主管人员将每一位下属在工作活动中所表现出来的非同寻常的好行为或非同寻常的不良行为（或事故）记录下来，然后在每6个月左右的时间里，主管人员和其下属人员见一次面，根据所记录的特殊事件来讨论后者的工作绩效。

这种工作绩效评价方法有许多优点：对关键事件的行为观察客观、准确；能够为更深层的能力判断提供客观的依据；对未来行为具有一种预测的效果。其缺点是：耗时费力；对关键事件的定义不明确，不同的人有不同的理解；容易引起员工与管理者之间的摩擦。

如表6-3所示为运用关键事件法对工厂助理管理人员进行工作绩效评价的实例。

表6-3　关键事件法应用实例

工作责任	目　标	关键事件
安排工作的生产计划	充分利用工厂中的人员和机器；及时发布各种指令	为工厂建立新的生产计划系统；上个月的指令延迟率降低10%；上个月提高机器利用率20%
监督原材料采购和库存控制	在保证充分的原材料供应的前提下，使原材料的库存成本降低到最小	上个月使原材料库存成本上升了15%；A部件和B部件的订购富余了20%，而C部件的订购却短缺了30%
监督机器的维修保养	不出现因机器故障而造成的停产	为工厂建立了一套新的机器维护和保养系统；由于及时发现机器部件故障而防止了机器的损坏

如果要应用关键事件法对被考核者进行绩效评估的话，那么在确定绩效目标和计划的时候，就要将关键事件同绩效目标和计划结合起来。

关键事件法通常可作为其他绩效评估方法的一种很好补充。它在认定员工特殊的良好表现和劣等表现方面是十分有效的，而且对于制订改善不良绩效的计划十分方便。但就它本身来说，在对员工进行比较或在做出与之相关的薪酬、晋升或者培训的决定时，可能不会有太明显的用处。

2. 业绩评定表法

业绩评定表法（rating scales method）是一种广泛采用的考评方法，它根据所限定的因素来对员工进行考评。这种方法是在一个等级表上对业绩的判断进行记录，这个等级被分成几类——它常常采用诸如优秀、良好、一般、较差、不及格等形容词来定义，当给出了全部等级时，这种方法通常可以使用一种以上的业绩评定标准，评价所选择的因素有两种典型类型：与工作有关的因素和与个人特征相关的因素。

如表6-4中表明，与工作有关的因素是工作质量和生产率；而与个人特征相关的因素有诸如工作知识、可信度、勤勉性和独立性等。

表 6－4　业绩评定表示例

雇员姓名：		职　位：		
部　门：		雇员薪号：		
绩效评价原因：□年度例行评价　□晋升　□绩效不佳 □工资调整　□试用期结束　□其他				
雇员到现职时间：				
最后一次评价时间：		正式评价时间：		
说明：请根据雇员所从事工作的现有要求仔细地对雇员的工作绩效加以评价。请核查各代表雇员绩效等级的小方框。如果绩效等级不合适，请以 N/A 字样标明。请按照尺度表中所标明的等级来核定雇员的工作绩效分数，并将其填写在相应的用于填写分数的方框内。最终的工作绩效结果通过将所有分数进行加总并求平均而得出。				
评价等级说明 O：杰出（Outstanding）。在所有各方面的绩效都十分突出，并且明显地比其他人的绩效优异得多。 V：很好（Very good）。工作绩效的大多数方面明显超出职位的要求，工作绩效是高质量的并且在考核期间一贯如此。 G：好（Good）。一种称职的和可信赖的工作绩效水平，达到了工作绩效标准的要求。 I：需要改进（Improvement needed）。在绩效的某一方面存在缺陷，需要进行改进。 U：不满意（Unsatisfactory）。工作绩效水平总的来说无法让人接受，必须立即加以改进。绩效评价等级在这 水平上的雇员不能增加工资。 N：不做评价（Not rated）。在绩效等级表中无可以利用的标准或因时间太短而无法得出结论。				
一般性工作绩效评价要素	评价尺度			评价事实依据或评语
1. 质量：所完成工作的精确度、彻底性和可受性	O□ V□ G□ I□ U□	100～90 90～80 80～70 70～60 60 以下	分数	
2. 生产率：在某一特定的时间段中所生产的产品数量和效率	O□ V□ G□ I□ U□	100～90 90～80 80～70 70～60 60 以下	分数	

（续上表）

3. 工作知识：实践经验和技术能力以及在工作中所运用的信息	O□ V□ G□ I□ U□	100～90 90～80 80～70 70～60 60 以下	分数	
4. 可信度：某一雇员在完成任务和听从指挥方面的可信任程度	O□ V□ G□ I□ U□	100～90 90～80 80～70 70～60 60 以下	分数	
5. 勤勉性：雇员上下班的准时程度、遵守规定的工间休息/用餐时间的情况以及总体的出勤率	O□ V□ G□ I□ U□	100～90 90～80 80～70 70～60 60 以下	分数	
6. 独立性：完成工作时不需要监督和只需要少监督的程度	O□ V□ G□ I□ U□	100～90 90～80 80～70 70～60 60 以下	分数	

（资料来源：魏新，刘苑辉，黄爱华．人力资源管理概论．广州：华南理工大学出版社，2007.）

业绩评定表法的优点：简单、迅速、主要因素明显，每评定一项仅考虑一个因素，不允许因某个因素给出的评价而影响其他因素的决定。

业绩评定表法的缺点：一是对过去业绩和将来潜力同时作出评价方面有些欠缺；二是缺乏客观性，通常使用的因素如态度、忠诚和品格等都是难以衡量的。另外，这些因素可能与员工的工作业绩没有关系。

3. 行为锚定等级评价法

行为锚定法（behaviorally anchored rating scale，BARS），全称为行为锚定等级评价法，是以具体描述的特定工作行为是否确实被成功地完成来确定员工绩效的一种评估方法。在某种程度上，行为锚定法与前面所提的业绩评定表法有相似的地方，但重点不是落在绩效的结果上，而是落在员工的职业行为上，其前提假设是员工的职能性行为将产生有效的工作绩效。

行为锚定法的工作步骤为：①确定工作的相关维度；②对每个工作维度编写出行为锚定；③确定每一锚定行为的分值。

工作维度是指构成工作任务的范畴。每种工作可能有几个工作维度，每个维度应制定独立的评分量表，如表 6－5 所示是按工作维度而编写的行为锚定量表，按表 6－5 中的文字描述对每个员工的行为在特定的“锚”上打钩，锚定量表上的分值可以给评估者一份一览表，评估者根据所查到的分值与所有的工作维度结合就可以得到一个完整的评估。

虽然使用行为锚定等级评价法比使用其他的工作绩效评价法（如评价尺度表）要花费更多的时间，但是许多人认为行为锚定等级评价法有以下一些十分重要的优点：

（1）对工作绩效的计量更精确。由于是由那些对工作及其要求最为熟悉的人来编制行为锚定等级体系，因此行为锚定等级评价法能比其他评价法更准确地对工作绩效进行评价。

（2）工作绩效评价标准更明确。评价等级尺度上所附带的关键事件有利于评估人更清楚地理解“非常好”和“一般”等各种绩效等级上的工作绩效到底有什么差别。

（3）具有良好的反馈功能。关键事件可以使评价人更为有效地向被评价人提供反馈。

表 6－5 行为锚定等级评价表

维度	锚	分值
工作量—员工每个工作日的工作量	有非常优异的生产记录	5 优秀（ ）
	很勤奋超额完成	4 良好（ ）
	工作量令人满意	3 一般（ ）
	刚好达到要求	2 较差（ ）
	没有达到最低要求	1 极差（ ）
可信赖程度—只需最少监督就能令人满意地完成既定工作	所需的监督是最低限度的	5 优秀（ ）
	需要很少的监督，是可以信赖的	4 良好（ ）
	通常在适当的督促下能完成规定的工作	3 一般（ ）
	有时需要督促	2 较差（ ）
	需要密切督促，不可信赖	1 极差（ ）
工作知识—员工为取得满意的工作绩效应具备的有关工作任务的信息	已经完全掌握所有的工作阶段	5 优秀（ ）
	理解工作的所有阶段	4 良好（ ）
	对工作任务有一定认识，能回答工作上的大多数问题	3 一般（ ）
	缺乏对工作某些阶段的认识	2 较差（ ）
	对工作任务认识不足	1 极差（ ）
出勤率—每天上班且遵守工作时间的守信性	总是正常及时地出勤，在需要时自愿加班	5 优秀（ ）
	非常及时地出勤且很正常	4 良好（ ）
	基本正常出勤且准时	3 一般（ ）
	出勤散漫，有时工作准时，或两者兼而有之	2 较差（ ）
	经常缺勤且没有充分的理由，或者经常迟到，或兼而有之	1 极差（ ）

（续上表）

维度	锚	分值
准确性—履行工作责任的准确度	所需监督是最低限度的，几乎总是准确的	5 优秀（　）
	很少需要监督，多数时候是正确的、准确的	4 良好（　）
	通常准确，只犯平均数量的错误	3 一般（　）
	粗心，经常犯错误	2 较差（　）
	屡屡犯错误	1 极差（　）

（资料来源：魏新，刘苑辉，黄爱华．人力资源管理概论．广州：华南理工大学出版社，2007.）

（4）各种工作绩效要素之间有着较强的相互独立性。将众多的关键事件归纳为 5～6 种绩效要素（如“知识和判断力”），使得各绩效要素之间的相对独立性很强。比如，在这种评价方法下，评估人很少因为某人的“知觉能力”所得到的评价等级高，就将此人的其他所有绩效要素等级都评定为高级。

（5）具有较好的连贯性。相对来说，行为锚定等级评价法具有较好的连贯性和较高的信度。这是因为，在运用不同的评估人对同一个人进行评价时，其结果基本上都是类似的。

其缺点是：文字描述耗时耗力；表格多，不便管理；经验性的描述有时易出现偏差。

4. 行为观察评价法

行为观察评价法（behavior observation scale，BOS）与行为锚定评价法有一些相似，但它在工作绩效评价的角度方面能比后者提供更加明确的标准。在使用这种评价方法时，需要首先确定衡量业绩水平的角度，如工作的质量、人际沟通技能、工作的可靠性等。每个角度都细分为若干个具体的标准，并设计一个评价表。评估人将员工的工作行为同评价标准进行比照，每个衡量角度的所有具体科目的得分构成员工在这一方面的得分，将员工在所有评价方面的得分累加，就可以得到员工的评价总分。

表 6－6 是根据行为观察评价法为项目工程师工作可靠性设计的评价细目及分数标准。按照这种评价方法，如果一位项目工程师在 5 个评价细目上都被评价为“几乎总是”，那么他就可以得到 25 分，从而在工作可靠性上得到“很好”的评价。

表 6－6　行为观察评价法示例

工作的可靠性（项目工程师）						
1. 有效地管理工作时间						
几乎没有	1	2	3	4	5	几乎总是
2. 能够及时地符合项目的截止期限要求						
几乎没有	1	2	3	4	5	几乎总是
3. 必要时帮助其他员工工作以符合项目的期限要求						
几乎没有	1	2	3	4	5	几乎总是

（续上表）

工作的可靠性（项目工程师）						
4. 必要时情愿推迟下班和周末加班工作						
几乎没有	1	2	3	4	5	几乎总是
5. 预测并试图解决可能阻碍项目按期完成的问题						
几乎没有	1	2	3	4	5	几乎总是
13 分及以下	14~16 分	17~19 分	20~22 分	23~25 分		
很差	差	满意	好	很好		

（资料来源：魏新，刘苑辉，黄爱华．人力资源管理概论．广州：华南理工大学出版社，2007.）

这种行为观察评价法的主要优点是设计和实施时所花费的时间和金钱都比较少，而主要的缺点是不同的评估人经常在“几乎没有”和“几乎总是”的理解上有差异，结果导致业绩考评的稳定性下降。

三、结果法

许多组织不是关注员工的特点或其在工作中表现出的行为，而是评估员工的成绩，即他们在工作中获得的工作结果，此类方法包括目标管理法和平衡记分卡法。

1. 目标管理法

目标管理法（management by objectives，MBO）是由彼得·德鲁克于1954年首次提出的管理方法，其主要由雇员在与直接上级讨论的基础上建立目标（如生产成本、单位产品销售额、质量标准和利润等），然后使用这些目标作为评估的基础。

目标管理是一个从设立组织共同目标开始，最终又回到这一步的一个循环系统，如图6-3所示。这个系统表现了目标设立的过程，目标包括组织的目标（步骤1）、部门的目标（步骤2）以及个体经理和雇员的目标（步骤3）。

如图6-3所示，该循环的一个重要特点就是由雇员建立特定目标，但是这些目标是以上级对雇员责任广泛沟通为基础的。雇员建立的目标要与上级进行充分讨论，共同研究和改正，直到双方都对目标感到满意为止（步骤4）。目标陈述伴随一个详细的行动说明，该说明是由雇员提出的，目的是实现目标。在阶段性回顾时，获得相关目标数据，然后评估雇员取得的进步（步骤5）。此时，目标可能会由于获得了新数据或附加数据而需要改变。在一个时期（通常是6个月或1年）的总结阶段，雇员对自己的成绩进行自我评估，并尽量用实际的数据来支持自我评估，面谈是由上级和雇员双方对雇员的自我评估进行检查的过程（步骤6）。最后一步（步骤7）是回顾个人和组织的绩效联系。

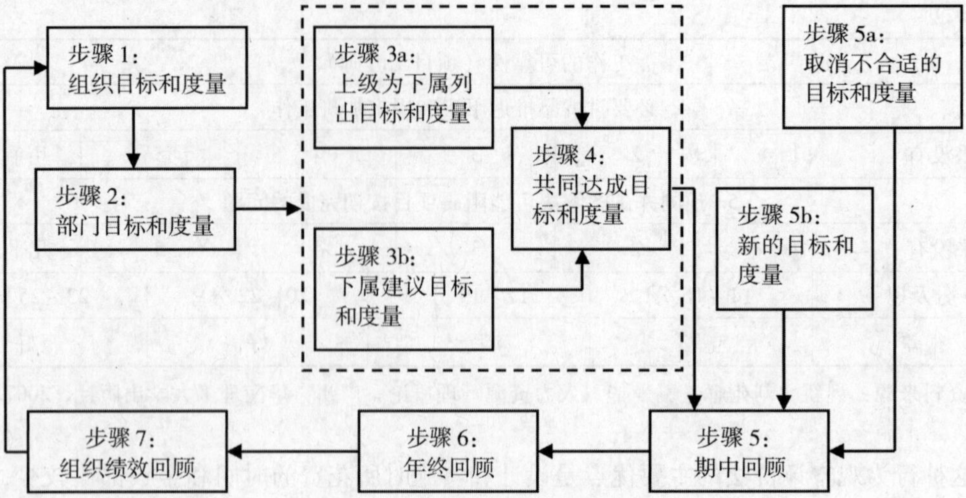

图6-3　目标管理下的绩效评估

（资料来源：［美］乔治·伯兰德，斯科特·斯内尔．人力资源管理（第十三版）．魏海燕主译．大连：东北财经大学出版社，2006.）

为了确保成功，需要把目标管理计划视为整个管理系统的一部分，而不仅仅是经理的额外工作。经理必须愿意把权力授予雇员，由他们实现自己的目标，并为他们提供方法上的帮助（但要确保他们自己对结果负责），以下原则可能非常有用：

（1）经理人和雇员必须愿意共同建立目标。已经证明目标设立能改善雇员的绩效，一般会提高10%～25%。目标设立之所以起作用，是因为它能帮助雇员关注重点任务，并对完成这些任务负责。它也建立了一个有助于学习的自动反馈系统，因为雇员可以定期根据目标评估自己的绩效。

（2）目标应当是为长期和短期制定的定量的、可计量的目标，不过目标陈述应当包括对如何实现目标的描述。

（3）期望的结果必须在雇员的控制中。

（4）在各个层次目标必须保持一致（经营者、经理和雇员）。

（5）经理和雇员必须事先明确何时应当回顾和评估目标。

2. 平衡记分卡法

平衡计分卡（Balanced Scorecard，BSC）由哈佛大学的教授 Robert Kaplan 和 David Norton 开发，是一个帮助经理把战略目标转化为可操作性目标的衡量框架，通用模式如图6-4所示，包括四个相关的部分：财务、客户、过程和学习。平衡计分卡的逻辑是学习和雇员管理帮助组织改善内部过程，这些内部过程（产品开发、服务等）对创造客户满意度和忠诚度是非常重要的，客户价值创造反过来推动财务绩效和赢利性。

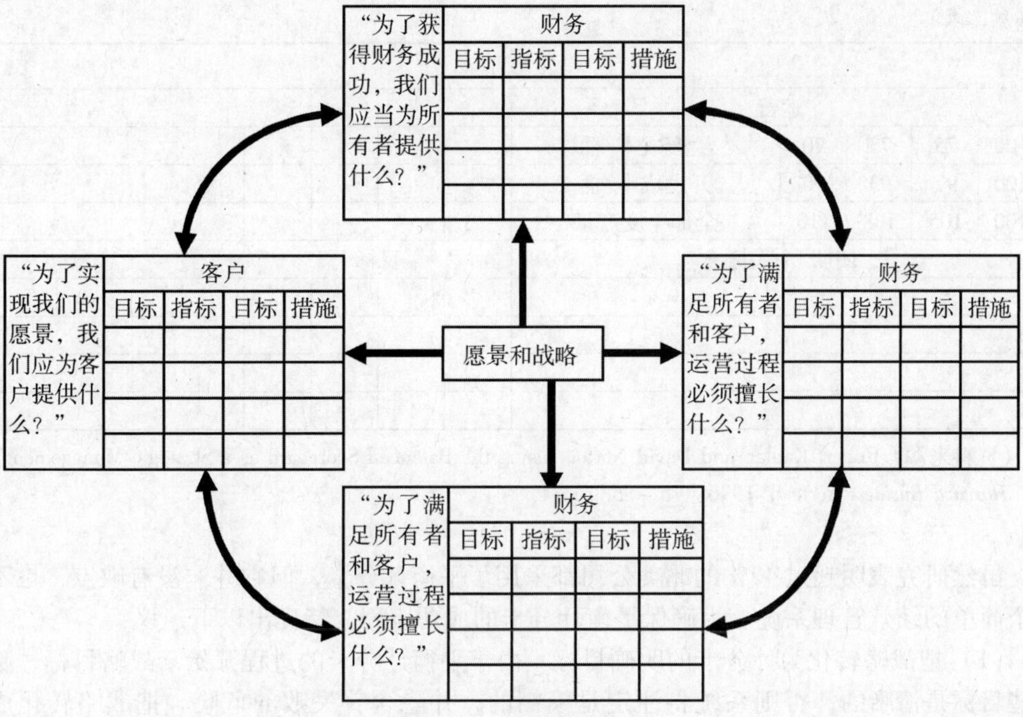

图 6 - 4　平衡计分卡

（资料来源：Robert S. Kaplan and P. David Norton. Strategic Learning and the Balanced Scorecard. *Strategy & Leadership*，1996，24（5）：18 - 24.

在某种程度上平衡计分卡与目标管理有相似性，平衡计分卡帮助经理将较广的公司目标转换成分公司、部门和团队的目标，如表 6 - 7 所示显示了一个使用于这个过程的个人计分卡，这种方法的价值在于每个人都能更清楚地知道自己的绩效与公司整体绩效的关系。

表 6 - 7　个人计分卡

公司目标 在 7 年内使公司价值翻一番 以平均每年 20% 的速度提高我们的收入 实现内部回报率超过资本成本的 2% 下一个 10 年产量和储备金提高 20%									
公司目标				计分卡标准	业务单位目标				团队/个人目标
2001	2002	2003	2004		2001	2002	2003	2004	1.
财务（百万美元）									
100	120	160	180	收入					
100	450	200	210	净现金流入					
100	85	75	70	全部和运营成本					2.

（续上表）

公司目标									
运营									
100	75	73	70	生产成本/桶					
100	97	93	90	开发成本/桶					
100	105	108	110	全部年度产量					3.
团队/个人标准					目标				
1.									
2.									4.
3.									
4.									

（资料来源：Robert Kaplan and David Norton. Using the Balanced Scorecard as a Strategic Management System. *Harvard Business Review*，1996：75－85.）

虽然研究表明超过40%的北美公司都采用了平衡计分卡，但它并非没有缺点，也不是一个简单的绩效管理系统。为确保平衡计分卡的成功应用，特提出以下建议：

（1）把战略转化为计分卡的明确目标。由于平衡计分卡的过程开始于战略目标，除非这些目标是清晰的，否则系统将注定是模糊的，并隐含着失败的危险。把战略转化成目标，经理和第一线的雇员就拥有了更加易于理解和实现的目标，一般较少的目标使其更清晰和集中。

（2）把标准与目标相联系。为了使经理和雇员了解目标是否达到以及何时达到，必须把清晰的标准与每个目标相联系。每个目标都应当至少有一个指标，以便于通过以前存在的系统或组织内部手工计量。

（3）将计分卡落实到第一线。经常说真正的战略工作发生在第一线。为了让所有的雇员的角色和工作责任与高级目标相关，计分卡应当一直分解到个人层次。通过计分卡的分解，战略也就成为每个人的工作。

（4）基于标准提供绩效反馈。与其他绩效管理系统一样，除非经理为雇员提供关于他们工作情况的有效反馈，否则系统就是无效的。作为整个过程的一部分，雇员必须知道他们为实现自己的目标负责，当他们不能达到目标时应作解释。

（5）对雇员授权以实现绩效改善。个人自己或工作团队应当理解达成高绩效的途径，基于结果的系统的一个好处就是，它为雇员提供持续改善，以获得最佳实践方法的空间。

（6）重新评估战略。平衡计分卡的一个主要优点就是它是一环套一环的，经理应当管理绩效，并使用这些信息重新评估战略和进行持续调整。那些使用平衡计分卡取得最大成功的组织认为，该系统有助于改善沟通和学习，而不是固定于一个机械机构的控制之中。

第三节　绩效评估体系的建立

建立员工的工作绩效评估体系，首先需要明确绩效评估的目的，再根据评估的目的确定合适的评估主体以及建立合适的评估指标体系，最后还需要决定员工绩效评估的周期长短。

一、绩效评估的目的

绩效评估的目的：一是帮助员工认识自己的潜在能力并在工作实际中充分发挥这种能力，以达到改进员工工作的目的和促进员工的培训与发展；二是为人力资源管理等部门提供制定有关人力资源政策和决策的依据；三是有利于改进企业人力资源管理工作，企业从定期的工作绩效评估中检查诸如招聘、培训和激励等人力资源管理方面的问题，从中吸取经验教训，以便今后改进。

通过绩效评估能使企业了解在实施目标过程中的状况与企业人力资源对目标完成的影响，以便对下一步行动作出正确的导向。因而，评估的过程既是企业人力资源发展的评价和发掘过程，也是了解个人发展意愿，制订企业培训计划和为人力资源开发作准备的过程，员工绩效评估的具体作用途径及其重要性如表 6－8 所示。

表 6－8　绩效评估信息最主要的 20 种用途

用途类别	具体项目	评分	排序
个人之间的评价	薪酬管理	5.6	2
	个人绩效的确定	5.0	5
	不合格绩效的识别	5.0	5
	晋升决策	4.8	8
	留用/解聘决策	4.8	8
	下岗	3.5	13
员工个人发展	绩效反馈	5.7	1
	员工优点和缺点的确定	5.4	3
	转岗和任务安排决策	3.7	12
	个人培训需要的确定	3.4	14
系统维护	个人组织在目标的发展	4.9	7
	个人、团队和业务部门工作成绩的评价	4.7	10
	人力资源计划	2.7	15
	组织培训需求的评估	2.7	15
	管理结构的加强	2.6	17
	组织发展需要的确定	2.6	17
	人力资源系统的监控	2.0	20
文件备案	人力资源管理文件档案	5.2	4
	遵守人力资源管理的法律要求	4.6	11
	有效性研究的标准	2.3	19

注：评分采用的是以 7 分制衡量员工绩效评估对各种组织决策和行动的影响。1 = 没有影响，4 = 中度影响，7 = 首要影响。

（资料来源：Randall S. Schuler and Vandra L. Huber. *Personnel and Human Resource Management*, *West*, Pub co. 1993.

二、绩效评估的主体

在员工绩效评估过程中，对评估人的基本要求有以下五个方面：第一，评估人应该有足够长的时间和足够多的机会观察员工的工作情况；第二，评估人有能力将观察结果转化为有用的评价信息，并且能够使绩效评估系统可能出现的偏差最小化；第三，评估人有动力提供真实的员工业绩评价结果。

不管选择谁作为评估人，如果评估结果的质量与评估人的奖励能够结合在一起，那么评估人都会更有动力去作出精确和客观的评价。一个值得注意的现象是，这种对评估人的激励与评价系统的设计和选择是同样重要的。一般而言，员工在组织中的关系是上有上司，下有下属，周围有自己的同事，组织外部还可能有客户，因此可能对员工工作绩效进行评价的候选人有以下五种类型：

1. 员工的直接上司

在某些情况下，直接上司往往熟悉员工工作且也有机会观察员工的工作情况。而且，直接上司能够比较好地将员工的工作与部门或整个组织的目标联系起来，他们也对员工进行奖惩决策。因此，直接上司是最常见的评估人，但是这种评价的一个缺点是如果单纯依赖直接上司的评价结果，那么直接上司的个人偏见、个人之间的冲突和友情关系将可能损害评价结果的客观公正性。

为了克服这一缺陷，许多实行直接上司评价的企业都要求直接上司的上司检查和补充评估人的考评结果，这对保证评价结果的准确性有很大作用。但有些企业采取的是矩阵式的组织结构，一个员工需要向多个主管报告工作；或者即使在非矩阵式的组织结构中，一位员工也可能与几个主管人员有一定程度上的工作联系，在这种情况下，综合几个主管人员对一个员工的评价结果会改进员工绩效考评的质量。

2. 员工的同事

一般而言，员工的同事能够观察到员工的直接上司无法观察到的某些方面，特别是在员工的工作指派经常变动，或者员工的工作场所与主管的工作场所是分离的时候，主管人员通常很难直接观察到员工的工作情况，如推销工作。这时就既可以通过书面报告方式来了解员工的工作业绩，也可以采用同事评价。

在采用工作团队的组织中，同事评价就显得尤为重要。在美国的夸克燕麦（Quarker Oats）公司的宠物食品工厂，员工的绩效评价完全由同事评价来决定，这家公司使用工作团队方式已经有20多年的历史，所有的晋升和薪酬政策都由工作团队来决定，当然，由于一个团队的员工彼此之间在奖金分配和职位晋升中存在着竞争关系，因此为了减少偏见，应该规定同事评价的工作内容。尽管很多人认为同事评价只能作为整个评价系统的一部分，但是1984年韦克斯利（K. N. Wexley）和克里姆斯基（R. Klimoski）的一项研究表明，同事评价可能是对员工业绩的最精确的评价。研究结果还表明，同事评价对于员工发展计划的制订非常适合，但对人力资源管理决策却似乎不适合。

3. 员工的下属

下属的评价有助于主管人员的个人发展，因为下属可以直接了解主管人员的实际工作情况、信息交流能力、领导风格、平息个人矛盾的能力与计划组织能力。在使用下级评价时，上下级之间的相互信任和开诚布公是非常重要的。在通常的情况下，下级评价方法只是作为整个评价系统的一部分。

在美国克莱斯勒公司，管理人员的工作绩效是由其下属匿名地来评价，评价的内容包括工作团队的组织、沟通、产品质量、领导风格、计划和员工的发展情况。被评价的上司在汇总这些匿名的报告以后再与下属来讨论如何进行改进。一般而言，由于下属和同事能够从与主管人员不同的角度来观察员工的行为，因此，他们能够提供更多的关于员工工作表现的信息。但是，需要注意的是，如果员工认为自己的主管有可能了解每个人的具体评价结果，那么他们就可能对自己的上司给予过高的评价。

4. 员工的自我评价

关于员工自我评价的作用问题长期以来一直是有争议的，这一方法能够减少员工在评价过程中的抵触情绪，在工作评价和员工个人工作目标结合在一起时很有意义。但是，自我评价的问题是自我宽容，常常与他人的评价结果不一致，因此比较适合于个人发展用途，而不适合于人事决策。不难发现，有效的工作规范和员工与主管人员之间良好的沟通是员工自我评价发挥积极作用的前提。此外，经验表明，员工和主管人员双方关于工作业绩衡量标准的看法的一致性越高，双方对评价结果的结论的一致性也就越高。

5. 客户的评价

在某些情况下，客户可以为个人与组织提供重要的工作情况反馈信息。虽然客户评价的目的与组织的目标可能不完全一致，但是客户评价结果有助于为晋升、工作调动和培训等人事决策提供依据。

近年来，美国的很多企业开始实行360度评估（也称为全方位评估），即综合员工自己、上司、下属和同事的评价结果对员工的工作业绩作出最终的评价。

这种评估方法的优点在于：打破了由上级考核下属的传统考核制度，可以避免传统考核中考核者极容易发生的“光环效应”、“居中趋势”、“偏紧或偏松”、“个人偏见”和“考核盲点”等现象；一个员工想要影响多个人是困难的，管理层获得的信息更准确，可以反映出不同考核者对于同一被考核者不同的看法；防止被考核者急功近利的行为（如仅仅致力于与薪金密切相关的业绩指标）；较为全面的反馈信息有助于被考核者多方面能力的提升。

360度考核法实际上是员工参与管理的方式，在一定程度上增加他们的自主性和对工作的控制，员工的积极性会更高，对组织会更忠诚，提高了员工的工作满意度。但是，它也存在着以下的不足之处：考核成本高，当一个人要对多个同伴进行考核时，时间耗费多，由多人来共同考核所导致的成本上升可能会超过考核所带来的价值；成为某些员工发泄私愤的途径，某些员工不正视上司及同事的批评与建议，将工作上的问题上升为个人情绪，利用考核机会“公报私仇”；考核培训工作难度大，组织要对所有的员工进行考核制度的培训，因为所有的员工既是考核者又是被考核者。

由于360度评估实施的难度和操作的复杂性，实践证明，只有在那些开放性高、员工参与气氛浓和具备活跃的员工职业发展体系的组织中才能够取得理想的效果。

三、绩效评估的指标体系

绩效评估的指标体系是整个评估体系的核心，即从哪些方面去评估员工业绩的好坏，评估指标要根据评估的内容确定，目前使用最多的是利用关键业绩指标法（key performance indicators，KPI）建立指标体系。

1. 绩效评估的内容

绩效评估的内容包括以下四个方面：

（1）员工的个人素质。主要包括思想政治素质、道德素质和心理素质。它是人的精神境界、道德品质和思想追求的综合体现，决定一个人的行为方向（为什么而做）、行为的强弱（做的努力程度）、行为的方式（采取何种手段达到目的）等。

（2）工作能力。主要是指员工在工作中表现出来的能力，一般包括动手操作能力、认识能力、思维能力、表达能力、研究能力、组织指挥能力、协调能力、决策能力等。对不同的职位，在评估过程中应各有侧重，区别对待。

（3）工作业绩。主要指工作产出结果，包括工作数量、质量以及产生的社会价值、经济效益，是对员工贡献程度的衡量。工作业绩的评估必须与工作分析结合起来，不同的工作要有不同的评估标准，工作业绩的评估是员工绩效评估的核心。

（4）工作态度。主要体现在员工日常工作表现上，如工作的积极性、主动性、创造性、努力程度以及出勤率等。对出勤的评估不仅要有量的衡量，如出勤率，也要有质的评估，即是否以满腔的热情，积极、主动地投入工作。

进行绩效评估的时候，一般要以定量的工作业绩为主，综合考虑工作能力、工作态度等方面的因素。

2. 关键业绩指标

关键业绩指标，是指企业宏观战略目标决策经过层层分解产生的可操作性的战术目标，是宏观战略决策执行效果的监测指针。通常情况下，KPI用来反映策略执行的效果。

KPI是衡量企业战略实施效果的关键指标，其目的是建立一种机制，将企业战略转化为内部过程和活动，以不断增强企业的核心竞争力并持续取得高效益。它使考评体系不仅成为激励约束手段，更成为战略实施工具。

3. 建立KPI体系

要建立企业的KPI体系，首先必须明确所建立的KPI体系的导向是什么，也就是必须先回答下列问题：企业的战略是什么？成功的关键因素是什么？什么是关键绩效？怎样处理好绩效评估的基本矛盾？如何协调扩张与控制，收益增长与潜力增长，突出重点与均衡发展，定量考核与定性评价之间的关系？是考评结果还是考评过程？应当建立一种什么样的运营机制？

KPI分为以下两个层次：

企业级KPI：根据企业的业务重点找出关键业务领域的关键业绩指标，即企业级KPI。

部门级 KPI：将企业级 KPI 分解到部门形成部门级 KPI，确定评估指标体系，并对相应部门 KPI 进行分解，确定相关要素目标，分析绩效驱动因素（技术、组织、人），确定实现目标，对部门 KPI 体系的建立和测评过程本身，就是统一各部门朝着企业战略目标努力的过程。

KPI 法符合一个重要的管理原理——“二八原理”，即在企业的价值创造过程中，存在着“20/80”的规律，即 20% 的骨干人员创造企业 80% 的价值；在每个部门和每一位员工身上“二八原理”同样适用，即 80% 的工作任务是由 20% 的关键行为完成的。抓住 20% 的关键行为进行分析和衡量，就能抓住业绩评估的重心。

比如说，对企业而言，成功的关键要素可能是：人员与文化、技术领先、制造优秀、顾客服务、市场优势、利润增长等六个方面。体现这些要素的重点业务为：技术领先体现在产品品种、推向市场速度等重点业务；市场优势体现在市场份额、营销网络等重点业务，这些重点业务也就成为企业关键业绩指标的项目。在这个基础上，也就可以确定这些项目的测量标准。然后，要把企业的关键业绩指标分解到各个部门和单位，最后分解到每个员工，要使不同功能领域的员工相互合作，把力量集中在争取企业的共同成果上。对于员工，专业人员的关键指标可能是工作效率、创造性、团队合作精神；操作人员的关键指标可能是出勤率、产出品质量、违规操作次数等；销售人员的关键指标可能是客户的数量、销售的订单数量、可收款率、客户抱怨等；经理的关键指标为员工满意度、员工配置、计划是否得当、决策能力等。

建立 KPI 体系一般有两条主线：按组织结构分解为目标—手段方法；按主要流程分解为目标—责任方法，如图 6－5 所示。

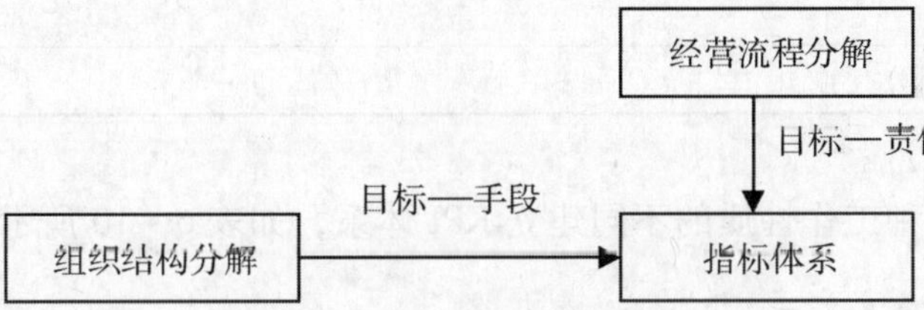

图 6－5　建立 KPI 体系的主线

基于建立 KPI 体系的两条主线，通常采用三种方式来建立企业 KPI 体系。

（1）依据部门承担责任的不同建立 KPI 体系，如表 6－9 所示。

表 6－9　依据部门承担责任的不同建立 KPI 体系示例

部门	指标侧重	指标名称
市场部	市场份额指标	销售增长率、市场占有率、品牌认识度、销售目标完成率、市场竞争比率
	客户服务指标	投诉处理及时率、客户回访率、客户档案完整率、客户流失率
	经营安全指标	货款回收率、成品周转率、销售费用投入产出比
生产部	成本指标	生产效率、原料损耗率、设备利用率、设备生产率
	质量指标	成品一次合格率
	经营安全指标	原料周转率、备品周转率、在制品周转率
技术部	成本指标	设计损失率
	质量指标	设计错误再发生率，项目及时完成率、第一次设计完成到投产前修改次数
	竞争指标	在竞争对手前推出新产品的数量、在竞争对手前推出新产品的销量
采购部	成本指标	采购价格指数、原材料库存周转率
	质量指标	采购达成率、供应商交货一次合格率
人力资源部	经营安全指标	员工自然流动率、人员需求达成率、培训计划完成率、培训覆盖率
…	…	…

（2）依据职类职种工作性质的不同建立 KPI 体系，如表 6－10 所示。

表 6－10　依据职类职种建立 KPI 体系示例

职类	职种	职种定义	指标名称
管理服务类	财经	负责资产的计划、管理、使用与评估工作，对企业财经系统的安全运营与效益承担责任	预算费用控制、支出审核失误率、资金调度达成率
	人力资源开发	依据战略要求，保障人才供给、优化人才结构，提高员工整体素质，对人力资源管理与开发系统的有效运营承担责任	员工自然流动率、人员需求达成率、培训计划达成率、核心人才流失率

（续上表）

职类	职种	职种定义	指标名称
市场类	营销支持	及时有效地为营销活动提供支持与服务，对企业的产品与服务品牌的认知度、忠诚度、美誉度承担责任	市场占有率、品牌认知度、投诉处理率、客户档案完整率
	营销	从事产品市场拓展与商务处理工作，及时满足客户需求，对企业产品的市场占有率与覆盖面承担责任	销售目标达成率、销售增长率、销售费用投入产出比、货款回收及时完成率
	采购	保障原、辅料的有效供应，对原、辅料的质量以及供应的及时有效承担责任	采购任务达成率、采购价格指数、供应商一次交货合格率
技术类	工艺技术	从事原料仓储、生产工艺的技术支持工作，保障生产工艺准确实施，预防保养生产线，对生产环节的高效运行承担责任	设计及时完成率、技术服务满意度、生产设备技术故障停工时数
	研发	从事产品及相关技术等研发与创新工作，对确立产品及技术在行业中的优势地位承担责任	设计损失率、第一次设计完成到投产修改次数、单项目及时完成率
…	…	…	…

（3）依据平衡记分卡建立 KPI 体系，见表 6－11 所示。

平衡记分卡的核心思想是通过财务、客户、内部经营过程、学习与成长四个方面指标之间相互驱动的因果关系实现绩效评估—绩效改进以及战略实施—战略修正的目标。一方面，通过财务指标保持对组织短期业绩的关注；另一方面，通过员工学习、信息技术的运用与产品、服务的创新提高客户的满意度，共同驱动组织未来的财务绩效，展示组织的战略轨迹，具体的实例如表 6－12 所示。

与传统的绩效评价方法相比，平衡计分卡不仅突破了传统绩效评价方法的局限性，也超越了单纯的绩效评价功能。它通过将财务、顾客、内部经营过程和学习与成长这四类指标有机地整合在一起，把传统意义上的业绩评价与企业的竞争能力、绩效管理和长远发展紧密地联系起来，这一切均源于其科学的“平衡性”和“战略性”。

表 6－11 依据平衡记分卡建立 KPI 体系示例

	指标侧重	指标名称
财务指标	财务效益状况	净资产收益率、总资产报酬率、销售营业利润率、成本费用利润率、资本保值增值率
	资产运营状况	总资产周转率、流动资产周转率、存货周转率、应收账款周转率、
	偿债能力状况	资产负债率、流动比率、速动比率、总资产增长率、固定资产成新率、三年利润平均增长率、三年资本平均增长率
	发展能力状况	销售营业增长率、资本积累率、长期资产适合率

（续上表）

	指标侧重	指标名称
客户指标	价格状况	价格波动比率
	服务状况	促销效益比率，客户满意度、客户档案完整率
	品牌状况	产品上架率、动销率、投诉处理及时率、货款回笼率、销售收入完成率、信息反馈及流向、相对市场占有率
内部运营指标	质量状况	原辅料采购计划完成率、原料质量一次达标率、正品率、工艺达标率
	成本状况	采购价格综合指数、原辅料耗损率、单位成品原辅料成本
	效率状况	配送及时率、设备有效作业率、产品供货周期、生产能力利用率
学习与发展指标	学习指标	培训覆盖率、核心人才流失率、人才适配度
	发展指标	技术与产品储备度、产品创新程度

表6－12　财务部总经理 KPI 指标样例

绩效评估项目（工作结果）	关键绩效指标	考评标准（基准）	2002 年度目标	权重
财务收益（40%）	预算目标达成率	根据财务数据	准确、及时完成	40%
客户（10%）	税收报告质量	没有因遗漏或不合法遭受处罚；能够在规定期限提交	税务报告	10%
流程（35%）	报告、建议、提案、质量	数据无遗漏，所有数据进行了核实；能在规定要求的第一时间提交；报告使用人及审计人员能理解报告数据及结构	定期提供财务报告，并提出建设性的提案	10%
	内部客户满意度	根据调查	内部客户满意度 100%	5%
	书面的流程、制度所占百分比	中介机构认为财务管理很规范、符合国家及行业规范；财务各个环节控制很充分；管理层认为财务流程有效，公司及下属营业部门没有因明显的财务漏洞而遭受损失	建立完善的财务管理制度和流程	10%
	流程操作规范性	员工没有因缺乏操作流程或流程不规范而导致工作失误	全年部门没有流程失误或错误	10%
学习与成长（15%）	个人培训参加率	根据人力资源部统计数据	100%	5%
	部门培训计划达成率	根据人力资源部统计数据	100%	5%
	员工满意度	根据调查	100%	5%

四、绩效评估的周期

绩效评估周期，也可以叫做绩效评估期限，是指多长时间对员工进行一次绩效评估。

由于绩效评估需要耗费一定的人力、物力，因此评估周期过短，会增加企业管理成本的开支；但是，绩效评估周期过长，又会降低绩效评估的准确性，不利于员工工作绩效的改进，从而影响绩效管理的效果，因此，在准备阶段，还应当确定恰当的绩效评估周期。

绩效评估周期的确定，要考虑以下三个因素：

1. 职位的性质

不同的职位，工作的内容是不同的，因此绩效评估的周期也应当不同。一般来说，职位的工作绩效比较容易考核，考核周期相对短一些，例如，工人的考核周期相对应当比管理人员的要短；另外，职位的工作绩效对企业整体绩效的影响比较大，考核周期相对要短一些，例如，销售职位的绩效评估周期相对应当比后勤职位的要短。

2. 指标的性质

不同的绩效指标，其性质是不同的，考核的周期也应当不同。一般来说，性质稳定的指标，考核周期相对要长一些；相反，考核周期相对就要短一些。例如，员工的工作能力比工作态度相对要稳定一些，因此能力指标的考核周期相对比态度指标就要长一些。

3. 标准的性质

在确定考核周期时，还应当考虑绩效标准的性质。就是说考核周期的时间应当保证员工经过努力能够实现这些标准，这一点是和绩效标准的适度性联系在一起的。例如，“销售额为 50 万元”这一标准，按照经验需要 2 周左右的时间才能完成，如果将考核周期定为 1 周，员工根本无法完成；如果定为 4 周，又非常容易实现，在这两种情况下，对员工的绩效进行考核都是没有意义的。

在很多情况下，企业在员工进入组织满一年时会对他们的工作绩效进行一次评价。但是一年一次或两次绩效评价可能太少，因为评价者很难记住员工在长时间中的表现，容易发生错觉归类（faulty categorization）。这种心理现象是指人们往往忘记他们观察过的事物的细节，而是根据脑海中已经存在的心理类别，重新建立他们认为是真实的细节。例如，在美国曾经做过一个实验：让人看一张图片，上面是挥舞着剃刀的白人和头戴礼帽的黑人。过一段时间，人们回忆说他们见到的是挥舞着剃刀的黑人和头戴礼帽的白人。工作绩效评价要求经常化，每当一个项目取得重大成果时就应该进行绩效评价。这可以及时为人事决策提供准确的信息，也可以使员工及时了解自己的工作情况。当然，过于频繁的绩效评估也有问题，因为这要花费许多时间，产生许多麻烦，所以，人力资源管理对绩效评估频率的一个重要的观点是在一个重要的项目或任务结束之后，或在关键性的结果应该出现的时候进行绩效评估。

第四节 绩效反馈

绩效反馈一般以面谈的形式进行，也称为绩效评估面谈，其主要目的，一方面是要让员工了解自己的考核结果背后的原因，以增加共识、减少误解和猜疑；另一方面，更重要的是要改善员工的绩效以及为员工的发展提供建议。

一、绩效评估面谈的种类

1. 按照绩效面谈的内容和形式分类

（1）绩效计划面谈。即在绩效管理初期，上级主管与下属就本期内绩效计划的目标和内容，以及实现目标的措施、步骤和方法所进行的面谈。

（2）绩效指导面谈。即在绩效管理活动的过程中，根据下属不同阶段上的实际表现，主管与下属围绕思想认识、工作程序、操作方法、新技术应用、新技能培训等方面的问题所进行的面谈。

（3）绩效考评面谈。即在绩效管理末期，主管与下属就本期的绩效计划的贯彻执行情况，以及其工作表现和工作业绩等方面所进行的全面回顾、总结和评估。

（4）绩效总结面谈。即在本期绩效管理活动完成之后，将考评结果以及有关信息反馈给员工本人，并为下一期绩效管理活动创造条件的面谈。

2. 按照绩效面谈的具体过程及其特点分类

（1）单向劝导式面谈。亦称单向指导型面谈，它是通过对员工现实工作行为和表现剖析，说明哪些行为是正确的、有效的，哪些行为是错误的、无效的，根据工作说明书，尽可能说服下属，让他们接受并提出新的、更高的工作目标，不断提升其绩效水平。采用这种面谈方式，对于改进员工行为和表现，其效果是十分突出的，尤其适用于那些参与意识不强的下属。但由于这种单向性的面谈，缺乏双向的交流和沟通，容易堵塞上下级之间的言路，难以给下属申诉的机会，使沟通渠道受阻。使用这种方式要求主管具备劝服员工改变自我的能力，并且能够熟练运用各种激励下属的模式和方法。

（2）双向倾听式面谈。双向倾听式面谈并没有严格程序和格式。这种面谈形式，为下属提供了一次参与考评，以及与上级主管进行交流的机会。在面谈中，首先要求下属回顾总结自己的工作，然后上级主管根据下属的自评报告，在综合归纳各个方面考评意见的基础上，提出自己的看法，并作出总体的评估，最后再听取下属的意见，应当给下属充分地发表意见的机会，使其毫无顾忌地表达自己对考评结果的直接感受和真实看法，遇到不同意见时，也应当允许下属保留自己的看法。采用这种面谈方式时，上级主管应具有与员工沟通其工作优缺点的能力，要求主管能够认真地倾听员工的不同意见，对员工的陈述或过激的言词不予反驳，不加评论，以缓解员工的抵触情绪，采用这种方式，可以在员工受到挫折时，减少或消除员工的不良情绪。

双向倾听式面谈要求参加者事先准备一些问题，而且要掌握提问和聆听的时机。它的目的是让下属了解上级对其优缺点的评价，并就此作出反应。这种形式的主要缺点是：难以向被考评者立即提出下一步工作改进的具体目标，虽然员工对考评结果感到满意，但其工作的改进程度不会太大。

（3）解决问题式面谈。基于上述各种面谈方式的一些不足，出现了一种通过绩效面谈解决下属实际问题的新形式，即解决问题式面谈。使用解决问题的面谈方式时，应创造一种活跃的、开诚布公的，能够进行有效交流的环境和氛围，主管应倾听员工的陈述，对员工的感受作出正确的回应，并针对上次面谈以来，员工所遇到的困难、需求、工作满意度等各种问题，逐一进行剖析，以达成共识，从而促进员工成长和发展。在本次面谈中，对下属所遇到的困难和提出的问题，应当抓住主要矛盾，深入进行讨论和剖析，寻求解决问题的途径，提出具体措施和办法。并在此基础上，帮助下属提出改进工作绩效的计划和目标。这种面谈的形式对大部分考评者来说，具有一定的难度，为此，需要组织相关的培训，以提高考评者的管理水平。

（4）综合式绩效面谈。这是将上述各种面谈方式，经过合理的搭配综合而成的一种绩效面谈方式。当上级主管经过专门的管理技巧培训，掌握了一定的技能以后，在实现绩效面谈的多重目标时，该方式就显得十分有效了。所谓综合式绩效面谈，也就是在一次面谈中，采取灵活变通的方式，从一种面谈形式转换过渡到另一种面谈形式。例如，单向劝导式面谈适用于评估绩效计划目标的实现程度，而解决问题式面谈更适用于促进员工潜能开发和全面发展。将两个目标区分开来进行面谈显然需要耗费很多时间和精力，如果采用综合式绩效面谈，可以“一箭双雕”，效率较高。

二、绩效评估面谈的准备

为了提高和保证绩效面谈的质量和效果，考评者应当注意做好以下两项准备工作：

（1）拟订面谈计划，明确面谈的主题，预先告知被考评者面谈的时间、地点，以及应准备的各种绩效记录和资料。

在绩效面谈之前，考评者必须明确本次绩效面谈的目的、内容和要求，即需要明确本次面谈主要交流和沟通的主题是什么？通过面谈要达到什么样的目的，解决什么样的问题？要保证绩效面谈的质量，不但考评者要有充分的思想准备，被考评者也应当有充分的准备，考评者应在面谈的1～2周之前，以文字通知的形式预先告知被考评者，具体说明绩效面谈的内容、会见的时间和地点，以及应准备好的各种原始记录和资料。

面谈时间和地点的选择，应当找一个对双方来说都比较方便的时间来进行面谈，以便为整个面谈过程留出一段较为充足的时间。通常情况下，与办公室工人和维护工人这样低层次的员工所进行的面谈不应该超过一个小时，而与管理人员所进行的面谈则常常要花费2～3个小时。不仅如此，面谈地点应当具有相对的安静性，以免面谈被电话或来访者打扰。美国心理学家泰勒尔及其助手兰尼的实验研究，对于面谈地点的选择有一定借鉴意义，如表6－13所示。

表6－13 谈话地点的选择

地点	特点	适用范围
办公室	严肃、重要	犯有错误的人；性格外向、喜欢交际的人
家中	亲切、平等	目的是沟通思想，增进双方了解，密切双方关系，或者劝导难度较大时
路上、室外	随便	性格内向、胆小怕事、敏感多心的人；屡教不改的人
公园、林荫路	平等、非正式	情绪低落、消沉的人

同时，考评者还必须以口头的形式，将上述要求亲自通知到每个被评估者，再次作出

确认，以使绩效面谈的准备工作真正落到实处。如果仅仅让行政人员编排一份简单的绩效面谈时间安排表，或者发送一份面谈的通知书就敷衍了事的话，则会带来很多不必要的误解和麻烦。

此外，在面谈通知中一定要给被考评者提供明确的信息，比如，面谈是单向的还是双向的？下属可否对上级主管的工作表现或本单位的绩效进行评述等。尽管借助于文字和口头的通知方式，会增加一定的工作量，但却是十分必要的。如果参与绩效面谈的双方，都能预先做好思想、技术、物质上的准备工作，各尽其职，将会使绩效面谈具有更积极的意义。

（2）收集各种与绩效相关的信息资料。

绩效面谈的质量和效果不但取决于考评者与被考评者事先的准备程度，更重要的是取决于双方所提供的数据资料的翔实和准确程度。在绩效面谈中，如果主管与下属之间不是以反映客观绩效的真实数据资料为依据，那将是：主管列举不出确凿的数据说服下属，下属也列举不出足够的事实证明自己，从而使绩效面谈失去意义。

事先确定绩效面谈的内容和时间，对双方来说都是十分有利的。考评者确认了面谈以后，可有目的的整理汇总被考评者的各种相关资料，而被考评者接到事先通知后，就有充足的时间整理汇总以前工作表现的记录并进行自我评估，写出自评报告，并将总结报告和主要资料及时呈送上级主管审阅。在面谈之前，如果考评者能够将自己所掌握的有关资料与下属的自评报告及所提供的资料进行对比的话，将会大大提高绩效面谈的质量，提高绩效考评的针对性和有效性。

三、提高绩效评估面谈有效性的具体措施

在绩效管理的过程中，由于目的不同，所采用的绩效面谈方式也不同，各级主管应该有能力根据考评的目的和要求，以及不同下属人员工作岗位的性质和特点，决定采用一种或多种面谈形式。

在绩效面谈中，仅仅要求员工回顾和总结自己的工作绩效是不够的，还必须使考评双方对组织的状况和下属员工的绩效，有深入、全面、具体、清晰的认识，时时保持清醒的头脑，不因一时的成功，取得成绩而骄傲自满，也不应因眼前遇到的一点失败，就灰心丧气。因此，绩效面谈必须反馈有效的信息，考评双方只有掌握完全的信息，真正地把握问题的要害，才能明确应当从何处入手，以何种方式更好地解决问题，提高员工的工作绩效，使企业目标得以实现。

企业大量事实证明，要保证绩效面谈的质量，进一步提高其有效性和科学性，除了应做好绩效面谈前的各种准备工作之外，更重要的是采取有效的信息反馈方式，并达到以下要求：

（1）有效的信息反馈应具有针对性。在绩效面谈中，考评者所回馈的信息不应当是针对某个被考评者，而应当针对某一类行为，并且这种行为应当是员工通过自身的努力，能够改进，可以克服的。例如，指出某个人某一种工作行为是无效的，比批评他本人如何不成大器，如何没有出息、不争气要更为恰当。因为工作行为有改变的可能性，而后一种评价则暗指个人固有的个性特征。如果一个人意识到自己的缺点无法改变，以及一些性格上

的不足或缺陷时，往往容易自暴自弃，对自己的未来缺乏足够的信心，放弃在工作学习方面的努力。

（2）有效的信息反馈应具有真实性。在绩效面谈中，反馈的信息应该“去伪存真”，是经过核实和证明的。一个最简单的验证方法，就是让参与者再复述一下所传输信息的内容，看看是否与考评者最初的看法有所不同。不管上级主管出于何种认识、想法和目的，信息反馈总是会给下属带来一定的压力，极容易使信息接受者产生曲解和误会。

此外，有效的信息反馈不仅要具有真实可靠性，还应使其明确、具体而详细，防止过于简单化的表述。

（3）有效的信息反馈应具有及时性。信息反馈的有效性的一个重要表现就是它的及时性，如果能针对被考评者的近期行为提出一些及时的、有意义的信息反馈，将会对工作绩效的改进具有较大的裨益。

（4）有效的信息反馈应具有主动性。无论是考评者还是被考评者，都应当提高采集和接受绩效信息的主动性和积极性。特别是对被考评者来说，主动获求信息反馈比被动地接受更为有效。为了不断地提高自身素质和工作绩效，被考评者应主动提问，寻求上级主管的信息反馈，请求考评者给予必要的解释和说明，以便及时纠正不正确的工作行为。

（5）有效的信息反馈应具有适应性。这里说的适应性，有多种含义：

一是指反馈信息时要因人而异，应适用于被考评者，不同的人有不同的特点和不同的需要，只有采用不同的反馈方式方法，才能体现信息反馈的初衷。如果仅仅从考评者的角度出发，而不考虑被考评者的实际情况，则是事倍功半，起不到信息反馈的作用。信息反馈的目的是为了给下属提供必要的引导和帮助，决不是给其造成某种心理压力或情感伤害。

二是有效的信息反馈是为了交流和沟通某种绩效的信息，而不是给下属提出某种指令和要求。通过必要的信息交流，使下属可以根据自己的实际情况和工作能力，自主地选择适应性强的途径和方法，作出改进工作的决策。

三是有效的信息反馈应集中于重要的、关键的事项。尽管考评者可能掌握了大量信息，但只需提供那些关键的特定信息就足以发挥引导员工的功能了。如果信息量过大只能降低反馈信息的适应性，起不到指导、帮助下属的作用，满足不了改进工作绩效的要求。

四是有效的信息反馈应考虑下属心理承受能力，上级主管所反馈的信息应强调下属所说、所做，以及怎么做，而不是要解析员工为什么要这样做，其心理动机是什么。如果上级主管过多揣测下属的某种行为的动机和意图，就会引起下属“自我保护”的心理反应，对上级主管产生怀疑和不信任感，造成上下级之间的隔阂和疏远，这种信息反馈，对于员工潜能的开发和利用是极为不利的。

不管采取了多么有效的信息反馈形式，为了使员工工作绩效达到要求，还必须采取相应的配套措施。因为改变员工的行为是一件很艰苦的事情，但许多上级主管却忽视了配套措施，认为只要填写了绩效考评的表格，就万事大吉了，直到下一次考评时，才想起查对一下过去的考评记录。相反，有效率的管理者决不会“浅尝辄止”，他们一定要将绩效管理进行到底，并辅之以必要措施和手段，如薪酬、提升、激励、惩罚等，最终促进组织与员工绩效的提高。

【本章小结】

绩效是指员工在工作过程中所表现出来的与组织目标相关的并且能够被评价的工作业绩、工作能力和工作态度，其中工作业绩指工作的结果，工作能力和工作态度则是指工作的行为。

绩效管理是指制定员工的绩效目标并收集与绩效有关的信息，定期对员工的绩效目标完成情况作出评价和反馈，以改善员工工作绩效并最终提高企业整体绩效的过程。

绩效管理是管理组织和员工绩效的一种体系，它是由绩效计划、绩效评估和绩效反馈组成的。

绩效评估方法可以分为主观行为评价法、客观行为评价法和结果法。

员工的工作绩效评估体系的建立，首先需要明确绩效评估的目的，再根据评估的目的确定合适的评估主体以及建立合适的评估指标体系，最后还需要决定员工绩效评估的周期长短。

关键业绩指标，是指企业宏观战略目标决策经过层层分解产生的可操作性的战术目标，是宏观战略决策执行效果的监测指针。

绩效反馈一般以面谈的形式进行，也称为绩效评估面谈，有多种分类方法。

【讨论题】

1. 你对绩效的定义和理解是怎样的？
2. 绩效管理的定义和流程是什么？
3. 绩效管理与绩效评估的区别是什么？
4. 绩效评估的方法有哪些？
5. 绩效评估面谈的类型和实施有哪些？

【实训练习】

1. 结果导向型的绩效考评方法的基础是（　　）。(2010 年 5 月三级真题)

(A) 实际产出　　(B) 计划产出　　(C) 工作成效　　(D) 劳动成果

2.（　　）的绩效考评着眼于专评“干什么”“如何去干的”等内容。(2010 年 5 月三级真题)

(A) 品质导向型　　(B) 过程导向型　　(C) 行为导向型　　(D) 效果导向型

3. 以下关于行为锚定等级评价法的说法错误的是（　　）。(2010 年 5 月三级真题)

(A) 设计和实施的费用比较低　　(B) 将关键事件和等级评价有效地结合

(C) 绩效评价的等级是 5 ~9 级　　(D) 是关键事件法的进一步拓展和应用

4. 采用目标管理法来考评绩效，在制定目标时应注意（　　）。(2010 年 5 月三级真题)

(A) 目标的具体性　　(B) 目标数量不宜过多

(C) 目标要可测量　　(D) 员工参与目标设定

(E) 应制定达到目标的详细步骤和时间

5. (　　) 即在绩效管理末期，主管与下属就本期的绩效计划的贯彻执行情况，以及其工作表现和工作业绩等方面所进行的全面回顾、总结和评估。(2010 年 5 月三级真题)

(A) 绩效计划面谈　　(B) 绩效指导面谈

(C) 绩效考评面谈　　(D) 绩效总结面谈

6. 容易受到个人的多种因素的影响，有一定的局限性的绩效考评方式为 (　　)。(2010 年 5 月三级真题)

(A) 上级考评　　(B) 同级　　(C) 下级考评　　(D) 自我考评

7. 绩效管理的最终目标是 (　　)。(2010 年 5 月三级真题)

(A) 提高组织工作效率　　(B) 为员工的发展提供平台

(C) 改善组织工作氛围　　(D) 促进企业与员工的共同发展

8. (　　) 导向型绩效考评，以考评员工的潜质为主，着眼于"他这个人怎么样"。(2009 年 11 月三级真题)

(A) 品质　　(B) 特征　　(C) 行为　　(D) 结果

9. (　　) 是要求评定者根据某一工作行为发生的频率或者次数的多少，对被评定者打分的绩效考评方法。(2009 年 11 月三级真题)

(A) 关键事件法　　(B) 行为锚定量表法

(C) 行为观察法　　(D) 加权选择量表法

10. (　　) 面谈是在一次面谈中，采取灵活变通的方式，从一种面谈形式转换过渡到另一种形式的面谈。(2009 年 11 月三级真题)

(A) 单向劝导式　　(B) 综合式绩效　　(C) 双向倾听式　　(D) 解决问题式

11. (　　) 是考核者和被考核者双方对考核期内的工作绩效进行全面回顾和总结的过程。(2009 年 5 月四级真题)

(A) 绩效沟通　　(B) 绩效计划　　(C) 绩效反馈　　(D) 绩效考评

12. 以下关于绩效管理的说法不正确的是 (　　)。(2009 年 5 月四级真题)

(A) 绩效管理的全过程就是绩效评估的全过程

(B) 绩效评估是绩效管理系统运行的重要支撑点

(C) 绩效评估仅仅是绩效管理活动中的一个重要环节

(D) 绩效评估是绩效管理系统运行的核心环节

13. 简要说明有哪几种行为导向型的绩效考评方法。(2009 年 5 月四级真题)

14. 简要说明绩效面谈的种类。(2010 年 5 月三级真题)

【案例分析】

案例 6-1　固特异在歧视诉讼前放弃评估体系

固特异轮胎与橡胶有限公司放弃了为拿薪金的雇员设计的绩效评估体系，而此时，受理歧视诉讼案件的律师正计划对固特异公司的绩效评估体系进行集体诉讼。固特异公司说其放弃了该计划中的大部分，包括被称为"10-80-10"的内容。该部分将公司中的领薪水的雇员按曲线分等，其中最高的 10% 被评为 A，中间的 80% 被评为 B，处于底部的 10% 被评为 C。这些被评为 C 的雇员没有资格获得加薪或奖金，并被警告他们很可能会失去工作。

该系统类似于通用电气公司的John F. Welch开发的系统，一般认为该系统帮助他建立了一个高绩效的公司结构。但是在固特异公司却遭到强烈的抵制，该公司两年前采用了该系统。“它完全被误解了，还造成雇员的困惑。”公司发言人Keith Price说。但是，鉴于公司还没有看到诉讼书，他否认位于俄亥俄州Akron市的轮胎公司迫于法律压力而有所改变。

诉讼宣称得到C级评估的雇员受到同事和经理的羞辱，美国退休人员协会（American Association of Retired Persons，AARP）的法律分部也作为共同法律顾问（co-counsel）参与了诉讼。本案中大多数原告是固特异公司中超过50岁的雇员和得到C级评估的雇员。“这个案子传达了一个清晰的信息，不公平地对待老雇员的绩效评估计划是违法的，也是不能容忍的。”美国退休人员协会的Laurie McCann说。

Jack McGilvrey，59岁的领薪水的雇员，是本案署名雇员之一。他说他在20世纪90年代末的正式绩效回顾中经常接到至少是“好的或有效的表现者”的评估，在2000年还被评估为“高度有效”。但是在2001年2月，他换到了一个新的部门，不久就在绩效回顾中被评为C级。诉讼确信McGilvrey不应当被评为这一等级，并认为固特异公司的部分计划歧视老雇员。他不久就被解雇了。

去年在同一领域与固特异案件类似的案件还有几个，包括福特汽车有限责任公司的案件，在那个案子中同样有美国退休人员协会的参与，公司在面对法律制裁时改变了自己的计划，福特公司的案子最终得到了解决。

在修改白领评估体系时，固特异公司说它将以超过期望、达到期望和不满意来替换A、B、C级别，也不需要为这些级别确定固定的百分比。公司还说将对经理进行培训，以使他们知道如何更好地进行绩效回顾。固特异公司在全球大约有28 000名领薪水的雇员。

（资料来源：Timothy Aeppel. Goodyear Ends Ratings System Ahead of Discrimination Suit”. *The Wall Street Journal*, September 12, 2002, B8.）

问题：

（1）赞成和反对使用如固特异公司的强制分配体系的观点有哪些？

（2）你赞成还是不赞成案件中的原告？为什么？

（3）除了以上所说的评估体系的变化。你还能为固特异公司提供什么样的建议？

案例6-2　强生公司的360度评估

为了给绩效评估提供更广阔的视角，位于美国科罗拉多州丹佛市的强生高级技术行为公司（Johnson & Johnson Advanced Behavioral Technology，以下简称JJABT公司）开始采用一种新的360度评估体系，这种新的评估体系将员工对自己的看法同其他人，如同事、上司、下属和顾客对他的看法联系起来，为促进员工的工作表现，公司绩效评估结果将与薪资、奖金挂钩起来。

对公司来说，最首要的是建立评估人群体。为了选择适当的评估人，公司要求每位员工列出与其交往的关键的内部和外部客户，并从中推选出5～10名组成评估人群体，这些人包括同事、上司、下属和顾客，并确保这些评估人能直接观察到被评估人的工作行为。

评估人群体确定以后，就要确定评估的标准，JJABT 公司在 360 度评估中采用了以下 6 个标准：在解决问题、作出决定和满足客户需求时具有时间观念？清晰表达他或者她的需求/期望？与其他员工共享信息或帮助他人？倾听其他员工的建议？为满足未来需求而制订计划？按计划执行任务？

针对这几个标准，公司还设计了评估表格，给每个标准设定了 5 个等级：需要提高、比较需要提高、一般般、比较优秀、非常优秀。

准备工作做好后，开始评定等级。评估人针对被评估人的表现，从 6 个标准分别给出等级，并在空白处写上评语。

当所有的评估表格收集完后，就开始整理资料，并进行最终绩效评定。根据各个评估者的意见和上司对员工工作的反馈，得出平均分及在各项分布，找出数据变化趋势或模式。

最后，根据评估的结果对被评估人进行评估面谈，帮助被评估人改进自己的工作。并按照评估者的要求，对反馈信息公开或者匿名。

（资料来源：John F. Milliman，Robert A. Zawacki，Carol Norman，Lynda Powell，Jay Kirksey. Companies Evaluate Employees from AU Perspectives. *Personnel Journal*，1994：99－103.）

问题：

（1）JJABT 公司的 360 度评估的优缺点分别是什么？

（2）你认为这种评估体系是否有用？你会有些什么建议改进它？

（3）你对匿名评估有何看法，评估人需要公开吗，为什么？

第七章　薪酬管理

【篇首案例】

联想薪酬为何神秘

在联想创业初期，柳传志就定下了工薪保密这一“天条”，至今它仍被列入联想人的“职业操守”清单。“工薪保密原则”并非联想独创，在中外许多知名企业里都能找到它的影子。但在执行力度上，似乎没有谁能像联想那样严厉：一旦犯规，就请君离开。

主管人力资源的联想副总裁在谈到这个问题时介绍了联想确保公平的三件利器：一、先进的评估考核工具；二、向下看两级的管理制度；三、诚信公平的企业文化。有了三件利器护卫，联想薪酬体系的公正性似乎不容置疑。著名经济学家厉以宁曾指出，人们的公平感往往来自于对规则的认同，那么普通的联想员工对此是否满意？他们是否从心里真正认同工薪保密原则？对于这个问题，这位副总没有正面回答，却透露了她在思考的一个问题，即作员工满意度调查究竟有多大意义。许多公司都把员工满意度视为人性化管理的重要指标之一，但最近一项全球薪酬满意度调查却引起了她的深思，调查结果表明，在薪酬满意度上，表现好的员工和表现不佳的员工、绩优企业和绩劣企业之间并没有本质上的差别。

“全球知名公司的薪酬满意度平均不到50%，而其他指标都可以达到80%~90%，可见绩效的高低和薪酬满意度的高低之间并不是正相关。”她表示，企业作任何统计分析都是为决策提供依据，而如果大家对工薪保密和薪酬不满意，并不意味着企业就必须放弃这个原则，就要给每位员工涨工资。“做这样的满意度调查对于企业管理来说就没有意义，所以我们即将要做的这个调查叫做员工敬业度分析，重点不是你对薪酬是否满意，而是看你是否敬业。”她解释说，其实只有对公司满意，对岗位职责明确，上级对员工有培训、有激励，人们才能做到真正敬业。

第一节　薪酬和薪酬管理

一、薪酬和报酬的定义和构成

1. 报酬的定义和构成

报酬（rewards）是一个广泛的概念，是指作为个人劳动的回报而得到的各种类型的酬劳。通常情况下，我们将一位员工因为付出了劳动而获得的所有他认为有价值的东西统称为报酬，因此从这个意义上讲，报酬这一概念并非仅仅是一种金钱或者能够折算为金钱的实物概念，它还包括一些心理上的收益。

一般可以分为内在报酬和外在报酬两大类：

（1）内在报酬（intrinsic reward），是指工作者由工作本身所获得的心理满足和心理收益，如参与决策、自由分配工作时间及方式、较多的职权、较有趣的工作、个人成长的机会、活动的多元化、工作的自主权等。

（2）外在报酬（extrinsic reward），是指员工所得到的各种经济收入和实物，又包括经济报酬（financial reward）和非经济报酬（non-financial reward）。

①经济报酬指的就是各种形式的薪酬（即薪资和福利：薪资被称为直接经济报酬，福利又被称为间接经济报酬）。

②非经济报酬则包括成长和发展的机会、从事富有挑战性的工作的机会、参与决策的机会、特定的个人办公环境、工作地点的交通便利性等。

链接：雷尼尔效应

位于美国西雅图的华盛顿大学选择了一处地点，准备修建一座体育馆。消息一传出，立刻引起了教授们的反对。于是校方只好顺从教授们的意愿，取消了这项计划。

教授们为什么会反对校方修建体育馆呢？原因是校方选定的位置是在校园内的华盛顿湖畔，体育馆一旦建成，恰好挡住了从教职工餐厅可以看到的窗外的湖光山色。

为什么校方又会如此尊重教授们的意见呢？原来，与美国教授平均工资水平相比，华盛顿大学教授的工资一般要低20%左右。教授们之所以愿意接受较低的工资，而不到其他大学去寻找更高的教职，完全是因为留恋西雅图的湖光山色：西雅图靠近太平洋，大大小小的湖泊星罗棋布，天气晴朗时可以看到美洲最高的雪山之一——雷尼尔山峰，还可以开车去圣海伦火山……为了美好的景色而牺牲更高的收入机会，被华盛顿大学经济系的教授们戏称为“雷尼尔效应”。

2. 薪酬的定义和构成

薪酬（compensation）是雇主因使用员工的劳动而提供的一种回报，指员工从雇主那里得到的各种直接的和间接的经济收入，显然，薪酬对应报酬的经济报酬部分。

无论是理论界还是实务界，对于薪酬的含义和构成目前还存在着一些模糊的甚至错误的认识，对于薪酬应当包括哪些报酬形式，目前并无完全一致的定论。本书在总结归纳前人观点的基础上，将薪酬继续分为直接薪酬和间接薪酬，直接薪酬又包括基本薪酬和可变薪酬，它们与报酬的关系总结如图 7－1 所示。

（1）直接薪酬（direct compensation）。

直接薪酬是指员工从雇主那里得到的各种直接的经济收入，包括基本薪酬和可变薪酬。

①基本薪酬（basic compensation）。

基本薪酬是指雇主根据员工所承担或完成的工作本身或者员工所具备的完成工作的技能或能力而向员工支付的相对稳定的经济性收入，基本薪酬在很多时候又被称为“薪资”或“固定薪酬”，包括以下几种形式：

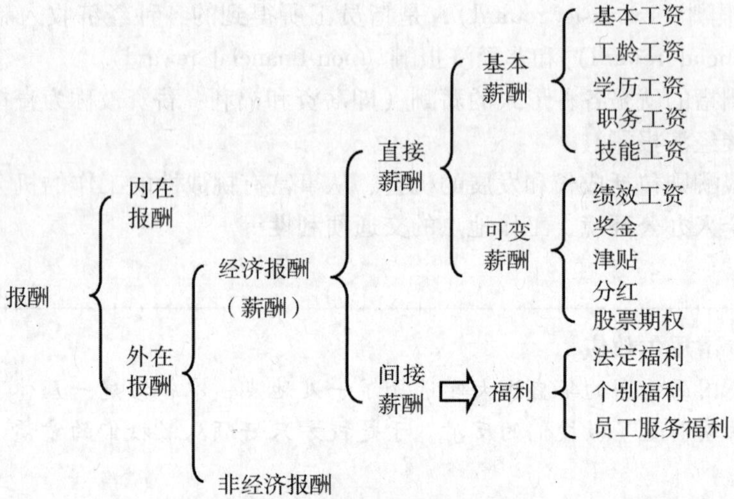

图 7－1　薪酬与报酬的关系及构成

基本工资。即根据员工所在职位、能力、价值核定的薪资，这是员工工作稳定性的基础，是员工安全感的保证。同一职位，可以根据其能力进行工资分不同等级。在英语中有两个与之有关的概念，即 salary 和 wage：在美国，salary 是指支付给那些不受美国《公平劳工标准法》中关于加班的条款约束的豁免员工（exempts）的基本工资，适用这种基本工资的主要是管理人员以及专业人员，他们的基本工资通常采取年薪或者月薪的形式，这些人如果加班，企业是不需要支付加班工资的；而 wage 则是以小时或周来计算的基本工资，以这种方式得到基本工资的人主要是一些蓝领工人。这些人属于在加班时要拿加班工资的非豁免员工（non-exempts）。

工龄工资。又称年功工资，是企业按照员工的工作年数，即员工的工作经验和劳动贡献的积累给予的经济补偿。

学历工资。根据员工在教育机构取得的学历而给予适当的补偿。

职务工资。即按照职务高低、责任大小、工作繁重和业务技术水平等因素确定的收入。

技能工资。即以员工个人所掌握的知识、技术和所具备的能力为基础来进行工资报酬的支付。

②可变薪酬（variable compensation）。

可变薪酬是指薪酬系统中与绩效直接挂钩的经济性报酬，有时也被称为浮动薪酬，可划分为短期可变薪酬和长期可变薪酬，有的学者称之为激励薪酬，包括以下几种形式：

绩效工资。即针对员工工作努力程度和劳动成果的变化而支付的补偿部分。

奖金。为员工超额完成了任务或取得优秀工作成绩而支付的额外报酬，奖金的发放可以根据个人的工作业绩评定，也可以根据部门和企业的效益来评定，常见的形式有全勤奖金、生产奖、不休假奖金、年终奖金、效益奖金等。

津贴。也称附加工资或者补助，是指员工在艰苦或特殊条件下进行工作，企业对员工额外的劳动量和额外的生活费用付出进行的补偿，其特点是它只将艰苦或特殊的环境作为衡量的唯一标准，与员工的工作能力和工作业绩无关。津贴具有很强的针对性，当艰苦或特殊的环境消失时，津贴也随即终止，通常把与工作联系的补偿称为津贴，把与生活相联系的补偿称为补贴。

分红。它是上市股份公司在赢利后按股票份额的一定比例支付给持有股票的员工的红利。

股票期权。即一个公司授予其员工在一定的期限内（如10年），按照固定的期权价格购买一定份额的公司股票的权利，期权价格和当日市场交易价之间的差额就是该员工的获利。如果该员工行使期权时，想立即兑现获利，则可直接卖出其期权项下的股票，得到其间的现金差额，而不必非有一个持有股票的过程。

链接：津贴的三种类型：

①地域性津贴，是由于员工在艰苦的自然地理环境中花费了更多的生活费用而得到的补偿。比如林区津贴、艰苦生活津贴、高寒地区津贴等。

②生活性津贴，即补贴，是指为了保障员工的实际生活水平而得到的补偿。由于员工的收入是货币性工资收入，货币性工资收入会受到物价上涨因素的影响。为了弥补物价上涨造成的员工生活水平下降，就会有肉食补贴、副食补贴等津贴。另外，由于工作而使员工家庭生活开支分离而造成的生活费用增加，也应有相应的津贴，如出差补贴等。

③劳动性津贴，是指因从事特殊性工作而得到的补偿。如夜班津贴、高温环境工作的高温津贴等。

（2）间接薪酬（direct compensation）。

间接薪酬是指员工的福利，根据《现代汉语词典》，福利的意思是“对员工生活的照顾”，是劳动的间接回报，包括法定福利（如法定社会保险、法定假期、住房公积金等）、个别福利（如企业补充养老金计划、住房津贴、交通费等）、员工服务福利（如儿童看护、家庭理财咨询、工作期间的餐饮服务等）等。

二、薪酬的功能

薪酬的功能主要包括四大部分：

1. 激励功能

企业通过支付给员工不同的薪酬来评价员工个人的素质、能力、工作态度及其工作效果等，合理的薪酬可以促进员工产生更高的工作绩效，而更高的工作绩效又会为员工带来更高的薪酬。更高的薪酬不仅可以使员工的经济条件得到不断的改善，获得更多的社交机会，而且是对员工工作能力的一种肯定，显示了员工在企业中或社会上相应价值和地位以及作用的提升，并赢得更多的尊重，更是其个人职业生涯成功的一种标志，从而激发其工作的满足感和成就感，并以更高的热情投入工作。所以合理的薪酬不仅可以满足员工低层次的需求，同时还可以满足高层次的需求，从而产生不同的激励效果，激励员工工作绩效的不断提高。

2. 保障功能

员工通过劳动获得薪酬来维持自身的衣食住行等基本生存需要，以保证自身劳动力的再生产。同时，员工还必须利用这些薪酬来养育子女和自身的培训学习，以实现劳动力的再生产和人力资本的增值。因此，薪酬是保证企业人力资源生产和再生产的基本因素。

链接：罗德曼的薪酬激励

“大虫”罗德曼（Dennis Rodman）生于1961年5月13日，身高2.01米，体重99.8公斤。在其八年的美国NBA职业生涯中，他先后在活塞队、马刺队、公牛队、湖人队、小牛队效力，多次获得“篮板王”称号，拥有六枚NBA总冠军戒指。但是此人脾气极坏，无论是在球场上还是在球场外都经常惹是生非，比如谩骂甚至攻击裁判、训练和比赛迟到、场上打架、对记者和对手甚至NBA俱乐部主席出言不逊等，屡次遭到罚款和禁赛处罚，可以说是“罪行累累”。在效力于公牛队期间，他每赛季至少有12场比赛不能代表公牛队上场。

为了帮助罗德曼“改改”他的坏脾气，在1997—1998年赛季，公牛队俱乐部与其签订了一份目标明确的合同：第一，底薪450万美元；第二，如果在本赛季中不惹事，加500万美元；第三，如果能够第七次获得“篮板王”称号，加50万美元；第四，如果助攻次数超过失球次数，再加10万美元。合同显然很见效，在这个赛季中，罗德曼只有一场因违纪而缺赛，获得了“篮板王”称号，同时有230次助攻，失147球，而公牛队也获得NBA的总冠军，原来薪酬还能使人“改变”坏脾气！

3. 调节功能

薪酬差别是企业实现人力资源合理流动和配置的一个重要“调节器”，一方面，企业可以通过薪酬水平的变动和倾斜，将企业目标和管理者意图传递给员工，促使员工个人行为与企业期望的行为最高限度趋于一致，并引导内部员工合理流动，从而调整企业生产和管理环节上人力资源的数量和质量，实现企业内部各种资源的高效配置；另一方面，企业通过制定有效的薪酬差距水平，可以吸引更多企业急需的人力资源。

4. 增值功能

对企业而言，薪酬作为企业用于交换员工劳动的一种成本投入，实际上是对活劳动（劳动要素）的数量和质量的投资，与其他资本投资一样，是为了带来预期的大于成本的收益。

三、薪酬管理的定义和流程

薪酬管理是指企业在经营战略和发展规划的指导下，综合考虑内外部各种因素的影响，确定自身的薪酬体系、薪酬水平、薪酬结构和薪酬管理政策的整个过程。

1. 薪酬管理的决策

根据薪酬管理的内容可知，在薪酬管理的过程中，主要要进行以下四大类的决策：

（1）薪酬体系决策。

薪酬体系决策的主要任务是明确企业确定员工基本薪酬的基础是什么，当前，国际上通行的薪酬体系主要有三种，即职位（或称岗位）薪酬体系、技能薪酬体系以及能力薪酬体系，其中以职位薪酬体系的运用最为广泛。

所谓职位薪酬体系、技能薪酬体系以及能力薪酬体系，顾名思义，就是指企业在确定员工的基本薪酬水平时所依据的分别是员工所从事工作的价值、员工自身的技能水平以及员工所具备的胜任能力或综合性任职资格。职位薪酬体系是以工作和职位为基础的薪酬体系，而技能和能力薪酬体系则是以人为基础的薪酬体系。由于基本薪酬通常被称为薪资，因此，很多时候，我们也说职位薪资体系、技能薪资体系以及能力薪资体系。

（2）薪酬水平决策。

薪酬水平是指企业中各职位、各部门以及整个企业的平均薪酬水平，决定了企业薪酬的外部竞争性。这里需要指出的是，在传统的薪酬水平概念中，我们更多关注的是企业的整体薪酬水平，而在当前这种全球经济一体化以及竞争日趋激烈的市场环境中，人们开始越来越多地关注职位和职位之间或者不同企业中同类工作之间的薪酬水平对比，而不是笼统的企业平均水平的对比。这是因为，随着竞争的加剧以及企业对自身在产品市场和劳动力市场上的灵活性的强调，企业在薪酬的外部竞争性方面的考虑已经越来越多地超越了企业对内部薪酬一致性的考虑。

对企业的薪酬水平决策产生影响的主要因素有：同行业或地区中竞争对手支付的薪酬水平；企业的支付能力和薪酬战略；社会生活成本指数；在集体谈判情况下的工会薪酬政策等。

（3）薪酬结构决策。

薪酬结构是指企业内部各个职位之间的薪酬的相互关系，它反映了企业支付的薪酬的内部一致性，即在同一组织内部，一共有多少个基本薪酬等级以及相邻的两个薪酬等级之间的薪酬水平差距。形象地说，就是薪酬等级一共有多少级阶梯，相邻的两级阶梯之间的差距有多大。

在企业总体薪酬水平一定的情况下，员工对企业内部的薪酬结构是极为关注的，这是因为，企业内部的薪酬结构实际上反映了企业对职位和技能价值的看法。企业既可以设立很多基本薪酬等级，但是各薪酬等级之间的薪酬水平差距很小，也可以设立较少的薪酬等级，但是各薪酬等级之间的水平差距较大。因此，如果说企业的总体薪酬水平会对员工的吸引和保留产生重大影响，那么，薪酬结构合理与否，往往会对员工的流动率和工作积极性产生重大影响。一般来说，企业往往是通过正式或非正式的职位评价以及外部市场薪酬调查，来确保薪酬结构的公平性和合理性。

从我国企业当前的情况来看，由于受过去计划经济思维惯性的影响，大多数企业尤其是国有企业在薪酬结构上还存在比较严重的问题，平均主义和“大锅饭”的问题在薪酬结构方面有相当明显的体现。主要表现为在员工所从事的工作的重要性、复杂性以及难度和压力相差很大的情况下，大家的薪酬水平却相差无几，结果导致从事重要工作的员工报酬过低，而从事次要工作或辅助后勤类工作的员工报酬过高，这种现象也被称为“薪酬压缩”。由于没有合理拉开薪酬的内部差距，所以容易出现逆向选择问题，导致优秀员工很难留住，而能力较差的员工却不愿意离开。事实上，我国许多企业之所以遭遇“想留的人留不住，不想留的人一个也不走”的被动局面，薪酬结构不合理是一个很重要的原因。

（4）薪酬管理政策决策。

所谓薪酬管理政策主要涉及企业的薪酬成本与预算控制方式以及企业的薪酬制度、薪酬规定和员工的薪酬水平是否保密的问题，薪酬管理政策必须确保员工对薪酬系统的公平性看法以及薪酬系统有助于组织以及员工个人目标的实现。

过去，国内很多企业往往以薪酬保密是国际惯例为借口，实施薪酬保密政策。然而现在，很多美国公司在薪酬方面已经变得非常公开了。这一方面是因为美国当前存在劳动力市场紧张的状况，吸引人才很困难，企业希望培养和员工之间的良好关系；另一方面是因为美国劳资关系委员会已经明确规定，企业必须让员工有在工作场所谈论薪酬的自由——就像员工们在工作场所谈论工作一样。同时，很多企业也不得不承认，人们喜欢进行相互比较，这是人的一种天性，因此，提供准确的信息而不是让谣言主导舆论是很有必要的。

事实上，我们必须清醒地意识到，薪酬管理的真正目的并不是让大家在没有任何争议的情况下将可以分配的薪酬分配下去，即将注意力放在分配过程本身；相反，薪酬管理的真正目的是让员工了解薪酬分配的原则和依据，使大家理解组织对什么样的行为和绩效感兴趣。如果我们试图通过薪酬保密来化解在员工中可能出现的抱怨和不满，薪酬的重要激励功能就可能会丧失。因此，真正经得起公开检验的薪酬决策反而是好的薪酬管理的体现。

2. 薪酬管理的流程

制定健全的薪酬政策与制度，是企业人力资源管理过程中的一项重大决策与基本建设，需有一套完整且正规的程序来保证其质量，如图7-2所示，图中的实线框表示了各步骤的名称，虚线框则说明了各步骤对应的主要内容和活动，箭头指出了各步骤依次进行的顺序。

（1）制定薪酬原则和策略。这包括薪酬管理的六大原则和制定薪酬的3P策略。

（2）进行工作分析与岗位设置。这是薪酬管理的基础性工作，这一步骤将产生清晰的工作说明书体系和职位结构图。

（3）开展工作评价。这是保证薪酬管理实现内部公平性的关键一步，通过工作评价，有利于准确评估每一种工作在企业中的相对价值，并反映出企业对各工作的期望和要求。

（4）实施薪酬水平的调查。对外界薪酬状况进行调查分析，目的在于保证薪酬制度的外在公平性，调查的内容主要是本行业、本地区，尤其是主要竞争对手的薪酬状况。调查数据资料的来源可以是公开的统计资料，也可以是抽样采访、专门问卷调查，还可以是用人单位发布的招聘信息资料等。

（5）设计薪酬结构。这里的薪酬结构是指企业中各项工作的相对价值及其对应的实付薪酬间的关系。通过薪酬结构的合理设计，可将企业内所有职务的薪酬按同一原则定薪后的理论值转换为实际值。薪酬结构设计通常使用“工资结构线”来表示，薪酬结构线是以工作相对价值的分数为横坐标，以所付薪酬为纵坐标绘制的二维曲线。

（6）确定薪酬等级与薪酬标准。这是指在职务评价后，根据薪酬结构线，将众多类型的职务薪酬归并组合成若干等级，形成一个薪酬等级系列。通过这一步骤，可以确定企业内每一职务具体的薪酬范围，从而保证薪酬制度的个人公平。

（7）薪酬制度的实施、修正和调整。薪酬制度制定后，在实施过程中要不断修正其偏差，根据企业经营环境的变化和企业战略的调整对薪酬制度适时地进行调整，使其更好地发挥薪酬管理的激励功能。

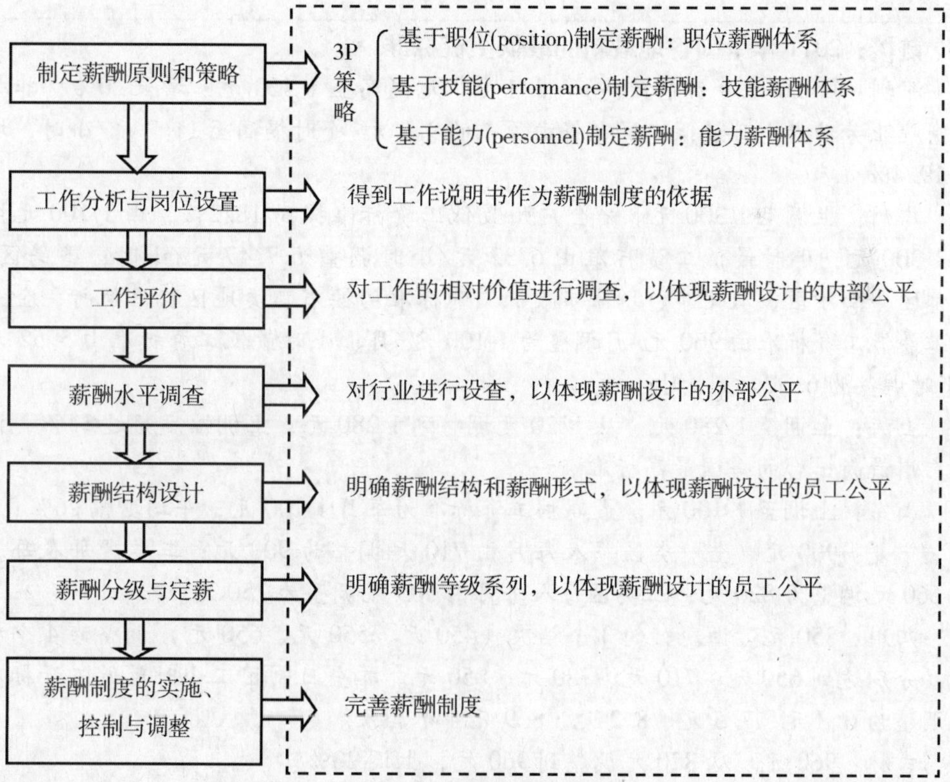

图 7－2　薪酬管理的流程

四、薪酬管理的影响因素

在市场经济条件下，企业的薪酬管理活动会受到内外部多种因素的影响，为了保证薪酬管理的有效实施，必须对这些影响因素有所认识和了解。一般来说，影响企业薪酬管理各项决策的因素主要有三类：一是企业外部因素；二是企业内部因素；三是员工个人因素。

1. 企业外部因素

（1）国家的法律法规。法律法规对于企业的行为具有强制的约束性，一般来说，它规定了企业薪酬管理的最低标准，因此企业实施薪酬管理时应当首先考虑这一因素，要在法律规定的范围内进行活动。例如，政府的最低工资立法规定了企业支付薪酬的下限；社会保险法律规定了企业必须为员工交纳一定数额的社会保险费。

（2）物价水平。薪酬最基本的功能是保障员工的生活，因此对员工来说更有意义的是实际薪酬水平，即货币收入与物价水平的比率。当整个社会的物价水平上涨时，为了保证员工的生活水平不变，支付给他们的名义薪酬也要相应地增加。

（3）劳动力市场的状况。按照经济学的解释，薪酬就是劳动力的价格，它取决于供给和需求的对比关系，在企业需求一定的情况下，当劳动力市场紧张造成供给减少时，企业的薪酬水平应当提高；反之，企业就可以维持甚至降低薪酬水平。

链接：2011 年全国各地最新的最低工资标准

深圳：1 320 元（目前最高）。由 1 100 元提高至 1 320 元，增长 20%，非全日制就业劳动者小时最低工资也将由原来的 9.8 元/小时提高至 11.7 元/小时，增长 19.4%。

广州：上调至 1 300 元。省会广州最低工资标准提高 18.2%，由 1 100 元增至 1 300 元，小时最低工资标准由 6.32 元/小时调整为 7.47 元/小时；番禺区、花都区、南沙区、从化市、增城市最低工资标准仍按省二类地区标准执行，企业职工最低工资标准由 960 元/月调整为 1 100 元/月、小时最低工资标准由 5.52 元/小时调整为 6.32 元/小时。

上海：上调至 1 280 元。从 1120 元调整到 1 280 元，上调幅度超过 14%，低于广州最新出台的全国最高标准。

山东：上调至 1 100 元。最高档工资标准为每月 1 100 元，平均增幅 26%；

宁夏：900 元。全一类区每人每月由 710 元调整为 900 元；二类区每人每月由 660 元调整为 820 元；三类区每人每月由 605 元调整为 750 元。

四川：850 元。由现行的 3 个档次（450 元、550 元、650 元）调整为 4 个档次，分别达到 650 元、710 元、780 元、850 元。非全日制用工小时最低工资标准也调整为 6.8 元、7.5 元、8.2 元、8.9 元 4 个档次。

吉林：960 元。从 820 元调整到 960 元，上调 20%。

江苏：1 140 元。一类地区从 960 元调整为 1 140 元，上调幅度达 18.75%。

（4）其他企业的薪酬状况。其他企业的薪酬状况对企业薪酬管理的影响是最为直接的，这是员工进行横向的公平性比较时非常重要的一个参照系。当其他企业，尤其是竞争对手的薪酬水平提高时，为了保证外部的公平性，企业也要相应地提高自己的薪酬水平，否则就会造成员工的不满意甚至人员流失。

2. 企业内部因素

（1）企业的经营战略。薪酬管理应当服从和服务于企业的经营战略，在不同的经营战略下，企业的薪酬管理也会不同，如表7－1列举了在三种主要经营战略下薪酬管理的区别。

表7－1 不同经营战略下的薪酬管理

经营战略	经营重点	薪酬管理
成本领先战略	一流的操作水平 追求成本的有效性	重点放在与竞争对手的成本比较上提高薪酬体系中激励部分的比重 强调生产率 强调制度的控制性及具体化的工作说明
创新战略	产品领袖 向创新型产品转移 缩短产品生命周期	奖励在产品及生产方法方面的创新 以市场为基准的工资 弹性/宽泛性的工作描述
客户中心战略	紧紧贴近客户 为客户提供解决问题的办法 加快营销速度	以顾客满意为奖励的基础 由顾客进行工作或技能评价

（资料来源：刘昕．薪酬管理．北京：中国人民大学出版社，2002.）

（2）企业的发展阶段。由于企业处于不同的发展阶段时其经营的重点和面临的内外部环境是不同的，因此在不同的发展阶段，薪酬形式也是不同的，如表7－2所示，对企业不同发展阶段下的薪酬管理进行了简单的比较。

表7－2 企业不同发展阶段下的薪酬管理

企业发展阶段		开创	成长	成熟	稳定	衰退	再次创新
薪酬构成	基本薪酬	低	有竞争力	高	高	高	有竞争力
	激励薪酬	高	高	有竞争力	低	无	高
	间接薪酬	低	低	有竞争力	高	高	低

（资料来源：何娟．人力资源管理．天津：天津大学出版社，2002.）

（3）企业的财务状况。企业的财务状况会对薪酬管理产生重要的影响，它是薪酬管理各项决策得以实现的物质基础。良好的财务状况，可以保证薪酬水平的竞争力和薪酬支付的及时性。

3. 员工个人因素

（1）员工所处的职位。在目前主流的薪酬管理理论中，这是决定员工个人基本薪酬以及企业薪酬结构的重要基础，也是内部公平性的重要体现。职位对员工薪酬的影响并不完全来自其级别，而主要是职位所承担的工作职责以及对员工的任职资格要求。

（2）员工的业绩表现。员工的业绩表现是决定其激励薪酬的重要基础，在企业中，激励薪酬往往与员工的绩效联系在一起，具有正相关的关系。总的来说，员工的绩效越好，其激励薪酬就会越高。此外，员工的绩效表现还会影响其绩效加薪，进而影响基本薪酬的变化。

（3）员工的工作年限。工作年限主要有工龄和企龄两种表现形式。工龄是指员工参加工作以来整个的工作时间，企龄是指员工在本企业中的工作时间。工作年限会对员工的薪酬水平产生一定的影响，在技能工资体系下，这种影响更加明显。一般来说，工龄和企龄越长的员工，薪酬的水平相对也会高些。

工龄的影响主要源于人力资源管理中的“进化论”，就是说通过社会的“自然选择”，工作时间越长的人就越适合工作；不适合的人，由于优胜劣汰的作用，会离开这个职业。企龄的影响则主要源于组织社会化理论，就是说员工在企业中的时间越长，对企业和职位的了解就越深刻，其他条件一定时，绩效就会越好；此外，保持员工队伍的稳定也是一个原因，企龄越长的员工，薪酬水平相对就越高，这样可以在一定程度上降低员工的流动率，因为如果要流动，就会损失一部分收入。

第二节　薪酬管理的设计

薪酬管理是人力资源管理的核心职能，其设计的过程包括七个阶段：确定薪酬原则与策略、工作分析和岗位设置、工作评价、薪酬水平的调查、薪酬结构的设计、薪酬分级与定薪、薪酬制度的实施与控制。

一、确定薪酬原则与策略

企业薪酬原则与策略的明确是薪酬管理工作的起点，反映了对员工本性和薪酬功能的正确认识。

1. 薪酬原则

（1）公平原则。

企业在进行薪酬管理时，既要注意外部公平，也要注意内部员工之间的公平。在薪酬分配时，一定要全面考虑员工的绩效、能力、劳动强度及责任等因素，考虑外部竞争性与内部一致性要求。

公平是薪酬管理系统的基础，员工只有在认为薪酬系统是公平的前提下，才可能产生认同感和满意度。因此，公平性原则是企业实施薪酬管理时应遵循的最重要的原则，亚当斯的公平理论是公平性原则重要的理论基础。

公平性包括三个层次的含义：

①外部公平性。这是指在不同企业中，类似职位或者员工的薪酬应当基本相同。

②内部公平性。这是指在同一企业中，不同职位或者员工的薪酬应当与各自对企业的贡献成正比。

③个人公平性。这是指在同一企业中，相同或类似职位上的员工，薪酬应当与其贡献成正比。

许多国有企业的薪酬管理之所以出现问题，就是因为在公平性方面没有做好，特别是在后两个方面。

应当注意的是，公平原则与平均原则本质上是有区别的。前者是“按劳分配”，体现了劳动的差异性，从而报酬应当是具有差异的；后者则强调绝对的平均，忽视了劳动的差别性，追求员工之间的平均报酬。许多国有企业的薪酬管理之所以出现问题，就是因为没有真正地贯彻好公平性原则，比如说国有企业改革前普遍存在的“一刀切”的平均分配问题、“干多干少一个样”等，严重地影响了员工的工作积极性。因此，国有企业改革的一个重要问题就是要打破平均分配的体制，建立真正意义上的公平的报酬制度。

（2）激励性原则。

有效的薪酬管理应能激励员工努力工作、提高绩效，有助于稳定员工队伍和吸引高素质人才。根据员工的实际贡献付薪，并且适当拉开薪酬差距，使不同业绩的员工能在心理上觉察到这个差距，产生激励作用；使业绩好的员工认为得到了鼓励，业绩差的员工认为值得去改进绩效，以获得更好的回报。

（3）竞争性原则。

现代企业的竞争归根到底是人才的竞争，人力资源已经成为企业发展的最重要的资源，因此留住人才成为企业在激烈的竞争中取胜的关键因素。在市场经济条件下，只有用一流的工资才能招徕一流的人才，只有使企业薪酬制度具有竞争力，才能促使多余的员工能及时流出，紧缺的人才能顺利流入。

（4）经济性原则。

经济性指企业支付薪酬时应当在自身可以承受的范围内进行，所设计的薪酬水平应当与企业的财务水平相适应。虽然高水平的薪酬可以更好地吸引和激励员工，但同时将不可避免地导致人工成本的提高，由于薪酬是企业一项很重要的开支，因此在进行薪酬管理时必须考虑自身承受能力的大小，与现阶段企业的生产、技术发展水平相适应，即与成本、产品合格率、优质品率、市场占有率、销售收入和利润指标等体现的水平相适应，超出承受能力的过高的薪酬必然会给企业造成沉重的负担。有效的薪酬管理应当在竞争性和经济性之间找到恰当的平衡点。

（5）合法性原则。

合法性是指企业的薪酬管理政策要符合国家法律和政策的有关规定，为保障劳动者的合法权益、维护社会稳定和经济健康发展，各个国家都会相应地制定出一系列法律法规，对企业的薪酬体系施加约束力和影响力。例如，我国《劳动法》第四十八条规定，“国家实行最低工资保障制度。最低工资的具体标准由省、自治区、直辖市人民政府规定，报国务院备案。用人单位支付劳动者的工资不得低于当地最低工资标准”。除了关于薪酬最低标准的法规，还有其他的，如反对薪酬歧视的法规，薪酬保障制度等，这些法律法规在薪酬管理过程中必须予以充分重视。

（6）动态性原则。

由于企业面临的内外部环境处于不断的变化之中，因此薪酬管理还应当坚持动态性的原则，要根据环境因素的变动随时进行调整，以确保企业薪酬的适应性。这表现在两个方面，一是企业整体的薪酬水平、薪酬结构和薪酬形式要保持动态性；二是员工个人的薪酬要具有动态性，要根据其职位的变动、绩效的表现进行薪酬的调整。

2. 薪酬策略

薪酬策略是明确企业薪酬体系设计的依据，当前，国际上通行的是3P策略来设计，即以职位（position）为基础确定基本薪酬的职位（或称岗位）薪酬体系、以技能（performance）为基础确定基本薪酬的技能薪酬体系和以员工的能力（personnel）为基础确定基本薪酬的能力薪酬体系，其中以职位薪酬体系的运用最为广泛。

职位薪酬体系，就是首先对职位本身的价值作出客观的评价，然后根据这种评价的结果赋予承担这一职位的人与该职位的价值相当的薪酬这样一种基本薪酬决定制度。

技能薪酬体系，是指组织要据一个人所掌握的与工作有关的技能、能力以及知识的深度和广度支付基本薪酬的一种薪酬制度，通常适用于所从事的工作比较具体而且能够被清晰界定的操作人员、技术人员以及办公室工作人员。

能力薪酬体系，是指企业根据员工所具备的能力或任职资格来确定其基本的薪酬水平，对人不对事，其中基于岗位的能力占了岗位薪酬总额的绝大部分，员工能力的高低和薪酬、晋升相挂，其设计的假设前提是能力高的一定取得高的绩效，使员工能够认识到高能力会取得高绩效，薪酬随着能力提高而提高，能力最高者其薪酬也最高，管理者关注的是员工能力价值的增值。

链接：年薪20万元聘木匠

京城红木家具界的北京元亨利硬木家具有限公司曾首开先河，打破传统木匠几百元的工资标准，一口开出年薪20万元的“天价”来招聘拥有独门绝技的木匠，打造红木家具精品。

据中国硬木家具业的专家介绍，京城比较出名的红木家具生产厂家有十几家，它们所雇佣的木匠的工资水平一般在每月2 000～3 000元左右，中国红木家具的整体工艺现状水平还很落后，目前工人的技术水平还有待于提高。

正宗的明清式家具可以使用数百年还坚固精美，而现在生产的很多红木家具使用一两年就裂缝脱榫，关键在于工艺水平尚未达到一定的标准。一些红木家具甚至粗制滥造，这实际上是对极为珍稀的红木资源的破坏与浪费。用20万元年薪招聘拥有独门绝技的木匠来做红木家具，是为了能真正使红木物尽其用。

元亨利有关人士称，红木家具要工艺精湛，不能用一颗钉子、一滴粘胶，以高薪聘用木匠既是对技能的补偿，也是对工艺水准的肯定。

二、工作分析和岗位设置

工作分析和岗位设置是薪酬管理的依据，这一活动将产生企业的组织机构系统图及其中所有工作说明与规格等文件。对此前面第二章介绍过，此处不再赘述。

三、工作评价

工作评价是保证薪酬管理内在公平的关键一步，要以必要的精确性，以具体的金额来表示每一职务对本企业的相对价值，这价值反映了企业对各工作占有者的要求。需要指出的是，这些用来表示工作相对价值的金额，并不就是各该工作占有者真正的薪酬总额，那是需要经过第五个步骤，融入了外在公平性，才在第六个步骤“薪酬分级与定薪”完成的。

工作评价的方法包括职位排序法、职位分类法、因素比较法、要素计点法、评分法和海氏工作评价系统法，目前海氏评分法用得较多，其步骤已在第二章介绍过，此处不再赘述。

四、薪酬水平的调查

薪酬水平是按某种标准考察在特定时期内某一领域内员工平均薪酬的高低程度，它受到一系列因素的影响和制约，这其中包括社会劳动力发展水平，政府在薪酬方面的政策和立法，企业的运营情况，劳动力市场的供求情况等。

企业要吸引和留住员工，不但要保证企业工资制度的内在公平性，而且要保证企业工资制度的外在公平性，因此要组织力量开展薪酬调查。要通过调查，了解和掌握本地区、本行业的薪酬水平状况，特别是竞争对手的薪酬状况。同时要参照同行业同地区其他企业的薪酬水平，及时制定和调整本企业对应工作的薪酬水平及企业的薪酬结构，确保企业工资制度外在公平性的实现。

数据来源及渠道首先是公开的资料，如国家及地区统计部门、劳动人事机构、工会等公开发布的资料，图书及档案馆的年鉴等统计工具书，人才交流市场与组织、有关高等学府、研究机构及咨询中介机构等的有关资料；其次则是通过抽样采访或散发专门问卷进行收集，但目前这些手段在我国很难奏效，许多企业都不愿公开这些情况。

另外，通过新招聘的员工和前来应聘的人员，也能获得有关其他企业的奖酬状况。各企业发布的招聘广告和招聘信息中也常常披露其奖酬和福利政策，不失为来源之一。

五、薪酬结构的设计

1. 薪酬形式

薪酬形式是指企业根据员工在不同时期、不同条件下所提供的劳动数量与质量的不同，对员工相应的劳动报酬所得而采取不同的计算与支付方式，它是薪酬管理的重要组成部分。

传统的薪酬形式一般有两种，即计时工资制和计件工资制：计时工资是指根据员工的劳动时间来计量工资的数额，主要分为小时工资制、日工资制、周工资制和月工资制四种；计件工资是指预先规定好计件单价，根据员工生产的合格产品的数量或完成一定工作量来计量工资的数额。

目前，许多薪酬形式均是在这两种薪酬形式的基础上延伸和细分出来的：

（1）年薪制。这是指以企业一个经济核算年度（一般指一年）为时间单位确定员工的基本报酬，并视其经营成果确定其效益收入的一种劳动报酬制度，它主要是针对企业的高管人员。

（2）结构工资制。这是指根据薪酬各个不同的功能，将薪酬总额分解为几个有机的组成部分，再将各部分分解为若干等级，然后分别确定薪酬数额。

（3）提成工资制。这是指员工的薪酬完全或大部分根据其个人完成的业绩按一定的比例计提报酬的一种薪酬方式，适用于从事业务或市场销售等可以直接以量化考核工作绩效的员工。

（4）固定工资制。这是指在一定时间内支付给员工的工资，是一个确定不变数额的一种薪酬方式，一般适用于企业内一般的文员或后勤服务人员，如司机、保安、保洁员、打字员等。

（5）计件工资制。这是指根据员工在规定时间内实际完成的、可以量化的工作量或合格产品的数量，按照预先确定的计件单价计算和支付报酬的一种薪酬方式，一般适应于劳动工序相对独立、产品量或工作量可以精确计量，以及产品质量有明确标准，并能对生产过程进行科学测定，管理制度比较完善和规范的生产企业，比如服装加工、零配件加工等企业。

（6）技能工资制。这是指以劳动技能、劳动责任、劳动强度和劳动条件等基本劳动要素评价为基础，以岗位和技能工资为主要内容的企业基本工资制度。

（7）薪点工资制。这是指在岗位劳动评价“四要素”（岗位责任、岗位技能、工作强度、工作条件）的基础上，用点数和点值来确定员工实际劳动报酬的一种工资制度。

（8）技术等级工资制。这是指按照员工所达到的技术等级标准确定工资等级，并按照确定的等级工资标准计付给劳动报酬的一种制度，适用于技术复杂程度比较高，员工劳动差别较大，分工较粗，及工作物不固定的工种。

（9）岗位等级工资制。简称岗位工资制，是指按照员工在生产中的工作岗位确定工资等级和工资标准的一种工资制度。岗位等级工资制与职务等级工资制的性质基本相同，区别在于我国主要将前者应用于企业员工，后者应用于行政管理人员和专业技术人员。

2. 薪酬结构

经过工作评价这一步骤，无论采用哪种方法，总可得到表明每一工作对本企业相对价值的顺序、等级、分数或象征性的金额。工作的完成难度越高，对本企业的贡献也越大，对企业的重要性也就越高，就意味着它的相对价值越大，使企业内所有工作的薪酬都按统一的贡献率原则定薪，便保证了企业薪酬制度的内在公平性。但找出了这样的理论上的价值后，还必须能据此转换成实际的薪酬值，才能有使用价值，这便需要进行薪酬结构设计。

所谓薪酬结构，是指一个企业的组织机构中各项职位的相对价值及其对应的实付薪酬间的关系状态。这种关系不是随意的，是以某种原则为依据、具有一定规律的，通常以“薪酬结构线”来表示，因为这种方式更直观、更清晰、更易于分析和控制、更易于理解。

薪酬结构线是一个企业的薪酬结构的直观表现形式，它清晰显示出企业内各个职务的相对价值与其对应的实付薪酬之间的关系。薪酬结构线是二维的，即绘制在以职务评价所获得的表示其相对价值的分数为横坐标，以所付薪酬值为纵坐标的薪酬结构图上。

理论上，薪酬结构线可呈任何一种曲线形式，但实际上它们多呈直线或若干直线段构成的一种折线的形式。这是因为薪酬结构首先要求具有内在公平性，这是指企业各项职务的薪酬是按某种一致的分配原则确定的，是可以清晰地加以说明的。在市场经济中通行的这种原则便是等价交换，也就是谁的贡献大，对企业的价值相对越高，所获薪酬便越多。因为薪酬正比于贡献，而正比的关系是一种直线性关系，其对应的关系线便会呈直线形式。

（1）工作评价后的薪酬散点图和初始薪酬结构线。

为了考虑内部公平性，在前面的第三步已经对企业的所有职务进行工作评价，可根据工作评价的分数和该工作的实付工资画出薪酬散布点图及其散布规律结构线示意图，如图7－3所示：

先利用选定的一种工作评价法，对本企业的所有职务进行评价，获得反映它们相对价值的分数；然后在评价分数为横轴、现有薪酬为纵轴的图中，找出各职务的对应点来（如图7－3中的那些黑点），这些点的散布似乎是无规律的；最后可以据这些点的散布状况，绘出反映其散布规律结构线，画结构线时，力求使其上部与下部的点数相等，一般利用线性回归技术等统计方法，能更精确地绘出其散布规律结构线，这一结构线代表了企业现有薪酬设置的大致走向。

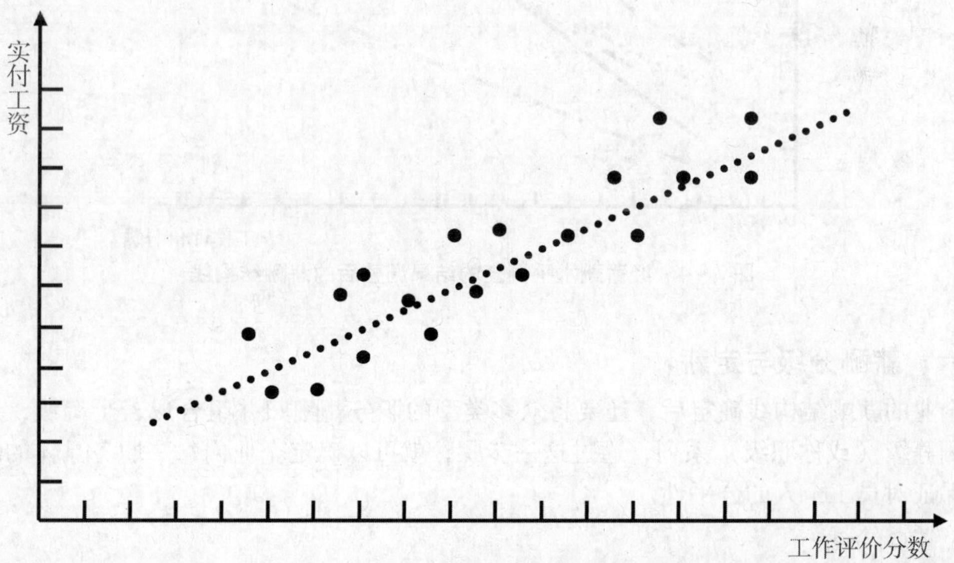

图7－3 薪酬散点图及其散布规律结构线

获得结构线后，即可结合企业的各种考虑进行调整，如认为此线基本符合企业的政策和原则，便需调整那些偏离此线的薪酬点。通常的做法是首先把那些位于特征结构线以下、所获薪酬少于按其值应获薪酬的各点所代表的诸职务，较频繁或较大幅度地予以调高，提升到与结构线相当的水准；但对那些位于特征结构线以上，所获薪酬多于按其价值应获薪酬的各点所代表的诸职务，一般不予调低，而予以暂时冻结或延期提升，这是缘于人们心理上难于接受降薪的做法。不论如何有理，调低资薪的结果不仅会使被调者认为受辱而沮丧，而且其他员工也易滋生危机感，担心有朝一日自己也会遭此处理，影响士气。另一替代方案是设法增大这些职务的工作负荷使现任者加强工作效率，使相对价值有相应提高。

(2) 薪酬水平调查后考虑行业平均水准的调整后薪酬结构线。

为了考虑外部公平性，在前面的第四步已经调查了行业的薪酬水平，包括行业最高工资、行业最低工资和行业平均工资，据此按照上面的方法可以分别形成行业最高工资线、行业最低工资线和行业平均工资线，然后可以根据它们去调整企业的初始薪酬结构线，如图 7－4 所示。

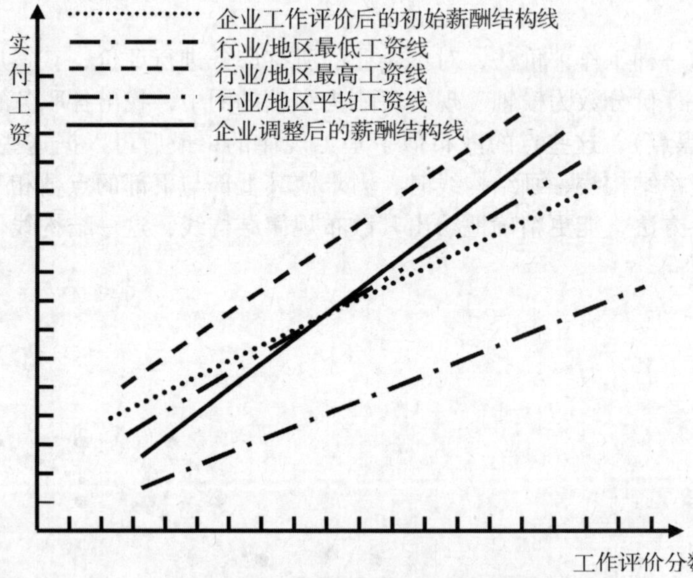

图 7－4　经薪酬水平调查的结果调整后的薪酬结构线

六、薪酬分级与定薪

企业的薪酬结构线确定后，还要将众多类型的职务薪酬归并组合成若干等级，形成一个薪酬等级（或称职级）系列，通过这一步骤，就可以确定企业内每一职务具体的薪酬范围，保证对员工个人的公平性。

1. 薪酬分级

得到综合考虑企业内外公平后调整所得的薪酬结构线，就可以为相对价值不同的所有职务确定一个对应的薪酬价值。这在理论上是很合理的，但在实际操作上，若企业中每一种职务都各有一种独特的薪酬，就会给薪酬的发放与管理带来巨大的困难与混乱。所以，在实际上总是把众多种类型的薪酬归并组合成若干等级，形成一个薪酬等级系列。这样，经职务评价而获得的相对价值相近的一组职务，便被编入同一等级。

如图 7－5 所示，工作评价所评出的分数，每隔 50 分的一个区间成为一个职务等级，尽管它们的相对价值并不完全相等，同一等级中的职务将付给相同的薪酬，因而有的吃些亏，有的占点便宜。这样虽不尽合理，但大大简化了管理程序，职级划分的区间大小及职级数多少的确定无固定规律，而是取决于诸如结构线的斜率、职务总数的多少及企业的薪酬政策和晋升政策等因素。总的原则是，职级的数目不能少到相对价值相差甚大的职务都处于同一职级而无区别，也不能多到价值稍有不同便处于不同职级而需作区分的程度。此外，级数太少，难以晋升，不利于提高士气；太多则晋升过频而刺激不强，徒增管理成本与麻烦。实践上，有的企业薪酬等级系列中只有 4 至 5 级，也有的级数为此几倍，平均在 10～15 级之间。

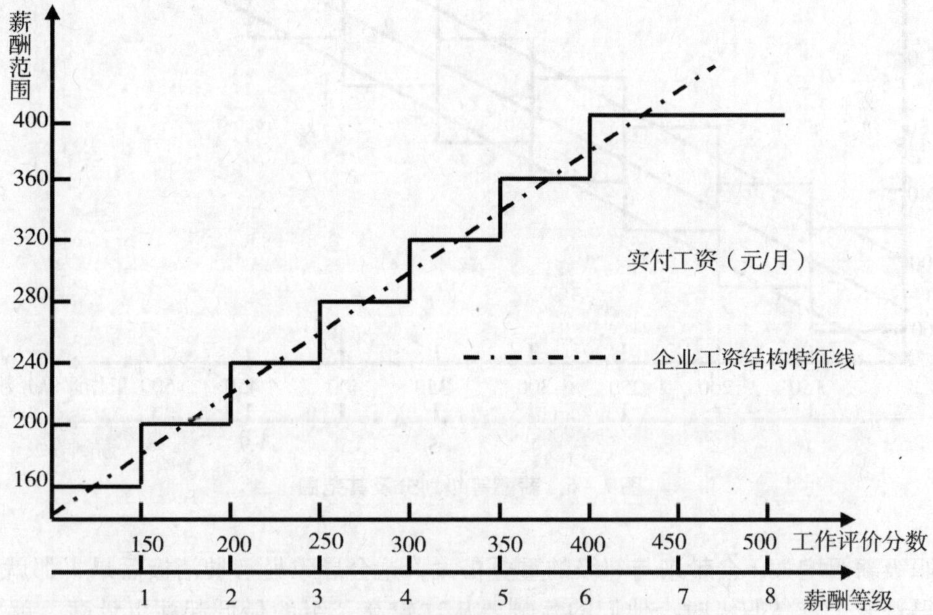

图 7－5　薪酬等级系列的设计

图 7－5 中每一薪酬等级只有一个单一的薪酬值，但实际上的做法则是给每一等级都规定一个薪酬变化范围（或称为薪幅，其下限为等级起薪点，上限为顶薪点）。各薪酬等级的薪酬范围可以是一样大的，如都是平均薪酬 ±25 元，即每级范围 50 元；更常见的是薪酬范围随等级上升而呈累计式的扩大。此系列最低的第三级薪酬范围是 50 元（160 元至 210 元），而最高的第 8 级则是 90 元（350 元到 440 元）。

2. 薪酬定薪

薪酬范围的确定与薪酬等级数的多少相关联，不仅如此，还有另一个相关因素，即相邻等级薪酬范围的重叠程度，如图 7－6 所示。

在实际工作中，这种重叠不仅很难避免，而且适当的重叠也是必要的和有益的。相邻职级重叠程度与薪酬结构线的斜率有关（越平缓则重复越多），但更取决于职级的薪幅，即变化范围的大小。

当职级所包含的相对价值范围较广，职务较多，而工作绩效又主要取决于员工的个人能力与干劲而非客观条件，企业的政策又是提薪较频繁时，职级的薪酬变化幅度宜大，这才使那些因主客观条件未能升级但有能力且经验丰富的员工能有较多的提薪机会，虽未能“升官”，却能“发财”。

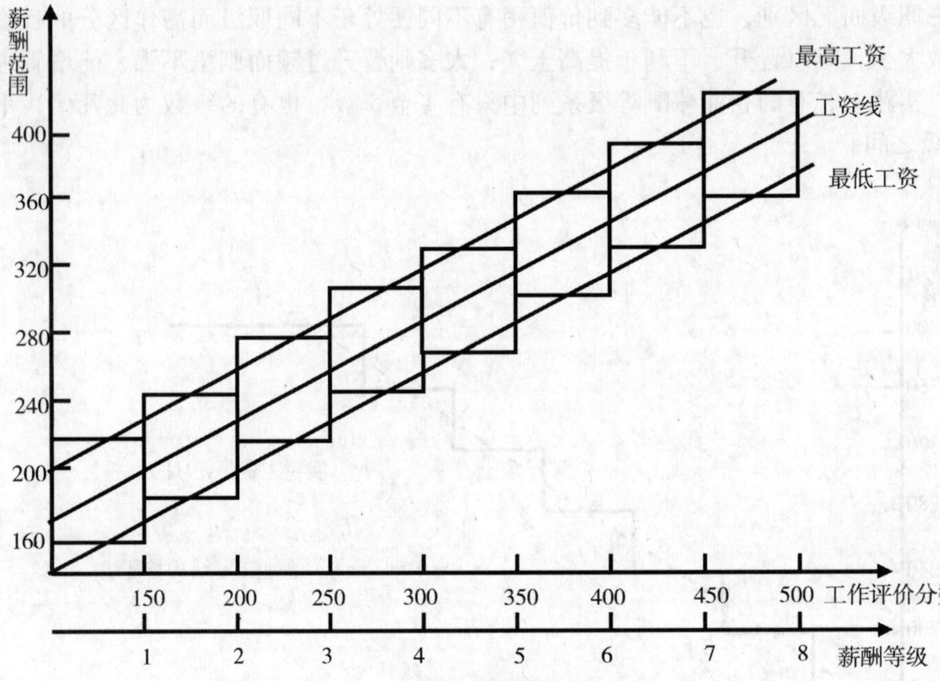

图 7－6　薪酬等级划分及其范围

但职级薪幅增大，会带来与邻级的重叠扩大，这会导致另一种消极后果，那就是一旦员工获得晋升至较高职级时，他们的薪酬要从这较高一级的最低起薪点计薪，就会“升官”反而“减薪”，所以，其薪酬必须至少与提升前相等。这样，其薪酬距此职级的最高顶薪点已较近，增薪机会不多，不但减弱了薪酬制度的激励功能，也给管理增添了困扰。因此，职级数目与宽度、薪酬结构线斜率及各级的变化幅度等因素，必须统筹兼顾，适当平衡。

链接：宽带型薪酬

所谓宽带型薪酬结构或者薪酬宽带（broadbanding），仍然是一种薪酬结构的范畴，只不过它是对传统那种带有大量等级层次的垂直型薪酬结构的一种改进或替代。

根据美国薪酬管理学会的定义，宽带型薪酬结构就是指对多个薪酬等级以及薪酬变动范围进行重新组合，使之变成只有相当少数的薪酬等级以及相应较宽的薪酬变动范围。一般来说，每个薪酬等级的最高值与最低值之间的区间变动比率要达到或超过100%。

一种典型的宽带型薪酬结构可能只有不超过4个等级的薪酬级别，每个薪酬等级的最高值与最低值之间的区间变动比率则可能达到200%~300%。而在传统薪酬结构中，这种薪酬区间的变动比率通常只有40%~50%。图7-7形象地解释了从传统薪酬等级到薪酬宽带的转变。

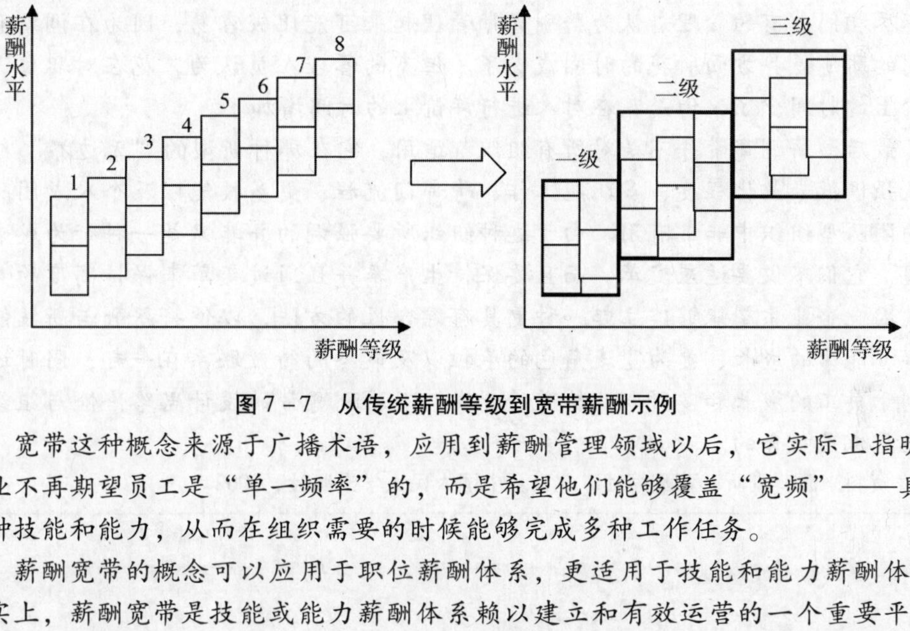

图7-7 从传统薪酬等级到宽带薪酬示例

宽带这种概念来源于广播术语，应用到薪酬管理领域以后，它实际上指明了企业不再期望员工是“单一频率”的，而是希望他们能够覆盖“宽频”——具有多种技能和能力，从而在组织需要的时候能够完成多种工作任务。

薪酬宽带的概念可以应用于职位薪酬体系，更适用于技能和能力薪酬体系。事实上，薪酬宽带是技能或能力薪酬体系赖以建立和有效运营的一个重要平台。在前一种情况下，企业可以将传统的多等级薪酬结构适当合并以形成宽带薪酬；而在后一种情况下，一家公司可能会将其专业类、管理类、技术类以及事务类职位分别划入各自的单一薪酬宽带。员工不是沿着公司中唯一的薪酬等级层次垂直往上走；相反，他们在自己职业生涯的大部分或者所有时间里可能都只是处于同一个薪酬宽带之中。员工在企业中的流动是横向的，但是随着他们获得新的技能、能力，承担新的责任，或者改善绩效，他们就能够获得更高的薪酬（即使是被安排到低层次职位上，依然有机会获得较高的薪酬）。

宽带型薪酬结构始于20世纪80年代末，当时美国经济和世界经济的衰退已经十分严重。美国经济从1987年的股市暴跌开始就走下坡路了，到1990年正式进入衰退期，企业破产倒闭的数目不断增加，失业率不断上升，美国的传统企业面临着巨大的转型压力。在这种背景下，宽带型薪酬结构作为一种与企业组织扁平化、流程再造、团队导向、能力导向等新的管理战略相配合的新型薪酬结构设计方式应运而生（事实上，美国联邦政府很早就在薪酬宽带设计方面进行了积极的探索，相关内容请参见本章最后的阅读材料）。宽带型薪酬结构最大的特点是压缩级别，将原来十几个甚至二十几个级别压缩成几个级别，并将每个级别对应的薪酬范围拉大，从而形成一个新的薪酬管理系统及操作流程，以便适应当时新的竞争环境和业务发展需要。比如，IBM公司在20世纪90年代以前的薪酬等级一共有24个，后来被合并为10个范围更大的薪酬等级。

当然，薪酬宽带不是解决所有薪酬管理和规划问题的“万金油”，运用这种薪酬结构设计的企业中有成功者，也有失败者。薪酬管理人员对薪酬宽带的看法也不尽相同，有的管理者认为薪酬宽带管理起来可能比较容易，因为在调整职位之间的薪酬差异方面所花的时间减少了。但有的管理人员认为，花在对职位进行评价上的时间少了，但是花在对人进行评价上的时间增加了。

最后，薪酬宽带并不是对所有组织都适用，它在那种新型的“无边界”组织以及强调低专业化程度、多职能工作、跨部门流程、更多技能以及个人或团队权威的团队型组织中非常有用。由于这种组织所要强调的并非只是一种行为或者价值观，它们不仅要适应变革，而且要保持生产率并且通过变革来保持高度的竞争力，因此企业希望能够建立起一种更具有综合性的方法，以便将薪酬与新技能的掌握、能力的成长、更为宽泛角色的承担以及最终的绩效联系在一起，同时还要有利于员工的成长和多种职业轨道的开发，而薪酬宽带的设计思路恰恰与组织的上述需求是吻合的。

（资料来源：刘昕．薪酬管理．北京：中国人民大学出版社，2002.）

七、薪酬制度的实施、控制与调整

薪酬是企业人工成本的重要组成部分，而人工成本的开支不可能永无止境地上升，因为这样不但会影响企业在市场上的竞争力，甚至会成为企业生死存亡的关键，因此必须重视薪酬控制和调整。

1. 薪酬预算

在企业的整个运营成本中，薪酬占了重要的比重，建立薪酬制度的重要目的便是理性地控制人工成本，而薪酬调整是从薪酬的预算开始的，准确的预算有助于企业确保在未来一段时间内的支出受到一定程度的协调和控制。

一般来说，常用的薪酬预算方法有两种：

（1）自上而下法。这是指先由企业的高层管理人员决定企业的总体薪酬预算以及增薪的幅度，然后将整个预算数目分配到各个部门，各部门根据本部门的实际情况，将所得到的预算数额分配到每一个员工。

（2）自下而上法。这是指根据企业每一位员工在未来一年的薪酬预算，计算出每个部门所需要的薪酬支出，然后将所有部门的预算数字汇总，编制出企业整体的薪酬预算。

一般来说，自下而上法不容易控制总体的人工成本，而自上而下法虽然可以控制总体的薪酬水平，却使预算缺乏灵活性，而且确定薪酬总额时主观因素较多，降低了薪酬预算的准确性，不利于调动员工的积极性。

由于两种方法各有优劣，通常企业会同时采用这两种方法，首先确定各个部门的薪酬预算额，然后预测单个员工的增薪幅度，并确保其能配合部门的薪酬预算额。如果两者之间的差异较大，也要适当调整部门的预算额。

2. 薪酬衡量

作为企业的管理者，应能准确地判断企业的薪酬水平是否在合理的范围内，清楚距离企业可承受的薪酬水平还有多大的差距。要做到这些，需要掌握衡量薪酬的指标，常用的指标有两个，一个是薪酬平均率，另一个是增薪幅度。

（1）薪酬平均率。

薪酬平均率的计算公式为：薪酬平均率＝实际平均薪酬/薪酬幅度的中间数

薪酬平均率的数值越接近1，则实际平均薪酬越接近薪酬幅度的中间数，薪酬水平越理想。导致薪酬平均率大于1的原因主要有以下几点：①员工的工龄工资较高，薪酬因工龄工资逐年上升而使较多员工的薪酬接近顶薪点，因此就同等职位而言，企业的薪酬负担较重；②员工的工作表现极佳，绩效优秀者居多，这就使得员工的薪酬很快超过了薪酬幅度的中间数，从而使薪酬平均率超过1；③如果新聘用的员工具有较高的资历和工作经验，薪酬就不是由起点计算，而是由较高的入职点计算，使得实际的平均薪酬较高。

导致薪酬平均率小于1的原因主要有：①企业大部分员工属于新聘用而又缺乏工作经验，所以工龄较短，而且起薪点较低，薪酬水平低于薪幅中间数；②员工的表现不佳，大部分员工未能上升到较高等薪酬水平，仍然停留在较低的薪级水平上，从而使平均薪酬低于薪酬的中间数。

企业可以利用薪酬平均率指标衡量企业支付的薪酬标准，从而控制薪酬总支出。

（2）增薪幅度。

增薪幅度是指企业的全体员工的平均薪酬水平增长的数额，计算公式为：

增薪幅度＝本年度的平均薪酬水平－上一年度的平均薪酬水平

增薪幅度越大，说明企业的总体人工成本增长得过快，这时要注意适当加以控制，使其保持在企业所能承受的范围内。如果增薪幅度过小，说明企业的总体薪酬水平比较稳定，人工成本变化较小。不要认为增薪幅度越小越好，如果一个企业总体薪酬水平变化极小，那么说明该企业处于停滞状态，仅是维持了生存而没有发展。在这种情况下，必须查明原因，采取有效的措施激励员工提高绩效，促进企业的不断发展。

因此，企业应将增薪幅度控制在合理的范围内，使其既不超出企业的承受能力，又能激励员工努力工作，为企业的发展作出贡献。

3. 薪酬控制

企业的薪酬是由基本薪酬、可变薪酬和福利三部分组成，每一部分的变化各有特点：基本薪酬比较稳定，可变薪酬变化较大，福利开支则依赖企业的福利计划。企业在进行薪酬控制时，就要分别估计每一个组成部分的变化情况，常用的指标有人均薪酬成本、薪酬占销售额的比例、薪酬占运营成本的比例、福利项目开支占全部薪酬的比例、人均福利的总支出、过去几年总薪酬以及平均薪酬的转变及趋势等。

根据经典工资理论，薪酬是具有向下刚性的，所以在薪酬控制过程中，切不可随意减薪。即使在迫不得已、一定要减薪的情况下，也要事先得到员工的理解和同意。否则，将会引起员工不满，打击员工的士气，优秀员工还有流失的危险，从而影响企业的生产经营活动，使企业效益滑坡，甚至导致企业衰败。因此，企业应该采取巧妙的措施来控制薪酬成本。通常可以采用的方法有以下几种：

（1）薪酬冻结。

当人工成本过高时，不是直接降低薪酬，而是使员工的薪酬水平保持不变，因为短期的薪酬冻结还不至于挫伤员工的积极性，他们可能认为是自己的表现不突出，业绩不佳才导致没有加薪。一般员工都是靠薪酬来解决生活问题的，所以减薪不宜轻易实行。

（2）延缓提薪。

在使用这种方法时，不妨把企业的困难向全体员工公开，号召大家与企业团结一致，共渡难关，等到企业摆脱困境、效益转好后再予以加薪。

（3）延长工作时间。

这种方法的效果无异于减薪，只是做法比较隐蔽，但是这种方法不宜久用和多用。

（4）调整薪酬结构，控制其他费用支出。

基本工资的刚性最强，不宜变动，但可以适当减少在奖金、津贴和福利等方面的开支，达到薪酬控制的目的。另外，还可以通过增加非货币性的内在激励来鼓舞员工的士气，如增加晋升的机会（升级但不加薪），对优秀员工进行口头表扬和发放表彰用的小纪念品等。

4. 薪酬调整

薪酬调整，主要是指薪资标准的调整，大致可分为三类：一类是个体薪资标准的调整，包括薪资等级的调整、薪资档次的调整；另一类是整体薪资标准的调整；第三类是结合内部分配改革对薪酬结构的调整。

在薪酬制度的运行过程中，由于各种因素的变化，必须不断加以调整，因为僵化不变的薪酬制度将会使其激励功能大大降低。对员工来说，薪酬制度失去了激励作用，将意味着人才的流失、企业的失败，所以随着环境的变化，薪酬调整就显得十分必要。

常见的薪酬调整主要有以下六种类型：

（1）薪资定级性调整。

薪资定级是对那些原本没有薪资等级的员工进行薪资等级的确定，包括：对试用期满或没有试用期但办完入职手续的新员工的薪资定级；对原来没有的岗位或没有在企业中聘任的军队转业人员的薪资定级；对已工作过但新调入企业的员工的薪资定级等。

进行薪资定级性调整应注意以下因素：

①员工薪资定级时应考虑的因素：员工的生活费用，如果薪资不能够让员工维持基本的正常生活，肯定留不住员工；同地区同行业相同或相似岗位的劳动力的市场薪资水平，为员工定的薪资应保持对外竞争性；新员工的实际工作能力，在满足前两个条件的基础上，尽量保持内部分配的公平性，新员工的薪资与公司同等能力的老员工持平，考虑到工作年限的差异，可以比老员工低一些。

②薪资定级时的内部公平与对外有竞争力的平衡问题，比如公司可以承诺：如果按要求完成了任务，可以给老员工和新员工发放相应的奖金。不同的是，新员工的奖金可以提前支取，每月支取的奖金额度是他的薪资与老员工薪资之差。这样，既可以满足新员工的薪资要求，也不会引起老员工的波动。

（2）物价性调整。

物价性调整是为了补偿因物价上涨而给员工造成的经济损失而实施的一种薪酬调整方法，企业可以建立员工薪酬水平与物价指标自动挂钩的体系，在保持挂钩比例稳定的同时，实现薪酬水平对物价上涨造成损失的补偿。但是在设定挂钩比例时，要注意“时滞”性问题，即加薪总是跟在通货膨胀后面，所以它们之间总是有一定的差距，员工薪酬水平与物价指标自动挂钩设计的好坏决定这个差距的大小。

（3）工龄性调整。

如果企业的薪酬构成中包含了年功工资，那么这样的企业普遍采取的提薪方式就是工龄性调整。随着时间的推移和员工在本企业连续工龄的增加，要对员工进行提薪奖励。工龄性调整是把员工的资历和经验当做一种能力和效率予以奖励的薪酬调整方法。

（4）奖励性调整。

奖励性调整一般是用在当一些员工作出了突出的成绩或重大的贡献后，为了使他们保持这种良好的工作状态，并激励其他员工积极努力，向他们学习而采取的薪酬调整方式。奖励的办法和形式多种多样，有货币性的，也有非货币性的；有立即给予的，也有将来兑现的；有一次性支付的，也有分批享用和终身享用的。

（5）效益性调整。

效益性调整是一种当企业效益提高时，对全体员工给予等比例奖励的薪酬调整方法，类似于不成文的利润分享制度。但是，由于它在分配上的平均主义原则，使得它对员工的激励作用是有限的，特别是对企业发展作出巨大贡献的关键员工，他们的积极性会大大受挫；而偷懒的员工却一样可以“搭便车”，奖金照拿不误。

（6）考核性调整。

考核性调整是根据员工的绩效考核结果，每达到一定的合格次数即可以提升一个薪资档次的调整薪酬的方法。

第三节　福利制度

福利（benefit）是指企业为了保留和激励员工，采用的非现金形式的报酬，包括法定福利、个别福利、员工服务福利等形式。它与津贴的最大差别就是，福利是非现金形式的报酬，薪酬系统中关于福利所列出的金额是从公司成本角度考虑的，折合成金额后进行展示的。

从本质上讲，福利是一种补充性报酬，它往往不以货币形式直接支付给员工，而是以服务或实物的形式支付给员工，如带薪休假、成本价的住房、子女教育津贴等。福利有多种形式，包括法定福利、个别福利、员工服务福利等。

一、法定福利

1. 法定社会保险

我国法律规定的社会保险包括：

（1）医疗保险。这是法定福利保险中最主要的一种福利，除了员工自己要缴纳外，用人单位必须为每一位员工购买相应的医疗保险，确保员工患病时能得到一定的经济补偿。

（2）失业保险。为了使员工在失业时有一定的经济支持，除了员工自己要缴纳外，用人单位应该为每一位员工购买规定的失业保险。

（3）养老保险。这是针对退出劳动领域或无劳动能力的老年人实行的社会保护和社会救助措施，员工和用人单位都必须缴纳。

（4）工伤保险。员工由于种种意外事故导致受伤，为了使员工在工伤期间得到相应的经济补偿，组织应该按规定为每一位正式员工购买工伤保险。工伤保险完全由企业负担，按照员工工资总额的一定比例缴纳，员工个人不缴纳。

（5）生育保险。这是一种由女员工所在单位承担女员工的生育费用和由于生育而带来的经济损失的保险办法。

2. 住房公积金

住房公积金是指单位及其在职员工缴存的长期住房储金，包括员工个人缴存的住房公积金和员工所在单位为员工缴存的住房公积金，它属于员工个人所有。员工住房公积金的月缴存额为员工本人上一年度月平均工资乘以员工住房公积金缴存比例。单位为员工缴存的住房公积金的月缴存额为员工本人上一年度月平均工资乘以单位住房公积金缴存比例。我国住房公积金设有专门机构进行管理，且实行专款专用。

3. 法定假期

（1）公休假日。

公休假日是劳动者工作满一个工作周之后的休息时间，国家实行劳动者每日工作时间不超过 8 小时、平均每周工作时间不超过 44 小时的工时制度。《中华人民共和国劳动法》（以下简称《劳动法》）第三十八条规定：用人单位应当保证劳动者每周至少休息一天。

（2）法定休假日。

法定休假日即法定节日休假，我国法定的节假日包括元旦、春节、国际劳动节、国庆节和法律法规规定的其他休假节日。《劳动法》规定，法定休假日安排劳动者工作的，支付不低于工资的 300% 的劳动报酬。除劳动法规定的节假日以外，企业可以根据实际情况，在与员工协商的基础上，决定放假与否以及加班工资多少。

（3）带薪年休假。

我国《劳动法》第四十五条规定，国家实行带薪休假制度，劳动者连续工作一年以上的，享受带薪休假。这一政策并非强制规定，各单位可以结合政策精神灵活运用。

（4）其他假期。

在我国，员工还可以享受探亲假、婚丧假、产假与配偶生育假等，探亲假的享受对象是组织中那些与直接亲属不在同一个区域的员工，具体规定各地区有所不同；达到法定结婚年龄的员工可以享受婚假，晚婚者可以多享受一定的假期；符合生育政策的女职工可以享受产假，而男职工可以享受配偶生育假以照顾分娩的妻子。

二、个别福利

个别福利是指组织根据自身发展和员工的需要选择提供的福利项目，主要有以下五种：

1. 企业补充养老金计划

养老金又称退休金，是指员工为组织工作了一定年限后，到了一定年龄后（中国男性为60～65岁，女性为55～60岁），组织按规章制度及组织效益提供给员工的金钱，可以每月提取，也可以每季度或每年提取。根据各地的生活指数，有最低限度。如果组织已为员工购买了养老保险，养老金可以相应减少。

2. 住房补贴

住房补贴是指组织为了使员工有一个较好的居住环境而提供给员工的一种福利。比如组织购买或建造住房后免费或低价租给或卖给员工居住；为员工的住所提供免费或低价装修；为员工购买住房提供免息或低息贷款；全额或部分报销员工租房费用。

3. 交通补贴

交通补贴是指为员工上下班提供交通方便，主要包括以下几种：组织派专车到员工家接送上下班；组织派专车按一定的路线行驶，上下班员工到一些集中点去等候车子；组织按规定为员工报销上下班交通费；组织每月发放一定数额的交通补贴。

4. 工作午餐

工作午餐是指组织为员工提供的免费或低价的午餐。有的组织虽然不直接提供工作午餐，但提供一定数额的工作午餐补贴。

5. 海外补贴

海外补贴是指一些跨国公司为了鼓励员工到海外去工作要提供的经济补偿，其标准一般根据以下条件制定：职务高低、派往国家的类别、派往时间的长短、家属是否可以陪同、工作时期回国度假的机会多少、愿意去该国的人数多少等。

三、员工服务福利

1. 咨询服务

企业可以向员工提供广泛的咨询服务。咨询服务包括财务咨询（例如，怎样克服现存的债务问题)、家庭咨询（包括婚姻问题等)、职业生涯咨询（分析个人能力倾向并选择相应职业)、重新谋职咨询（帮助被解雇者寻找新工作）以及退休咨询等。在条件允许的情况下，企业还可以向员工提供法律咨询。

2. 教育援助计划

教育援助计划是针对那些想接受继续教育或完成教育的员工实施的一种很普遍的福利计划。教育援助计划分为内部援助计划和外部援助计划两种。内部援助计划主要是指企业内部的培训。例如，一些企业尝试在企业内开设自己的大学课程，如MBA课程，并聘请大学教师来企业讲课等。外部援助计划主要指的是学费报销计划。学费的报销可以采取全额报销、部分报销的方式，也可以采取每年给予固定金额的补助等不同的方式。

3. 儿童看护帮助

在美国，越来越多的公司向员工提供儿童看护帮助。这种帮助可以根据公司介入程度的不同划分为多种形式。企业参与程度最低的一种儿童看护帮助是，企业向员工提供或帮助员工查找儿童看护服务的成本和质量方面的一些信息。在儿童看护帮助方面，参与程度较高的企业向那些已经购买了儿童看护服务的员工提供补贴。在最高的企业参与层次上，企业直接向员工提供工作场所中的儿童看护服务。多项调查都显示，提供儿童看护帮助的企业，员工的缺勤现象大大减少，生产率也会有一定程度的上升。

4. 老人护理服务

随着人口平均年龄的提高，企业和个人都越来越多地关心老年人的护理问题。与儿童看护有些类似，老年护理计划的目的是帮助员工照顾不能完全自理的年迈父母。从企业的角度来说，老年护理福利之所以如此重要，其原因与儿童看护福利一样：帮助员工照顾他们年迈的家人会提高员工的工作绩效。组织提供的老年护理福利主要包括：弹性工作时间、长期保健保险项目以及公司资助的老年人看护中心等。

5. 健康服务

健康服务是员工福利中被使用最多的福利项目，也是最受重视的福利项目之一，员工日常需要的健康服务通常是法律规定的退休、生命、工伤保险所不能提供的。大多数情况下，健康服务包括为员工提供健身的场所和器械以及为员工举办健康讲座等。

【本章小结】

报酬是指作为个人劳动的回报而得到的各种类型的酬劳，通常情况下，将一位员工因为付出了劳动而获得的所有他认为有价值的东西统称为报酬，因此从这个意义上讲，报酬这一概念并非仅仅是一种金钱或者能够折算为金钱的实物概念，它还包括一些心理上的收益。

薪酬是雇主或企业因使用员工的劳动而提供的一种回报，显然，薪酬是报酬的一部分。

薪酬管理是指企业在经营战略和发展规划的指导下，综合考虑内外部各种因素的影响，确定自身的薪酬体系、薪酬水平、薪酬结构和薪酬管理政策的整个过程。

福利是一种补充性报酬，它往往不以货币形式直接支付给员工，而是以服务或实物的形式支付给员工。

【讨论题】

1. 什么是报酬？报酬和薪酬之间的联系和区别是什么？
2. 薪酬由哪些部分构成？各有什么功能？
3. 薪酬管理的定义和流程是什么？
4. 薪酬设计的原则和策略有哪些？
5. 薪酬结构是如何设计的？
6. 福利制度的构成有哪些？

【实训练习】

1. （ ）是指员工获得的全部有形报酬。(2009 年 11 月四级真题)

（A）收入 （B）报酬 （C）奖金 （D）福利

2. 从广义上说，薪酬可以分为（ ）。(2009 年 5 月四级真题)

（A）内部薪酬和外部薪酬 （B）直接薪酬和间接薪酬

（C）组织薪酬和个人薪酬 （D）基本薪酬和激励薪酬

3. 最适用于技术复杂程度高、劳动熟练程度差别大的工种的工资制度是（ ）工资制。(2009 年 11 月四级真题)

（A）计件 （B）技术等级 （C）计时 （D）岗位等级

4. 津贴和补贴是员工工资的一种补充形式，其特点不包括（ ）。(2009 年 11 月四级真题)

（A）是一种补偿性的劳动报酬 （B）具有单一性

（C）具有多样性 （D）具有较大的灵活性

5. 关于养老保险的说法不正确的是（ ）。(2009 年 11 月四级真题)

（A）包含社会优抚安置

（B）以社会保险为手段达到保障的目的

（C）目的是为保障老年人的基本生活需求

（D）在法定范围内的老年人完全或基本退出社会劳动岗位后才自动发生作用

6. 影响薪酬的内在因素包括（ ）。(2009 年 11 月四级真题)

（A）劳动差别因素 （B）工资形式 （C）企业经济效益

（D）报酬政策 （E）相关劳动法规

7. （ ）是国家或企业给予在特殊劳动条件下工作的员工生活支出方面的补偿。(2009 年 5 月四级真题)

（A）工资 （B）奖金 （C）津贴 （D）补贴

8. 某企业规定员工每天售出 200 份产品就能得到底薪 80 元，若业绩超过 200 份以上，则超出部分每份可得 0.5 元，小李今天共售出产品 320 份，则他今天的工资为（ ）。(2009 年 11 月四级真题)

（A）128 元 （B）140 元 （C）160 元 （D）260 元

9. 奖励不包括（　　）。(2010 年 5 月三级真题)

(A) 红利　　(B) 带薪年假　　(C) 佣金　　(D) 利润分享

10. 影响员工个人薪酬水平的因素包括（　　）。(2010 年 5 月三级真题)

(A) 年龄与工龄　　(B) 劳动绩效　　(C) 产品的需求

(D) 工作条件　　(E) 工会的力量

11. 福利费用包括（　　）。(2010 年 5 月三级真题)

(A) 生活困难补助　　(B) 医疗卫生费　　(C) 计划生育补贴

(D) 住房公积金　　(E) 冬季取暖补贴费

10. 某公司成立于 1999 年，主要业务是生产和销售各式服装。目前公司有员工 300 余人，大多数为生产工人。企业的发展策略是以过硬的质量占领市场，因此企业的价值观强调质量第一，公司在人力资源管理方面起步较晚，原有的基础比较薄弱，尚未形成科学的体系，尤其是薪酬福利方面的问题比较突出，而且企业支付能力不是很高。在早期，公司人员较少，领导单凭一双眼、一支笔都可以分清楚给谁多少工资。但随着人员数量的增加，现在靠过去的老办法显然不行了，这样做带有很大的个人色彩，公平性、公正性、对外的竞争性就更谈不上。

请结合本案例说明应当掌握哪些基本依据，才能制定出合理的薪酬管理制度？(2010 年 5 月三级真题)

【案例分析】

案例 7-1　朗讯公司的薪酬管理

朗讯的薪酬结构由两个部分构成：一部分是保障性薪酬，与员工的业绩关系不大，只与其岗位有关；另一部分薪酬与业绩紧密挂钩。在朗讯，非常特别的一点是，朗讯中国所有员工的薪酬都与朗讯全球的业绩有关。这是朗讯在全球执行 GROWS 行为文化的一种体现。

一个专门奖项

朗讯专门有一个奖项——Lucent Award，也称为全球业绩奖，朗讯销售人员的待遇中有一部分专门属于销售业绩的奖金，业务部门根据个人的销售业绩，每季度发放一次。在同行中，朗讯的薪酬中浮动部分比较大，这样做是为了使公司每个员工的薪酬与公司的业绩挂钩。

两个主要考虑

朗讯公司在执行薪酬制度时，不仅看公司内部的情况，而且将薪酬放到一个系统中考虑。朗讯的薪酬政策有两个主要考虑：一个考虑是保持自己的薪酬在市场上有很大的竞争力，为此，朗讯每年委托一个专业的薪酬调查公司进行市场调查，以了解人才市场的宏观形势，这是大公司在制定薪酬标准时的常规做法；另一个考虑是人力成本因素。综合这些考虑之后，人力资源部门会根据市场情况向公司提出一个薪酬的原则性建议，以指导所有的劳资工作。人力资源部门将各种调查汇总后会告诉业务部门总体的市场情况。在这个情况下每个部门有一个预算，主管在预算允许的情况下对员工的待遇作出调整决定，人力资源部门必须对公司在六个月内的业务发展所需要的人力情况非常了解。

年度加薪日

朗讯在加薪时做到对员工尽可能透明，让每个人知道他加薪的原因。加薪时员工的主管会找员工谈，告诉员工根据他今年的业绩，他可以加多少薪酬，每年的12月1日是加薪日。公司加薪的总体方案出台后，人力资源总监会与各地管理薪酬的经理进行交流，告诉员工当年薪酬的总体情况，市场调查的结果是什么，当年的变化是什么，加薪的时间安排是什么。公司每年加薪的最主要目的是保证朗讯在人才市场增加一些竞争力。

对学历与工龄的淡化

朗讯在招聘人才时比较重视学历，贝尔实验室1999年招聘了200人，大部分是研究生以上学历。“对于从大学刚刚毕业的学生，学历是我们的基本要求。”对于市场销售工作，基本的学历是必要的，但是经验更重要。学历到了公司之后在比较短的时间里就淡化了，无论是做市场还是做研发，待遇、晋升与学历的关系慢慢消失。在薪酬方面，朗讯根据工作表现来决定薪酬，进了朗讯以后，薪酬和职业发展与学历和工龄的关系越来越淡化，基本上与员工的职位和业绩挂钩。

两难的薪酬悖论

一方面我们知道，高薪酬能够留住人才，所以每年的加薪必然也能够留住人才。另一方面，薪酬不能随意上涨，必须与人才市场的情况挂钩。如果有人因为薪酬问题提出辞职，很多情况下是让他走或者用别的办法留人，所以薪酬留人本身是一个悖论，这里面有些讲究，人力资源部门在这方面一般很“抠”，要操作好薪酬的悖论需要细致的工作。

朗讯的薪酬结构中浮动的部分根据不同岗位会有所不同，浮动部分的考核绝大部分与一些硬指标联系在一起，比如朗讯公司今年给股东的回报率。如果超额完成，企业会根据超额完成多少给每个人一个具体的奖励数目。销售人员则看每个季度的销售任务完成情况如何。对待加薪必须非常谨慎，朗讯每年在评估完成后给员工加薪一次，中途加薪的情况很少，除非员工有特殊贡献或升职。也有因薪酬达不到期望值而辞职的员工，朗讯一定会找想辞职的员工谈话，他的主管经理和人事部门会参与进去。朗讯非常希望离职的员工能够真实地谈出自己的想法，给管理提出建议。朗讯注重随时随地的评估，对于能力不强的员工，给他一个业绩提高的计划，改进他的工作。如果达不到要求，朗讯会认为你做这个工作没有效率，只好另请人来做。

告诉员工发展方向

薪酬在任何公司都是一个非常基础的东西。一个企业需要有一定竞争力的薪酬来吸引人才，还需要有一定保证力的薪酬来留住人才。如果薪酬与外界的差异过大，员工肯定会到其他地方寻找机会。薪酬会在中短期时间内调动员工的注意力，但是薪酬不是万能的，工作环境、管理风格、经理和下属的关系都对员工的去留有影响。员工一般会注重长期的打算，公司会以不同的方式告诉员工发展方向，让员工看到自己的发展前景。朗讯公司的员工平均年龄只有29岁，他们更多地重视自己的发展……

（资料来源：沈龙．解剖朗讯的薪酬管理．21世纪人才报，2002－08－07）

问题：

（1）朗讯公司的基本薪酬体系属于职位薪酬体系吗？为什么？

（2）朗讯公司的薪酬体系包括哪些薪酬构成？其他薪酬构成与基本薪酬之间的关系是

怎样的？

(3) 通过朗讯公司的薪酬体系我们可以看出，在薪酬管理中应当注意哪些方面的问题？

案例7－2　IBM高绩效的薪酬文化

IBM的薪酬管理非常独特和有效，通过薪酬管理能够达到奖励进步、督促平庸的目的，IBM将这种管理已经发展成为了高绩效文化（High Performance Culture）。这里，让我们来解读IBM高绩效文化的精髓。

一、个人承诺计划

IBM的薪酬构成很复杂，但里面不会有学历工资和工龄工资，IBM员工的薪酬跟员工的岗位、职务、工作表现和工作业绩有直接关系，工作时间长短和学历高低与薪酬没有必然关系。在IBM，你的学历是一块很好的敲门砖，但绝不会是你获得更好待遇的凭证。

在IBM，每一个员工工资的涨幅，都会有一个关键的参考指标，这就是个人业务承诺计划——PBC（Personal Business Commitment）。只要你是IBM的员工，就会有个人业务承诺计划。制订承诺计划是一个互动的过程，你和你的直属经理坐下来共同商讨这个计划怎么做得切合实际，几经修改，你其实和老板立下了一个一年期的军令状。老板非常清楚你一年的工作及重点，你自己对一年的工作也非常明白；剩下的就是执行。到了年终，直属经理会在你的军令状上打分，直属经理当然也有个人业务承诺计划，上头的经理会给他打分，大家谁也不特殊，都按这个规则执行。IBM的每一个经理掌握了一定范围的打分权力，他可以分配他领导的那个组（Team）的工资增长额度，他有权力将额度如何分给这些人，具体到每一个人给多少。

IBM的个人业绩评估计划从三个方面来考察员工工作的情况。第一是制胜（Win）。胜利是第一位的，首先你必须完成你在PBC里面制订的计划，无论过程多艰辛，到达目的地最重要。第二是执行（Executive）。执行是一个过程量，它反映了员工的素质，执行是非常重要的一个过程监控量。最后是团队精神（Team）。在IBM只埋头做事不行，还必须合作。IBM是非常成熟的矩阵结构管理模式，一件事会牵涉到很多部门，有时候会从全球的同事那里获得帮助，所以Team意识应该成为第一意识，工作中随时要准备与人合作。

二、双向沟通

如果员工自我感觉非常良好，但次年初却并没有在工资卡上看到自己应该得到的奖励，那么他会有不止一条提出个人看法的途径，包括直接到人力资源部去查看自己的奖励情况。IBM的文化中特别强调双向沟通（Two Way Communication），不存在单向的命令和无处申述的情况。

IBM至少有四条制度化的通道给你提供申述的机会：

第一条通道是与高层管理人员面谈（Executive Interview）。员工可以借助“与高层管理人员面谈”制度，与高层经理进行正式的谈话。这个高层经理的职位通常会比你的直属经理的职位高，也可能是你的经理的经理或是不同部门管理人员。员工可以选择任何个人感兴趣的事情来讨论。这种面谈是保密的，由员工自由选择。面谈的内容可以包括个人对问题的倾向性意见，自己所关心的问题等，你反映的这些情况公司将直接交有关的部门处理，所面谈的问题将会分类集中处理，但不暴露面谈者身份。

第二条通道是员工意见调查（Employee Opinion Survey）。这条路径不是直接面对你的收入问题，而且这条通道会定期开通。IBM 通过对员工进行征询，可以了解员工对公司管理阶层、福利待遇、工资待遇等方面有价值的意见，使之协助公司营造一个更加完美的工作环境。很少看到 IBM 经理态度恶劣的情况，恐怕跟这条通道关系密切。

第三条通道是直言不讳（Speakup）。在 IBM，一个普通员工的意见完全有可能会送到总裁郭士纳的信箱里。“Speakup”就是一条直通通道，可以使员工在毫不牵涉其直属经理的情况下获得高层领导对你所关心问题的答复。没有经过员工同意，“Speakup”的员工的身份只有一个人知道，那就是负责整个“Speakup”的协调员知道，所以你不必担心畅所欲言过后会带来的风险。

第四条通道是申诉（Opendoor），IBM 称其为“门户开放”政策。这是一个非常悠久的 IBM 民主制度，IBM 总裁郭士纳刚上台就一改 IBM 老臣的作风，他经常反向执行 Opendoor，直接跑到下属的办公室问某件事干得怎么样了。IBM 用 Opendoor 来尊重每一个员工的意见。员工如果有关工作或公司方面的意见，应该首先与自己的直属经理恳谈。与自己的经理恳谈是解决问题的捷径，如果有解决不了的问题，或者你认为你的工资涨幅问题不便于和直属经理讨论，你可以通过 Opendoor 向各事业单位主管、公司的人事经理、总经理或任何总部代表申述，你的申述会得到上级的调查和执行。

三、让员工的烦恼有机会表白

IBM 的薪酬是背靠背保密的，薪酬没有上下限，工资涨幅也不定，没有降薪的情况。如果你觉得工资实在不能满足你的要求，那只有走人。

如果因为工资问题要辞职，IBM 不会让你的烦恼没有表达的机会，人力资源部会极力地挽留你，而且跟你谈心。

IBM 会根据情况，观察员工的真实要求是什么。一是看他的薪酬要求是否合理，是否有 PBC 执行不力的情况。如果是公司不合理，IBM 会进行改善，公司对待优秀员工非常重视。第二种情况是看员工提出辞职是以增资为目的，还是有别的原因。通过交谈和调查，IBM 会让每一个辞职者有一种好的心态离开 IBM。

为了使自己的薪酬有竞争力，IBM 专门委托咨询公司对整个人力市场的待遇进行非常详细的了解，公司员工的工资涨幅会根据市场的情况有一个调整，使自己的工资有良好的竞争力。

员工需要特别通道，特别通道对企业意义重大。IBM 的四条特别通道，可谓纵横交错，密而不漏，直达员工，大有与员工肝胆相照的坦诚。组织严密、运行高效的企业，也会偶有漏洞、对员工关心不周的时候。而且企业管理越规范，组织越庞大，越容易促成官僚风气形成，不利于员工反映情况。现代企业讲究人性化管理，员工的情绪与企业的效率息息相关，对员工的关心仅仅金钱是不够的，还必须了解员工的真实想法，这样才能管理好员工，激发员工的工作热情。所以无处不在、畅通无阻、安全有效的对话通道是员工贴近企业的最佳途径。特别通道将企业制度界面人性化，给员工一种心理上的安全感和随和感，人在放松的情况下才有活跃的思维。特别通道从形式上消解了企业无法避免的层级关系和信息不对称的弊端，让信息除了由高层往低层流动，还可以从底层向高层流动。Internet 的最大特色是信息传播平民化，现代企业无法逃离技术带来的信息新流向。所以开通企业上下级的特别通道，是未来企业在组织模式中极具活力和极其重要的部分。

和员工建立直接通道在 IBM 作为一种双向沟通的文化影响着 IBM 中的每一个人，任何一项制度的实施，在很大程度上依赖员工对这项制度价值的真正理解和接受，如果一项制度将员工推到不可信任和需要教诲的对立面，真正的沟通是无法形成的，只会形成相互的不信任。失去信任感的企业很难将一种很好的管理制度执行下去。好的沟通渠道，能够形成通达的企业氛围，人和企业制度达到互动，才能激发员工开动脑筋、改进工作，形成健康活泼的企业文化，这将从根本上保留一个企业的价值。这就是当初为什么 IBM 兼并 Lotus 后仍保持其独立性的主要原因。重视企业文化的建设，相当于给企业做保健操。

四、IBM 的工资与福利项目

基本月薪——是对员工基本价值、工作表现及贡献的认同；

综合补贴——对员工生活方面基本需要的现金支持；

春节奖金——农历新年之前发放，使员工过一个富足的新年；

休假津贴——为员工报销休假期间的费用；

浮动奖金——当公司完成既定的效益目标时发出，以鼓励员工的贡献；

销售奖金——销售及技术支持人员在完成销售任务后的奖励；

奖励计划——员工由于努力工作或有突出贡献时的奖励；

住房资助计划——公司提供一定数额存入员工个人账户，以资助员工购房，使员工能在尽可能短的时间内用自己的能力解决住房问题；

医疗保险计划——员工医疗及年度体检的费用由公司解决；

退休金计划——积极参加社会养老统筹计划，为员工提供晚年生活保障；

其他保险——包括人寿保险、人身意外保险、出差意外保险等多种项目，关心员工每时每刻的人身安全；

休假制度——鼓励员工在工作之余充分休息，在法定假日之外，还有带薪年假、探亲假、婚假、丧假等；

员工俱乐部——公司为员工组织各种集体活动，以加强团队精神，提高士气，营造大家庭气氛，包括各种文娱、体育活动、大型晚会、集体旅游等。

（资料来源：刘善仕．人力资源管理．广州：华南理工大学出版社，2004.）

问题：

（1）IBM 高绩效的薪酬文化有何特色？

（2）作为一名企业管理者，该如何营造有本企业特色的薪酬文化？

第八章　劳动关系管理

【篇首案例】

两个“东家”，谁该为他缴三金？

三个月以前，小赵考取调酒师职业证书后，看到H酒吧的招聘广告，即前去应聘。H酒吧对小赵的资质也比较满意，双方准备签订劳动合同。但由于H酒吧租用的是Z饭店的场地，对专业人员的管理也缺乏经验，因此与小赵协商，由联合经营单位Z饭店与小赵签订劳动合同。平时小赵在H酒吧上班，工资和福利待遇也由H酒吧承担。

近日，小赵发现H酒吧没有为自己缴纳社会保险费，于是就向H酒吧质询。H酒吧表示小赵是与Z饭店签订的劳动合同，用工手续也是由Z饭店办理的，所以无法为小赵缴纳社会保险费。于是小赵又找到Z饭店，要求缴纳社会保险费。而Z饭店也不答应，认为小赵虽然与自己签订了劳动合同，但小赵的工资和福利待遇均由H酒吧承担，社会保险费当然也不能例外。

小赵的这两个“东家”，到底谁应该为他缴纳社会保险费？

第一节　劳动关系管理概述

一、劳动关系的定义和内容

劳动关系（labor relations）是指劳动者与所在单位之间在劳动过程中发生的关系。所谓关系是指企业所有者、经营者、普通职工及其工会组织之间在企业的生产经营活动中形成的各种责、权、利关系。

劳动关系涉及劳动者同用人单位在劳动用工、工作时间、休息休假、劳动报酬、劳保福利、劳动培训以及裁员下岗等方面所形成的劳动关系；同时，劳动关系还涉及代表劳动者利益的工会在就业、报酬、奖金、考核、社会保险、裁员等方面参与决策同用人单位所形成的劳动关系。

总的来说，劳动关系的主要内容包括：所有者与全体职工（包括经营管理人员）的关系；经营管理者与普通职工的关系；经营管理者与工人组织的关系；工会与职工的关系。

劳动者以其符合管理方需要的工作能力从事劳动，获得报酬，同时，劳动力作为一种特殊商品，具有人身和社会属性，在获取经济利益的同时，还要从工作中获得作为人所拥有的体面、尊严和满足。双方由于经济目标而结合，是由处于一定社会环境下的心态、期望、人际关系、行为特征等各异的个体和人群组成的社会体系。因此，劳动关系既是经济关系，又是社会关系。

二、劳动关系的主体

劳动关系主体，是指劳动关系中劳动力的所有者和劳动力的使用者，即拥有劳动力的雇员（劳动者）和使用劳动力的雇主（用人单位），其中劳动者也称劳动主体，用人单位亦称用人主体。在世界各国，哪些公民、社会组织能够成为劳动关系主体，一般由劳动法律规范予以确定和认可。

从狭义上讲，劳动关系的主体包括两方，一方是雇员以及以工会为主要形式的雇员团体，另一方是雇主以及雇主协会。由劳动关系主体双方组成的组织，可以称为就业组织，也就是我国通常所说的用人单位，它可以是赢利性的，也可以是非赢利性的。从广义上讲，劳动关系的主体还包括政府，在劳动关系发展过程中，政府通过立法介入和影响劳动关系，其调整、监督和干预作用不断增强，因而政府也是广义的劳动关系的主体。

1. 雇员

雇员是指在就业组织中，本身不具有基本经营决策权力并从属于这种权力的工作者。雇员又称员工、劳动者，包括所有从事体力或脑力劳动而获取工资或报酬的工作者。

雇员的范围相当广泛，包括蓝领工人、医务人员、办公室人员、教师、警察、社会工作者，以及其他在西方被认为是中产阶级的从业者和低层管理者。低层管理者只负责监督和分配，无权命令或奖惩下属，因而也属于雇员的范畴。雇员不包括自由职业者、自雇用者。

从产业部门上看，雇员的范围包括第二产业和第三产业，即工业、服务业中所有不具有基本经营决策权的劳动者。第一产业中的农业劳动力，尤其是从事种植业和畜牧业的农民，一般不属于雇员的范畴，因为土地所有者与农民之间的关系，同我们研究的雇主（管理方）与雇员之间的关系在总体上存在很大的区别。

劳动关系中的雇员，指具有劳动权利能力和行为能力，由雇主雇用并在其管理下从事劳动以获取工资收入的法定范围内的劳动者。劳动关系中的雇员，一般包括以下含义：雇员是被雇用的人员；雇员是在雇主管理下从事劳动的人员；雇员是以工资为劳动收入的人员；有些国家的劳动法规定某种或某几种人员不属于雇员，如公务员、军事人员、农业工人、家庭佣人、企业的高层管理者。

2. 雇员团体

雇员团体是指因为共同利益、兴趣或目标而组成的雇员组织，包括工会和类似于工会组织的雇员协会和专门的职业协会。

工会的主要目标是代表并为其成员争取利益和价值，在我国和世界上许多国家，工会是雇员团体的最主要的形式。中华全国总工会成立于 1925 年，是一个统一的全国性群众团体，是各地方总工会和产业工会全国组织的领导机关，中国工会的最高权力机关是五年一届的全国代表大会和它所选举产生的中华全国总工会执行委员会。

非工会组织通常指独立于工会的雇员协会和职业协会，雇员协会往往是在一个就业组织内部形成的，如基于某一兴趣而组织的员工俱乐部、员工体育运动协会等，也包括由员工组成的非正式组织。职业协会是由跨企业、跨行业从事某种特定职业的雇员组成的组织，其主要目标是为其成员争取更多的、在其特定职业方面的利益。

3. 雇主

雇主一般是指由于拥有法律赋予的对组织的所有权（一般称产权），而在就业组织中具有主要经营决策权力的人或团体。所谓雇主，也称为“管理方”或资方，是指雇用他人为其工作，并支付工资或报酬的法人或自然人。在国际上，一般把招用劳动者并将劳动者纳入劳动组织中的自然人或法人称为雇主，可以包括雇用劳工的业主、经营负责人或代表业主处理有关劳动事务的人。

雇主处于管理方地位，其最重要的意义在于享有对员工的“劳动请求权”和“指示命令权”，以及决策的权力。在就业组织中，只有一个或少数几个人具有比较完全的决策权力，而其他管理层级的决策权力是逐级递减的，每一级都要在服从上级权力的情况下行使其权力。所以，管理方是分层级的，权力分布是不均衡的，多集中于管理方的上层。也就是说，除了最高层管理者之外，其他管理者都会同时处于服从上级和指挥下级这两种关系之中。低层管理者只负责监督和分配，而无权命令或奖惩下属，因而他们属于雇员的范畴，而不属于雇主方。

4. 雇主组织

雇主组织的主要形式是雇主协会，它们以行业或贸易组织为纽带，一般不直接介入雇员与雇主的具体劳动关系事务之中。雇主组织的主要任务是与工会或工会代表进行集体谈判，在劳动争议处理程序中向其成员提供支持，通过参与同劳动关系有关的政治活动、选举和立法改革，比如修改劳动法来间接影响劳动关系。

5. 政府

政府在劳动关系中的角色有以下四种：一是劳动关系立法的制定者，通过立法介入和影响劳动关系，为劳动关系的调整提供法律保障和依据，切实保障劳动者的“劳动三权”；二是公共利益的维护者，通过监督、干预等手段促进劳动关系的协调发展，切实保证相关政策、制度的有效执行，并建立一整套执法和司法制度和程序，包括加强劳动监察、对违法者实行严厉的制裁，建立解决集体谈判和集体协议纠纷的司法制度和程序等；三是公共部门的雇主，以雇主身份直接参与和影响劳动关系；四是有效服务的提供者，重点是加强对劳资双方的培训，并为劳资双方的谈判提供高质量的信息服务和指导。

三、劳动关系的本质

劳动关系既是经济关系，又是社会关系，劳动者以其符合管理方需要的工作能力从事劳动，获得劳动报酬。同时，劳动力作为一种特殊商品，具有人身和社会属性，在获取经济利益的同时，还要从工作中获得作为人所拥有的自尊、满足和归属感。双方由于经济目标而结合，是由处于一定社会环境下的心态、期望、人际关系、行为特征等各异的个体和人群组成的社会体系。

劳动关系的本质是合作、冲突、力量和权力的相互交织，在劳动关系中，双方存在潜在的力量和权力较量、合作与冲突。

1. 合作

合作是指双方很大程度上遵守一套经济制度和规则的行为，这些制度与规则既包括广义的国家法律法规，也包括双方共同签订集体协议或劳动合同，甚至是一种非正式的心理契约。

2. 冲突

冲突即双方的目标、利益和期望经常出现的分歧，如员工的罢市、旷工、怠工、抑制等，管理方的“关闭工厂”、“黑名单”、“排工”等。

3. 力量

力量是指影响劳动关系结果的能力，它是相互冲突的利益、目标及期望以何种形式表现出来的决定因素，可分为劳动力市场力量和双方对比关系力量，可以从员工和管理方两个角度来做分析。

(1) 员工力量。劳动力市场力量反映了劳动力的相对稀缺程度，是由劳动者在劳动力市场供求中的稀缺性决定的，一般来说，劳动者的技能越高，其市场力量就越强。员工的关系力量，是指劳动者进入就业组织后所具有的能够影响雇主行为的程度。关系力量有很多种，尤以下列三种力量最为重要：退出力量，员工退出带来的额外招聘、培训等成本；罢工力量，罢工带来的损失程度；岗位力量，员工的怠工或缺勤率所带来的生产成本增加。

(2) 管理方力量。管理方也具有劳动力市场力量和关系力量，管理方的劳动力市场力量同员工力量一样，反映市场的稀缺程度。管理方的关系力量是指一旦员工处于这种雇佣关系后，管理方所能控制员工表现的程度。与员工的三大关系力量相对应，管理方亦有退出、停工和岗位力量。管理方的岗位力量体现在：它具有指挥和安排员工工作的权力，而员工退出、罢工或辞职，或采用任何其他针对管理方的抵制活动，对管理方无论是否能起到作用，对员工都会造成损失。

4. 权力

权力是指代表他人做决策的权利。在劳动关系中，权力主要集中在管理方，拥有权力使管理方在劳动关系中处于主导优势地位。管理方的权力表现为：指挥与安排权力；影响员工行为与表现权力（如激励与考核）；决策权力。管理方的权力必须表现为合法的或符合一定规则的和公平的，否则会受到控制。

四、劳动关系的类型

根据管理方和劳动者双方力量和权力的对比及政府政策、法律等的影响程度，可以将劳动关系分为以下三种类型：

(1) 均衡型。均衡型劳动关系是指劳动关系双方力量相差不大，能够相互制衡。该类型的劳动关系主要表现为：在相同的法律制度下，员工及工会有权了解组织内部信息，参与组织的基本生产决策与经营管理。

(2) 倾斜型。倾斜型劳动关系是指劳动关系双方力量相差悬殊，出现了向管理方或员工方的倾斜。该类型又可分为两种情况，即向管理方倾斜或向员工方倾斜，在当今世界经济中，以前者较为普遍。

（3）政府主导型。政府主导型劳动关系是指政府控制劳动关系力量，决定劳动关系事务，如在计划经济国家、新加坡等较为典型。

五、劳动关系管理的定义和依据

劳动关系管理是指企业根据国家相关法律法规对人力资源的开发和使用上的管理工作，主要包括劳动法律法规、劳动合同的管理和劳动争议的处理等。

劳动关系管理依据的主要法律是《劳动法》以及与之配套的相关法规。

我国《劳动法》具有以下基本特点：体现了社会主义制度的优越性；突出对劳动者权益的保护；实行统一的基本标准和法律规范；实现全员劳动合同制，确认集体合同；确认工会在调整劳动关系中的地位与职权；强化劳动法制，依法追究违反《劳动法》的法律职责。

第二节 劳动法和劳动合同管理

劳动法是调整劳动关系以及与劳动关系有密切联系的其他社会关系的法律，劳动关系是劳动法调整的核心内容；而企业与员工之间签署的书面劳动合同是双方形成劳动关系的重要标志，是确立劳动关系的基本形式。

一、劳动法对劳动关系的调整

简单地说，劳动法是规范和调整劳动关系的法律。在市场经济中，劳动、资本和技术是市场的三大基本要素，因而，调整劳动关系的劳动法律也就成为市场经济中的重要法律制度。

1. 劳动法的定义和主要内容

劳动法是指调整劳动关系以及与劳动关系有密切联系的其他社会关系的法律，劳动关系是劳动法调整的核心内容。

劳动关系是一种合同关系，具有合同之债的财产要素，但与民法上债的关系不同的是，它还具有身份和社会公益的要素。劳动者必须亲自提供劳动而不能由他人代理；在劳动过程中，劳动者与用人单位会形成从属关系，劳动者需服从用人单位的管理，因此，劳动者在提供劳动的同时，与用人单位也建立了身份关系。由于劳动者是社会的大众，劳工问题也就成为基本的社会问题，劳动者与用人单位的劳动关系是否和谐，与社会大众的生活是否安定有着密切的联系。

此外，劳动法也调整一些与劳动关系有密切联系的社会关系，这些关系是伴随劳动关系发生的。例如，劳动行政部门在劳动力招收、职业指导、职业介绍、职业培训等方面发生的社会关系；工会组织在集体谈判、签订集体合同和维护职工权益方面发生的社会关系；社会保险经办机构与劳动者和用人单位在社会保险方面发生的社会关系；劳动监察机构在监督检查劳动法实施中发生的社会关系；劳动争议处理机构在处理劳动争议中发生的社会关系等。

劳动法所调整的范围涉及劳动关系的方方面面，主要包括以下五方面：

（1）劳动关系方面的法律。这是调整劳动关系最基础的法律制度，主要是指《劳动合同法》和《集体合同法》。在市场经济条件下，劳动关系主要通过劳动者与用人单位订立劳动合同来建立。由于劳动者个人相对于企业而言总是处于弱势地位，在劳动合同中容易出现一些对劳动者不利的条款，这就需要通过集体合同来矫正，以提高企业的整体劳动条件和职工的工资福利待遇。集体合同一旦签订，对企业及劳动者都具有法律效力，个人与企业签订的劳动合同与集体合同条款相冲突的，以集体合同为准。

（2）劳动基准方面的法律。这主要指国家制定的关于劳动者最基本劳动条件的法律法规，包括《最低工资法》、《工作时间法》、《劳动安全与卫生法》等。其目的是改善劳动条件，保障劳动者的基本生活，避免伤亡事故的发生。劳动基准属于强制性规范，用人单位必须遵守执行。

（3）劳动力市场方面的法律。这主要是指调节劳动力市场、促进劳动就业的法律制度，包括《就业促进法》、《职业培训法》、《就业服务法》等。就业是民生之本，促进就业是现代国家的基本责任。国家必须采取各种宏观调控手段，创造就业机会，实现劳动者充分就业。

（4）社会保险方面的法律。这主要是对劳动者基本生存条件的保障以及生活质量的提高进行规定，具体包括《养老保险法》、《医疗保险法》、《失业保险法》、《工伤保险法》、《生育保险法》等。

（5）劳动权利保障与救济方面的法律制度。这主要包括《劳动监察法》和《劳动争议处理法》，由于劳动关系具有身份属性，劳动者与用人单位之间形成了管理与被管理的关系，用人单位往往会忽视甚至侵犯劳动者的劳动权利，因此，劳动监察对劳动法律制度的实施和劳动者劳动权的实现起着至关重要的作用。在劳动关系管理的过程中，劳动争议是难以避免的，关键是要建立起有效的解决劳动争议的制度，以此作为解决纠纷、保障当事人合法权益的最后屏障。目前，我国劳动争议处理包括调解、仲裁和诉讼三种方式。

2. 工资法律保障

工资是指基于劳动关系，用人单位根据《劳动者提供》的劳动数量和质量，按照劳动合同约定支付的货币报酬。在我国现阶段，工资仍然是劳动者及其家庭成员生活的主要来源。

（1）最低工资保障制度。

最低工资是指劳动者在法定工作时间内提供了正常劳动，用人单位依法应支付的最低劳动报酬。理解这一概念的关键是要弄清以下三个要点：

①法定工作时间内。最低工资是劳动者在国家规定的工作时间内履行劳动义务所得的报酬，法定工作时间就是指法定工时，国务院发布《关于职工工作时间的规定》把每天工作8小时、每周工作40小时作为法定工时，除法律法规规定的特殊情况，劳动者工作时间达到此要求即为达到法定工作时间。“加班加点工资”不能作为最低工资的组成部分。

②提供了正常劳动。这有三层含义：正常劳动是相对特殊劳动而言，中班、夜班、高温、低温、井下、有毒有害等特殊工作环境条件下的津贴不能作为最低工资的组成部分；正常劳动是劳动者按照法律规定提供劳动，劳动者因探亲假、婚丧假以及其他按照规定休假期间，依法参加国家和社会活动，均视为提供了正常劳动；正常劳动还须依法提供，法定工作时间内劳动者在指定的劳动岗位上从事了劳动。

劳动者由于主观、客观原因未能提供正常劳动的，不适用最低工资的有关规定。职工病假、事假、待工期间的工资待遇以及企业因生产经营发生困难，按有关规定经政府批准或者有关部门裁定关闭、整顿、进入破产程序的，均不适用最低工资的规定。

③最低劳动报酬。国家法律法规和政策规定的劳动者保险、福利待遇不能作为最低工资的组成部分。

我国《劳动法》第四十八条规定：国家实行最低工资保障制度，最低工资的具体标准由省、自治区、直辖市人民政府规定，报国务院备案。这是我国第一次以法律的形式把最低工资制度规定下来。制定最低工资制度的目的主要有：最低工资制是保护劳动者合法权益，体现社会公平和维护社会稳定的需要；最低工资制是弥补市场缺陷，促进劳动力生产的重要手段；最低工资制是我国工资制度与国际劳工组织工资制度接轨的需要。

最低工资具有下列基本特征：最低工资标准是由国家有关部门依照法定程序制定的；最低工资标准确定的是用人单位支付给劳动者的最低报酬数额，用人单位和劳动者双方可以约定高于最低工资标准的报酬，但不得低于此标准；最低工资标准对用人单位的所有劳动者都有效力，除非法律、法规有排除性规定；劳动者得到的最低工资标准保护的条件，是在法定工作时间内提供了正常劳动，如果劳动者没有遵守国家关于工时的相关法律规定和劳动合同的约定，工作时间太短，或不好好工作，在劳动时间消极怠工、玩忽职守，就不能要求用人单位向其支付最低工资报酬。

（2）特殊情况下的工资支付。

①加班加点工资。用人单位安排职工延长工作时间，使得职工在正常工作时间以外付出了额外的劳动，在这种情况下，《劳动法》要求用人单位必须以高于劳动者正常工作时间的工资标准支付劳动者延长工作时间的劳动报酬。这一方面是为了劳动者能获得为用人单位额外付出劳动的补偿，另一方面可以迫使用人单位尽量减少加班加点，以减少工资成本的支出，从而达到限制用人单位延长工作时间，保障劳动者休息权的目的。

根据《劳动法》第四十四条及劳动部于 1994 年 12 月 6 日颁布的《工资支付暂行规定》第十三条的规定，用人单位安排劳动者加班后，应按一定的标准支付高于劳动者正常工作时间工资的工资报酬：安排劳动者延长工作时间的，支付不低于工资的 150% 的工资报酬；休息日安排劳动者工作又不能安排补休的，支付不低于工资的 200% 的工资报酬；法定休假日安排劳动者工作的，支付不低于工资的 300% 的工资报酬。

②病假工资。根据《劳动法》以及《关于贯彻执行（中华人民共和国劳动法）若干问题的意见》中的规定，用人单位应当向在医疗期内享受病假的职工支付病假工资：职工患病或非因工负伤治疗期间，在规定的医疗期内由企业按有关规定支付其病假工资或疾病救济费，病假工资或疾病救济费可以低于当地最低工资标准支付，但不能低于最低工资标准的 80%。

链接：能否把生产任务的完成与否作为享受最低工资的条件

陈某与某市医药公司签订了为期10年的劳动合同。合同约定陈某在医药公司所属的销售分公司从事销售工作，工资按《企业内部实行销售毛利润提成工资的办法》执行。

工作几个月后，陈某搞清了这个《企业内部实行销售毛利润提成工资的办法》。简而言之，就是每个销售人员每月需完成销售产品利润4 000元的基数，完成这个基数方可按比例提取个人所得，作为销售人员的工资。如果没有完成4 000元的销售基数，企业将不予发放工资。

2000年陈某的销售业绩十分出色，平均每月从企业领取的销售提成工资为8 000元左右。但进入2001年以来，由于产品滞销，陈某连续三个月没有完成销售基数，在三个月的时间里销售分公司未发给陈某一分钱工资。

陈某认为，《企业内部实行销售毛利润提成工资的办法》不合理，销售分公司以他没有完成销售基数为理由不支付工资的做法，是不符合国家法律规定的，要求公司支付这三个月的工资。

但销售分公司却认为，《企业内部实行销售毛利润提成工资的办法》是合理合法的，在2000年的全年中，陈某依据该办法平均每月领取8 000元工资时，没有一点儿异议，偏偏现在因完不成销售额，领不到工资了才有异议，因此拒绝了陈某的要求。

陈某不服，遂向当地的劳动争议仲裁委员会提起了仲裁。本案中的《企业内部实行销售毛利润提成工资的办法》合法吗?

3. 工作时间

工作时间是消耗劳动力的时间，它是劳动的自然尺度。目前，大多数国家都通过立法对工作时间予以明确规定，将工作时间限定在合理的范围内，既保护劳动者的身体健康，又使劳动者有足够的休息时间来恢复体力和提高自身素质，从而提高劳动效率。我国《劳动法》和一系列行政法规对工作时间制度也作了规定，根据规定内容的不同我们又可以将其分为标准工时制、不定时工时制、综合计算工时制等。

（1）标准工时制。

标准工作时间是最常见、适用最广泛的一种工作形式，它通常随国家的经济发展水平的变化而变化。例如，1949年新中国成立以后，我国的标准工作时间为每天8小时，每周48小时。随着生产力水平的提高，1994年颁布的《劳动法》和《国务院关于职工工作时间的规定》将其修改为："职工每日工作8小时，每周工作44小时。"1995年3月25日，国务院又修改了《国务院关于职工工作时间的规定》，其中第三条规定："职工每日工作8小时，每周工作40小时。"从1995年5月1日起施行，也即此后我国实行五天工作制，劳动者每周要有两个休息日，用人单位应该严格遵守这项规定。

（2）不定时工时制。

不定时工时制也称为不定时工作制，它是指因工作性质和工作职责的限制，劳动者的工作时间不能受固定时数限制的工时制度。标准工时制、缩短工时制、综合计算工时制都是一种定时工作制，是依据工作时间来计算劳动量。不定时工作制是一种直接确定职工劳动量的工作制度。对于实行不定时工作制的职工，用人单位应按《劳动法》的规定，参照标准工时制核定工作量并采用弹性工作时间等适当方式，确保职工的休息休假权利和生产、工作任务的完成。企业中的高级管理人员、外勤人员、推销人员、部分值班人员和其他因工作无法按标准工作时间衡量的职工可以实行不定时工作制。

（3）综合计算工时制。

综合计算工时制也称为综合计算工时工作制，它是以标准工作时间为基础，以一定的期限为周期，综合计算工作时间的工时制度。实行这种工时制度的用人单位，计算工作时间的周期可以是周、月、季、年，但其平均日工作时间和平均周工作时间应与法定标准工作时间基本相同。用人单位在保障职工身体健康并充分听取职工意见的基础上，采用集中工作、集中休息、轮休轮调等适当方式，确保职工的休息休假权利和生产、工作任务的完成。

链接：每周应保证至少一个休息日

张某是某合资大酒店的服务员，根据该酒店的规定，职工每天工作5小时，没有休息日。1999年9月的第一个星期天，张某因家中有事不能上班，于是提出应有休息日，请部门经理批准。部门经理随后向总经理请示，总经理未予以批准。

张某不服，又找到总经理当面商谈。张某说："别的企业的职工每周都有两个休息日，我觉得我们每周至少也应安排一个休息日。"可总经理却说："你怎么不想想他们每天工作时间是8小时，我们酒店每天的工作时间只有5小时，每周工作时间总和只有35小时，比《国务院关于职工工作时间的规定》中规定的40小时还少5个小时，所以我们不再安排休息日。不信，我可以给你看看有关规定。"最终双方还是未取得一致看法，于是张某向当地劳动争议仲裁委员会提出了申诉，请求酒店给予其享受休息日待遇。

请问：仲裁委员会会如何裁决？

4. *劳动保护*

（1）劳动安全与卫生。

我国《劳动法》规定，用人单位必须建立、健全劳动安全卫生制度，严格执行国家劳动安全卫生规程和标准，应对劳动者进行劳动安全卫生教育，防止劳动过程中的事故，减少职业危害，这是对用人单位在劳动安全卫生方面基本要求的规定。

劳动安全卫生制度是指用人单位为了保护劳动者在劳动过程中的健康与安全，根据本单位的实际情况，按照国家法律法规和规章的要求，所制定的具体的有关劳动安全卫生方面的规章制度。每个用人单位必须建立劳动安全卫生制度，而且这一制度必须具体、明确、公平，具有可操作性，并落到实处。

（2）女职工保护。

从生理学和医学的角度出发，由于女性身体结构的特点及生理机能与男性不同，特别是女性有月经、妊娠、分娩、哺乳等生理机能的变化过程，在同样的作业环境下，职业性有害因素将会对妇女的身体健康产生特殊的不良影响。因此，对女职工进行特殊保护，是由妇女生理机能与身体结构的特殊性决定的，同时，妇女在进行社会生产的同时，还承担着人类自身生产的重任，必须重视对女职工的特殊劳动保护，尤其是“四期”，即经期、孕期、产期、哺乳期的保护。

根据 1990 年 1 月劳动部颁布的《女职工禁忌劳动范围的规定》，禁止女职工从事下列劳动：矿山井下作业；森林业伐木、归楞及流放作业；《体力劳动强度分级》标准中第四级体力劳动强度的作业；建筑业脚手架的组装和拆除作业，以及电力、电信行业的高处架线作业；连续负重（指每小时负重次数在 6 次以上）每次负重超过 20 公斤，间断负重每次负重超过 25 公斤的作业。

女职工“四期”保护，是指女职工在经期、孕期、产期、哺乳期的保护：

①经期保护。《劳动法》第六十条规定：不得安排女职工在经期从事高处、低温、冷水作业和国家规定的第三级体力劳动强度的劳动，这是对女职工的经期保护。女职工经期禁忌从事的劳动包括：食品冷冻库内及冷水等低温作业；《体力劳动强度分级》标准中第三级体力劳动强度的作业；《高处作业分级》标准中第二级（含二级）以上的高处作业；《高温作业分级标准》中规定的高温作业；野外作业。

②孕期保护。不得安排女职工在怀孕期间从事国家规定的第三级体力劳动强度的劳动和孕期禁忌从事的活动，对怀孕七个月以上的女职工，不得安排其延长工作时间和夜班劳动。

③产期保护。女职工生育享受不少于 90 天的产假。晚育的女职工，可以获得延长产假的奖励或者其他福利待遇。

④哺乳期保护。不得安排女职工在哺乳未满一周岁的婴儿期间从事国家规定的第三级体力劳动强度的劳动和哺乳期禁忌从事的劳动，不得安排其延长工作时间和夜班劳动。

（3）未成年工保护。

年满 16 周岁未满 18 周岁的劳动者属于未成年工，未成年人体质弱，发育不成熟，为了保护他们的身体健康，雇用他们的企业有对他们进行未成年工特殊劳动保护的义务。我国《劳动法》规定：不得安排未成年工从事矿山井下、有毒有害、国家规定的第四级体力劳动强度的劳动和其他禁忌从事的劳动，用人单位应当对未成年工定期进行健康检查。

二、劳动合同法律制度

在中国，根据《劳动法》与《劳动合同法》的规定，企业与员工之间签署的书面劳动合同是双方形成劳动关系的重要标志，因此，劳动合同是市场经济体制下确立劳动关系的基本形式。

1. 劳动合同的定义和内容

劳动合同（labor contract）亦称劳动契约，是劳动者与用人单位确立劳动关系、明确双方权利和义务的协议。依法订立的劳动合同受国家法律保护，对订立合同的双方当事人产生约束力，是处理劳动争议的直接证据和依据。

按照我国《劳动法》与《劳动合同法》的规定，订立劳动合同应采取书面形式。劳动合同的条款分为必备条款和可备（或协商）条款。必备条款是指法律法规规定必须协商约定的条款；可备条款是根据工种岗位的不同特点，以及合同双方当事人各自的具体情况，由双方选择约定的具体条款，可备条款也应在法律法规和政策的指导下商定。另外，除合同文本以外，通常双方还需要制定附件，附件中明确双方的权利、义务的具体内容，如通过附件岗位协议明确具体的岗位责任，通过附件厂规、厂纪明确职工应遵守的具体劳动纪律等。

（1）劳动合同的主要条款。

根据《劳动合同法》的规定，劳动合同的必备内容或条款有以下八个方面：

①用人单位的名称、住所和法定代表人或者主要负责人。为了明确劳动合同中用人单位一方的主体资格，确定劳动合同的当事人，《劳动合同法》要求，劳动合同中必须具备这一项内容。

②劳动者的姓名、住址和居民身份证或者其他有效证件号码。为了明确劳动合同中劳动者一方的主体资格，确定劳动合同的当事人，《劳动合同法》要求，劳动合同中必须具备这一项内容。

③劳动合同期限。劳动合同期限是双方当事人相互享有权利、履行义务的时间界限，即劳动合同的有效期限，主要分为有固定期限、无固定期限和以完成一定的工作为期限三种。

劳动合同期限，也可以说，是指劳动合同起始至终止之间的时间，或者说是劳动合同具有法律约束力的时段。劳动合同具有法律约束力的生效时间，一般为劳动合同双方的签字时间，其终止时间为合同期届满或法律规定的终止条件出现时间。

劳动合同期限具有如下特征：首先，劳动合同期限属确定性规范，其确定性指劳动合同中必须有此项内容，且以书面条款形式作出明确具体的表示；其次，劳动合同期限必须是经过当事人双方协商一致的意思表示；再次，劳动合同期限和当事人的权利义务密切相关，在劳动合同期限内，用人单位和劳动者必须按法律及劳动合同的约定履行义务、行使权利。

④工作内容和工作地点。工作内容，主要包括劳动者的工种和岗位，以及该岗位应完成的生产（工作）任务、工作地点，工作内容是劳动法律关系所指向的对象，即劳动者具体从事什么种类或什么内容的劳动。劳动合同中的工作内容条款，可以说是劳动合同的核心条款之一，它是用人单位使用劳动者的目的，也是劳动者通过自己的劳动取得劳动报酬的原因，因此是必不可少的。劳动合同的工作内容条款一般要求规定得明确、具体，便于遵照执行。

工作地点，即劳动合同的履行地，是劳动者从事劳动合同中所规定的工作内容的地点，它关系到劳动者的工作环境、生活环境，以及劳动者的就业选择，劳动者有权在与用人单位建立劳动关系时知悉自己的工作地点，所以这也是劳动合同中必不可少的内容。

⑤工作时间和休息休假。工作时间又叫劳动时间，是指劳动者在用人单位中，必须用来完成其所担负的工作任务的时间。工作时间一般包括工作时间的长短、工作时间方式的确定，例如，是8小时工作制还是6小时工作制，是日班还是夜班，是正常工时还是实行不定时工作制，或者是综合计算工时制。在工作时间上的不同，对劳动者的就业选择、劳动报酬等均有影响，因此成为劳动合同的必备内容。

休息休假，是指劳动者按规定不需进行工作，而自行支配的时间，休息休假的权利是每个国家的公民都应享受的权利。劳动法第三十八条规定："用人单位应当保证劳动者每周至少休息一日。"第四十条规定："用人单位在下列节日期间应当依法安排劳动者休假：元旦；春节；国际劳动节；国庆节；法律法规规定的其他休假节日。"第四十五条规定："国家实行带薪年休假制度。劳动者连续工作一年以上的，享受带薪年休假。具体办法由国务院规定。"用人单位与劳动者在约定休息休假事项时应当遵守上述法律规定。

⑥劳动报酬。是指劳动者与用人单位确定劳动关系后，因提供了劳动而取得的报酬，劳动报酬是满足劳动者及其家庭成员物质文化生活需要的主要来源，也是劳动者付出劳动后应该得到的回报。

劳动报酬一般包括以下几个方面：工资标准；奖金；津贴、补贴标准；加班、加点工资；病假工资；特殊情况下的工资；工资支付办法。明确劳动者的工资、奖金和津贴的数额或计发办法是很重要的。

目前，用人单位克扣或者无故拖欠职工工资的现象时有发生，根据《劳动合同法》及最高人民法院关于审理劳动争议案件适用法律若干问题的解释规定：用人单位未按照劳动合同约定支付劳动报酬或者提供劳动条件的；克扣或者无故拖欠劳动者工资的；拒不支付劳动者延长工作时间工资报酬的；低于当地最低工资标准支付劳动者工资的，若具有这些情形之一，迫使劳动者提出解除劳动合同的，用人单位应当支付劳动者的劳动报酬和经济补偿，并可支付赔偿金。

⑦社会保险。是国家通过立法建立的一种社会保障制度，目的是使劳动者在市场经济条件下因年老、患病、工伤、失业、生育等原因，丧失劳动能力或中断就业。

本人和家属失去工资收入时，能够从社会（国家）获得物质帮助，社会保险由国家成立的专门性机构进行基金的筹集、管理及发放，不以赢利为目的，我国的社会保险目前包括医疗保险、养老保险、失业保险、工伤保险和生育保险。

⑧ 劳动保护、劳动条件和职业危害防护。劳动保护是指用人单位为了防止劳动过程中的事故，减少职业危害，保障劳动者的生命安全和健康而采取的各种措施。在工作中，劳动者往往身处各种不安全、不卫生的环境，如不采取措施加以保护，将会发生工伤事故，如矿井作业可能发生各种矿难事故，粉尘作业可能使劳动者患上尘肺病等，由此危害劳动者的安全健康，妨碍工作的正常进行。为了保障劳动者的身体安全和生命健康，通过劳动合同条款约定用人单位应向劳动者提供的劳动保护义务，以保证劳动者的健康和安全。

劳动条件是指用人单位为保障劳动者履行劳动义务、完成工作任务，而提供的必要物质和技术条件，如必要的工作场所、工具、设备、仪器、技术资料等。

职业危害是指用人单位的劳动者在职业活动中，因接触职业性有害因素如粉尘、放射性物质和其他有毒、有害物质等而对生命健康所引起的危害。根据《职业病防治法》第三十条的规定，用人单位与劳动者订立劳动合同时，应当将工作过程中可能产生的职业病危害及其后果、职业病防护措施和待遇等如实告知劳动者，并在劳动合同中写明，不得隐瞒或者欺骗。

另外，用人单位应当为劳动者创造符合国家职业卫生标准和卫生要求的工作环境和条件，并采取措施保障劳动者获得职业卫生保护；应当建立、健全职业病防治责任制，加强对职业病防治的管理，提高职业病防治水平，对本单位产生的职业病危害承担责任；必须采用有效的职业病防护设施，并为劳动者提供个人使用的职业病防护用品；应当对劳动者进行上岗前的职业卫生培训和在岗期间的定期职业卫生培训，普及职业卫生知识，督促劳动者遵守职业病防治法律法规、规章和操作规程，指导劳动者正确使用职业病防护设备和个人使用的职业病防护用品。

（2）劳动合同的可备条款。

除上述8项必备条款以外，劳动合同还可以有约定条款或称可备条款，它是指法律不作强行规定，由当事人自己在合同中任意约定的条款，劳动合同缺乏可备条款不影响其效力。根据《劳动合同法》第十七条第2款规定："劳动合同除前款规定的必备条款外，用人单位与劳动者可以协商约定试用期、培训、保守商业秘密、补充保险和福利待遇等其他事项。"也就是说，劳动合同的双方当事人还可以在国家立法规定的范围内通过协商订立约定条款，如约定用人单位出资培训、劳动者保守用人单位商业秘密等条款或事项。一般来说，劳动合同的可备条款主要集中在以下五个方面：

①试用期条款。试用期是劳动合同当事人为了相互了解对方的情况而在劳动合同中约定的特定期限，试用期也是企业与新员工进行双向考察和熟悉的时间缓冲区，企业要考察新员工是否能够适合岗位的要求；新员工也考察自己是否乐意在企业工作。因此，用人单位与劳动者可以在劳动合同中就试用期的期限和试用期期间的工资等事项作出约定，但不得违反《劳动合同法》有关试用期的规定。

②保守商业秘密条款。商业秘密是不为公众所知悉，能为权利人带来经济利益，具有实用性并经权利人采取保密措施的技术信息和经营信息。在激烈的市场竞争中，任何一个企业生产经营方面的商业秘密都十分重要，应该说，保守用人单位的商业秘密是劳动者应具备的职业道德。实践中，一些劳动者往往因工作接触，了解或掌握了企业的商业秘密，此时如果企业事先不向劳动者提出保守商业秘密、承担保密义务的要求，个别劳动者就可能在不经意间，有意无意地泄漏了这些商业秘密，使企业遭受经济损失，如果没有事先合同条款约定，企业往往难以通过法律途径获得损失赔偿。

③培训条款。培训是按照职业或者工作岗位对劳动者提出的要求，以开发和提高劳动者的职业技能为目的的教育和训练过程。《劳动合同法》第二十二条规定："用人单位为劳动者提供专项培训费用，对其进行专业技术培训的，可以与该劳动者订立协议，约定服务期。劳动者违反服务期约定的，应当按照约定向用人单位支付违约金。违约金的数额不得超过用人单位提供的培训费用。用人单位要求劳动者支付的违约金不得超过服务期尚未履行部分所应分摊的培训费用，用人单位与劳动者约定服务期的，不影响按照正常的工资

调整机制提高劳动者在服务期期间的劳动报酬。”依照上述规定，用人单位在对劳动者提供专项培训费用进行技术培训时，最好应签署培训条款或协议。

④补充保险和福利待遇条款。补充保险，是指除了国家基本保险以外，用人单位根据自己的实际情况为劳动者建立的一种保险，它用来满足劳动者高于基本社会保险需求的愿望。补充保险国家不作强制的统一规定，用人单位可根据自身的经济承受能力，自愿选择是否参加。

福利待遇，一般包括交通补贴、住房补贴、医疗补贴、通信补贴，以及用人单位提供解决职工生活需要的各种福利设施等。目前，用人单位给予劳动者的福利待遇也成为劳动者收入的重要来源之一。

⑤竞业禁止条款。双方可以约定掌握用人单位商业秘密的劳动者在终止或解除劳动合同后一定期限内（不超过2年），不能到与用人单位生产同类产品或经营同类业务且有竞争关系的其他单位任职，也不得自己生产、经营同类产品或业务，但用人单位应当给予劳动者补偿。

从用人单位的操作上，就劳动合同内容而言，不同性质、不同行业的企业可根据其具体情况和特点制定不同的合同文本。

2. 劳动合同的订立

“劳动合同应当以书面形式订立”，这是我国《劳动法》规定用人单位与劳动者应采用的劳动合同订立形式。因为采用书面形式订立具有严肃、慎重、明确、有据的特点，虽然当事人采用口头形式订立劳动合同具有灵活、简便的特点，但不便于履行和监督、检查，发生劳动争议后，由于没有书面凭据，易使争议难于处理。因此，我国在立法上采用了强制性法律规范的手段，要求劳动合同必须是书面形式。

（1）劳动合同的订立原则。

根据《劳动法》的规定，订立劳动合同应遵循平等自愿、协商一致和合法的原则。

①平等自愿原则。平等，就是指当事人双方的法律地位平等，即双方以平等的主体身份协商订立劳动合同，不存在一方为主要主体，另一方为次要主体或从属主体的问题。双方享有同样的权利和义务，任何一方可拒绝与另一方签订劳动合同，任何一方也不得强迫对方与自己签订劳动合同，同时双方平等地决定合同的内容。平等原则赋予了双方当事人公平地表述自己意愿的机会，有利于维护双方的合法利益。

自愿，是指完全出自当事人自己的意志，表达了当事人的真实意愿。任何一方不得将自己的意志强加给对方，也不允许第三者进行非法干预。当然，用人单位有权拒绝任何行政机关和行政领导在超出法律规定的情况下，摊派或要求其与某些（个）劳动者订立劳动合同。自愿的具体含义包括：劳动合同的订立必须由双方当事人依照自己的意愿独立自主决定，他人不得强制命令，也不能采取欺哄、诱导方式使一方当事人违背自己的真实意愿而接受另一方的条件；劳动合同的期限、内容的确定，必须完全与双方当事人的真实意愿相符合。

在平等自愿的原则中，平等是自愿的基础和前提，自愿则是平等的必然体现，不平等就难以真正实现自愿。

②协商一致原则。协商一致，是指当事人双方在充分表达自己真实意愿的基础上，经

平等协商，取得一致性意见后，合同才得成立。也就是说，劳动合同的全部内容，在法律、法规允许的范围内，要由双方当事人共同协商，取得完全一致的意见后才能确定。

这条原则的重点在“一致”，如果双方当事人虽然经过充分协商，但分歧仍很大，不能达成一致的意愿表示，该合同就不能成立。

③合法原则。这是指劳动合同订立不得违反法律法规的规定，这一原则包括两部分内容，一为实质合法，二为程序合法。实质合法即劳动合同的内容合法，当事人不得订立内容违法或对社会公共利益有害的劳动合同；程序合法的内容主要有：形式合法（即劳动合同必须采用书面形式，不得采用书面形式以外的其他形式）和主体合法（指主体符合法律规定的条件，如劳动者必须具备法定年龄和其他条件）。

这条原则是劳动合同有效并受国家法律保护的前提条件。我国《宪法》的有关规定和劳动法律、行政法规对劳动关系的调整发挥着规范作用，订立劳动合同时，从劳动主体资格、合同内容到签订程序均不得违反国家的强制性规范。只有依法订立劳动合同，才能产生预期的法律后果。《劳动法》第十七条第二款规定：“劳动合同依法订立即具有法律约束力，当事人必须履行劳动合同规定的义务。否则，即使是双方当事人协商一致后自愿订立的，也属无效合同或无效条款，没有法律约束力。”所以，签订劳动合同必须符合合法原则。

（2）当事人的主体资格。

从法学理论上讲，合同双方当事人具有合同主体资格是合同生效的必要条件。劳动合同是我国合同制度中的一种，是为确定劳动关系而订立的，签订劳动合同的双方当事人必须具备合同的主体资格。具体地讲，用人单位一方必须是依法建立的、具有合法经营资格的用人单位或能独立承担民事责任的经济组织和个人；劳动者一方必须是年满 16 周岁，具有劳动权力能力和劳动行为能力的公民。国家严禁用人单位非法使用 16 周岁以下的童工，未满 16 周岁的未成年人与用人单位签订的劳动合同均为无效合同（文艺、体育事业等招收 16 周岁以下人员经劳动行政部门特批的除外）。此外，对限制性行业和工种的劳动人员，还需取得相关资格证书等。

①用人单位的主体资格。用人单位劳动合同主体，可以有多种分类，如根据其职能可分为企业、事业、机关、团体等；根据不同所有制形式分，可以分为全民所有制企事业单位、集体所有制企事业单位、私营企业和三资企业等，我们这里主要是对企业单位的劳动合同主体进行说明。

用人单位作为劳动合同的一方当事人，应该是享有招工权的用人单位，即具有法人资格或能够独立承担民事责任的单位和个人。否则，就不能成为与劳动者订立劳动合同的主体。

现实中，一些非法范围是不具备与劳动者订立劳动合同主体资格的，比如，一些未经政府有关部门批准，没有取得开采资格的非法小煤窑、一些人非法开办的地下赌场等。这些非法机构为了非法赢利，一般也不得不招用一些劳动者，如非法煤窑为了吸引当地农民到煤窑干活，与之签的所谓的劳动合同；非法赌场为了维护赌场秩序，与雇用的保安人员签订了劳动合同。这类所谓的劳动合同，其实均属于因用人单位主体不合法，而导致的无效劳动合同。

②劳动者的主体资格。自然人要成为适合的劳动者，具备签订劳动合同的主体资格，应当满足下列条件：

年龄条件。我国《劳动法》规定，公民的最低就业年龄是16周岁。也就是说，不满16周岁不能就业，不能享有劳动者的资格，不能与任何用人单位发生劳动法律关系。同时，我国《劳动法》规定，禁止用人单位招用未满16周岁的公民就业。最低就业年龄的规定，也不是完全绝对的，因为有些行业是根据人的身体发育周期来培养技能的，如体操行业就需要从六七岁时培养。因此针对此类情况，国家规定：文艺、体育和特种工艺单位可以招用未满16周岁的公民为文艺工作者、运动员和艺徒，但必须经县级以上劳动保障行政部门批准，并保障未成年劳动者接受义务教育的权利。未履行法律规定的审批手续，任何单位不得与未满16周岁的公民发生劳动关系。

有劳动能力。劳动者进行劳动，不像其他活动，如民事活动、经济活动等可以由他人代替进行，因为劳动能力是存在于劳动者的肌体内的，释放劳动能力也只能由劳动者亲自进行，因此要求劳动者必须具有劳动能力。对有无劳动能力的衡量是以劳动者是否具备所从事的职业必需的健康条件为依据的，如患有传染病的人不能从事餐饮业，用人单位一般在招用劳动者时，都对劳动者的身体进行健康检查，以证实劳动者的身体状况是否适合职业要求。

行为自由。有劳动能力的公民，还需要具有行为自由，才能以自己的行为去参加劳动。被依法剥夺人身自由的公民，如被劳动教养、被判处有期徒刑的人，不应与用人单位建立劳动合同关系。

3. 劳动合同的变更

劳动合同的变更是指当事人双方对尚未履行或尚未完全履行的劳动合同，依照法律规定的条件和程序，对原劳动合同进行修改或增删的法律行为。劳动合同变更应遵循平等自愿、协商一致的原则，不得违反法律、行政法规的规定，应依法变更。任何一方不得擅自变更，否则要承担相应的法律责任。劳动合同的变更只限于劳动合同内容的变更，不包括当事人的变更。

一般来说，合同一经订立，就有强制性，要严格遵守，而不应该随意变更。但是，合同履行过程中难免有各种不同的人为或自然的原因，使合同履行条件发生变化，从而使合同变更成为必要。当然，劳动合同变更后，变更合同的效力只给予经过变更的合同条款，未变更的合同内容仍然有效，仍应依法全部履行。同时，变更合同也要履行一定的手续。变更劳动合同应当由双方协商，达成一致意见后，签订一份书面劳动合同变更协议，在变更协议中指明对哪些条款变更、变更的内容以及变更后的合同生效日期等。

《劳动合同法》第三十五条规定："用人单位与劳动者协商一致，可以变更劳动合同约定的内容。变更劳动合同，应当采用书面形式。变更后的劳动合同文本由用人单位和劳动者各执一份。"

当事人双方在变更劳动合同时，应注意以下四个问题。

（1）变更劳动合同应采用书面形式。《劳动合同法》规定："变更劳动合同，应当采用书面形式。变更后的劳动合同文本由用人单位和劳动者各执一份。"前面我们讲过，劳动者与用人单位双方变更劳动合同的行为，实际上是原劳动合同的当事人在原合同的基础上，根据变化了的条件重新订立新合同的行为，当然也应采用书面形式。而且，采用书面形式对于确认和证明劳动合同法律关系发生变更的事实，有着重要的意义。

(2) 变更劳动合同的程序，原则上与订立合同的程序相同。一般分为三个步骤：提出变更合同的要约，即当事人一方向对方提出变更合同的理由、内容、条件；双方就变更的内容及条件进行协商；签订书面协议，双方就合同的变更达成一致意见，应签订书面协议。

(3) 如原劳动合同中约定"合同需经过鉴证后生效"，变更后的劳动合同也要经过鉴证。

(4) 劳动合同变更时，如在协商过程中因双方当事人达不成一致意见而引发劳动争议，可以向当地劳动争议仲裁委员会申请仲裁。

4. *劳动合同的解除与终止*

协商解除劳动合同是指劳动合同订立后，经双方当事人协商一致解除劳动合同。劳动合同依用人单位和劳动者的合意而订立，亦应由他们之合意而解除，订约自由和解除自由同为合同自由的内容。

我国《劳动合同法》规定："用人单位与劳动者协商一致，可以解除劳动合同。即双方当事人在同意的前提下，可以做出与原来合同内容不同的约定，这种约定可以是变更合同相关内容，也可以是解除劳动合同关系。双方当事人一旦就劳动合同的解除协商达成一致，并签订书面解除合同协议，就产生了双方劳动合同关系完结的法律效力。"

(1) 劳动者单方解除劳动合同。

我国《劳动合同法》赋予劳动者辞职权，劳动者有权单方提出要求解除劳动合同。劳动者与用人单位解除劳动合同，可分为两种情况：一是由于劳动者自身的主观原因，想要提前解除劳动合同；二是由于单位的过错，而使劳动者不得不与之解除劳动合同的情况。

在第一种情况下，劳动者提前 30 日以书面形式通知用人单位，可以解除劳动合同。劳动者在试用期内提前 3 日通知用人单位，可以解除劳动合同。这既是劳动者解除劳动合同的程序，也是劳动者解除劳动合同的条件。

在第二种情况下，劳动者解除劳动合同，由于是用人单位过错引起的，所以劳动者不需提前30 日通知用人单位。这种情况适用于《劳动合同法》第三十八条的规定："用人单位有下列情形之一的，劳动者可以解除劳动合同：未按照劳动合同约定提供劳动保护或者劳动条件的；未及时足额支付劳动报酬的；未依法为劳动者缴纳社会保险费的；用人单位的规章制度违反法律法规的规定，损害劳动者权益的；因本法第二十六条第一款规定的情形致使劳动合同无效的；法律、行政法规规定劳动者可以解除劳动合同的其他情形。用人单位以暴力、威胁或者非法限制人身自由的手段强迫劳动者劳动的，或者用人单位违章指挥、强令冒险作业危及劳动者人身安全的，劳动者可以立即解除劳动合同，不需事先告知用人单位。"

(2) 用人单位单方解除劳动合同。

《劳动法》中对用人单位单方解除劳动合同的问题，作了比较明确的规定。因劳动者出现过错而导致企业可以解除劳动合同的法定情形为：在试用期间被证明不符合录用条件的；严重违反用人单位的规章制度的；严重失职，营私舞弊，给用人单位造成重大损害的；劳动者同时与其他用人单位建立劳动关系，对完成本单位的工作任务造成严重影响，或者经用人单位提出，拒不改正的；以欺诈、胁迫的手段或者乘人之危，使用人单位在违背真实意思的情况下订立或者变更劳动合同的；被依法追究刑事责任的。

上述几种情况的解除劳动合同，均是因劳动者的过错造成的，所以，用人单位在解除劳动合同时，不需提前通知，也无须向劳动者支付解除劳动合同的补偿金。

《劳动法》还规定，对于下面的几种情况，劳动者虽然没有任何主观过错，但法律也允许用人单位解除劳动合同：劳动者患病或者非因工负伤，在规定的医疗期满后不能从事原工作，也不能从事由用人单位另行安排的工作的；劳动者不能胜任工作，经过培训或者调整工作岗位，仍不能胜任工作的；劳动合同订立时所依据的客观情况发生重大变化，致使劳动合同无法履行，经用人单位与劳动者协商，未能就变更劳动合同内容达成协议的。

除此之外，有下列情形之一，需要裁减人员 20 人以上或者裁减不足 20 人但占企业职工总数 10% 以上的，用人单位提前 30 日向工会或者全体职工说明情况，听取工会或者职工的意见后，裁减人员方案经向劳动行政部门报告，可以裁减人员；依照企业破产法规定进行重整的；生产经营发生严重困难的；企业转产、重大技术革新或者经营方式调整，经变更劳动合同后，仍需裁减人员的；其他因劳动合同订立时所依据的客观经济情况发生重大变化，致使劳动合同无法履行的。

需要提醒用人单位注意的是，劳动者出现上述几种情形，用人单位决定单方解除劳动合同时，应按《劳动法》的规定提前 30 日通知劳动者，并支付解除劳动合同的经济补偿金。

《劳动法》规定："劳动合同期满或者当事人约定的劳动合同终止条件出现，劳动合同即行终止。"也就是说，劳动合同期限届满，劳动合同即告终止。这主要是针对有固定期限的劳动合同和以完成一定的工作为期限的劳动合同而言的；劳动合同终止后，双方当事人之间相对于该劳动合同而形成的责任、权利和义务应随之消灭。在这种情况下，如果一方要求续订劳动合同，必须征得对方的同意，否则，不可能产生新的劳动权利义务法律关系。需要提醒用人单位注意的是，劳动合同期限届满后，用人单位应当及时与劳动合同相关方终止劳动合同关系，也就是办理相应的终止手续。如果需要续订劳动合同的，必须在双方完全同意的前提下，不得违反法律规定及时续订，不续订劳动合同时，应及时按法律规定办理劳动合同终止手续。

另外，《劳动合同法》第四十四条规定：有下列情形之一的，劳动合同终止：劳动合同期满的；劳动者开始依法享受基本养老保险待遇的；劳动者死亡，或者被人民法院宣告死亡或者宣告失踪的；用人单位被依法宣告破产的；用人单位被吊销营业执照、责令关闭、撤销或者用人单位决定提前解散的；法律、行政法规规定的其他情形。

劳动合同终止，意味着劳动合同当事人协商确定的劳动权利和义务关系已经结束，此时，用人单位应当依法办理终止劳动合同的有关手续。但需要特别注意的是，劳动合同约定的终止条件已经出现，但是有下列情形之一，劳动者提出延缓终止劳动合同的，劳动合同不能立即终止，应当续延至相应的情形消失时才能终止；从事接触职业病危害作业的劳动者未进行离岗前职业健康检查，或者疑似职业病病人在诊断或者医学观察期间的；在本单位患职业病或者因工负伤并被确认丧失或者部分丧失劳动能力的；患病或者非因工负伤，在规定的医疗期内的；女职工在孕期、产期、哺乳期的；在本单位连续工作满 15 年，且距法定退休年龄不足 5 年的；法律、行政法规规定的其他情形。

链接：试用期住院，能解除合同吗？

某合资公司聘用了电气工程师李某，在劳动合同中约定，头六个月为李某的试用期。没想到，李某刚上班第四天，就患了流行性感冒，发烧 38℃由于他带病继续坚持工作，病情在几天后越发严重。到医院检查才得知，原来的感冒现在已经转成了肺炎，不得已李某住进了医院。

公司为李某预付了 4 000 元的住院押金后，总经理觉得这钱花得很亏，因为李某一共才上了一个多星期的班，还没干什么活儿，就让公司先给他付了住院费。而且还不知道，他什么时候才能病好上班？最终要花多少医疗费？想到这儿，总经理指示人事部：为了不影响工作的正常进行，马上找人顶替李某的工作岗位。同时，他还提出："由于李某在试用期刚刚开始，就得重病住进医院，说明他对本公司的工作不能适应。为了避免公司进一步受到经济损失，应该尽快与他解除劳动合同。"

根据总经理的提议，公司解除了李某的劳动合同。其理由是：在试用期内，李某由于患病，不能适应公司的工作。

那么，公司可否这样解除李某的劳动合同？

5. 集体合同制度

（1）集体合同的定义。

集体合同，是指用人单位与本单位职工根据法律法规和规章的规定，就劳动报酬、工作时间、休息休假、劳动安全卫生、职业培训、保险福利等事项，通过集体协商签订的书面协议。根据劳动法的规定，集体合同由工会代表职工与企业签订，没有成立工会组织的，由职工代表与企业签订。

《劳动合同法》第五十三条规定："在县级以下区域内，建筑业、采矿业、餐饮服务业等行业可以由工会与企业方面代表订立行业性集体合同，或者订立区域性集体合同。"由该规定可以看出，县级以下区域内的行业性、区域性集体合同对当地本行业、本区域的用人单位和劳动者具有约束力。

（2）集体合同的特征。

集体合同除具有一般协议的主体平等性、意思表示一致性、合法性和法律约束性以外，还具有自身的特点。

①集体合同是规定劳动关系的协议。集体合同反映的是以劳动条件为实质内容的关系，整体性地规定劳动者与企业之间的劳动权利与义务，现实劳动关系的存在是集体合同存在的基础。

②工会或劳动者代表职工一方与企业签订。集体合同的当事人一方是企业，另一方当

事人不能是劳动者个人或劳动者中的其他团体或组织，而只能是工会组织代表劳动者，没有建立工会组织的，则由上级工会指导劳动者推举的代表为其代表。

③集体合同是定期的书面合同，其生效需经特定程序。根据劳动法的有关规定，集体合同文本须提交政府劳动行政部门审核，经审核通过的集体合同才具有法律效力。

（3）集体合同与劳动合同的区别。

集体合同与劳动合同是不同的两种合同：前者是集体协商的双方代表根据法律法规的规定就劳动报酬、工作时间、休息休假、劳动安全卫生、保险福利等事项在平等协商一致的基础上签订的书面协议；而后者是指企业、个体经济组织、事业组织、国家机关、社会团体，同劳动者之间建立劳动关系，明确劳动双方权利和义务的协议。

归纳起来，集体合同与劳动合同的主要区别如下：

①双方当事人不同。集体合同双方当事人，一方是企业，另一方是以工会为代表的全体职工。劳动合同双方当事人，一方也是企业，而另一方则是职工个人。

②合同内容不同。集体合同内容复杂，从全体职工利益出发，以整体利益为标准，涉及改进劳动组织、改善劳动条件和提高职工福利待遇等方面。劳动合同则以个人为标准，其内容比较单一，仅涉及职工个人利益。

③作用不同。集体合同的作用是调整劳动关系，劳动合同的作用是建立个人劳动关系。

④产生不同。集体合同产生于劳动关系运行中，而不是产生于劳动关系建立之前。劳动合同是劳动者与用人单位确立劳动关系、明确双方权利和义务的协议，是劳动关系建立的标志，即在劳动者就业时就产生了。

⑤合同的产生方式不同。集体合同由工会代表全体职工同企业经过充分协商，并提交职工代表大会或全体职工讨论通过后才能形成。劳动合同由职工个人同企业协商一致后就形成了。

⑥发生法律效力的时间不同。集体合同经职工代表大会或全体职工讨论通过后，还不具有法律效力，其法律效力的产生要待劳动保障行政部门自收到集体合同文本之日起15日内未提出异议才生效，具有法律效力。劳动合同一经依法签订，即产生法律效力。

⑦效力不同。集体合同一经劳动保障行政部门审查通过即对企业和全体职工都具有约束力。劳动合同只对劳动者个人和企业产生约束力。

⑧期限不同。集体合同的期限一般为一年，最长不超过三年。劳动合同的期限分为固定期限、无固定期限和以完成一定工作为期限三种。

由于集体合同与劳动合同有较大的区别，因此，两者不能互相替代。与劳动合同相比，集体合同的内容具有更大的不确定性。它可以规定劳动关系某一方面的内容，也可以把劳动关系的诸多方面都涵盖进去，甚至还可以把用人单位固有权利的问题，如技术引进、人力资源管理的若干制度等引入集体合同。

（4）集体合同的形式。

根据《集体合同规定》的内容，集体合同应当以书面形式订立，口头形式的集体合同不具有法律效力。

集体合同的形式可以分为主件和附件。主件是综合性集体合同，其内容涵盖劳动关系的各个方面。附件是专项集体合同，是就劳动关系的某一特定方面的事项签订的专项协议。现阶段，我国法定集体合同的附件主要是工资协议（专门就工资事项签订的集体合同）。《工资集体协商试行办法》规定，企业依法开展工资集体协商，签订工资协议，已订立集体合同的，工资协议作为集体合同的附件，并与集体合同具有同等效力。

（5）集体合同的期限。

集体合同均为定期合同，我国劳动立法规定集体合同的期限为1~3年。期限过短，不利于劳动关系的稳定，而且加大集体协商的成本；期限过长，不利于适应实际情况的变化和劳动权益的保障。在集体合同的期限内双方可以根据集体合同的履行情况，对集体合同进行修订。

（6）集体合同的内容。

集体合同的内容，是指在集体合同中需要明确规定的双方当事人的权利义务条款及必须明确的其他问题，一般由三个部分构成：第一，劳动关系标准条件规范部分，这是集体合同的核心内容，它制约着个人劳动合同；第二，过渡性规定，主要包括集体合同履行过程中发生纠纷时的解决措施、优先雇用被解雇职工等；第三，有关集体合同本身的一般性规定，包括集体合同的有效期限、变更的解除条件等。

集体合同的内容还可以有以下分类：

①标准条款。即规定劳动标准的条款，包括劳动报酬、工作时间、休息休假、劳动安全卫生、保险福利等。这是集体合同的核心内容，它制约着劳动合同的劳动标准。员工与用人单位订立的劳动合同中劳动条件和劳动报酬等标准，均不得低于集体合同的规定。

②目标条款。它是在集体合同有限期限内应当达到的具体目标和实现该目标的措施。具体来讲，它以用人单位和员工提出的目标为依据，具体规定诸如完成某项任务指标、增加某项生活福利等内容。

③程序条款。这是规定集体合同自身运行程序规则的条款，包括集体合同的订立、履行、变更、解除、终止以及续订的协商程序，双方履行集体合同的权利义务以及违反集体合同责任的承担、发生争议时的处理等，这是保证集体合同履行和维护集体合同主体双方合法权益不可缺少的程序保证。

根据《集体合同规定》（中华人民共和国劳动和社会保障部令第22号）的规定，集体协商双方可以就下列多项或某项内容进行集体协商，签订集体合同或专项集体合同，集体合同的主要内容包括：劳动报酬；工作时间；休息休假；劳动安全与卫生；补充保险和福利；女职工和未成年工特殊保护；职业技能培训；劳动合同管理；奖惩；裁员；集体合同期限；变更、解除集体合同的程序；履行集体合同发生争议时的协商处理办法；违反集体合同的责任；双方认为应当协商的其他内容。

（7）签订集体合同的程序。

①确定集体合同的主体。劳动者一方的签约人，法定为基层工会委员会；没有建立工会组织的企业，由企业职工民主推荐，并须得到半数职工同意的代表为集体合同的签约人。用人单位一方的签约人，法定为用人单位行政机关，即法定代表人。具备法人资格，跨省市的大型企业或集团公司的法定代表人可以委托下一级企业或子公司的负责人与工会签订集体合同。

②协商集体合同。集体协商任何一方均可就签订集体合同或专项集体合同以及相关事宜，以书面形式向对方提出进行集体协商的要求。一方提出进行集体协商要求的，另一方应当在收到集体协商要求之日起20日内以书面形式给以回应，无正当理由不得拒绝进行集体协商。集体协商主要采取协商会议的形式，集体合同的协商是签约代表为签订集体合同进行商谈的法律行为。

其主要步骤为：

首先，要进行协商准备。双方签约人为集体协商进行各项准备工作，包括确定协商代表，拟订协商方案，预约协商内容、日期、地点。我国法律规定，集体合同协商代表双方人数对等，各方至少3名，并确定一名首席代表。企业首席代表由法定代表人担任或由其书面委托的其他管理人员担任；工会首席代表由工会主席担任或书面委托其他工会代表担任。用人单位协商代表与职工协商代表不得相互兼任。代表一经确认，必须履行义务，因故不能履行职责的，应另行指派或推举；集体协商双方首席代表可以书面委托本单位以外的专业人员作为本方协商代表。委托人数不得超过本方代表的1/3。首席代表不得由非本单位人员代理。集体协商的地点、时间由双方共同商定，记录员在协商代表之外指派。

其次，要进行协商会议。集体协商会议由双方首席代表轮流主持，并按下列程序进行：宣布议程和会议纪律；一方首席代表提出协商的具体内容和要求，另一方首席代表就对方的要求作出回应；协商双方就商谈事项发表各自意见，开展充分讨论；双方首席代表归纳意见。达成一致的，应当形成集体合同草案或专项集体合同草案，由双方首席代表签字。经双方代表协商一致的集体合同草案或专项集体合同草案应当提交职工代表大会或者全体职工讨论。职工代表大会或者全体职工讨论集体合同草案或专项集体合同草案，应当有2/3以上职工代表或者职工出席，且须经全体职工代表半数以上或者全体职工半数以上同意，集体合同草案或专项集体合同草案方获通过。

最后，集体合同草案或专项集体合同草案经职工代表大会或者职工大会通过后，由集体协商双方首席代表签字。

③政府劳动行政部门审核。由企业一方将签字的集体合同文本及说明材料一式三份，在集体合同签订后的10天内报送县级以上政府劳动行政部门审查。说明材料应包括企业的营业执照、工会的社团法人证明材料、双方代表的身份证（均为复印件）、委托授权书、职工代表的劳动合同书、相关审议会议通过的集体合同的决议、集体合同条款的必要说明等。

④审核期限和生效。劳动行政部门在收到集体合同后的15天内将审核意见书送达，集体合同的生效日期以《审查意见书》确认的日期为生效日期。若劳动行政部门在收到集体合同的15日内未提出异议的，集体合同即行生效。若集体合同经劳动行政部门审核认定存在无效条款或部分无效条款的，签约双方应对其进行修改，并在15日内重新报送审核。

⑤集体合同的公布。经审核确认生效的集体合同或自行生效的集体合同，签约双方应及时以适当的方式向各自代表的成员公布。

第三节　劳动争议

一、劳动争议的定义和特征

劳动争议（labor dispute）也叫劳动纠纷，是指劳动关系双方（即劳动者和用人单位）在执行劳动法律法规或履行劳动合同的过程中，因劳动权利义务发生分歧而引起的争议或纠纷。

根据我国《劳动争议调解仲裁法》的有关规定，劳动争议主要包括以下几种：因确认劳动关系发生的争议；因订立、履行、变更、解除和终止劳动合同发生的争议；因除名、辞退和辞职、离职发生的争议；因工作时间、休息休假、社会保险、福利、培训以及劳动保护发生的争议；因劳动报酬、工伤医疗费、经济补偿或者赔偿金等发生的争议；法律、法规规定的其他劳动争议。

劳动争议一般是指用人单位与劳动者在劳动立法的范围内，因适用法律规范和履行、变更、解除及终止劳动合同以及其他与劳动关系直接相联系的问题而引起的纠纷。

劳动争议与一般民事纠纷、经济纠纷不同，它们之间的主要区别是：

（1）纠纷的当事人和内容不同。民事争议是发生在公民之间、法人之间以及他们相互之间的财产权益、人身权益的争执，它的内容大多是财产关系问题。

（2）解决纠纷适用的法律不同。民事争议由民法来调整，经济纠纷由经济法调整，劳动争议由劳动法调整。

（3）主体的权利和行为能力不同。根据我国劳动法律规定，公民的劳动权利和劳动行为能力从16周岁开始，这与民事法律关系主体的民事权力能力和民事行为能力不同。劳动权利能力和劳动行为能力是统一的，同时产生，同时终止。而公民的民事权力能力和民事行为能力时间上却不完全一致。公民的民事行为能力一般则从18周岁开始。

从上面三点可见劳动争议与经济争议、民事争议有着明显的区别。

劳动争议之所以能与其他类型的争议相区别，作为一种独立的争议形式存在，关键在于它具有的一些本质特征。因此，正确认识劳动争议的特征，是我们认定劳动争议是否存在并寻求合理解决途径的前提。

具体而言，劳动争议的基本特征可以从以下内容加以把握：劳动争议的主体限于劳动关系双方当事人，劳动争议是劳动法律关系主体之间的争议，因此劳动争议的主体可分为自然人当事人和用人单位当事人。

其中自然人当事人是指劳动者（职工），是具有劳动权利能力与劳动行为能力，并受雇于用人单位的公民，具体而言，包括在全民所有制和集体所有制企业的职工以及事业、机关、团体单位中的工人等，工会代表职工与用人单位签订、履行集体合同而发生争议时，也是劳动争议的一方当事人；而用人单位当事人则是指聘用或雇用劳动者并与劳动者订有劳动合同的企业、事业单位、国家机关或其他社会组织。劳动争议正是以他们为当事人所产生的有关劳动权利义务的争议。

因此，如果争议不是发生在有劳动关系的当事人之间，而是发生在职工与职工之间、企业行政领导之间、企业与企业之间、企业与国家机关或与社会团体之间，即使劳动争议的内容涉及劳动问题，也不能构成劳动争议，例如，企业之间因劳动力流动而发生的争议，劳动者或企业与劳动行政部门在劳动行政管理过程中发生的争议等。

二、劳动争议的种类

实际工作中发生的劳动争议是各种各样的，但在某些劳动争议中又有一些共同点，所以可以依据不同的标准从不同的角度进行不同的分类。

（1）按当事人人数的多少划分。

按照劳动争议职工一方当事人涉及的人数来划分，可分为：

①个人劳动争议，又叫个别争议，是指单个的劳动者与用人单位之间的劳动争议。在这种劳动争议中，职工当事人仅限于一两人，争议的处理必须由职工当事人本人或其委托的代理人参加，职工当事人一方为两人时，其中的任何一人在无另一人委托授权的情况下，也无权代表另一人。

②集体劳动争议，亦称多人争议，是指多个劳动者就同一类个人行为或基于共同的争议理由与用人单位发生的争议。争议中的职工当事人为三人以上的特定部分职工，他们有共同的申请理由，在劳动权利义务上有共同的请求，不存在个人的独立请求。另外，有关法规还规定，职工一方在30人以上的集体劳动争议适用特别程序，仲裁委员会处理职工一方人数在30人以上的集体劳动争议案件，应当组成特别仲裁庭进行仲裁，即由三名以上仲裁员单数组成。

③团体争议，又称集体合同争议，是工会与用人单位或其团体之间因集体合同而发生的争议。这类争议中当事人一方为工会，另一方为用人单位或其团体。团体争议中工会的法定代表人是工会主席，争议的标的是全体职工的整体利益，所以工会主席在争议中的行为对全体职工都具有法律上的约束力。

（2）从劳动争议的内容上划分。

从劳动争议的内容上划分，可分为权利争议和利益争议。

①权利争议。即因劳动法律法规和劳动合同规定的劳动权利和劳动义务而发生的争议。

②利益争议。即因制定或变更劳动条件而发生的争议，他们是围绕着新的规范、新的权利义务的创设意见不一致而产生的。在这类劳动争议中，因为双方当事人所主张的劳动权利义务事先并没有明确的规定或约定，而他们又对这些有待于确定的权利义务存在不同的要求。这类劳动争议一般发生在由工会代表职工与企业签订集体合同时或由企业在其权限范围内单方作出决定的问题上。

这种划分的重要意义在于两者的处理程序是不同的，一般而言，权利争议是由于执行法律法规、合同规定而产生的问题，双方的权利义务是明确的，有章可循，易于判断，因此适用劳动争议的调解、仲裁和诉讼程序，这也是我国现行的劳动法律法规主要处理的劳动争议。利益争议由于没有明确的权利义务规定和判断标准，由第三方裁决困难较多，所以主要是通过双方协商来解决，在协商不成时，一般应呈报上级行政机关共同处理。

（3）按劳动争议是否有涉外因素划分。

①国内劳动争议，是指具有中国国籍的劳动者与用人单位之间的劳动争议，其中包括我国在国（境）外设立的机构与我国派往该机构工作人员之间、外商投资企业与中国职工之间发生的劳动争议。

②涉外劳动争议，是指当事人一方或双方具有外国国籍或无国籍的劳动争议，它包括中国用人单位与外籍职工之间、外籍雇主与中国职工之间、在华外籍雇主与外籍员工之间的劳动争议。涉外劳动争议的处理应当按照国际惯例，适用雇主所在地法，凡用人单位在我国境内的劳动争议，都应当适用我国法律进行处理。

（4）按劳动争议所涉及的权利义务的具体内容划分。

①因确认劳动关系发生的争议。劳动关系是指用人单位招用劳动者为其成员，劳动者在用人单位的管理下提供有报酬的劳动而产生的权利义务关系，因确认劳动关系是否存在而产生的争议属于劳动争议，适用劳动争议调解仲裁法。

在实践中，一些用人单位不与劳动者签订劳动合同，一旦发生纠纷，劳动者往往因为拿不出劳动合同这一确定劳动关系存在的凭证而难以维权，为了更好地维护劳动者的合法权益，劳动争议调解仲裁法将因确认劳动关系发生的争议纳入了劳动争议处理范围，劳动者可以就确认劳动关系是否存在这一事由，依法向劳动争议调解仲裁机构申请权利救济。

②因订立、履行、变更、解除和终止劳动合同发生的争议。劳动合同是指劳动者与用人单位确立劳动关系、明确双方权利和义务的协议。用人单位与劳动者的劳动关系，涉及订立、履行、变更、解除和终止劳动合同的全过程。

其中第一个环节就是劳动合同的订立，根据《劳动合同法》第十条规定："建立劳动关系，应当订立书面劳动合同。已建立劳动关系，未同时订立书面劳动合同的，应当自用工之日起一个月内订立书面劳动合同，用人单位与劳动者在用工前订立劳动合同的，劳动关系自用工之日起建立。"

第二个环节是劳动合同的履行，即劳动合同在依法订立生效后，双方当事人按照劳动合同约定的条款，完成劳动合同规定的义务，实现劳动合同规定的权利的活动。

第三个环节是变更劳动合同，是指当事人双方依法订立劳动合同后，对尚未履行或尚未完全履行的劳动合同，依照法律规定的条件和程序，对原劳动合同的内容进行修改或增减的法律行为。

最后一个环节是劳动合同的解除或终止，这里所说的劳动合同解除是指在劳动合同期满前，当事人提前消灭劳动关系的法律行为。根据《劳动合同法》的规定，劳动合同既可能是由单方解除，也可能是双方协商解除。劳动合同的解除，只对未履行的部分发生效力，不涉及已履行的部分；而劳动合同终止是指劳动合同规定的劳动合同履行期限届满，或者因为双方或者一方当事人出现法定的情形而使劳动合同无法履行，使双方的劳动合同权利义务关系结束的情形。为了保障我国劳动关系运行的和谐稳定，法律规定，在涉及上述订立、履行、变更、解除和终止劳动合同的任何一个环节发生的争议，都适用《劳动争议调解仲裁法》。

③因除名、辞退和辞职、离职发生的争议。用人单位与劳动者建立劳动关系后，在劳动过程中用人单位需要对劳动者进行管理，而开除、除名、辞退违纪职工是企业对职工进

行管理的有力手段，1982 年国务院颁布《企业职工奖惩条例》对此作了明确的规定，例如，第八条规定：“职工无正当理由经常旷工，经批评教育无效，连续旷工时间超过 15 天，或者一年内累计旷工时间超过 30 天的，企业有权予以除名。”所以，企业对职工予以开除、除名、辞退从根本上说是对违纪职工的一种惩处制度。但同时，企业对职工作出这样的惩处决定必须符合法律法规的规定，否则就是侵犯劳动者的合法权益。我国由于实行了社会主义市场经济，企业在用工制度方面有了很大的自主权，如不加以一定的约束，也往往会导致企业滥用这些奖惩制度。现实中，如何搞活企业的用工制度，又不致引起不必要的劳动争议，是企业管理者应认真研究的问题。

相对于企业而言，国家在推行劳动合同制后，也赋予了劳动者在择业方面的自主权，所以现今职工主动辞职、自动离职的现象也屡见不鲜，尤其在一些高新科技企业中更加明显。然而，有的企业面对这种情况，要么干脆不放，要么规定各种苛刻的条件，甚至扣留户口、档案等加以阻挠；而劳动者则有可能消极怠工，甚至为了获得更高的报酬，不惜随意跳槽，不顾法律规定，损害用人单位的利益。这种利益上的不和谐就自然导致了一系列的劳动争议。为了妥善解决这种纠纷，法律规定，因除名、辞退和辞职、离职发生的争议涉及解除和终止劳动关系，适用《劳动争议调解仲裁法》。

④因工作时间、休息休假、社会保险、福利、培训以及劳动保护发生的争议。因工作时间、休息休假发生的争议，主要涉及用人单位规定的工作时间是否符合有关法律的规定，劳动者是否能够享受到国家的法定节假日和带薪休假的权利等而引起的争议。

因社会保险发生的争议，是指企业和职工之间在适用劳动保险法律制度中有关生育、年老、疾病、伤残、失业、死亡等方面的权利义务发生分歧而发生的争议。在我国目前社会保险体系仍需进一步完善的情况下，往往会有个别企业，钻政府规定的空子，不为职工缴纳社会保险或任意取消、减少职工合理的社会保险待遇，由此而引发了劳动争议。

因福利、培训发生的劳动争议，主要涉及用人单位与劳动者在订立的劳动合同中规定的有关福利待遇、培训等约定事项的履行而产生的争议。现实中，有关职工在职培训、福利待遇、培训服务期、违约金等事项而导致的争议时有发生。

因劳动保护而引起的劳动争议，是指企业与职工之间因劳动生产过程中的安全卫生、劳动条件等方面的法定权利义务而发生的争议。比如说，因适用安全技术规程发生的争议、因女工与未成年工特殊保护而发生的争议等。

我国立法规定，处理上述争议均可适用《劳动争议调解仲裁法》。

⑤因劳动报酬、工伤医疗费、经济补偿或者赔偿金等发生的争议。因劳动报酬发生的争议，是指企业与职工之间因有关工资、奖金、津贴等形式的劳动报酬的法定权利义务发生分歧而产生的纠纷。从实际情况来看，这种争议主要是因为企业不符合法定条件或超过法定限度克扣职工的劳动报酬引起的。

因工伤医疗费发生的争议，主要是指有些用人单位没有依法为劳动者缴纳工伤保险，且员工发生工伤后又拒绝承担医疗费的争议。

因经济补偿发生的争议，是指根据劳动合同法的规定，用人单位解除和终止劳动合同时，应给予劳动者经济补偿而引发的争议。根据《劳动合同法》的规定，用人单位因为劳动者的过错而单方决定与劳动者解除劳动合同的，或者劳动者因用人单位的过错而单方提出与用人单位解除劳动合同的，或者用人单位提出动议，与劳动者协商一致解除劳动合同的，均应当向劳动者支付经济补偿。同时，在用人单位与劳动者终止固定期限劳动合同或者企业破产、责令关闭、吊销执照、提前解散等情形时，也应当向劳动者支付经济补偿。现实中，往往由于一些企业应付补偿金而不付或者支付的补偿金数额低于法定金额出现大量争议。

所谓赔偿金是指根据《劳动合同法》的规定，用人单位应当向劳动者支付的赔偿金和劳动者应当向用人单位支付的赔偿金。用人单位应当向劳动者支付的赔偿金，包括：用人单位违反《劳动合同法》规定与劳动者约定试用期的，如违法约定的试用期已经履行的，由用人单位以劳动者试用期满月工资为标准，按已经履行的超过法定试用期的期间向劳动者支付赔偿金；用人单位未依照劳动合同的约定或者国家规定及时足额支付劳动者劳动报酬，或者低于当地最低工资标准支付劳动者工资的，或者安排加班不支付加班费，以及解除、终止劳动合同，未依照本法规定向劳动者支付经济补偿的，在劳动行政部门责令限期支付后，逾期仍不支付的，用人单位按应付金额50%以上100%以下的标准向劳动者加付赔偿金；用人单位违反《劳动合同法》规定解除或者终止劳动合同的，应当按照《劳动合同法》规定的解除终止劳动合同的经济补偿标准的两倍支付赔偿金；用人单位自用工之日起超过一个月不满一年未与劳动者订立书面劳动合同的，应当向劳动者每月支付两倍的工资，或者用人单位违反本法规定不与劳动者订立无固定期限劳动合同的，自应当订立无固定期限劳动合同之日起向劳动者每月支付两倍的工资等。

劳动者向用人单位支付的赔偿金，包括劳动者违反劳动合同法规定解除劳动合同，或者违反劳动合同约定的保密义务或者竞业限制给用人单位造成损失所应当承担的赔偿金。

⑥法律法规规定的其他劳动争议。按照法律规定，除了上述劳动争议事项外，法律、行政法规或者地方性法规规定的其他劳动争议，也要纳入《劳动争议调解仲裁法》的调整范围，这一规定，使得《劳动争议调解仲裁法》的适用范畴更加完善。

三、我国现行的劳动争议处理体制

根据《劳动法》第七十七条规定："我国解决劳动争议适用下列途径：协商、调解、仲裁、诉讼。解决劳动争议可以通过劳动争议调解委员会进行调解，通过劳动争议仲裁委员会进行裁决以及通过人民法院处理。"

1. 我国处理劳动争议的机构

按照国家的规定，有权负责受理劳动争议案件的专门机构有设在企业的基层调解委员会、地方的各级劳动争议仲裁委员会、同级人民法院。

2. 我国处理劳动争议的途径及程序

用人单位与劳动者之间发生争议，作为争议双方当事人应当采取合法的途径和程序处理彼此之间的争议。目前，处理劳动争议的途径主要有以下四种方式：

（1）协商。发生劳动争议后，当事人应协商解决。协商不成的，可采用其他方式解决。

（2）调解。通过企业劳动争议调解委员会调解解决，企业调解委员会设在企业工会委员会，负责调解本企业发生的劳动争议。

（3）仲裁。向劳动争议仲裁委员会申请仲裁，仲裁委员会处理企业调解不成的劳动争议和当事人直接向仲裁委员会申诉的劳动争议，仲裁委员会的办事机构设在当事人所在地区的劳动和社会保险局内。

（4）诉讼。人民法院是处理解决劳动争议的最终程序，主要负责处理对仲裁委员会裁决不服的劳动争议案件，根据国家有关规定，人民法院的民事审判庭负责审理劳动争议案件，对劳动争议进行最终裁判。

【本章小结】

劳动关系是指劳动者与所在单位之间在劳动过程中发生的关系，所谓关系是指企业所有者、经营者、普通职工及其工会组织之间在企业的生产经营活动中形成的各种责、权、利关系。

劳动关系管理是指企业根据国家相关法律法规对人力资源的开发和使用上的管理工作。

劳动法是调整劳动关系以及与劳动关系有密切联系的其他社会关系的法律，劳动关系是劳动法调整的核心内容；而企业与员工之间签署的书面劳动合同是双方形成劳动关系的重要标志，是确立劳动关系的基本形式。

劳动争议也叫劳动纠纷，是指劳动关系双方（即劳动者和用人单位）在执行劳动法律法规或履行劳动合同的过程中，因劳动权利义务发生分歧而引起的争议或纠纷。

【讨论题】

1. 简述劳动关系的定义和内容。
2. 简述劳动关系的主体和本质。
3. 简述劳动关系的类型。
4. 劳动关系管理的定义和依据是什么？
5. 劳法的定义和主要内容是什么？
6. 劳动合同的定义和主要内容是什么？
7. 劳动争议的定义和特征是什么？
8. 简述劳动争议的种类。
9. 简述劳动争议的处理体制。

【实训练习】

1. 劳动关系转变为劳动法律关系的条件是（　　）。（2009 年 11 月四级真题）

（A）劳动合同关系　　（B）劳动行政法律关系

（C）劳动服务法律关系　　（D）存在现实劳动关系

2. 劳动法律关系的特点包括（　　）。（2009 年 11 月四级真题）

（A）协商性　　（B）双务关系　　（C）内容是权利和义务

（D）具有国家强制性　　（E）是劳动关系的现实形态

3. 在劳动关系的调整方式中，(　　) 的基本特点是体现国家意志。(2009 年 11 月三级真题)

(A) 劳动合同　　(B) 民主管理制度　(C) 集体合同　　(D) 劳动法律法规

4. 集体合同由 (　　) 代表职工与企业签订。(2009 年 11 月三级真题)

(A) 工会组织　　(B) 企业人事部门

(C) 企业法人　　(D) 职工所在负责人

5. 以下关于工作时间的说法错误的是 (　　)。(2009 年 11 月三级真题)

(A) 每月制度工作时间为 20.83 天

(B) 用人单位延长工作时间每日可超过 3 个小时

(C) 劳动者在法定节假日、公休日工作的称为加班

(D) 劳动者超过日制度工作时间以外延长工作时间的称为加点

6. 下列对劳动合同的变更表述不正确的是 (　　)。(2009 年 11 月四级真题)

(A) 可以变更合同的内容

(B) 可以变更合同的主体

(C) 提出变更合同的一方应提前书面通知对方

(D) 双方当事人平等协商一致后方能变更合同

7. 在 (　　) 情况下，用人单位单方解除劳动合同需要承担经济补偿责任。(2009 年 11 月四级真题)

(A) 劳动者被追究刑事责任

(B) 劳动者在试用期满后被证明不符合录用条件

(C) 劳动者严重失职对用人单位利益造成重大损失

(D) 劳动者严重违反操作规程造成重大伤亡事故的

8. 劳动合同中，法定条款不包括 (　　)。(2009 年 5 月四级真题)

(A) 合同期限　　(B) 工作内容　　(C) 保密事项　　(D) 劳动报酬

9. 以下关于集体合同的说法不正确的是 (　　)。(2010 年 5 月三级真题)

(A) 集体合同的法律效力等同于劳动合同

(B) 集体合同不可以由劳动者个人与企业签订

(C) 现实劳动关系的存在是集体合同存在的基础

(D) 集体合同经政府劳动行政部门审核后才具有法律效力

10. 以下关于用人单位内部劳动规则的说法错误的是 (　　)。(2010 年 5 月三级真题)

(A) 以正式文件的形式公布　　(B) 用人单位可不考虑职工的意见

(C) 内容不合法的不具有法律效力　　(D) 其制定程序是先职工参与后正式公布

11. 下列关于职工代表大会制度的说法错误的是 (　　)。(2010 年 5 月三级真题)

(A) 非国有企业实行民主协商制度

(B) 职工代表大会主要在国有企业中实行

(C) 职工大会和民主协商是并行不悖的制度

(D) 职工代表大会制度是对企业管理的替代

12. 在劳动关系的调整方式中，(　　) 的基本特点是体现劳动关系当事人双方的意志。(2010 年 5 月三级真题)

(A) 劳动合同　(B) 民主管理制度　(C) 集体合同　(D) 劳动法律法规

13. (　　) 是由法律直接规定或由劳动合同约定的。(2010 年 5 月三级真题)

(A) 标准工作时间　(B) 工作时间

(C) 计件工作时间　(D) 综合计算工作时间

14. 非因劳动者本人造成用人单位停工、停业的，在一个工资支付周期内，用人单位 (　　) 支付劳动者工资。(2010 年 5 月三级真题)

(A) 无须　(B) 部分

(C) 酌情　(D) 按照正常提供劳动

15. 劳动争议贯彻自愿原则，具体包括 (　　)。(2010 年 5 月三级真题)

(A) 申请调解自愿　(B) 接受调解自愿　(C) 调解过程自愿

(D) 达成协议自愿　(E) 履行协议自愿

16. 劳动法律关系包括 (　　)。(2010 年 5 月三级真题)

(A) 劳动关系　(B) 劳动行政法律关系　(C) 劳务派遣关系

(D) 劳动服务法律关系　(E) 劳动合同关系

17. 集体合同与一般协议一样，也具有 (　　) 等特征。(2010 年 5 月三级真题)

(A) 合法性　(B) 主体平等性　(C) 内容一致性

(D) 客体平等性　(E) 法律约束性

18. 在 (　　) 情况下，劳动者应当被认定为工伤。(2010 年 5 月三级真题)

(A) 患职业病

(B) 受到机动车事故伤害

(C) 因工外出期间受到伤害

(D) 在工作时间和工作场所内因工作原因受到事故伤害

(E) 在工作时间和工作场所内因履行工作职责受到暴力伤害

19. 简述依据调节手段的不同，劳动关系主要有哪几种调整方式？(2009 年 11 月四级真题)

20. 简要说明签订集体合同的程序。(2009 年 11 月三级真题)

21. 2005 年 6 月，19 岁的李某从东北农村来到北京，经亲戚介绍到一家印刷厂当了一名印刷工。2007 年 8 月，已有两年多工作经验的李某，在工作中不慎将左手卷进机器，虽经医院紧急抢救，仍没有保留住李某的左手。在医院治疗期间，劳动社会保障部门认定了李某的工伤。2008 年 3 月李某治疗终结后，被指定的工伤鉴定机构确定为工伤致残四级。身为农民的李某失去了劳动能力，给其今后生活带来了许多困难。在其家人的陪同下，他向印刷厂提出按国家规定支付一次性伤残补助金、异地安家费、并按社会平均寿命 70 岁计算，一次性支付他抚恤金 58 万元。(2010 年 5 月三级真题)

请回答下列问题：

(1) 李某的要求是否有法律依据？

(2) 根据法律规定，李某应享受什么样的工伤致残待遇？

22. 某酒店于去年7月5日与杨某签订了为期3年的劳动合同，合同规定试用期为6个月，试用期间每月工资人民币850元，试用期满以后每月1 000元。当地规定的服务业最低工资标准为每月900元。杨某从去年7月5日至10月8日一直在酒店上班，按规定提供了正常服务。10月9日，杨某看到另一家宾馆招收女服务员，月工资为1 200元，奖金另发。10月20日，杨某等5名礼仪小姐向酒店人事部提出辞职申请，并要求酒店补付所欠工资。人事部经理当场拒绝并报至总经理高某，高某认为杨某等人故意拆台，决定不支付10月份工资。杨某不服，向当地劳动争议仲裁委员会提出申诉。

请结合相关法律法规对本案件进行剖析。（2010年11月三级真题）

【案例分析】

案例8－1　怀孕期间旷工，企业能否解除合同

张某是某商场的销售员，其夫孙某经营一个书店，生意不错，小两口日子过得很红火。最近，张某经常呕吐，到医院检查后发现怀孕了。夫妻二人十分高兴。为了让张某每天都保持一个好心情，孙某尽量满足妻子的要求。张某也开始逐渐放纵自己，想做什么就做什么。一日，张某突然不想上班，丈夫说："累了就别去了，只是别忘了给商场打个电话请假。"

张某嘴上答应了，但并没往心里去，一直没给商场打电话。谁知这一休息就是5天。当张某来到商场上班的时候，被主管叫到办公室问道："小张，这几天干什么去了？"

"怀孕了，身体不舒服，在家休息了几天。"张某红着脸回答。

"怎么不请假啊？"张某这才想起请假这回事。"商场的规定你是知道的，连续3天无故旷工，属于严重违纪行为，你已经连续5天没来上班了，也不请假，你看《解除合同通知书》都已经下来了。"

"但是我现在在孕期啊，商场是不能和我解除合同的。"张某反驳道。

问题：

（1）张某连续旷工5天，已经构成了严重违纪，商场是否可以与之解除劳动合同？

（2）商场决定解除合同是否受张某尚在孕期的影响？

（3）商场解除劳动合同是否需要支付经济补偿？

案例8－2　病假工资应怎样支付

8月的一天，某针织厂职工田某因患肝炎住院治疗。其妻将此事通知了针织厂，并代田某请了病假。厂领导一副关心的样子，让田某转告田某安心养病，不要着急，等病彻底好了再来上班。

到了发工资那天，田某的妻子来为田某代领工资。财务人员赶忙问厂长："该给田某多少工资？"厂长说："他生病住院后就没有工作过，不应该发给工资，你按生活费标准发好了。"

财务人员给田某的妻子发了296元生活费。田某见妻子从厂里回来，只问了句："工资发了吗？"田妻答道："发了。"田某就没再细问。第二个月财务同样只给了296元生活费，这次田某才知道自己每月只得296元生活费。

田某办完出院手续，马上来到厂里向财务人员质问："我又不是下岗，为什么只给我生活费？"财务人员将厂长的原话告诉他："你又没有工作，就不该领工资。"田某不禁怒道："你们以为我们工人好糊弄？你以为我不知道，我这种情况应该领病假工资。我们市最低工资还412元呢，你们至少得每月再补我116元。"

财务人员将厂长叫来，询问他的意见，结果厂长坚持不工作就只能领生活费，而田某却坚持要求每月发给不低于最低工资标准的病假工资。双方为此争执不下，且都声称自己的主张是符合劳动法规的。

请问：那么，到底谁是正确的呢？

案例8－3　拘留可以作为解除劳动合同的理由吗

某个星期天的上午，身为集邮爱好者的某公司员工唐某，来到当地一个大型集邮交易市场，准备选购一些自己喜爱的邮票。当他浏览了整个市场出售的纪念邮票及其价格后，看中了某摊位上出售的一本装满精美邮票的集邮册，唐某正准备向摊主询价，却发现摊主因上厕所没在摊位上，于是唐某左顾右盼，在确认没有任何人注意他时，偷偷将那本精美的集邮册揣进自己的怀中，并悄悄地离去了。

摊主从厕所回来时，发现丢失了一本集邮册，赶紧向交易市场报了案。此时即将跨出交易市场大门的唐某被市场保安当场抓获，保安将其扭送到了当地的公安机关。公安机关对唐某盗窃集邮册的事实调查核实后，对唐某实施了拘留。

几天后，唐某被拘留的消息传到了其所在的工作单位，单位领导认为唐某既然已经被拘留了，说明他是被依法追究了刑事责任的人，于是单位根据《劳动法》第二十五条中关于"劳动者被依法追究刑事责任的，用人单位可以解除劳动合同"的规定，作出了解除与唐某的劳动合同的决定。

两周后，唐某因盗窃的邮票面值数额较少没有被提起起诉，公安机关依据《治安管理条例》对唐某的盗窃行为实施了行政处罚后，释放了唐某。唐某从看守所回来，对单位做出的与自己解除劳动合同的决定不服，向劳动争议仲裁委员会提出了仲裁申请，要求单位撤销解除劳动合同决定，恢复劳动合同。

请问：仲裁委员会是否应支持唐某提出的仲裁请求？

第九章　职业生涯管理

【篇首案例】

为什么选择“四大”

为什么选择“四大”？如果只用一个词语来说明，那就是可进可退可攻可守。可从两方面来看：如果要进要攻，“四大”是非常棒的职业发展起步；如果要退要守，“四大”也能提供一个清晰的职业发展路径。

初出校园，职业生涯刚起步，需要考虑的最重要的问题就是长远发展。“四大”的一大特点是它培养的是职业人士：职业人士的独立生存能力较强，不依附公司而生存。

在选定工作时，问自己一个问题：在该岗位上，我能培养什么样的核心竞争力？离开该公司我还能找到满意的工作吗？同一个班毕业的同学，一般在工作几年后工作生活开始出现分化，再往后就基本定型了。毕业第一份工作当然很关键，但是更根本的在于危机感与上进心的差距。如果你能预见第一份工作将磨平你的棱角、腐蚀你的激情、剥夺你的核心竞争力，那么请千万三思。

“四大”是职业人士培养的摇篮，它采取拔苗助长的方式，帮你迅速成长。横向比较，在“四大”内做两年审计和在企业做两年财务，绝对在同行业中学的东西要多。如果你留心社会招聘要求，很多财务分析、行业分析岗位、财务经理等，都是优先考虑“四大”工作经验的。这说明，“四大”工作经验的含金量非常高；今后跳槽时你就会发现，在财务相关领域，“四大”人与非“四大”人比，绝对是占尽优势。

当然，在“四大”，人之间还存在竞争。很多人担心的一个问题就是，现在“四大”人太多了，几年后跳槽难度将会很大；这个问题我将在下文中继续阐述。这里强调一点，几年后供求关系引起的跳槽难度加大是必然的，但是扩招并不降低“四大”工作经验本身的含金量，它带来的只是“四大”人中三六九等的明显分化，而这又完全取决于个人的努力。而即使是跳不出去或者不愿意跳出去，留在“四大”还是很划算的。

“四大”的级别设置如下：

普华永道：

A2→A1→SA3→SA2→SA1→Manager/Deputy Manager→Senior Manager→Partner

毕马威：

A grade（Accountant，3 年）→B grade（Senior，3 年）→C grade（经理，若干年）→D grade（高级经理，若干年）→Partner（合伙人，终身）

德勤：

Staff：AI→AII→Semi-Senior→SeniorI→SeniorII

Manager：Manager→Senior Manager→Director

Partner：Salaried Partner→Local p→Global p

安永：

SA（Staff Accountant，3 年）→Senior（2 年）→Manager（若干年，一般 2～3 年）→Senior Manager（若干年，快一些 2～3 年）→Director（可以跳过，若干年）→Partner（终身，级别也很多）

在经理级别以前，基本是一年一升，毫无悬念的。而在绝大部分的企业，这种几乎零风险的升迁是不可能的。不过从升经理开始就有竞争，但是升迁速度的可预见性还是比较强的。如果顺利的话，大概十几年就能升 Partner，那时候你也就三十几岁。

当然，要在“四大”熬下去不是那么简单的事。

第一节　职业生涯管理概述

人力资源管理的一个基本观念就是，企业既要最大限度地利用员工的能力，又要为每位员工都提供一个不断成长及挖掘个人最大潜力和建立成功职业的机会，这一观念使得职业管理成为人力资源管理区别于人事管理的最重要特征之一。

一、职业和职业生涯管理

1. 职业

职业（occupation）是指人们所从事的相对稳定的、有收入的、专门类别的工作。

2. 职业生涯

职业生涯（occupational career）是指一个人从首次参加工作开始的一生中所有的工作活动与工作经历按编年的顺序串接组成的整个过程，简单来讲就是一个人一生的工作经历与体验。

广义的职业生涯是指从职业能力的获得、职业兴趣的培养、选择职业、就业，直至到一个完整的职业过程结束。上限从零岁起点开始。狭义的职业生涯是指直接从事职业工作的这一阶段。上限是指从任职前的职业学习和培训开始。

职业生涯的基本含义包括以下三方面的内容：

（1）它是个人行为，而非群体和组织行为。

（2）它实质是指一个人一生之中的工作任职经历。

（3）它不仅表示时间长短，还包含着职业发展、变更的经历和过程。

在漫长的人生中，每个人的职业生涯都会受到多种因素的影响，其中有主观因素，也有客观因素：

（1）个人因素。一个人的个性、兴趣、追求、人生价值观等对个人职业生涯产生影响，多数员工都会对自己未来的发展有一定愿望，还为实现个人的抱负设置了目标，并为实现此目标而努力创造条件。

（2）组织因素。在人的一生中，对个人职业生涯影响最大的还是他们的单位。组织对员工个人职业生涯发展的影响包括人力资源观念、管理措施及管理者的水平。

（3）偶然性因素。在一个人的职业发展过程中，要受到某些被称做机遇的偶然性因素的影响，而且面对同样的机会环境，有所准备的人比缺乏准备的人更容易成功。

3. 职业生涯管理

职业生涯管理（occupational career management）是指组织和员工对企业及员工个人的职业生涯进行设计、规划、执行、评估、反馈和修正的综合性过程，是组织提供的用于帮助组织内正从事某类职业员工的行为过程。通过员工和组织的共同努力与合作，使每个员工的职业生涯目标与组织发展目标一致，使员工的发展与组织的发展相吻合。

因此，职业生涯管理包括两个方面：

（1）从个人的角度讲，员工个人要对自己的职业生涯进行规划，即要对所要从事的职业、要去的工作组织、在职业发展上要达到的高度等作出规划和设计，并为实现自己的职业目标而积累知识、开发技能的过程。

它一般通过选择职业，选择组织（工作组织），选择工作岗位，在工作中技能得到提高、职位得到晋升、才干得到发挥等来实现。个人可以自由地选择职业，但任何一个具体的职业岗位，都要求从事这一职业的个人具备特定的条件，如教育程度、专业知识与技能水平、体质状况、个人气质及思想品质等。并不是任何一个人都能适应任何一项职业的，这就产生了职业对人的选择，一个人在择业上的自由度很大程度上取决于个人所拥有的职业能力和职业品质，而个人的时间、精力、能量毕竟是有限的，要使自己拥有不可替代的职业能力和职业品质，就应该根据自身的潜能、兴趣、价值观和需要来选择适合自身优点的职业，将自己的潜能转化为现实的价值，这就需要对自己的职业生涯作出规划和设计。因此，人们越来越重视职业生涯的管理，越来越看重自己的职业发展的机会。

（2）从组织的角度讲，组织要对员工的职业生涯进行管理，集中表现为帮助员工制定职业生涯规划，建立各种适合员工发展的职业通道，针对员工职业发展的需求进行适时的培训，给予员工必要的职业指导，以促使员工职业生涯的成功。

组织是个人职业生涯得以存在和发展的载体，同样，组织的存在和发展依赖于个人的职业工作，依赖于个人的职业开发与发展。在人才激烈竞争的今天，如何吸引和留住优秀的职业人才是人力资源管理面临的难题。如果一个人的职业生涯规划在组织内不能实现。那么他就很有可能离开，去寻找新的发展空间。所以，员工的职业发展就不仅是其个人的行为，也是组织的职责。

事实上，筛选、培训、绩效考评等诸如此类的人力资源管理活动在组织中可以扮演两种角色，从传统意义上来讲，人力资源管理的重要作用在于为组织找到合适的人选，即用能够达到既定兴趣、能力和技术等方面要求的员工来填补工作岗位的空缺。然而人力资源管理活动还越来越多地扮演着另外一种角色，这就是确保员工的长期兴趣受到企业的保护，其作用尤其表现在鼓励员工不断成长，使他们能够争取发挥其全部潜能。人力资源管理的一个基本假设就是企业有义务最大限度地利用员工的能力，为每位员工提供一个不断成长以及挖掘个人最大潜力和建立职业成功的机会。这种趋势得到强化的一个信号是，许多组织越来越多地强调重视职业规划和职业发展。换言之，许多组织越来越多地强调为员工提供帮助和机会，以使他们不仅能够形成较为现实的职业目标，而且能够实现这一目标。

二、职业生涯管理理论

关于职业生涯管理的理论很多，本书主要从职业发展阶段、职业锚和职业选择模式三个方面着手进行阐述。

1. 职业发展阶段理论

(1) 金斯伯格 (Ginsberg) 的职业生涯发展理论。

美国著名的职业指导专家、职业生涯发展理论的先驱和典型代表人物——金斯伯格研究的重点是，从童年到青少年阶段的职业心理发展过程，他将职业生涯的发展分为幻想期、尝试期和现实期三个阶段：

①幻想期是处于 11 岁以前的儿童时期，此时期职业需求的特点是单纯凭自己的兴趣爱好，不考虑自身的条件、能力水平和社会需要与机遇，完全处于幻想之中。

②尝试期是处于 11 ~ 17 岁这段由儿童向青年过渡的时期，此时期的职业需求特点是有职业兴趣，而且也开始客观地审视自身各方面的条件和能力，注意职业角色的社会地位、社会意义，以及社会对该职业的需要。

③现实期是 17 岁以后的青年年龄段，此时期的职业需求不再模糊不清，已有具体的、现实的职业目标，表现出的最大特点是客观性、现实性和讲求实际。

金斯伯格的职业生涯发展理论，事实上是关于职业生涯发展前期的不同阶段，即就业前人们的职业意识或职业追求的变化发展过程的理论。

(2) 萨伯 (Super) 的生涯发展论。

萨柏 (Donald E. Super) 是美国一位有代表性的职业管理学家，他以美国白人作为研究对象，综合了布尔赫勒 (Buehler) 的生命周期和列文基斯特 (Lavighurst) 的发展阶段论，认为可以根据年龄将每个人的人生阶段与职业发展相配合，每个阶段都有其发展任务。他将生涯发展阶段分为五个阶段：成长 (Growth) 阶段、探索 (Exploration) 阶段、确立 (Establishment) 阶段、维持 (Maintenance) 阶段和下降 (Decline) 阶段。

①成长阶段。大体上可以界定在出生到 18 岁这一阶段上，在这一阶段，个人通过对家庭成员、朋友以及教师的认同以及他们之间的相互作用，逐渐建立起自我的概念。到这一阶段结束后，进入青春期的青少年已经形成了对于兴趣和能力的某些基本看法，开始对于各种可选择的职业进行某些现实性的思考。

②探索阶段。大体上可以界定在 19 ~ 25 岁这一阶段上，人们尝试去寻找自己的职业选择与他们对职业的了解，以及通过学校教育、休闲活动和业余工作中所获得的个人兴趣和能力匹配起来，并从伙伴、朋友和家庭成员那儿收集关于职务、职业生涯及职业的信息。在这一阶段开始的时期，他们往往作出一些带有试验性质的较为广泛的职业选择，一旦他们找到了自己感兴趣的工作或职业类型，他们就开始接受必需的教育和培训。然而，随着个人对所选择职业以及对自我的进一步了解，这种最初的选择往往要被重新界定。当员工开始一份新工作时，会继续进行探索。在大多数情况下，处于探索阶段的员工，如果没有他人的指导和帮助，往往较难以完成工作任务并承担工作角色。

从公司管理的角度来说，必须对他们进行岗位培训和社会化活动，以帮助新员工尽可能快地适应新的工作和工作伙伴，从而实现公司的目标，这一阶段也是公司管理员工职业生涯阶段的真正开始。

③确立阶段。大体上可以界定在26~44岁这一阶段上，它是大多数工作生命周期的核心部分。个人在这一阶段会找到合适的职位，并为之全力以赴地奋斗，然而，这一阶段人们仍然会不断地尝试与自己最初的职位选择所不同的各种能力和理想。这一阶段的员工会在公司中找到自己的位置，独立作出贡献，承担更多的责任，获得更多的收益，并建立一种理想的生活方式。对于这一阶段的员工，公司需要制定政策，来协调其工作角色和非工作角色。同时，该阶段的员工需要更积极地参与职业生涯规划活动。

对于这一阶段可以分成不同的三个子阶段：尝试子阶段、发展子阶段和职业中期危机子阶段。尝试子阶段是最早期，此阶段的人们将会确定现在的这份工作是否适合自己，如果是否定的话，人们就会进行不同的尝试；发展子阶段中，人们往往已经定下了较为坚定的职业目标，并制订了较为明确的职业计划来确定自己晋升的潜力、工作调换的必要性以及实现这些目标需要开展哪些教育活动等；职业中期危机子阶段，人们开始对自己半生的职业生涯发生怀疑，可能发现自己偏离职业目标或发现了新的目标，认为自己前半生的梦想并不是自己真正想要的，人们开始面临一个艰难的选择，是否放弃自己半生的事业，开始涉足另一片领域，这个年龄阶段重新开始一段新的职业生涯的例子并不少见。

④维持阶段。大体上可以界定在26~44岁这一阶段上，这一阶段的人们关注技能的更新，希望人们仍将其看成是一个对公司有贡献的人。他们有多年的工作经验，拥有丰富的工作知识，对于公司及其目标、文化的理解将会更加透彻，他们往往能够充当新员工的培训导师。在这一职业的后期，人们将大多数精力都放在了保有这一工作的方面。

从企业管理的角度来讲，对于这一阶段的员工，主要是防止他们的技能老化，提供学习更新的机会，帮助该阶段的员工达到职业顶峰。

⑤衰退阶段。当退休临近的时候，人们就不得不面临职业生涯中的衰退阶段，在这一阶段里许多人都不得不面临这样一种情况：接受权力和责任减少的现实，学会接受一种新角色，学会成为年轻人的良师益友。再接下去，就是几乎每个人都不可避免地要面对的退休。这时，人们所面临的选择就是如何去打发原来用在工作上的时间。

从企业管理的角度而言，对于衰退阶段的员工主要的职业生涯管理活动是制订并实施员工退休计划和分流计划。在我国的一些国有企业中，出于企业经营的需要、安排新员工的需要，往往使得这一阶段提前发生，称之为“内部退休”，这种现象还是相当普遍的。

（3）格林豪斯（Greenhouse）的职业生涯发展理论。

萨柏和金斯伯格的研究侧重于不同年龄段对职业的需求与态度，而美国心理学博士格林豪斯（Greenhouse）的研究则侧重于不向年龄段职业生涯所面临的主要任务，并以此为依据将职业生涯分为五个阶段。

①职业准备。年龄段为0~18岁，主要任务：发展职业想象力，对职业进行评估和选择，接受必需的职业教育。

②进入组织。年龄段为18~25岁，主要任务：在一个理想的组织中获得一份工作，在获取足够量的信息的基础上，尽量选择一个合适的和比较满意的职业。

③职业生涯初期。年龄段为25~40岁，主要任务：了解和学习组织纪律和规范，逐

步适应职业工作，适应和融入组织，为未来职业成功做好准备。

④职业生涯中期。年龄段为40～55岁，主要任务：对早期职业生涯重新评估，强化或转变自己的职业理想，选定职业，努力工作，力求做到有所成就。

⑤职业生涯后期。年龄段为55岁直至退休，主要任务：继续保持已有职业成就，维护自尊，准备引退。

（4）施恩（Schein）的职业生涯理论。

施恩教授立足于人生不同年龄段面临的问题和职业工作的主要任务，将职业生涯分为九个阶段。

①成长、幻想、探索阶段。年龄段为0～21岁，主要任务：发现和发展自己的需要、兴趣、能力和才干，学习职业方面的知识，寻找现实中的角色模式，获取丰富的信息，接受教育和培训，开发工作世界中所需要的基本习惯和技能。

②进入工作世界。年龄段为16～25岁，主要任务：首先获得可能成为一种职业基础的第一项工作，然后成为一个组织或一种职业的成员，充当的角色是：应聘者、新学员。

③基础培训。年龄段为16～25岁，主要任务：了解熟悉组织，接受组织文化，融入工作群体，尽快取得组织成员资格，成为一名有效的成员，适应组织日常的操作程序，应对工作。

④早期职业的正式成员资格。年龄段为17～30岁，主要任务：承担责任，成功履行与第一次工作分配有关的义务，发展自己的技能和专长，根据自身的才干和价值观，依据组织中的机会和约束，重新评估当初追求的职业，决定是否还留在组织或职业中，或是在自己的需要、组织约束和机会之间寻求一种更好的配合。

⑤职业中期。年龄段为25岁以上，主要任务：选定一项专业或进入管理部门，保持技术竞争力，力争成为一名专家或职业能手，承担较大责任，确定自己的地位，开发个人的长期职业计划。

⑥职业中期危险阶段。年龄段为35～45岁，主要任务：现实估价自己的进步、职业抱负和个人前途，在接受现状和争取看得见的前途之间作出选择，建立与他人的良好关系。

⑦职业后期。年龄段为40岁到退休，主要任务：成为一名良师，学会发挥影响，指导指挥别人，对他人承担责任；发展、深化技能，或者提高才干，以承担更大的责任；如果只求安稳，则要接受和正视自己影响力和挑战能力的下降。

⑧衰退和离职阶段。年龄段一般在40岁到退休期间，不同的人在不同的年龄会衰退或离职，主要任务：学会接受权力、责任、地位下降；学会发展新的角色；评估自己的职业生涯；着手计划退休。

⑨离开组织或职业。在失去工作或组织角色后，面临着两大问题或任务：保持一种认同感，适应新角色、生活方式和生活标准；保持一种自我价值观，运用自己积累的经验和智慧，借助各种资源角色对他人进行传、帮、带。

2. 职业锚理论

职业锚（career anchors）概念也是由美国施恩教授提出来的，所谓职业锚就是自我意向的一个习得部分。每个人有各自的动机、追求、需要和价值观，故所寻求的职业锚也会有所不同。个人进入早期工作情境后，由习得的实际工作经验所决定，与在经验中自省的动机、需要、价值观、才干相符合，达到自我满足和补偿的一种长期稳定的职业定位。

职业锚主要有五大类型：技术型职业锚、管理型职业锚、安全型职业锚、自主型职业锚和创造型职业锚，不同类型的职业锚，也是不同类型的自我意向模式。

（1）技术型职业锚。

技术型职业锚的员工表现出以下特征：强调实际技术或某项职能业务工作，技术型的雇员热爱自己的专业或职能工作，注重个人专业技能的发展，一般多从事工程技术、营销、财务分析、企业计划等工作；拒绝全面管理工作，仅有单纯管理责任的职业不吸引他们；专业技术能力在不断提高；员工的职业锚不是固定不变的。

（2）管理型职业锚。

管理型职业锚的员工具有以下特点：承担单纯管理责任，且责任越大越好，这是管理型职业锚雇员的追逐目标；具有强烈的升迁动机和价值观，以提升、等级和收入作为衡量成功的标准；具有将分析能力、人际关系能力和感情能力相结合的技能，表现出优越的管理才干；管理型职业锚的人很大程度上具有对组织的依赖性，从某种意义上讲，这些人就是高水平的“组织人”。

（3）创造型职业锚。

创造型职业锚是很独特的职业锚，具有以下特点：创造型职业锚同其他类型职业锚有重叠，追求创造型职业锚的人要求有自主权、并具有管理能力，但这些不是他们的主要动机和价值观，创造才是他们的真正动机和价值观；有强烈的创造冲动和欲望，发明创造、奠基立业是他们工作的强大驱动力，是他们绝不会放弃的东西；意志坚定、勇于冒险，总是通过坚韧不拔、百折不挠的精神和行动，赢得创造的实现。

（4）安全型职业锚。

安全型职业锚又称稳定型职业锚，其特征如下：职业的稳定和安全，是这一类职业锚员工的追求、驱动力和价值观；在行为上，倾向于根据雇员对他们提出的要求行事，不越雷池一步；对组织具有依赖性，他们较其他人更容易接受组织；依赖组织，个人缺乏强的驱动力和主动性，很不利于自我职业的开发和发展；安全型职业锚的成功标准是一种稳定、安全、整合良好的家庭和工作情境。

（5）自主型职业锚。

自主型职业锚又称独立型职业锚，其特点如下：最大限度地摆脱组织约束，追求能施展个人职业能力的工作环境；自主型职业锚与其他职业锚有交叉，但是自主的需要较其他方面的需要更为强烈；在工作中显得愉快，享有自身的自由，有职业认同感，把工作成果与个人能力相联结。

职业锚能够准确地反映个人职业需要及其所追求的职业工作环境，反映个人的价值观与抱负，透过职业锚的建立过程，企业可以获得员工个人正确的信息反馈，这样企业才能有针对性地对员工的职业生涯发展设置合理、有效、可行、顺畅的职业通道与职业阶梯，个人则通过企业有效的职业管理，使自身的职业需要得以满足，从而深化了对企业的情感认同与职业归属。

3. 人业互择模式理论

美国霍普金斯大学心理学教授霍兰德（J. Holland）长期从事职业咨询工作，通过对自己与他人职业生涯的深入研究，于1959年首次提出了具有广泛社会影响的人业互择理论，根据职业本身的内容及其对劳动者的要求，可以将职业划分为相应的六种类型，类型相同的劳动者与职业会互相吸引，某一类型的劳动者只有从事类型相同的职业，才能发挥所长，更有可能取得成就，如表9－1所示。

表9－1　霍兰德职业类型表

类　型	个性特点	职业范例
常规型—偏好规范、有序、清楚明确的活动	顺从、高效、实际、缺乏想象力、缺乏灵活性	会计、业务经理、银行出纳员、档案管理员
艺术型—偏好需要创造性表达的，模糊且无规则可循的活动	富于想象力、无序、杂乱、理想、情绪化、不实际	画家、音乐家、作家、室内装饰家
实际型—偏好需要技能、力量、协调性的体力活动	害羞、真诚、持久、稳定、顺从、实际	机械师、装配线工人
社会型—偏好能够帮助和提高别人的活动	社会、友好、合作、理解	社会工作者、教师、临床心理学家
企业型—偏好那些能够影响他人和获得权力的活动	自信、进取、精力充沛、盛气凌人	法官、房地产经纪人、公共关系专家、小企业主
研究型—偏好需要思考、组织和理解的活动	分析、创造、好奇、独立	生物学家、经济学家、数学家、新闻记者

霍兰德的职业选择理论，实质在于劳动者与职业的互相适应，同一类型的劳动者与职业相互结合，便是达到适应状态。劳动者类型与职业类型的相关系数越大，两者的适应程度越高；两者的相关系数越小，相互适应的程度就越低。为了直观地说明这个思想，霍兰德设计了一个平面六角形图，如图9－1所示。

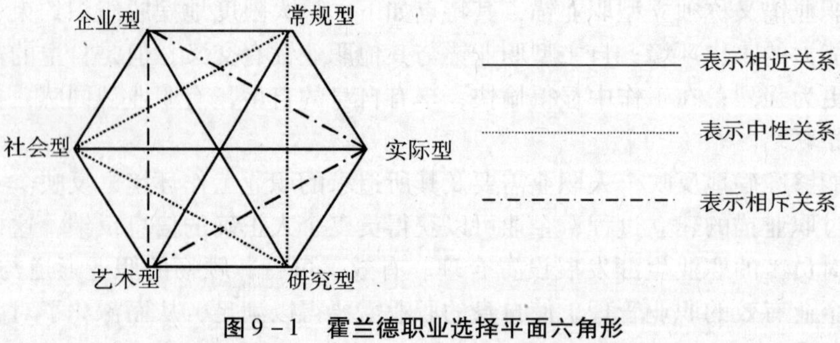

图9－1　霍兰德职业选择平面六角形

（资料来源：刘善仕．人力资源管理．广州：华南理工大学出版社，2004.）

在图中，六边形的六个角分别代表霍兰德所提出的六种类型。六种类型之间具有一定的内在联系，它们按照彼此间相似程度定位，相邻两个类型在各种特征上最相近，相关程度最高。距离越远，两种类型之间的差异越大，相关程度越低。总之，个性类型与职业类型的相关程度越高，个体的职业适应性越好；相关程度越低，个体的职业适应性越差，六角形模型有助于人们更好地理解和进行职业选择。

第二节　个人的职业生涯规划

个人的职业生涯规划，是指个人根据自己的特点，对所处的组织环境和社会环境进行分析，制定自己一生中在事业发展上的战略设想与计划安排，个人职业生涯规划的步骤如图 9－2 所示。

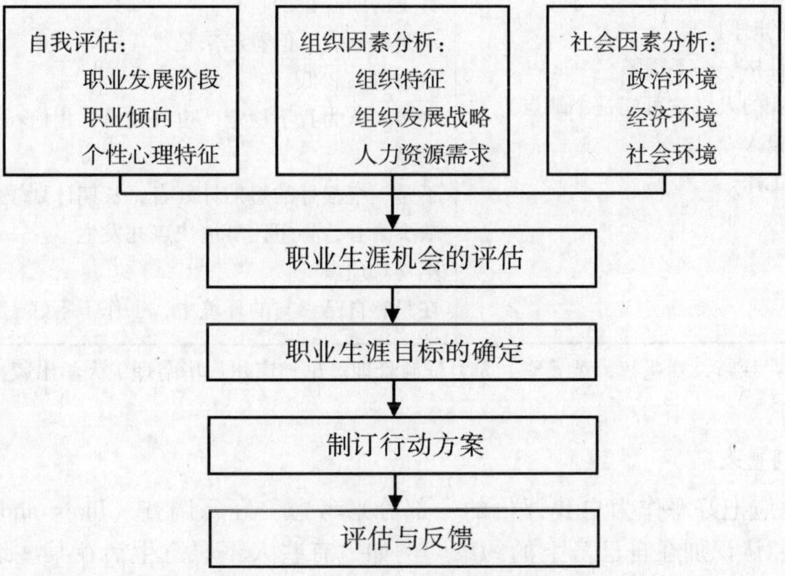

图 9－2　职业生涯规划基本步骤

一、自我评估

自我评估是对自己进行全面分析，主要包括对个人的需求、能力、兴趣、性格、气质等的分析，以确定什么样的职业比较适合自己和自己具备哪些能力，常使用的方法包括优缺点评估表和好恶调查表。

1. 优缺点评估表

由本杰明·富兰克林（Benjamin Franklin）开创的帮助人们认识自身优缺点的自我评价程序被称为优缺点评估表（strength/weakness balance sheet）。认识到自己优点的员工，能最大限度地利用其优势，通过认识自己的缺点，个人可避免其不良的品质或不擅长的技能，示例如表 9－2 所示。

表 9-2　优缺点评估表

优点	缺点
善于与人共事 乐于接受任务并按自己的方式去完成 受人称赞的好管理者 勤劳的工人 人们尊敬我的公正无私 惊人的精力 在现行环境中很好地发挥作用 思想相当开放 与高级商人打交道时感到很舒畅 喜欢玩弄政治手腕（这可能是一个缺点） 一旦工作确定下来，就干完它 善于组织别人的时间 有一个开朗的性格——不腼腆 关心那些关心我的人（这可能是个缺点） 有大量的感情投入 通过他人干好工作	与少数人非常亲密 不喜欢连续不断的监视 不容易跟作为我上级的人交朋友 极度紧张 经常说一些没有意识到后果的话 当无事可做时，不能保持一种看起来忙碌的状态 不能坚持不活动，必须不停地走动 不能坚持一直坐在桌子旁 我的保守性使我勉强做一些自己感情上不想做的工作 有时在不熟悉的环境中会紧张 真正的朋友很少 不是奉承者，但看起来是 兴趣忽高忽低 许多人认为我不稳定，也许我是，相信不是 离婚 不是一个很好的短期计划者，长期计划较好 缺少耐心，心想让事情快点儿发生 不喜欢琐事 在只有自己参与的环境中，工作干不好

（资料来源：魏新，刘苑辉，黄爱华．人力资源管理概论．广州：华南理工大学出版社，2007.）

2. 好恶调查表

一个人也应把好恶作为自我评价的一部分来考虑，好恶调查（likes and dislikes survey）帮助人们认识加在自己身上的约束。例如，有些人不愿意生活在某些地方，这种感觉应视为一种约束，有些工作要求任职者经常出差，因此要估计一下个人愿意出差的时间。

认识到这些自我强加的限制条件，可以减少将来的职业问题；另一种限制可能是公司的声誉和规模。有些人喜欢产品知名度高的组织；另一些人则更喜欢较小的组织，认为提升的机会可能更多或者环境更适合他们，所有可能影响一个人工作业绩的因素都应列在好恶调查表中，示例如表 9-3 所示。

表 9－3 好恶调查表

喜好	厌恶
喜欢旅行 喜欢住在东部 喜欢住在中等城市 爱看足球 爱打网球	不想为大公司工作 不愿在大城市里工作 不喜欢整天坐在办公室工作 不喜欢一直穿制服

（资料来源：魏新，刘苑辉，黄爱华．人力资源管理概论．广州：华南理工大学出版社，2007.）

像这种自我评估，能帮助个人认识自己的基本动机，为谋求职业、追求更高的技能做好准备，一个没有承担管理职责愿望的人，可能不愿意晋升为负责人或参加管理培训，那些了解自己的人，能更容易地作出成功的职业规划所必需的决策。许多人要换职业，是因为他们选择职业以偶然的计划或他人的希望为基础，而不是他们认为的那些对自己最好的职业。

二、外部环境分析

外部环境分析是对自己所处的组织和社会环境的分析，以确定自己是否适应组织环境或者社会环境的变化，以及怎样调整自己以适应组织和社会的需要。短期的规划比较注重组织环境的分析，长期的规划要更多地注重社会环境的分析。

1. 组织环境分析

如果你已经在工作或者将要进入某一个组织工作，组织环境就会对你的职业发展产生重要影响。你对你工作的组织环境有所了解吗？它会给你的职业发展带来怎样的发展机会？

为了更清楚地了解你所处的组织环境，请先回答下列问题：

（1）你所在的是什么性质的单位？是企业、政府机构还是事业单位？

（2）如果你工作的地方是企业，那么是什么性质的企业？是生产性企业或者商业企业？是处于发展中的企业还是衰落中的企业？

（3）你所在的组织的发展目标是什么？该目标为你的职业发展提供什么样的机会？

（4）组织将最需要什么样的人才？组织将会出现哪些新增的岗位？你的上司有哪些人退休或转移到别的岗位？你现在或者通过发展能适应组织发展的要求吗？

（5）你有哪些竞争对手和潜在的竞争对手？他们有哪些特长？这些特长对工作会起到什么样的作用？

对组织的评估也有一个渐进的过程，在选择一个组织时，为了避免作出错误的选择，要尽可能利用可以获得的信息，了解组织的基本情况，这里要紧紧抓住的一条：在组织内是否有自己的发展机会，是否能满足自己职业发展的需要。

当然，在进入组织后，随着对组织内部的进一步了解，要对组织作出重新评估，以进一步明确自己的发展目标或作出重新择业的决策。

2. 社会环境分析

个人不可避免地要受到所处社会环境的影响，它不但影响到我们的职业，还影响到我们生活的方方面面，为了更清楚地认识所处的社会环境对职业选择和职业发展的影响，需回答下列问题：

（1）你所在地区的经济发展形势怎样？是发展很好，还是一般或者较差？这个地区为你提供怎样的发展机会？

（2）你所在的行业是处于发展上升时期，还是处于衰落时期？这个行业会为你提供哪些发展机会？机会有多大？

（3）社会将会出现哪些新兴的行业？哪些新兴的行业比较适合你的发展？

（4）社会上还有哪些地方、哪些行业和哪些企业有更好的发展机会？

（5）还有哪些重要的社会因素影响到你的职业选择和职业发展？

社会环境的分析要与自我分析、组织环境分析结合在一起，注意要紧紧抓住与个人职业选择与职业发展最相关的问题来进行分析。分析社会环境，要注意职业信息的收集。

三、职业生涯机会评估

生涯机会的评估包括长期的机会和短期的机会评估，通过对社会环境的分析，结合本人的具体情况，评估有哪些长期的发展机会；通过对组织环境的分析，评估组织内有哪些短期的发展机会，通过职业生涯机会的评估可以确定职业和职业发展目标。

在所有机会的评估工具中 SWOT 分析法是最著名也是最基本的一种，SWOT 是四个英语单词 strength，weakness，opportunity 和 threat 的缩写，分别表示优势、劣势、机会和威胁。

一般来说，优势和劣势从属于个人本身，而机会和威胁则更可能来自于外部环境（包括组织环境和社会环境），因此，当个人评估生涯机会时，SWOT 分析便可以派上用场。

（1）优势：自己出色的方面，尤其是与竞争对手相比具有优势的方面，如语言表达能力强，身体素质好等。

（2）劣势：与竞争对手相比处于落后地位的方面，如不善于交际，活动能力比竞争对手差等。

（3）机会：有利于职业选择和职业发展的一些机会，如企业有部分老干部退居二线，企业产品市场扩大需要一名市场部经理等。

（4）威胁：存在潜在危险的方面，如所在企业走向衰落，不喜欢自己这种性格的人来担任直接上司等。

通过 SWOT 分析，一幅清楚的生涯机会前景就呈现在你的面前，如表 9－4 所示。

表 9-4 SWOT 分析法

	优势（S）	劣势（W）
机会（O）	SO 策略	WO 策略
威胁（T）	ST 策略	WT 策略

运用 SWOT 分析方法进行职业生涯机会评估时，要尽可能地对面临的各种职业发展机会进行评估，然后确定职业生涯目标，选出最优发展机会。

职业生涯机会评估是制定职业生涯规划相当重要的阶段，职业生涯机会评估的好坏往往关系到以后的发展机会，错误的职业生涯机会评估只会使自己耽误时机，错过其他好的发展机会；正确的职业生涯机会评估会使自己成功地抓住机会，使事业取得成功。

四、确定职业生涯目标

自我评估和外部环境分析为选择职业生涯目标提供了基础，可以找出能够利用的职业选择和职业发展机会，对各种机会进行评估，找出比较满意的方案，确定自己的职业生涯目标。

职业生涯目标也可划分为人生目标、长期目标、中期目标和短期目标，首先确定的是人生目标，然后再确定长期目标、中期目标和短期目标。其中，人生目标的设定是职业生涯规划的核心，一个人事业的成败，很大程度上取决于有无正确适当的人生目标。初出校门的青年人进入职业队伍时首先考虑的就是人生目标，当然由于对自我的认识不足和对组织和社会环境的有限认识，有时人生目标是难以在就业前确定的，这时可以通过工作初期的几年时间对工作进行试探，进一步了解适合自我的职业环境，尽快确立职业生涯发展目标。制定职业生涯目标要注意几个重要的方面：

（1）人生目标、长期目标要尽可能远大，但不要求具体详细。

（2）中短期目标应既有激励价值，又要现实可行，而且要求具体明确。

（3）下级目标要服从于上一级目标，围绕上一级目标来制定。

当然，在制定人生和长期目标时，可能要多考虑一些自身和社会的因素。而制定中期目标和短期目标，你就要更多地考虑组织因素。

为了进一步明确自己的职业目标，需回答下列问题：

（1）你的人生目标是什么？什么时候开始形成这个目标？为什么设定这个目标？

（2）下个十年内你有哪些具体目标？现在起五年内你会做些什么？

五、制订行动方案

在确定以上各种类型的职业生涯目标后，就要制订相应的行动方案来实现他们，把目标转化成具体的方案和措施，比较重要的行动方案有职业生涯发展路线的选择和职业的选择。

1. *职业生涯发展路线的选择*

职业生涯路线是整个人生规划的开展，在确定自己的人生目标后，就必须考虑向哪一条路线发展，即是走行政管理线路，向行政方面发展；还是专业技术路线，向业务方面发展等。例如，你可以把职业生涯路线设计为：进入大学学习技术与管理知识→在政府部门锻炼人际交往能力→到大公司担任中层管理人员→到小公司担任高层管理人员→成为大公司高层管理人员。

发展路线不同，对其要求也就不同，这一点不能忽视。即使同一职业，也有不同的岗位，有的人适合搞行政，可在这方面大显身手，成为一名卓越的管理人才；有的人适合搞研究，可在某一领域有所突破，成为一名著名的专家学者；有的人适合搞经营，可在商海大战中屡建功勋，成为一名经营人才。如果一个人不具有管理才能，选择了行政管理线路，这个人难以成就事业。由此可见，职业生涯路线的选择，也是职业发展能否成功的重要步骤之一。

2. 职业的选择

在确定职业生涯目标和选择职业生涯路线之后，这时就要选择相应的职业，在选择职业阶段，一般先要选择行业，再选择行业中的某一类职位。

应选择什么样的职业，可以先想想下列的问题：

①哪些行业对你来说有比较多的发展机会？这些行业中，你又最喜欢哪一类职位？你对这些行业和职业了解多少？

②你最喜欢什么样的企业？这些企业会给你提供好的发展机会吗？这些企业会给你好的待遇吗？

③你了解你选择的企业吗？这个企业会给你什么样的职位？胜任这个职位需要具备什么条件？

在这个过程中，应考虑以下四个方面：

（1）选择行业。在选择行业时，先要拟定几类合适的行业进行考查，收集行业发展的资料，如果暂时定不下来，就不要强迫自己在某一时间内作出决定，可以广泛地了解一个行业和情况，多和有丰富职业生涯的人交流。例如，你想从事律师这行，至少得了解中外法律史、国际国内法律的异同，以及尽可能收集这个行业一些优秀人物的个人资料。在对某行业进行考查时，拟出该行业某职位的相关知识门类和能力特点，如果选定了该行业，列出清单，结合自己的情况逐一加以学习和培养，当然也包括一些基础工作的锻炼。

（2）选择理想的企业。在了解自己对职业前途的需求状况之后，选择最适宜的企业是关键的一步。什么是最适宜的企业呢？薪酬待遇固然重要，但更多的要注重企业的发展机会，要注意这个公司企业文化的优越性与管理系统的规范性。一个优秀的企业所提供的企业文化内涵与制度框架体系将使该公司职工受益终生，使职工无论在客观行动还是主观观念都融入一种以效率为基准，同时注重团队精神与个人相结合的管理环境中，而这正是企业在日趋激烈的市场竞争中胜出的动力所在。

（3）找准职能部门。客观地说，要找准自己适合就职的部门是一件非常复杂的事情，它必须和个人的学业专长、爱好、学习体验综合起来考虑，而且往往受到企业的职能部门人员编制的限制。但是，假如具备足够的竞争优势去选择合意的职能部门的话，应该选择最能适合自己发展的职能部门；有些职能部门工作量大，业务复杂，但同时有比较多的发展机会，要优先考虑这些部门。

（4）重视培训。对于刚刚踏上工作岗位的毕业生而言，要完成从学生到企业人的角色转换需要一个过渡期。如何最有效地缩短这个过渡期呢？一般公司都会为员工提供各种培训，其目的就是让新员工迅速掌握本企业各项业务的特点，从而在最短时间内进入角色，并按照公司的制度体系开展工作。应当充分重视公司提供的各方面培训。

一些优秀的公司经过多年的实践，其培训机制可能影响你今后整个事业的发展，一些著名跨国公司对人才的吸引力之所以巨大，除了较高的薪酬之外，很重要的一个原因就是这些历史悠久的跨国企业通过多年市场操作，总结出了极其科学、先进而且富有特色的员工培训机制，使得员工能够切身感受到一整套世界最先进的管理操作系统，从而为今后事业的发展奠定良好的基础。

六、评估与反馈

在人生的发展阶段，由于社会环境的巨大变化和一些不确定因素的存在，会使原来制定的职业生涯目标与规划有所偏差，这时需要对职业生涯目标与规划进行评估并作出适当的调整，以更好地符合自身发展和社会发展的需要。

调整的内容包括：职业的重新选择；生涯路线的选择；实施措施与计划的变更；人生目标的修正等。为了对职业生涯规划作出有效的修订与评估，通常要更深一层地回答下述一系列问题。

（1）这项工作将给我提供一个测试自我的机会吗？我真能干这项工作吗？我能顶住有关的真实情况所造成的压力吗？我将如何应付这项工作给自己带来的焦虑和紧张呢？我擅长这项工作吗？我喜欢它吗？

（2）人们认为我值得这么干吗？我有机会显示出自己的长处吗？我能作出一定的贡献吗？人们喜欢我吗？我的贡献会受到赏识吗？

（3）我能保持自己的个性和完善吗？我将不得不放弃自己的价值观或道德标准吗？我将不得不顺应不合意的组织准则吗？

（4）我会取得一种均衡生活吗？我有时间满足家庭和个人的乐趣吗？职业会向我提出力不从心的要求吗？

（5）我将学有所得，日有长进吗？

（6）我在组织中的成员资格符合自己的理想吗？能强化个人的自我意象吗？我会为自己与这种职业或组织结为一体感到骄傲吗？

当然，人生规划一旦制订，就不要轻易改变，在遇到一些不确定因素的影响时，一般只对短期计划和中期计划作些调整，人生规划与长期规划的调整一定要慎重地考虑。

第三节 组织的职业生涯管理

组织职业生涯规划与管理至关重要，企业如果能够有效进行职业生涯规划，使能从容地应对职位空缺，提高员工忠诚度，并有针对性地实施培训和开发项目。组织职业生涯规划作为一种管理活动，旨在促进员工职业成功，充分调动员工潜能，是员工在实现组织目标过程中贡献的最大化。

一、确定不同职业生涯期的职业管理任务

员工职业生涯分为不同时期阶段，在不同的阶段，员工的职业工作任务、任职状态、职业行为等有所不同，并呈现出不同特征。从组织角度讲，就必须依据不同职业生涯期的个人职业行为与特征，确定每个阶段的具体管理任务。但是，从企业来讲，可以通过办企业技工学校、职业学校，乃至大学，有目的地进行培训，为满足企业的职业需求，招聘员工奠定基础。

二、有效地进行职业指导

职业指导，是指帮助员工了解自己的生理和心理特点，提供有关现有职业机会及其职业特点的信息，帮助员工选择和获得最合适的职业工作，职业指导要同员工的职业选择有机协调、相伴进行。

企业的职业指导主要发生在两个环节或场合上：一是就业前的职业指导；二是进入企业后的职业指导。

1. 就业前的职业指导

面对就业前的诸多求职者，企业的职业指导主要有以下几方面的工作：宣传本企业的职业需求，向广大求职者提供有关本企业的职业机会、职业特点和职业要求等信息；了解应聘者的个人特质、职业意愿和要求，对本企业及其职业工作的意向；依据本企业的职业需求计划，帮助求职者分析是否适宜在本企业中工作，寻觅合适人选，按一定程序、要求、规范和原则选聘相应的适宜的员工；吸收合适的人选进人企业，就位于职业岗位。

2. 进入企业后的职业指导

伴随着科技进步，企业管理工作的革新及组织目标和任务的变化，企业的职业工作岗位会有增有减，有所变动，那么就必然会发生员工职业工作岗位的变动。所以，每个员工将朝哪个方向发展，如何发展，都需要企业给予耐心的职业指导。其中企业的重要任务在于：发布企业职业岗位需求信息；了解员工的愿望、要求和想法；帮助员工认识、评估个人特质、能力、兴趣爱好，帮助员工分析和选择自己的适宜职业岗位；职能匹配定位。

三、为员工的职业生涯发展开辟通路

员工的职业生涯发展是组织存在的必要条件和动力源泉，并与企业的发展互相促进，因此，提供条件、设置职业通路、给员工职业生涯发展予以帮助，是企业应尽的责任和义务，是企业的一项重要任务。

职业发展道路（career path），是一个人变换职业所走的路线或者途径，职业道路通过帮助员工胜任工作，确立企业内晋升的不同条件和程序对员工职业发展施加影响，使员工的职业目标和计划有利于企业的需要，良好的职业发展道路设计一方面可以激发员工的工作兴趣、挖掘员工的工作潜能，另一方面有利于企业吸收并留住最优秀的员工。

职业道路的类型主要包括以下四种：

1. 传统职业道路

传统职业道路是一种基于过去企业内员工的实际发展道路而制定的一种发展模式，这种模式将员工的发展限制于一个职业部门内或一个企业内，通常由员工在企业中的工作年限来决定员工的职业地位。

传统职业道路的优点是直线向前，清晰地展示于员工面前，让员工清楚地了解自己必须向前发展的特定工作序列。然而，传统职业道路也有一个很大的缺陷，它是基于企业过去对员工的需求而设计的，但实际上随着企业的发展，原有职业需求已经不再符合现在与将来的企业发展要求，因此企业更需要一种灵活、可以不断改进的模式来设计企业内的职业发展道路。

2. 网状职业道路

所谓网状职业道路，是纵向发展的工作序列与横向上发展机会的综合交叉，这一途径承认在某些层次的工作经验的可替换性，使员工在纵向晋升到较高层次职位之前有机会拓宽和丰富本层次工作经验的经历。

网状职业道路比传统职业道路更现实地代表了员工在企业中的发展机会，纵向和横向上的选择交错，减少了职业道路堵塞的可能性，增加了企业的应变性，当企业战略发生转移或环境发生变化时，能够顺利实现人员转岗安排，保持整个企业的稳定性。但是，对于员工来说，它不如传统职业道路明晰和清楚，员工选择自己想走的职业道路难度比较大。

3. 横向技术道路

前面介绍的两种职业发展道路都被视为组织中较高管理层升迁之路，但企业内并没有足够多的高层职位为每一位员工提供升迁的机会，而长期从事同一项工作会使人感到枯燥无味，影响员工的工作效率。因此，企业也多采取横向调动来使工作具有多样性，使员工焕发新的活力、迎接新的挑战。尽管没有加薪或者晋升，但员工可以增加自己对企业的价值，使自己获得新的发展机会。

4. 双重职业道路

双重职业道路最初被用于解决单个领域中某些员工的问题，他们具有专业技能，但不期望升迁到管理部门工作。双重职业道路是为满足专业人员的职业发展需要而设计的，这种设计有利于鼓舞和激励在工程、技术、财务、销售、市场等领域中的贡献者，这种道路的设计有利于在这些领域的员工增加他们的专业实践，为企业作出更大的贡献，同时得到报酬。双重职业发展道路的实现能够保证企业既能聘请到具有高技能的管理者，又可以雇用到真有高技能的技术人员。

传统职业道路以及由其发展而来的网状职业道路都是基于晋升而设计的职业道路，横向职业道路可以增加员工的职业生活多样强，双重职业道路可以保证员工在适合自己的岗位上发展。每种职业道路都有自己的特点，企业可以根据自身的特色而提供恰当的职业发展通道来发挥职业管理的巨大功效。

总之，企业必须为员工设置职业通道，企业中员工的生涯目标是否能够实现，个人特质与能力固然重要，但是如果没有外在条件，如企业的需要与机遇等，个人的职业生涯发展也是不可能的。此时，企业设置职业道路是决定性因素，企业首先应当建设主干道，然后不拘泥于单条路，应设置多条与主干道相关的路径。

另外，企业还要为员工疏通职业道路，员工职业发展的障碍主要来自于：职业工作本身、家庭、生物社会生命周期。因此企业必须从员工总生命空间出发，寻找障碍源，有针对性地解决问题，排除障碍，以使员工职业发展道路得以畅通。

链接：科林·鲍威尔的职业道路

1954 年　参加 ROTC 计划

1957 年　考入纽约市立学院

1963 年　参加越战

1968 年　毕业于美国陆军指挥与参谋学院（U. S. Army Command and General Staff College，CGSC）

1971 年　毕业于乔治·华盛顿大学研究生院

1972 年　里查德·尼克松（Richard Nixon）总统时期的白宫办公室秘书长

1974 年　在韩国任第 3232 步兵旅第 1 营营长

1977 年　第 101 空降师第 2 旅旅长，陆军上校

1978 年　吉米·卡特（Jimmy Carter）总统时期在国防部长办公室工作

1982 年　第 4 机械化步兵师作战与训练副师长，陆军准将

1982 年　联合作战发展计划部副部长

1987 年　罗纳德·里根（RonMd Reagan）总统时期任国家安全顾问

1989 年　乔治·布什（George Bush）总统时期任参谋长联席会议主席

1992 年　被邀作比尔·克林顿（Bill Clinton）的总统竞选伙伴（拒绝）

1993 年　比尔·克林顿总统时期任参谋长联席会议主席

1993 年　从军队退役

2000 年　乔治·W. 布什总统时期任国务卿

【本章小结】

职业指人们所从事的相对稳定的、有收入的、专门类别的工作。职业生涯指一个人从首次参加工作开始的一生中所有的工作活动与工作经历按编年的顺序串接组成的整个过程，简单来讲就是一个人一生的工作经历与体验。职业生涯管理指组织和员工对企业及员工个人的职业生涯进行设计、规划、执行、评估、反馈和修正的综合性的过程。职业生涯管理的内容包括两个方面：从个人的角度讲，员工个人要对自己的职业生涯进行规划；从组织的角度讲，组织要对员工的职业生涯进行管理。

个人的职业生涯规划，是指个人根据自己的特点，对所处的组织环境和社会环境进行分析，制定自己一生中在事业发展上的战略设想与计划安排。

组织职业生涯规划作为一种管理活动，旨在促进员工职业成功，充分调动员工潜能，是员工在实现组织目标过程中贡献的最大化，需要确定不同职业生涯期的职业管理任务、

有效地进行职业指导并为员工的职业生涯发展开辟道路。

【讨论题】

1. 职业和职业生涯的定义是什么？
2. 简述职业生涯管理的定义和内容。
3. 简述职业生涯管理理论。
4. 简述个人职业生涯规划的定义和流程。
5. 简述组织职业生涯规划的内容。

【案例分析】

案例9－1 麦当劳的“圣诞树”式的人才发展系统

世界快餐之王——麦当劳公司不仅经营艺术十分高超，在人力资源管理方面也很有独到之处。在麦当劳公司有一本人力资源管理手册，将人力资源管理的所有内容都标准化了。如怎样面试？怎样招聘？怎样挖掘一个人的潜力？等等。手册的内容表明，麦当劳的招聘面试、对员工的考核、员工结构员工发展系统等均比较独到，但其中尤其值得一提的是它的人才发展系统，堪称一绝。

发展包括两个方面：其一是能力的培养与提高，其二是职位的提高与晋升。因此人才发展系统也包括两个方面，一个是个人能力发展系统，另一个是个人职位发展系统。

麦当劳的个人能力发展系统跟其他公司既有相似之处，又有很大的差别。相似之处在于，麦当劳的个人能力发展系统也同大多数公司一样，主要靠培训。麦当劳北京公司总裁赖林胜先生说，“麦当劳北京公司每年都在培训方面有很大的投入”，他还介绍了详细情况。首先，麦当劳是强行对员工进行培训，麦当劳在中国有三个培训中心，培训的教师全部都是公司里有经验的营运人员；其次，麦当劳餐厅部经理层以上人员一般要派往国外去学习，在北京的50多家麦当劳里，就有100多人到美国的汉堡大学学习过。他们不单去美国学习，还去新加坡等地，因为麦当劳认为新加坡的培训做得很好，“他们的自然资源很少，主要靠人力资源开发增强综合国力”。而且，不论是出国培训还是平常培训，培训完了以后员工都要给他的上级经理写行动计划，然后由经理来评估，以保证培训效果。麦当劳希望通过这些措施让员工觉得在麦当劳有发展前途。

不同之处在于，除了培训中的细节，如前面提到的强制培训、行动计划等外，主要是麦当劳比较注重让员工在实践中学习和提高，即平常的“Learning by doing（干中学）”。员工进入麦当劳之初，就会有年长者专门辅导，告诉他工作经验，并带领他从事实际工作，麦当劳的管理人员95%以上要从员工做起，在实践中得到提高和提升，赖林胜先生就是这样。

尤为特别的是麦当劳的个人职位发展系统。一般企业的职位设置，高高在上的是公司最高管理层，如老板，或者是董事长、董事、总裁等；然后是高层经理人员，主要是全球职能部门总经理、产品部门总经理、地区总经理等；下面还有中层管理人员；最下面是广大员工，活脱脱一个“金字塔”。结果是越往上越小，路越窄，许多优秀人才为了争夺一个职位费尽心机，不能成功者多数选择了自起炉灶或另谋高就，很不利于公司和人才的进一步发展。麦当劳的职位系统更像一棵“圣诞树”，公司的核心经营管理层就像树根，为众多树干和树枝提供根基，只要员工有能力，就可以上一层成为一个分支，更出色者还可以“更上一层楼”，又是一个分支，甚至可能发展成树干，如此等等，永远有机会。正因为这样，麦当劳的离职率很低，成本无形中大大下降了。

麦当劳北京公司总裁赖林胜先生在解释这一点时说：“钱非万能，如果员工只是为了钱的话，他明天又可能为了更多的钱走掉。这15年来，包括我本人在内，都感觉麦当劳是陪我们一起成长的。因此对于连锁经营来讲，它的结构是很重要的，生产系统、采购系统重要，人力系统更重要，光有好的人永远都做不成事。因为只要连锁经营，你的机会就永远存在。我常跟同事们说：每个人面前都有个梯子，不用去想我会不会被别人压下来。你爬你的梯子，你争取你的目标。所以要给每个员工规划一个很长远的计划来改善现在的情形。所以，人一定要追求卓越，这是第一。还有，给每个人平等的机会，不搞裙带关系。一个企业在发展之初，还要记住维护你的社会地位。在发展员工的时候，你不要总是说：我发给他工资。工资不代表什么，人家还有给更高工资的。你给一千两千，别人也许会更高一些。没有钱是万万不能的，但钱也不是万能的。所以大家不论选择好的合作伙伴，还是找好的员工，都要建立一套规范的系统。这些系统建立好以后，我们的连锁经营才能发展壮大。”其中人力资源管理方面的系统就是“圣诞树”而非“金字塔”般的个人发展系统。

问题：

(1) 案例中，“圣诞树”式的人才发展系统指的是什么？

(2) 麦当劳是如何为它的员工个人发展开辟通道的？

(3) 麦当劳吸引员工的奥秘在哪里？

案例9-2　关心雇员的默尔·诺曼化妆品公司

很少有哪个公司的雇员能享受像默尔·诺曼公司在加利福尼亚利西尔玛总部及工厂工作的雇员所享受到的福利，每一个为这家化妆品制造公司工作的人都享受着令人羡慕的福利：花上25美分就能得到一份以上等排骨和杏仁鲑鱼为特色的有7道菜的午餐；有法国著名厨师提供的各种丰富的点心和面包；通常支付费用的10%就能找到公司雇用的牙科大夫并把牙补好；以批发价从公司拥有的加油站购买汽油；每两周就能于星期六晚上在公司豪华的小剧场免费观看首轮放映的电影；以及一份由公司高层管理人员们端出的圣诞节自助式火鸡午餐；他们还向每个雇员提供一张红利支票，支付一周的额外薪水。

这种对待雇员的全面仁慈态度就是由默尔·诺曼提出的。这位妇女于1931年11月创建了这家公司，并制定把“像家人那样”对待雇员作为公司的一项政策。在她的化妆品公司成功以前，默尔·诺曼外出工作只是出于生计。她的丈夫安迪·诺曼是一个推销员，为了追求他的发财梦，这时夫妇在六年里搬了7次家，纵横穿行了整个美国，于1919年在加州圣莫尼卡安顿下来，安迪在那儿建立一家房地产公司，但前景惨淡，决定继续搬家。

然而，这次默尔·诺曼不太愿意把赌注都押在未来的路途上。太太出于生计，她说服丈夫支持她创办一家自己的企业：汉堡包售货亭。很快，这个售货亭在其附近的工厂和仓库工人中成为一个颇受欢迎的午餐地点，这主要得益于它出售的特别松软的汉堡包，这是通过把生鸡蛋和切好的肉搅拌在一起按一种秘密的食谱配方制作而成的。

尽管她的汉堡包售货亭大受欢迎，但是默尔·诺曼认识到，经营一家只供应一种产品而且其生意只集中于午餐时间的小饭店只能赚到有限的钱。1923 年，她关闭了汉堡包售货亭，转而开设一家新的全天营业饭店，供应早、中、晚三餐。但新饭店在刚开张几分钟后就关闭了。原因是一位愤怒的顾客为店里没有烤奶油蛋饼的铁模而责骂她，而她对自己一大早就关闭饭店的举止解释为：当你经营一个企业时，你总是假定你自己了解这一行。我甚至不知道要去搞一副烤奶油蛋饼用的铁模。因此我关门了。

从这次实践中她学到了宝贵的一课：下次创办企业时要更加审慎着手，更加小心地规划。之后，诺曼为一名叫杜莫尔的医生工作，从中学会了为自己的化妆品配方。到 1927 年，诺曼试验出一种粉底油膏，并相信它已相当不错，足以出售给公众。然而，饭店的失败仍然记忆犹新，这位 40 岁的企业家并不想轻率地投入这项事业。于是，诺曼一边仍然在杜默尔那里工作，一边开始悄悄地向朋友和熟人们出售她的“粉底霜”，在此同时，还开发出其他美容产品，如洁肤剂、冷霜和扑面粉等。

由于支付不起报纸广告费，诺曼只得依靠口头介绍来为她的家庭工作室招徕新顾客。任何带朋友来工作室的顾客以及她的朋友，诺曼都提供一次免费化妆，以鼓励口头介绍。

虽然这样做既费钱又费时，但诺曼相信如果顾客喜欢化妆的效果，他们就会购买这种产品。历史证明默尔·诺曼是正确的。通过提供这种免费的化妆服务来促销，她的这家以其本人名字命名的公司发展成为不稳定的化妆品市场中最能持续保持赢利的公司之一。1983 年默尔·诺曼公司在世界 2 500 个工作室的销售额由 1978 年的 6 000 万美元跃至 8 亿美元，这得益于公司坚持实行其产品免费示范的政策。

诺曼是一位非常坚决果断的女人，她对自己的最终成功充满信心，而且她善于听取旁人的意见。在她侄子的建议下，诺曼在圣巴巴拉开办了第二家默尔·诺曼工作室。

结果圣巴巴拉的工作室非常成功，以致在 1934 年它创办的一年内又诞生了另外 70 家墨尔·诺曼工作室。这些工作室并非特许经营，而是由经营者拥有的独立企业，这些经营者同意只使用默尔·诺曼的产品，并遵循其他准则。

到 1939 年，已经有 600 家默尔·诺曼工作室，主要位于西部、南部和中西部，其中绝大多数为妇女所拥有。最初，默尔·诺曼本人亲自训练所有新的工作室拥有人，但是随着她的企业的发展，她不得不设计一些教导她们的其他方法。1936 年，她开始出版《默尔·诺曼公司新闻报》，让交易商了解公司的最新发展。两年以后，她接着又创建了默尔·诺曼训练学校，这个学校在全国流动，为工作室拥有人不断提供销售训练。

而且每年都举行一年一度的销售大会，吸引全国各地的工作室拥有人。诺曼的成功不仅为她本人带来了荣誉和金钱，而且她为妇女提供了就业的机会和信心。在开办工作室之前，很多妇女的境遇与诺曼刚开始时是差不多的。单就这方面而言，诺曼的成功是骄人的。

问题：

（1）默尔·诺曼的职业生涯设计有何特点？

（2）怎样看待默尔·诺曼的成功？

参考文献

[1] 葛玉辉. 人力资源管理（第2版）. 北京：清华大学出版社，2008.
[2] 董克用. 人力资源管理概论（第二版）. 北京：中国人民大学出版社，2007.
[3] 彭建峰. 人力资源管理概论（第二版）. 上海：复旦大学出版社，2011.
[4] 魏新，刘苑辉，黄爱华. 人力资源管理概论. 广州：华南理工大学出版社，2007.
[5] 刘善仕. 人力资源管理. 广州：华南理工大学出版社，2004.
[6] [美] 乔治·伯兰德，斯科特·斯内尔. 人力资源管理（第十三版）. 魏海燕主译. 大连：东北财经大学出版社，2006.
[7] [美] 乔治·伯兰德，斯科特·斯内尔. 人力资源管理（第十三版英文版）. 大连：东北财经大学出版社，2003.
[8] 余凯成，程文文，陈维政. 人力资源管理（第三版）. 大连：大连理工大学出版社，1999.
[9] 秦志华. 人力资源管理（第三版）. 北京：中国人民大学出版社，2010.
[10] [美] 加里·德斯勒. 人力资源管理（第9版）. 吴雯芳，刘昕译. 北京：中国人民大学出版社，2006.
[11] [美] 杰弗里·梅洛. 战略人力资源管理. 吴雯芳译. 北京：中国财政经济出版社，2004.
[12] 萧鸣政. 人力资源管理. 北京：中央广播电视大学出版社，2001.
[13] [美] 雷蒙德·A. 诺伊，约翰·霍伦拜克. 人力资源管理：赢得竞争优势. 刘昕译. 北京：中国人民大学出版社，2001.
[14] 高艳. 工作分析与职位评价. 西安：西安交通大学出版社，2006.
[15] 萧鸣政. 工作分析的方法与技术（第二版）. 北京：中国人民大学出版社，2006.
[16] 徐芳. 培训与开发理论及技术. 上海：复旦大学出版社，2005.
[17] 石金涛. 培训与开发. 北京：中国人民大学出版社，2002.
[18] 方振帮. 战略性绩效管理（第二版）. 北京：中国人民大学出版社，2007.
[19] 刘昕. 薪酬管理（第二版）. 北京：中国人民大学出版社，2007.
[20] 文跃然. 薪酬管理原理. 上海：复旦大学出版社，2004.
[21] 程延园. 员工关系管理（第二版）. 上海：复旦大学出版社，2008.
[22] 程延园. 劳动关系管理（第二版）. 北京：中国人民大学出版社，2007.
[23] 左祥琦. 劳动关系管理（修订版）. 北京：中国发展出版社，2007.
[24] 刘军胜. 薪酬管理实务手册. 北京：机械工业出版社，2002.
[25] 郑晓明. 人力资源管理导论. 北京：机械工业出版社，2005.
[26] 郑晓明，吴志明. 工作分析实务手册. 北京：机械工业出版社，2002.